F●KUS
BIOLOGIE

Cornelsen

Herausgeber:	Thomas Armbruster, Konstanz
Autorinnen und Autoren:	Thomas Armbruster, Konstanz; Sabine Hanke, Pforzheim; Nicole Hörenberg, Stuttgart; Monika Scherer, Bad Rappenau; Monika Waible-Pons Marti, Stuttgart
	Julia Budde, Meerbusch; Judith Jeuck, Rödermark; Markus Schönke, Südergellersen; Jutta Schulz, Guderhandviertel; Yvonne Schwerdtfeger, Hannover; Astrid Wolf, Hanau
Redaktion:	Elisa Schmitt, Andrea Weber
Berater für Biologie:	Klaus Götz, Ilsfeld; Svenja Sabine Steinmetz, Eislingen
Illustration und Grafik:	Rainer Götze; diGraph Medienservice Maryse Forget & Robert Fontner-Forget; Jörg Mair, München; Karin Mall, Berlin; Gregor Mecklenburg, Pinneberg; Heike Möller; Stephan Winkler; www.biologiegrafik.de
Gesamtgestaltung und technische Umsetzung:	EYES-OPEN, Berlin

www.cornelsen.de

Begleitmaterialien zum Lehrwerk für Lehrerinnen und Lehrer
Lösungen und Hilfekärtchen: 978-3-06-013617-9
Handreichungen Teil 2: 978-3-06-013636-0
E-Book: 978-3-06-013649-0
Begleitmaterial auf USB-Stick mit Unterrichtsmanager und E-Book auf scook: 978-3-06-011378-1

Dieses Werk enthält Vorschläge und Anleitungen für Untersuchungen und Experimente. Vor jedem Experiment sind mögliche Gefahrenquellen zu besprechen. Beim Experimentieren sind die Richtlinien zur Sicherheit im Unterricht einzuhalten.

1. Auflage, 1. Druck 2017

Alle Drucke dieser Auflage sind inhaltlich unverändert und können im Unterricht nebeneinander verwendet werden.

© 2017 Cornelsen Verlag GmbH, Berlin

Druck: Firmengruppe APPL, aprinta Druck, Wemding

ISBN 978-3-06-013614-8 (Schülerbuch)
ISBN 978-3-06-013649-0 (E-Book)

Fokus

BIOLOGIE 7/8

BADEN-WÜRTTEMBERG

Cornelsen

Inhalt

▶▶ ERNÄHRUNG UND VERDAUUNG   58

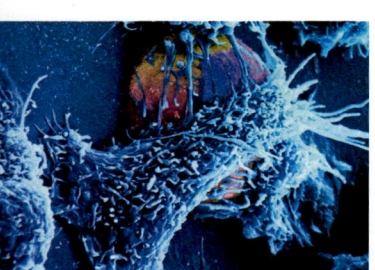

Liebe Schülerin, lieber Schüler,
die folgenden Seitentypen findest du in diesem Buch.

EINSTIEGSSEITE

Der kurze Text beschreibt das Thema des Kapitels. Die Bilder geben einen ersten Eindruck, worum es geht und wollen dich neugierig machen.

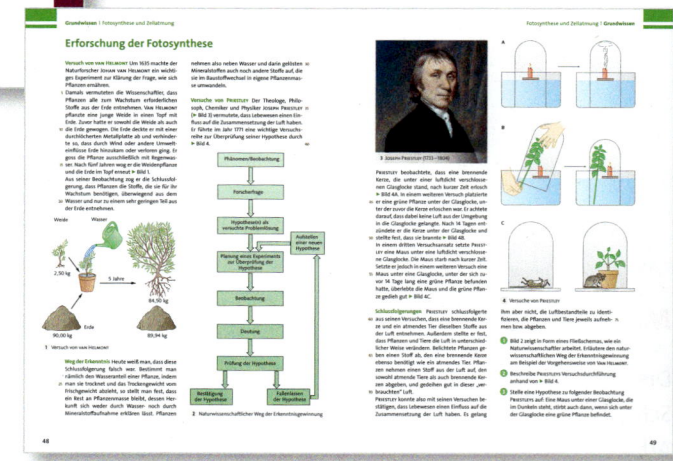

GRUNDWISSEN

Hier werden die Inhalte zu einem Thema vermittelt und wichtige Fachbegriffe erklärt. Mithilfe der Aufgaben kannst du überprüfen, ob du die Inhalte verstanden hast.

MATERIAL METHODE PRAXIS (MMP)

Die Methodenseiten führen dich
Schritt für Schritt in wichtige
Arbeitsweisen ein. Auf den anderen
MMP-Seiten wendest du Arbeitsweisen
an oder du bearbeitest Aufgaben
mithilfe verschiedener Materialien.

ZUSAMMENFASSUNG

Mithilfe der Basiskonzepte werden die
Inhalte des Kapitels zusammengefasst.
Sie helfen dir, die Informationen zu
ordnen und Zusammenhänge herzustellen.

TESTE DICH!

Mit diesen Aufgaben kannst du testen,
ob du alles verstanden hast und das
erworbene Wissen anwenden kannst.
Die Lösungen zu diesen Aufgaben
stehen im Anhang des Buches.

STRUKTUR UND FUNKTION

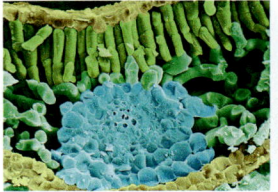 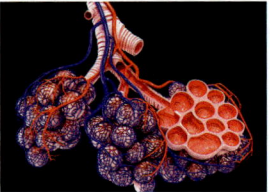

Die Struktur der Organe, Gewebe und Zellen von Lebewesen hängt eng mit deren Funktion zusammen. Beispiele für solche Struktur-Funktions-Beziehungen sind das Schlüssel-Schloss-Prinzip, das Gegenspieler-Prinzip und das Prinzip der Oberflächenvergrößerung.

ANGEPASSTHEIT

Lebewesen sind so gebaut, dass sie in ihrem Lebensraum und ihrer Lebensweise gut zurechtkommen. Man sagt, sie sind an ihren Lebensraum und ihre Lebensweise angepasst.

STOFF- UND ENERGIEUMWANDLUNG

Lebewesen nehmen Stoffe auf, wandeln sie um und scheiden andere Stoffe aus. So gewinnen sie Energie für ihre Lebensvorgänge oder Baustoffe zum Aufbau ihres Körpers.

Biologische
Prinzipien

STEUERUNG UND REGELUNG

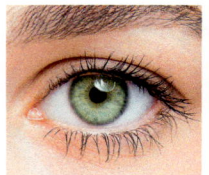 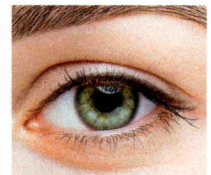

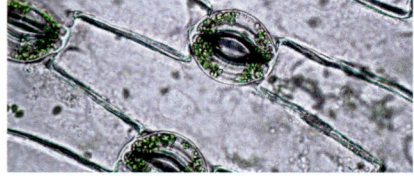

Lebewesen können die Bedingungen in ihrem Körper durch Regelung innerhalb bestimmter Grenzen stabil halten. Zudem können sie auf veränderte Umweltbedingungen reagieren.

EVOLUTION

Die heute lebenden Organismen haben sich in langen Zeiträumen aus Vorfahren (Stammformen) entwickelt. Verwandte Lebewesen zeigen ähnliche Merkmale.

KOMPARTIMENTIERUNG

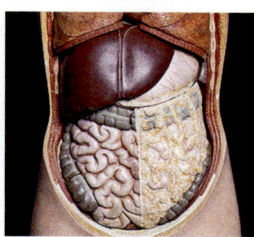

Jedes Lebewesen besteht aus mehreren Teilen (Kompartimenten), z. B. Organen, Geweben, Zellen und Zellorganellen. Diese sind voneinander abgegrenzt und erfüllen ganz bestimmte Aufgaben. Die Kompartimente stehen untereinander in enger Wechselwirkung.

INFORMATION UND KOMMUNIKATION

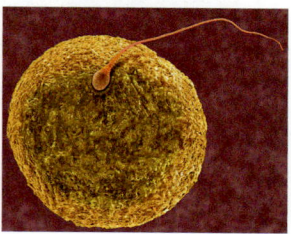

Lebewesen nehmen Informationen (Reize) aus der Umwelt auf, verarbeiten diese und reagieren. Zudem tauschen sie Informationen untereinander oder innerhalb des Organismus aus. Jede Form der Verständigung ist Kommunikation.

Lebewesen zeigen eine unglaubliche Vielfalt in ihrem Aussehen und ihren Lebenserscheinungen. Menschen, Tiere, Pflanzen, Pilze und Bakterien sind auf den ersten Blick sehr unterschiedlich, besitzen jedoch Merkmale, die allen Lebewesen gemeinsam sind. Die biologischen Prinzipien können helfen, die vielen Informationen über Lebewesen übersichtlich zu ordnen und Zusammenhänge herzustellen.

VARIABILITÄT

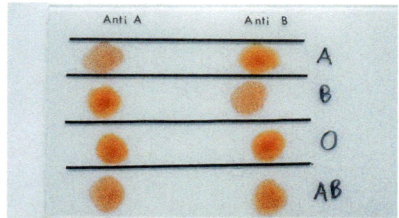

REPRODUKTION UND ENTWICKLUNG

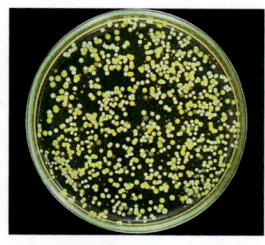

Lebewesen erzeugen Nachkommen. Man unterscheidet geschlechtliche und ungeschlechtliche Fortpflanzung. Meist wachsen und entwickeln sich die Nachkommen, bevor sie sich erneut fortpflanzen können.

Lebewesen verschiedener Arten unterscheiden sich in markanten Merkmalen auf allen Systemebenen (Organe, Gewebe, Zellen, Moleküle). Jedoch auch die Nachkommen derselben Eltern zeigen viele abweichend ausgeprägte Merkmale. Diese Verschiedenheit nennt man Variabilität.

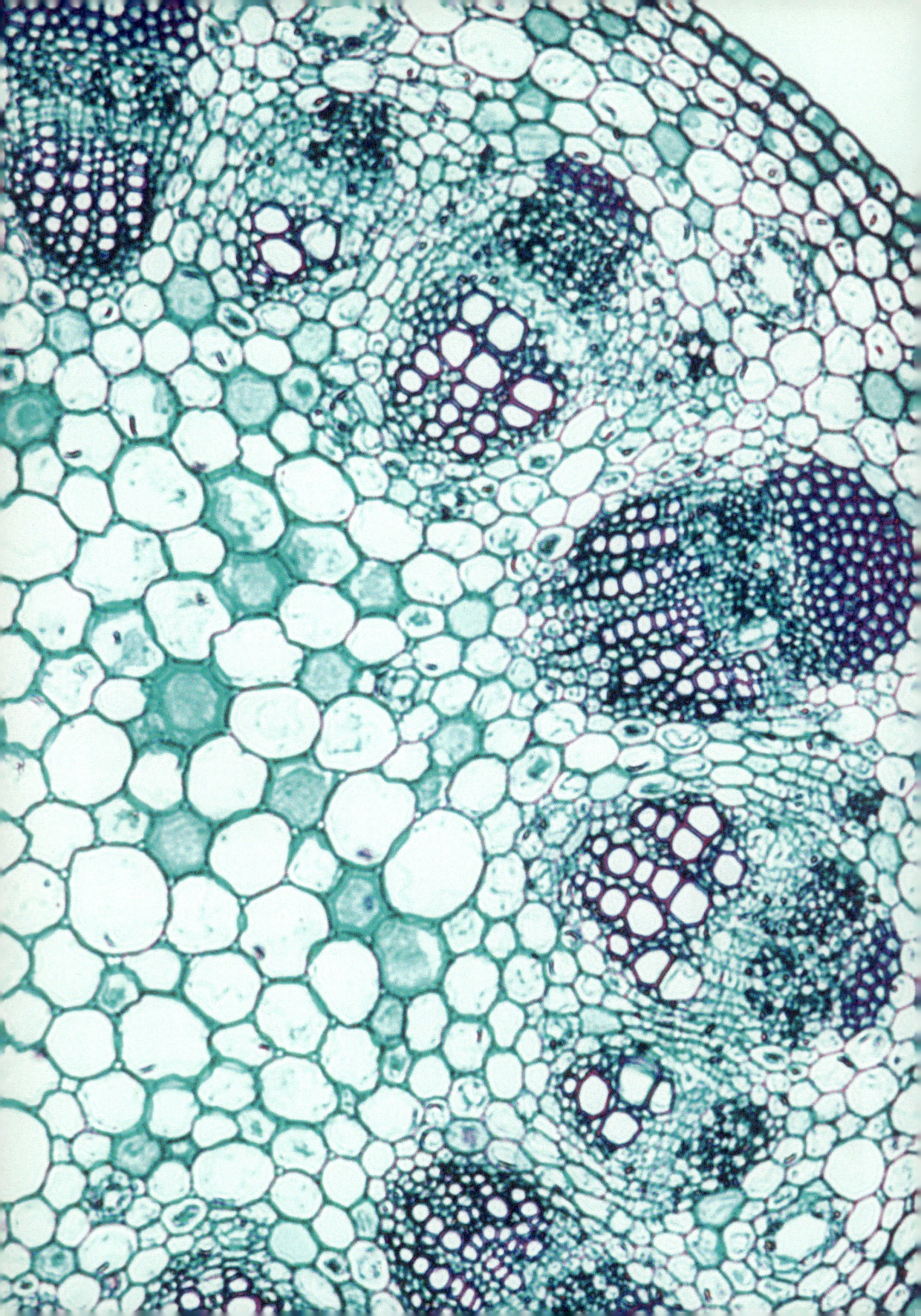

Lebewesen bestehen aus Zellen

Naturwissenschaftler interessierten sich schon früh für die kleinsten Strukturen von Lebewesen. Deshalb erfanden sie das Mikroskop. Mit dem Mikroskop kann man die Grundeinheiten der Lebewesen, die Zellen, betrachten und untersuchen. Alle Zellen haben den gleichen Grundbauplan. Pflanzliche und tierliche Zellen unterscheiden sich aber in ihren Bestandteilen. Je nach ihrer Funktion besitzen Zellen eine unterschiedliche Struktur.

Zellen – Grundbausteine aller Lebewesen

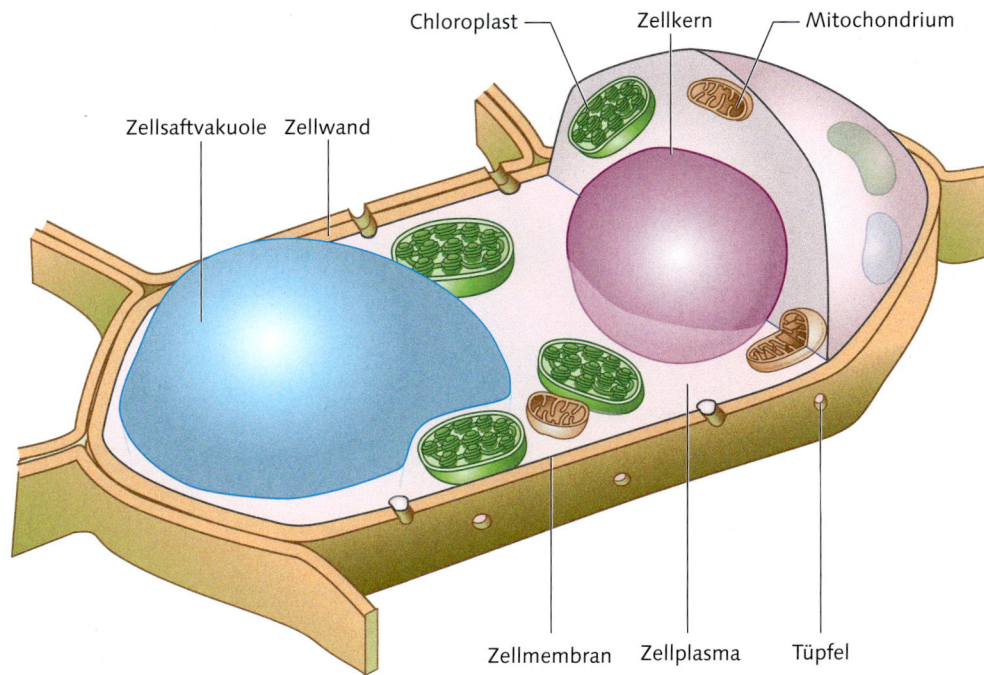

Chloroplast — Zellkern — Mitochondrium

Zellsaftvakuole   Zellwand

Zellmembran   Zellplasma   Tüpfel

1 Schema einer pflanzlichen Zelle (Länge 0,1–0,3 mm)

Aufbau aus Zellen Alle Lebewesen sind aus Zellen aufgebaut. Diese Eigenschaft zählt zu den Kennzeichen des Lebens.

Zellen bilden die Grundeinheiten eines Lebe-
5 wesens. Sie sind sehr klein und mit dem bloßen Auge nicht zu erkennen. Wenn man 20 Zwiebel-zellen aneinanderreiht, haben sie eine Länge von etwa 1 mm. Biologen benutzen deshalb ein Lichtmikroskop, um die Zellen ausreichend zu
10 vergrößern und somit sichtbar zu machen.

Pflanzliche Zellen bestehen aus der Zellwand, der Zellmembran, dem Zellplasma und ver-schiedenen Zellorganellen ▶ Bild 1.

Zellbestandteile Die *Zellwand* umgibt die Zelle,
15 sie schützt und stützt sie. Bei Pflanzen ist sie aus Cellulose aufgebaut. Die Zellen sind über *Tüpfel* verbunden. Das sind Aussparungen in der Zellwand. Dadurch können Zellen Stoffe unter-einander austauschen. Tierliche Zellen besitzen
20 keine Zellwand.

Die *Zellmembran* von Pflanzenzellen liegt der Zellwand von innen an. Bei tierlichen Zellen bildet sie die alleinige Begrenzung nach außen. Sie ermöglicht aber aufgrund ihres Aufbaus den
25 Stoffaustausch mit Nachbarzellen.

Das *Zellplasma* ist die Grundsubstanz der Zelle. Es besteht zum größten Teil aus Wasser und befindet sich in ständiger Bewegung. Man bezeichnet dies als *Plasmaströmung*.

Zellorganellen Die *Zellorganellen* sind kleine 30 Funktionseinheiten. In diesen durch Membra-nen voneinander abgetrennten Reaktions-räumen finden unterschiedliche Stoffwechsel-reaktionen statt. Solche Reaktionsräume nennt man *Kompartimente*. Zu den pflanzlichen Zell- 35 organellen gehören der Zellkern, die Chloro-plasten, die Mitochondrien, die Zellsaftvakuole und andere noch kleinere Bestandteile.

Die pflanzliche *Zellsaftvakuole* ist der Wasser-speicher der Zelle. Zusammen mit der Zellwand 40 sorgt sie für die Stabilität der Zellen. Zellwand und Zellsaftvakuole sind Gegenspieler: Durch Wassereinlagerungen wird in der Vakuole ein Druck aufgebaut, dem die Zellwand entgegen-wirkt. So sorgt die Zellwand dafür, dass die Zelle 45 nicht platzt. In der Zellsaftvakuole werden ver-schiedene Stoffe gelagert, z. B. Farb- und Abfall-stoffe. Aber es werden auch giftige Substanzen gespeichert, die der Pflanze als Schutz gegen Fressfeinde dienen. 50

Der *Zellkern* enthält die komplette Erbinformation eines Lebewesens. Er übernimmt die Aufgabe einer Steuerzentrale in der Zelle.

Chloroplasten gibt es nur in pflanzlichen Zellen. 55 Sie enthalten den Farbstoff Chlorophyll, der den Blättern ihre grüne Farbe verleiht. Mithilfe des Chlorophylls nehmen die Pflanzen die Energie des Sonnenlichts auf und bilden energiereiche Glucose. Diese Stoffwechselreaktion nennt 60 man *Fotosynthese*. In oberirdischen Pflanzenteilen, die von der Sonne bestrahlt werden, findet man zahlreiche Chloroplasten.

Die *Mitochondrien* wandeln in den Zellen Glucose mithilfe von Sauerstoff in Wasser und 65 Kohlenstoffdioxid um. Dabei wird Energie bereitgestellt. Diese Stoffwechselreaktion nennt man *Zellatmung*. Da die Mitochondrien für die Energiebereitstellung zuständig sind, bezeichnet man sie oft als „Kraftwerke der Zelle". Da sie 70 sehr klein sind, kann man sie mit dem Lichtmikroskop nicht sehen.

Zelle ist nicht gleich Zelle Die beschriebene Zelle (▶ Bild 1) entspricht dem Grundbauplan. Zellen besitzen je nach Funktion ein unterschiedliches Erscheinungsbild und eine unterschiedliche 75 Ausstattung an Zellorganellen. So haben Zellen der Laubblätter besonders viele Chloroplasten und sind so an ihre Funktion, Fotosynthese zu betreiben, angepasst.

Im Gegensatz zu pflanzlichen Zellen besitzen 80 tierliche Zellen keine Zellwand, keine Zellsaftvakuole und keine Chloroplasten. Aber auch tierliche Zellen sind spezialisiert. Beispielsweise benötigen Muskelzellen besonders viel Energie, in ihnen sind daher sehr viele Mitochondrien 85 vorhanden.

1 Nenne die Zellbestandteile und ordne ihnen eine Funktion zu. Fertige dazu eine Tabelle an.

2 **A** Beschreibe den Aufbau der Zellen in ▶ Bild 2.
B Stelle begründete Vermutungen über die jeweilige Funktion dieser Zellen auf.

3 Eine Stadt kann Modell für eine Zelle stehen. In einer Stadt gibt es ein Rathaus, eine Mülldeponie, die Stadtmauer mit Toren und natürlich ein Kraftwerk.
A Nenne die Funktionen der jeweiligen Gebäude.
B Vergleiche die Stadt mit einer Zelle.

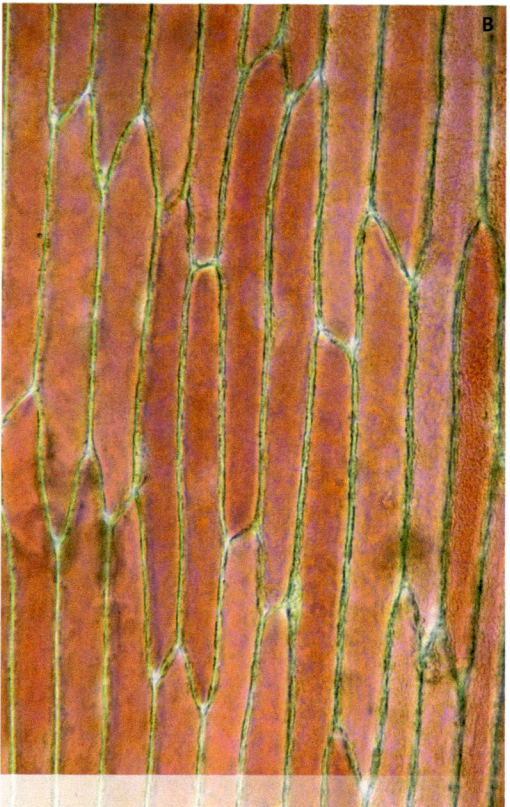

2 Pflanzliche Zellen unter dem Mikroskop

Vergleich von Tier- und Pflanzenzelle

Biologen gewinnen Erkenntnisse häufig durch systematische Vergleiche. Am Anfang des Vergleichs steht meistens eine Frage, die man mithilfe des Vergleichs zu beantworten versucht. Im ersten Schritt überlegt man sich geeignete Vergleichskriterien. Anschließend sucht man anhand der Kriterien Gemeinsamkeiten und Unterschiede. Zum Schluss sollte man die Frage vom Anfang beantworten können.

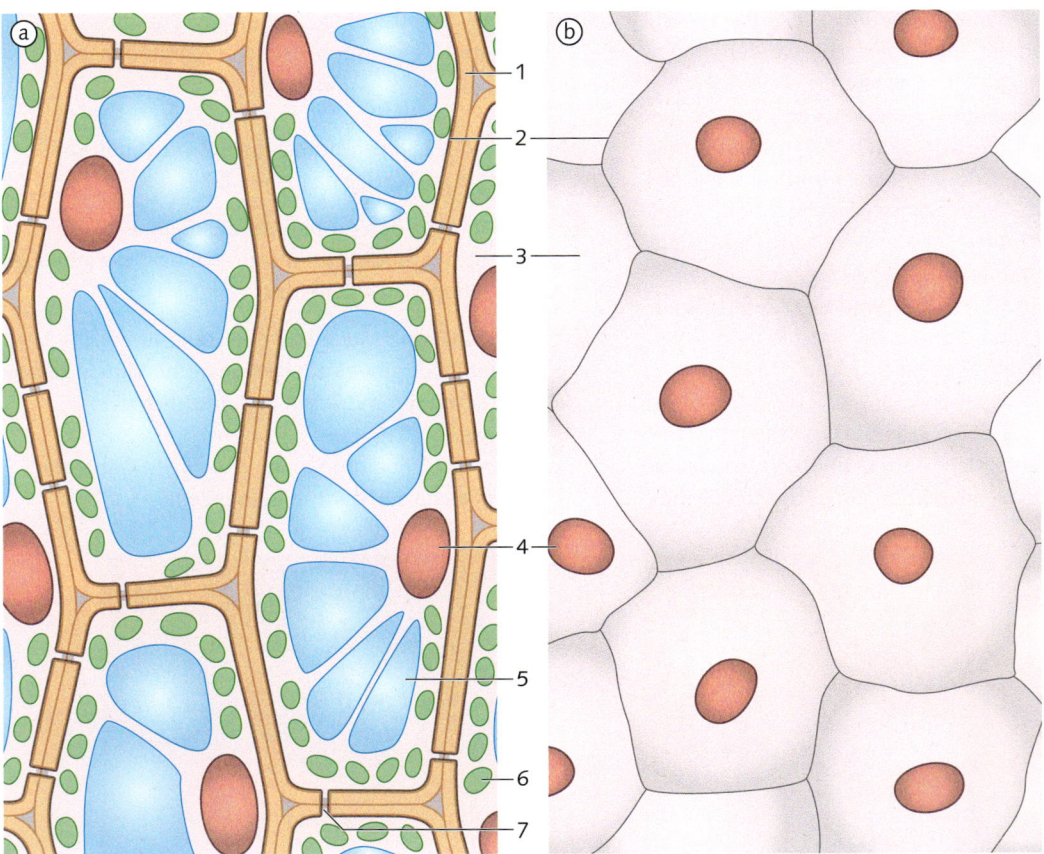

1 Tierliche und pflanzliche Zellen

In ▶Bild 1 sind verschiedene Zellen dargestellt, wie man sie ähnlich unter dem Mikroskop sehen könnte. Die Zellen sind daher nicht räumlich, sondern zweidimensional gezeichnet. Die einen Zellen gehören zu einem pflanzlichen Organismus, die anderen zeigen tierliche Zellen.

1 Benenne die mit Ziffern bezeichneten Strukturen in ▶Bild 1a und b.

2 Worin unterscheiden sich Tier- und Pflanzenzellen? Vergleiche die beiden Zelltypen.
  A Finde zunächst Kriterien für den Vergleich. Gehe systematisch vor.
  B Notiere Gemeinsamkeiten, dann Unterschiede.
  C Gib die Funktion der Zellbestandteile an.
  D Abschließend kannst du die am Anfang gestellte Frage beantworten: Ordne die Bilder 1a und 1b dem jeweiligen Zelltyp zu.

3 Es gibt auch Pflanzenzellen ohne Chloroplasten. Stelle Hypothesen auf, in welchen Pflanzenteilen diese zu finden sind.

4 Erläutere, welche Zellbestandteile in einer Zelle immer vorhanden sein müssen.

Mit Modellen arbeiten – Modelle von Zellen

Modelle sind vereinfachte Abbilder der Wirklichkeit und bilden immer nur ausgewählte Eigenschaften des Originals ab. Häufig wird nur ein bestimmter Teil des Originals gezeigt, wie bei einem Modell des Skeletts. Oder das Modell veranschaulicht die Funktionsweise, z. B. die Bewegung beim Gelenk- oder Wirbelsäulenmodell. Man kann Modelle auch einsetzen, wenn das Original sehr klein und mit bloßem Auge nicht sichtbar ist, so wie die Zelle. Mit Zellmodellen kann man mikroskopische Strukturen sichtbar machen, indem man sie vergrößert und dreidimensional, also räumlich darstellt.

Mit einem Zellmodell arbeiten

Bild 2 zeigt dir ein Beispiel für ein selbst gebautes Zellmodell.

Schritt 1 Beschreibe das Modell. Ordne die verwendeten Materialien den Bestandteilen einer Zelle zu.

Schritt 2 Vergleiche das Modell mit dem Original. Beschreibe Gemeinsamkeiten und Unterschiede.

Schritt 3 Erläutere, wozu das Modell dient.

Schritt 4 Bewerte das Modell. Zeige dazu die Grenzen des Modells auf.

Ein Zellmodell anfertigen

Fertige nun selbst ein Zellmodell an, indem du dir zunächst geeignete Materialien suchst.

Material: Eine kleine Auswahl von möglichen Materialien findest du in ▶ Bild 3. Du kannst aber auch andere Materialien verwenden. Orientiere dich an geeigneten Auswahlkriterien.

Durchführung:
1. Überlege dir, welche Zellbestandteile du darstellen kannst. Beachte auch die Größenverhältnisse.
2. Baue nun ein Zellmodell.

2 Zellmodell

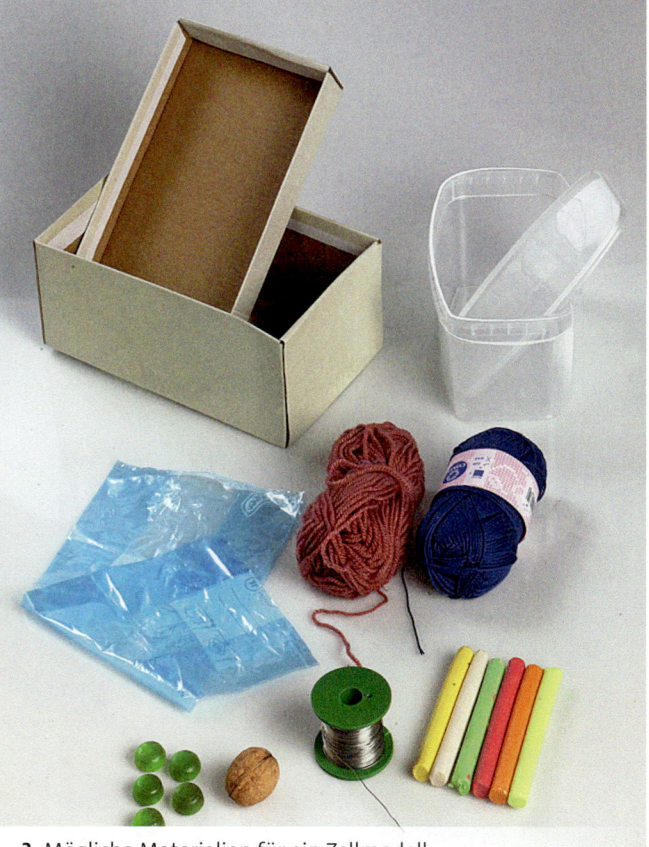

3 Mögliche Materialien für ein Zellmodell

Kleine Dinge ganz groß – Mikroskopieren

1 Wasserpest in verschiedenen Betrachtungsebenen

Historische Mikroskope Schon früh interessierten sich Wissenschaftler für die kleinsten Strukturen von Lebewesen. Sie hatten den Wunsch, diese sichtbar zu machen. In der Folge wurden die unterschiedlichsten Sehhilfen entwickelt. 5 Mithilfe von Sammellinsen aus Glas konnten Objekte vergrößert betrachtet werden.

Je stärker die Wölbung einer Linse nach außen ist, desto höher ist die Vergrößerung. Dieses Prinzip findet man in Lupen. Mit Lupen erreicht 10 man 20-fache Vergrößerungen ▶ Bild 1B. Aber bald war eine einfache Lupe nicht mehr ausreichend und Forscher überlegten, wie sie noch kleinere Strukturen erkennen könnten.

So ist die Erfindung des Mikroskops auf dem 15 Wunsch begründet, möglichst kleine Einzelheiten sehen zu können ▶ Bild 1C. Im 16. Jahrhundert entstanden die ersten Mikroskope. In ihnen wurden mehrere Linsen hintereinandergeschaltet und sie erreichten damit Vergröße- 20 rungen bis zum 270-Fachen.

Einer dieser Wissenschaftler, ROBERT HOOKE, nutzte das Mikroskop und entdeckte Strukturen in einer Korkscheibe, die er Zellen nannte. Ein anderer Wissenschaftler dieser Zeit, ANTONI 25 VAN LEEUWENHOEK, beobachtete mit seinem Mikroskop zum ersten Mal in der Geschichte Spermienzellen.

Bis zum heutigen Tag werden Mikroskope immer weiterentwickelt. 30

Aufbau des Lichtmikroskops Moderne Lichtmikroskope besitzen grundsätzlich den gleichen Aufbau ▶ Bild 2.

Das Mikroskop steht auf einem Fuß, in ihm be- 35 findet sich die Lampe. Von dort aus fällt das Licht durch eine Blende, die den Kontrast des Bildes verändert. Das zu untersuchende Objekt befindet sich auf einem Objektträger aus Glas. Dieser wird auf den Objekttisch gelegt. Um ein 40 Objekt im Mikroskop betrachten zu können, muss es optimal ausgeleuchtet sein. Das Licht durchleuchtet von unten das Objekt und trifft dann auf die Objektivlinsen in den Objektiven. Diese sorgen für eine erste Vergrößerung. 45

Es gibt verschiedene Objektive mit einer jeweils anderen Vergrößerung. Sie sind beweglich an einem Objektivrevolver angebracht. Schließlich gelangt das Licht durch die Linsen des Okulars,

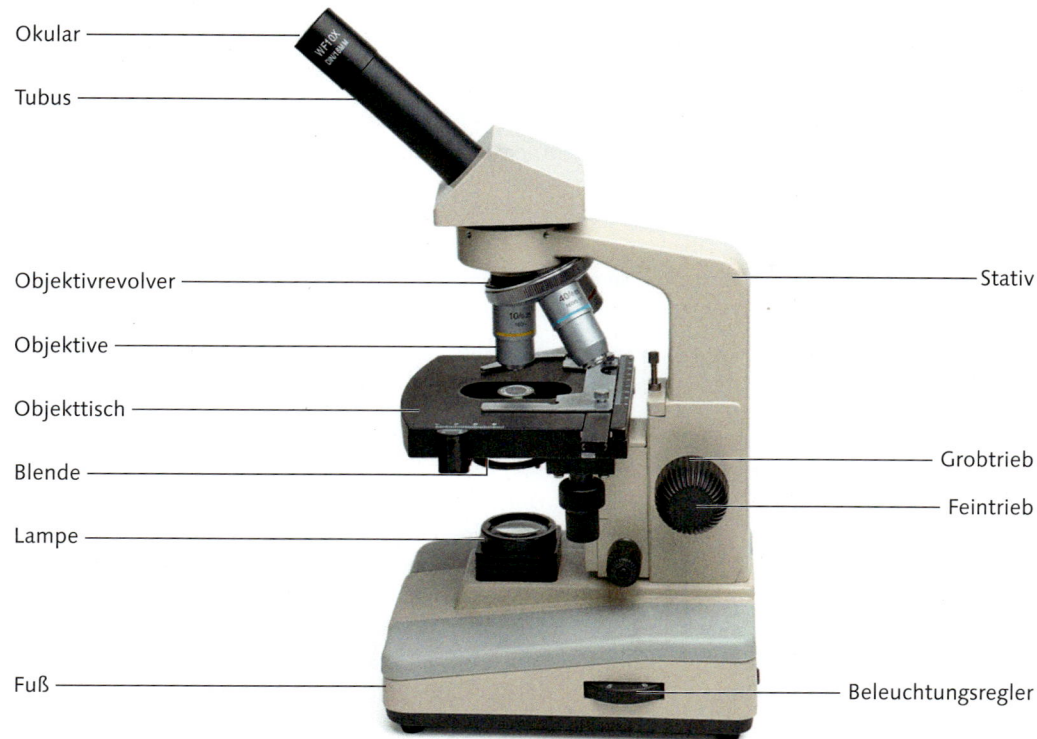

Okular

Tubus

Objektivrevolver

Objektive

Objekttisch

Blende

Lampe

Fuß

Stativ

Grobtrieb

Feintrieb

Beleuchtungsregler

2 Aufbau eines Lichtmikroskops

50 die für eine weitere Vergrößerung sorgen. Wenn man durch das Okular schaut, sieht man das nochmals vergrößerte Bild des Objekts. Mit Grob- und Feintrieb wird der Abstand zwischen Objekttisch und Objektiv verändert. Damit wird
55 das Bild scharf gestellt.

Vergrößerung Die Gesamtvergrößerung errechnet sich aus dem Produkt der Vergrößerungen des Objektivs und des Okulars. Wie stark Objekte vergrößert werden, steht jeweils auf
60 dem Okular und den Objektiven ▸ Bild 3. Die erste Zahl auf dem Objektiv gibt die Vergrößerung an. Die anderen Zahlen geben weitere Auskünfte über das Mikroskop mit diesem

Objektiv, z. B. steht die 160 für die Tubuslänge in Millimetern, die ein Mikroskop mit diesem 65 Objektiv haben muss.

Mikroskopische Präparate Ein Objekt, das man mit dem Mikroskop betrachten will, muss sehr dünn sein, damit das Licht es durchdringen kann. Beim Wasserpestblättchen ist dies der Fall 70 ▸ Bild 1. Viele andere Objekte muss man vorbehandeln, z. B. indem man sehr dünne Schnitte von ihnen anfertigt. Biologische Objekte werden meist in einen Wassertropfen auf den Objektträger gegeben und stets mit einem 75 Deckgläschen abgedeckt. Ein für die mikroskopische Untersuchung vorbereitetes Objekt bezeichnet man als *Präparat*.

1 Beschreibe die Strukturen eines Wasserpestblättchens, die man mit dem bloßen Auge und mit den verschiedenen Hilfsmitteln sehen kann ▸ Bild 1.

2 Benenne die Teile eines Mikroskops und gib tabellarisch ihre Funktion an.

3 Berechne, welche Gesamtvergrößerungen mit einem Okular mit 4-facher Vergrößerung und den Objektiven in ▸ Bild 3 möglich sind.

3 Verschiedene Objektive

METHODE

Mikroskopieren

Mikroskopieren ist eine wichtige wissenschaftliche Methode. Mit dem Lichtmikroskop kann man auch sehr kleine Strukturen wie einzelne Zellbestandteile sichtbar machen und betrachten.

Es ist wichtig, stets sauber zu arbeiten. Objektträger und Deckgläschen müssen sauber und trocken sein. Beim Mikroskopieren sind einige Regeln zu beachten:

Schritt 1 Schalte die Mikroskopbeleuchtung ein. Wähle eine mittlere Beleuchtungsstärke.

Schritt 2 Kontrolliere mit dem Grobtrieb, ob der Objekttisch ganz unten ist. Falls nicht, bringe ihn ganz nach unten.

Schritt 3 Lege das vorbereitete Präparat auf den Objekttisch.

Schritt 4 Beginne grundsätzlich mit dem schwächsten Objektiv. Drehe am Objektivrevolver, bis das schwächste Objektiv eingeschwenkt ist.

Schritt 5 Suche das Präparat und stelle das Objekt scharf, indem du vorsichtig am Grobtrieb drehst. Ist das Präparat im Sehfeld sichtbar, reguliere mit dem Feintrieb die optimale Schärfe.

Schritt 6 Schließe und öffne die Blende für einen guten Kontrast.

Schritt 7 Wechsle schrittweise vom kleinsten zum größten Objektiv und stelle jeweils die Schärfe nach.

Schritt 8 Lass beim Mikroskopieren möglichst beide Augen geöffnet.

Schritt 9 Bringe vor Entfernen des Objekts den Objekttisch ganz nach unten und schwenke das schwächste Objektiv ein.

Bestimmung des Sichtfelddurchmessers
Um eine Vorstellung davon zu bekommen, wie groß die zu mikroskopierenden Objekte sind, kann man die Größe des Sichtfeldes bestimmen. Man berechnet dabei den Durchmesser des runden, beleuchteten Flecks, den man sieht, wenn man ins Okular schaut.

Material: Mikroskop, transparentes Millimeterpapier

Durchführung:
Befestige ein Stück Millimeterpapier über der Lichtöffnung auf dem Objekttisch. Stelle nun das Mikroskop wie links beschrieben ein. Zähle die Millimeterkästchen, die den Durchmesser des Sichtfeldes bilden. Vervollständige die Tabelle für alle Okular- und Objektivvergrößerungen.

Okular	Objektiv	Gesamtvergrößerung	Sichtfelddurchmesser (mm)

1 Begründe, warum die Regeln in Schritt 2 und 4 sinnvoll sind.

2 Erstelle Merkkärtchen zu den Regeln.

Kleinstes Objektiv eingestellt?

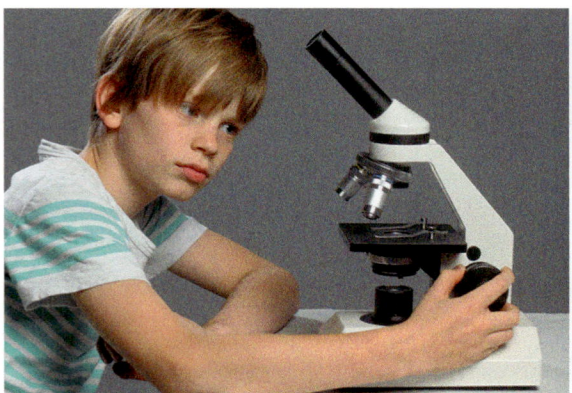
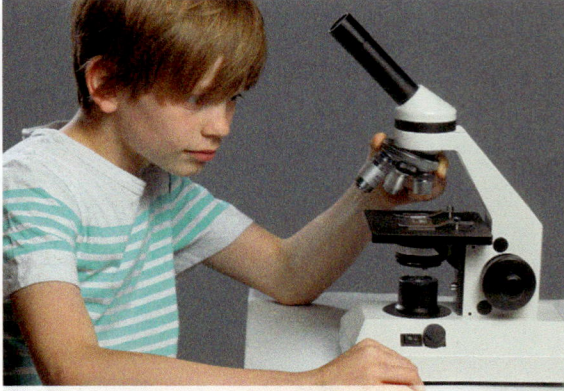

1 Einstellen des Mikroskops: Absenken des Objekttischs (links) und Einstellen des Objektivs (rechts)

Mikroskopische Präparate anfertigen

Es gibt verschiedene Techniken, um mikroskopische Präparate herzustellen. Diese sind nötig, da die Präparate möglichst dünn und somit lichtdurchlässig sein müssen. Abziehpräparate dienen beispielsweise zum Mikroskopieren der Blatthaut einer Zwiebel. Mit weiteren Präparationstechniken kann man ein Abstrichpräparat, Zupf-präparat oder Quetschpräparat herstellen.

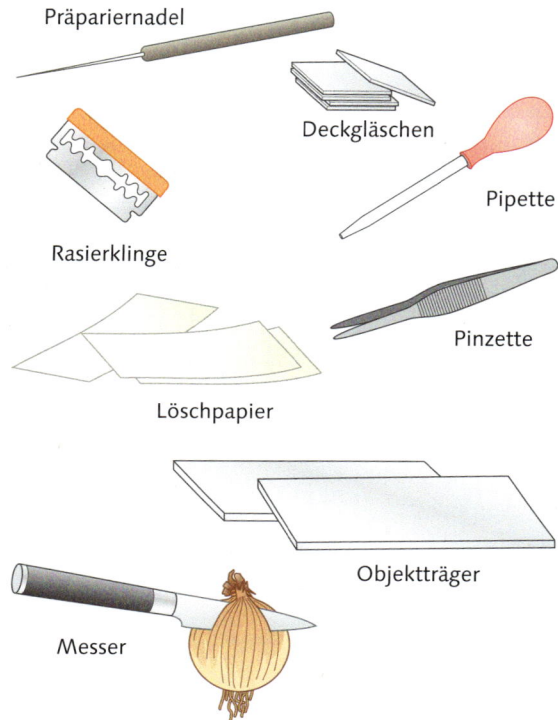

2 Materialien für das Mikroskopieren

Herstellen eines Präparats

Beim Herstellen eines Präparats musst du bestimmte Arbeitsschritte immer durchführen, andere sind präparatspezifisch. Allgemeine Arbeitsschritte sind:

Schritt 1 Lege das Material zurecht, dazu gehören: Objektträger, Deckgläschen, Pipette, Pinzette, Präpa-riernadel, Messer und Rasierklinge ▶ Bild 2.

Schritt 2 Baue das Mikroskop auf.

Schritt 3 Fertige das Präparat an: Je nach Art des Prä-parats unterscheiden sich die Präparationsschritte, um ein dünnes, lichtdurchlässiges Präparat herzustel-len. Präparate mit frischen Zellen werden in der Regel in Wasser gelegt.

Schritt 4 Lege das Präparat auf den Objekttisch.

Schritt 5 Mikroskopiere unter Beachtung der Regeln.

Abziehpräparat einer Zwiebelhaut

Stelle ein Präparat einer roten Zwiebel nach Anleitung her und mikroskopiere.

Material: rote Zwiebel, Mikroskop, Messer, Pinzette, Pipette, Objektträger, Deckgläschen, Leitungswasser

Durchführung:

1. und 2. Führe die allgemeinen Schritte 1 und 2 aus.
3. Schneide die Zwiebel in vier Teile.
   – Nimm eine Schuppe heraus und ritze sie mit der Rasierklinge auf der Außenseite schachbrettartig ein (Felder ca. ½ cm) ▶ Bild 3a.
   – Gib mit der Pipette 1–2 Tropfen Wasser auf einen Objektträger.
   – Ziehe mit der Pinzette die Zwiebelhaut vorsichtig ab und lege sie in den Tropfen Wasser auf dem Objektträger.
   – Setze das Deckgläschen schräg an den Rand des Wassertropfens, sodass sich das Wasser an das Gläschen saugt, und senke es dann vorsichtig auf das Objekt ab. So verhinderst du Lufteinschlüsse ▶ Bild 3b.
4. Lege das Präparat auf den Objekttisch.
5. Mikroskopiere.

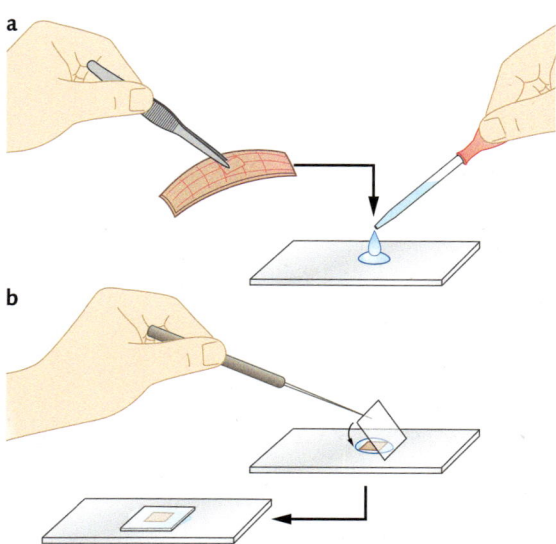

3 Herstellen eines Abziehpräparats (Zwiebelhaut)

Ein mikroskopisches Präparat zeichnen

Das mikroskopische Zeichnen hat immer noch einen wichtigen Platz in der Biologie. Selbst ein Objekt zu zeichnen schult die Sehfähigkeit. Oft sind Fotos nicht aussagekräftig genug, um wesentliche Details zu dokumentieren.

Auch beim Zeichnen sind einige Regeln zu beachten, um aussagekräftige Zeichnungen zu erhalten. Zeichnungen werden immer auf einem leeren, weißen DIN-A4-Blatt mit einem Bleistift angefertigt. Nur die Vorderseite eines Blattes wird benutzt. Alle Linien werden durchgezogen, also nicht gestrichelt.

Schritt 1 Beschrifte das Blatt mit deinem Namen, dem heutigen Datum, dem Namen des Präparats und der Vergrößerung sowie gegebenenfalls der Angabe von Färbungsmitteln ▶ Bild 2.

Schritt 2 Mikroskopiere und wähle einen geeigneten Bildausschnitt. Mach dir klar, was du siehst.

Schritt 3 Zeichne den Bildausschnitt möglichst detailgetreu. Die Zeichnung sollte ca. ²/₃ des Blattes ausfüllen. Ein Ausmalen der Zeichnung mit Buntstiften ist nur in Ausnahmefällen erwünscht.

Schritt 4 Beschrifte die gezeichneten Strukturen. Ziehe die benötigten Linien mit dem Lineal. Sie sollten sich nicht kreuzen.

Zupfpräparat der Wasserpest

Material: Wasserpest, Mikroskop, Pinzette, Präpariernadel, Pipette, Objektträger, Deckgläschen, Leitungswasser

Durchführung:
Gib auf einen Objektträger einen Tropfen Wasser. Zupfe ein Blättchen der Wasserpest ab und lege es auf den Objektträger. Setze das Deckgläschen so auf, dass keine Lufteinschlüsse entstehen.

❶ Zeichne ein Ästchen der Wasserpest als Ganzes.

❷ Mikroskopiere das Zupfpräparat. Beachte dabei die Regeln zum Mikroskopieren.

❸ Notiere deine Beobachtung.

❹ Zeichne und beschrifte, was du unter dem Mikroskop siehst.

❺ Vergleiche deine Zeichnung mit dem Zellmodell. Korrigiere gegebenenfalls deine Zeichnung.

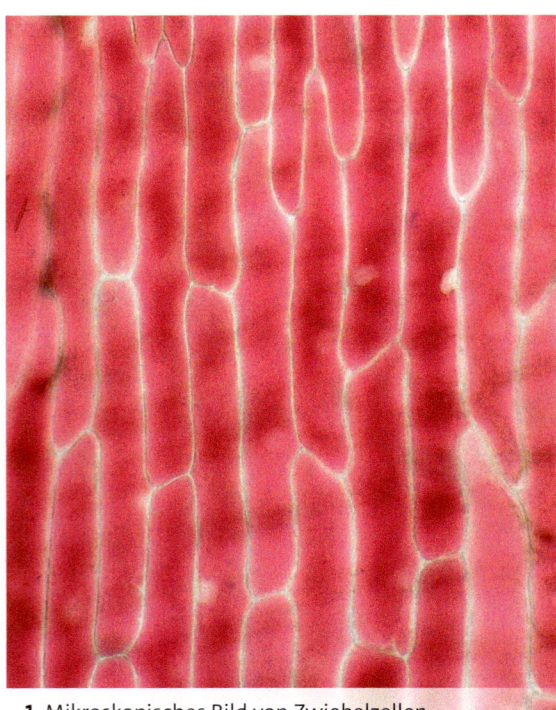

1 Mikroskopisches Bild von Zwiebelzellen

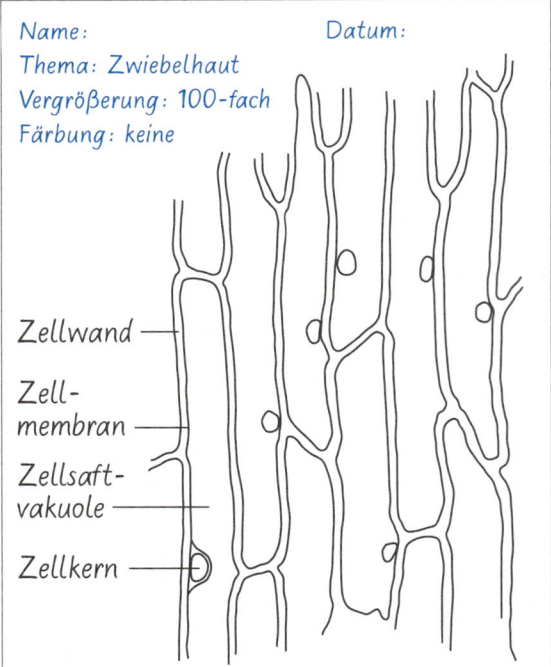

Name: Datum:
Thema: Zwiebelhaut
Vergrößerung: 100-fach
Färbung: keine

Zellwand

Zell-
membran

Zellsaft-
vakuole

Zellkern

2 Zeichnung des mikroskopischen Präparats

Mikroskopieren und Zeichnen verschiedener Präparate

Abstrichpräparat von Mundschleimhautzellen

Material: Mikroskop, Holzspatel, Präpariernadel, Pipette, Objektträger, Deckgläschen, Filterpapier oder Zellstofftuch, Leitungswasser, Methylenblau (GHS 7)

Durchführung:

1. Schabe mit einem Holzspatel an der Schleimhaut im Mund entlang. Übertrage die abgeschabten Zellen in den Wassertropfen auf den Objektträger. Setze das Deckglas luftblasenfrei auf.
2. Mikroskopiere unter Beachtung der Regeln.
3. Färbe anschließend ein Präparat mit Methylenblau an. Tropfe dazu einen Tropfen Färbelösung neben das Deckglas und sauge sie mit einem Filterpapier oder Zellstofftuch unter das Deckglas ▶ Bild 3.

❶ Zeichne eine Mundschleimhautzelle.

❷ Beschreibe die Veränderungen der Zelle nach dem Färben.

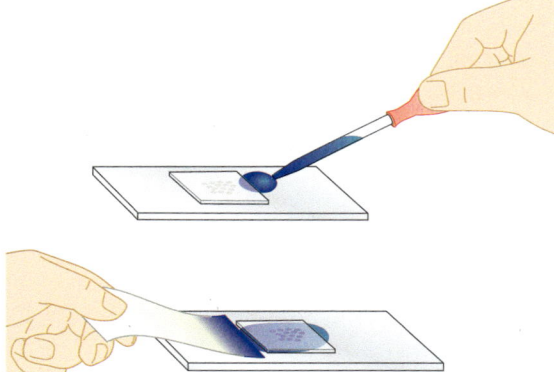

3 Färben eines Präparats

Quetschpräparat der Birne

Material: Birne, Messer, Mikroskop, Rasierklinge, Präpariernadel, Pipette, Leitungswasser, Objektträger, Deckgläschen, Papiertuch

Durchführung:

Schneide eine Birne in Stücke. Schabe etwas Gewebematerial um das Kerngehäuse mit der Rasierklinge ab und gib es in einen Tropfen Wasser auf den Objektträger. Lege einen zweiten Objektträger versetzt darüber. Nun wird das Objekt auf den Tisch gelegt, mit einen Papiertuch abgedeckt und kräftig mit dem Daumen gedrückt (gequetscht). Vorsichtig, damit die Objektträger nicht zersplittern! Entferne den oberen Objektträger. Gib, falls nötig, einen Tropfen Wasser dazu. Setze das Deckglas luftblasenfrei auf.

❸ Fertige ein Quetschpräparat an und mikroskopiere.

❹ Fertige eine beschriftete Zeichnung an.

Abziehpräparat vom Laubblatt (Ober- und Unterseite)

Material: Laubblatt (geeignet sind z.B. rote Blätter vom Weihnachtsstern), Mikroskop, durchsichtiges Klebeband, Pipette, Objektträger

Durchführung:

Befestige einen Streifen Klebeband auf der Oberseite eines Laubblattes. Drücke ihn fest an. Ziehe anschließend den Klebebandstreifen ab. An ihm befinden sich nun Zellen der Blattoberseite. Klebe ihn auf den Objektträger.

❺ Fertige auf diese Weise ein Abziehpräparat von der Blattoberseite und -unterseite an und mikroskopiere.

❻ Zeichne und beschrifte die Zeichnung.

❼ Vergleiche Ober- und Unterseite.

❽ Handelt es sich bei ▶ Bild 4 um eine Blattober- seite oder -unterseite? Begründe.

4 Foto eines Abziehpräparats

Zellen vermehren sich

Wachstum Zellen gehen nur aus Zellen hervor. Sowohl bei Pflanzen wie bei Tieren steht zu Beginn des Lebens eine befruchtete Eizelle, die *Zygote*. Das erwachsene Lebewesen besteht
5 dann aber oft aus vielen Billionen Zellen. Sie haben sich im Lauf seiner Entwicklung vermehrt. Dies bezeichnet man als *Wachstum* ▶ Bild 1. Wachstum und Entwicklung sind Kennzeichen des Lebens.

10 **Regeneration** Schürft man sich die Haut auf oder bricht sich einen Knochen, werden die verletzten Stellen durch Zellteilungen repariert. Aber auch die normale Abnutzung der Organe erfordert die Bildung neuer Zellen. So erneuert
15 sich etwa alle 3 Tage die Darmschleimhaut, alle 4 bis 6 Wochen die Leber und innerhalb einiger Monate das Skelett. Man schätzt, dass durch fortlaufende Ab- und Aufbauprozesse der Körper alle 7 Jahre vollständig neu gebildet wird.
20 Diesen Vorgang nennt man *Regeneration*.

Zellkern Der Zellkern spielt eine entscheidende Rolle bei Wachstum und Regeneration: Er ist die Steuerzentrale der Zelle und verantwortlich für die Ausprägung von Gestalt und Form der Zelle.
25 Er enthält die komplette Erbinformation für das gesamte Lebewesen.

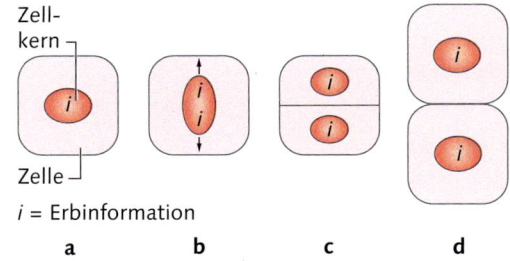

Zellkern

Zelle

i = Erbinformation

a　　　b　　　c　　　d

2 Zellteilung

Ablauf der Zellteilung Wachstum und Regeneration sind das Ergebnis vieler Zellteilungen. Die Zellteilung läuft immer nach demselben Schema ab ▶ Bild 2: Vor jeder Zellteilung wird die 30 Erbinformation der Zelle kopiert und liegt dann doppelt vor (a). Diese doppelte Erbinformation wird so verteilt, dass je eine Kopie in eine Hälfte der Zelle gelangt (b). So entstehen zwei identische Zellkerne. Dieser Vorgang wird als *Kern-* 35 *teilung* bezeichnet. Danach kommt es zur Aufteilung des Zellplasmas und der übrigen Zellorganellen. Aus einer Mutterzelle (a) bilden sich zwei Tochterzellen (c). Dieser Vorgang heißt *Zellteilung*. Die beiden neu entstandenen Zellen 40 sind zunächst nur halb so groß wie die Mutterzelle. Erst wenn sie eine bestimmte Größe erreicht haben (d), können sie sich erneut teilen.

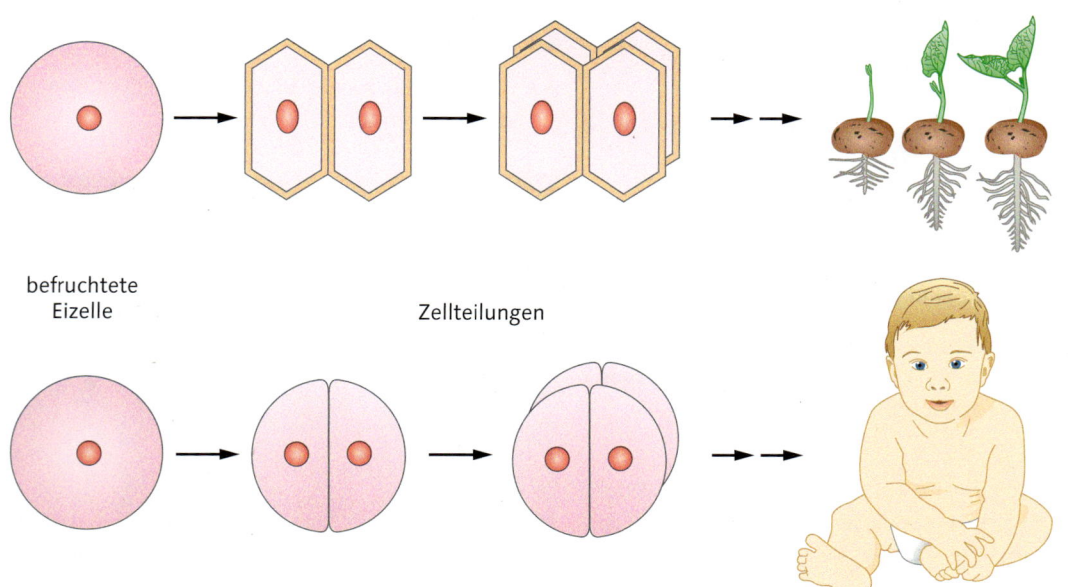

befruchtete
Eizelle

Zellteilungen

1 Wachstum bei Pflanzen und bei Tieren, hier beim Menschen

Zelldifferenzierung Die Zellen eines Organis-
45 mus übernehmen unterschiedliche Aufgaben,
z. B. die Kontraktion des Muskels bei der Bewegung oder die Abgabe von Sekreten durch
Drüsenzellen. Die Zellen sind also *spezialisiert*.
Zellen, die unterschiedliche Aufgaben haben,
50 sehen auch unterschiedlich aus. Ebenso stehen
ihr innerer Aufbau und die Ausstattung mit Zellorganellen im Zusammenhang mit ihrer Funktion. So enthalten Muskelzellen beispielsweise
besonders viele Mitochondrien zur Bereitstel-
55 lung von Energie für Bewegungen. Den Vorgang, bei dem sich Zellen unterschiedlich entwickeln, bezeichnet man als *Differenzierung*
► Bild 3.
Eine Ansammlung von Zellen mit jeweils glei-
60 cher Gestalt und Aufgabe, also spezialisierte
Zellen, bezeichnet man als *Gewebe*.

Stammzellen und Bildungsgewebe Differenzierte Zellen können sich nicht mehr teilen. Da
Zellen aber nur eine begrenzte Lebensdauer
65 haben, müssen sie ersetzt werden. Auch beim
Wachstum werden zusätzliche Zellen benötigt.
Pflanzen besitzen deshalb Bildungsgewebe mit
teilungsfähigen Zellen. Bei Tieren gibt es ebenfalls unspezialisierte und undifferenzierte Zellen, die hier als *Stammzellen* bezeichnet wer- 70
den. Die Stammzellen bleiben teilungsaktiv und
bilden Zellen, die sich dann, wie auch bei den
Pflanzen, spezialisieren und differenzieren
► Bild 3.

1 Zu Beginn seines Lebens ist der Mensch nur 0,1 mm
groß. Erkläre den Vorgang des Wachstums.

2 Begründe, weshalb die Erbinformation der Zelle vor
der Zellteilung verdoppelt werden muss.

3 Neben dem Begriff Zellteilung gibt es auch den
Begriff Zellverdopplung. Beide Begriffe meinen dasselbe. Begründe, was für den einen und was für den
anderen Begriff spricht.

4 **A** Nenne je zwei Beispiele für differenzierte tierliche
und pflanzliche Zellen ► Bild 3.
B Nenne für ein pflanzliches und tierliches Beispiel
den Zusammenhang von Struktur und Funktion.

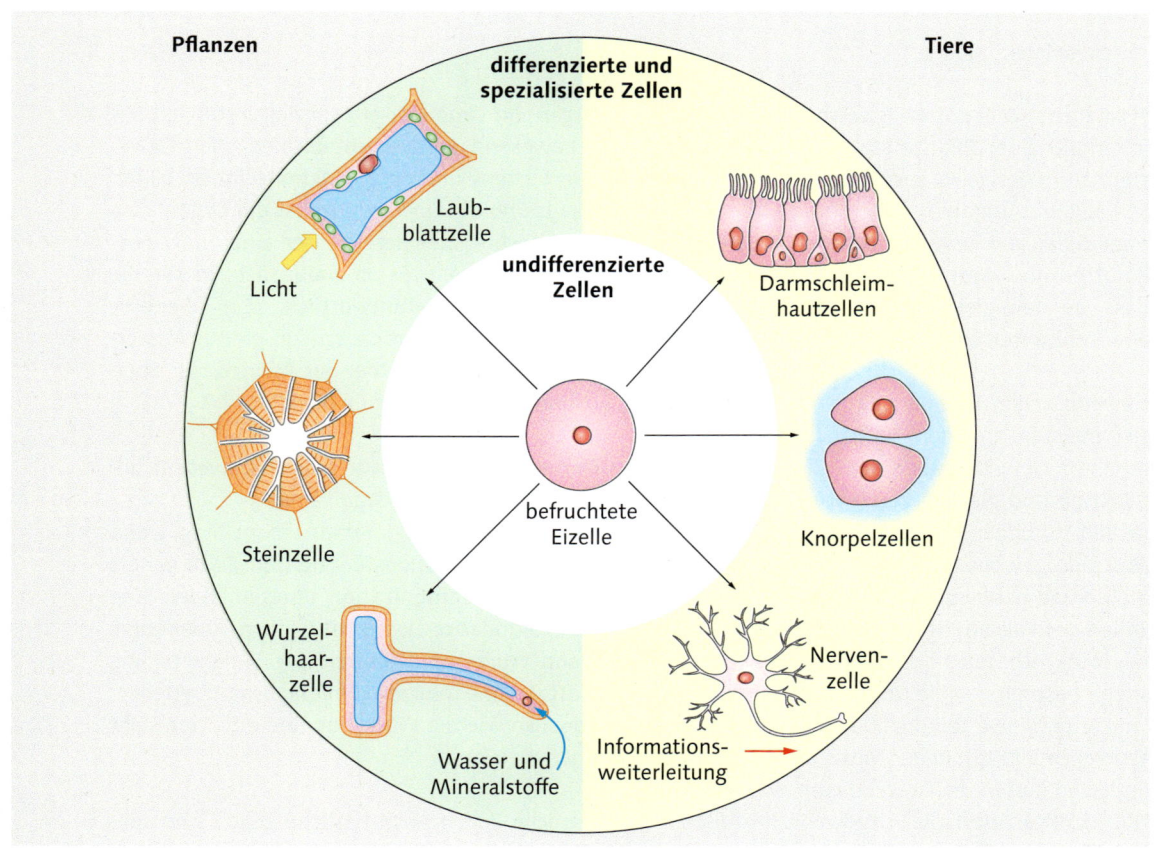

3 Differenzierung von pflanzlichen und tierlichen Zellen

Zellen – Gewebe – Organ – Organismus

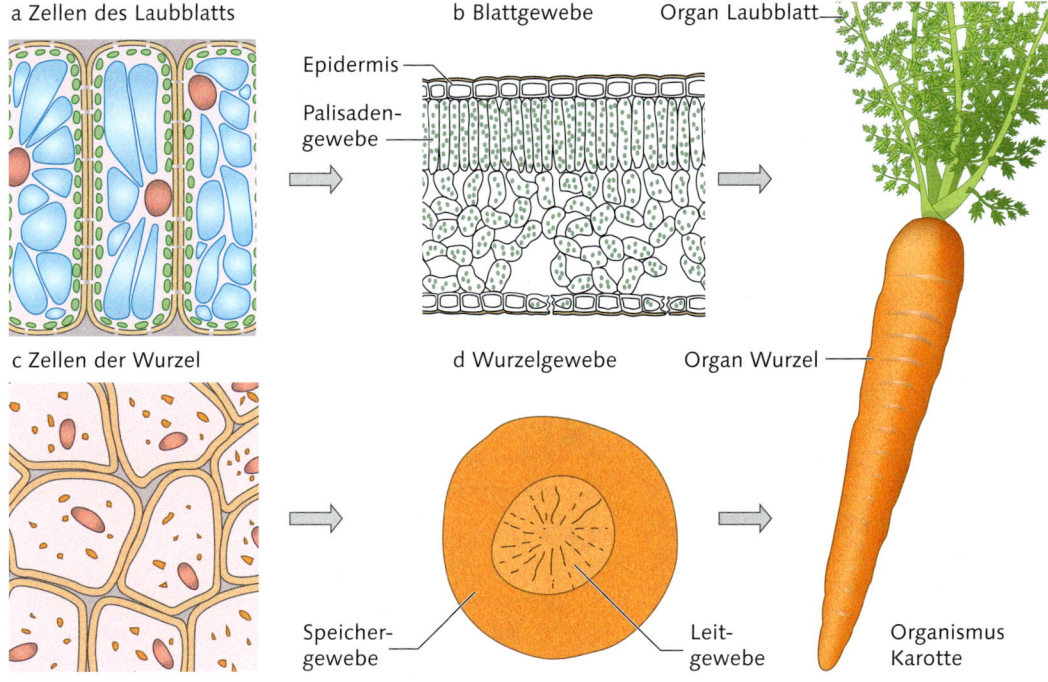

a Zellen des Laubblatts

b Blattgewebe

Organ Laubblatt

Epidermis

Palisaden-gewebe

c Zellen der Wurzel

d Wurzelgewebe

Organ Wurzel

Speicher-gewebe

Leit-gewebe

Organismus Karotte

1 Organismus Karotte

Pflanzliche Zellen Der Bau von Zellen kann innerhalb einer Pflanze stark variieren. Zellen sind normalerweise spezialisiert und an ihre jeweiligen Aufgaben angepasst. Betrachtet
5 man Zellen aus unterschiedlichen Teilen einer Karotte unter dem Mikroskop, stellt man fest, dass sie den gleichen Grundbauplan haben, aber sehr unterschiedlich aussehen ▶ Bild 1.

Gewebe Zellen in einem Lebewesen befinden
10 sich meistens in einem Verband, dem *Gewebe*. In einem Gewebe haben die Zellen die gleiche Funktion und gleiches Aussehen. Im Laubblatt (▶ Bild 1b) bilden die Zellen der Epidermis das Abschlussgewebe: Sie begrenzen das Blatt nach
15 außen und haben eine verdickte Zellwand. Alle Zellen des Palisadengewebes haben die Aufgabe, Fotosynthese zu betreiben. Diese Zellen besitzen besonders viele Chloroplasten ▶ Bild 1a. Eine Aufgabenverteilung findet man auch in der
20 Wurzel (▶ Bild 1d): In der Mitte, dem Zentralzylinder, verlaufen die Gewebe zum Wasser- und Nährstofftransport, die Leitgewebe. Im äußeren Bereich befindet sich das Speichergewebe, das bei der Karotte sehr ausgeprägt ist.

Organ Ein *Organ* ist ein spezialisierter Teil des 25
Lebewesens, der aus unterschiedlichen Geweben besteht und eine Funktionseinheit bildet. Das Laubblatt einer Pflanze ist ein Organ, also ein abgegrenzter Bereich, der eine Funktionseinheit darstellt. Es ist hauptsächlich für die 30
Fotosynthese verantwortlich. Ein weiteres Organ der Pflanze ist die Wurzel, die zur Wasseraufnahme und, z. B. bei der Karotte, zur Speicherung von Nährstoffen dient.

Organismus Alle Organe eines Lebewesens bil- 35
den zusammen den *Organismus*.
Ein Organismus ist nur dann lebensfähig, wenn alle Organe funktionstüchtig sind. Dazu gehört auch die Kommunikation untereinander. Eine Karottenpflanze kann nur dann überleben, 40
wenn Wurzel und Blätter eine Einheit bilden. Blätter ohne Wurzel können nicht überleben, genauso wie die Wurzel ohne die Blätter nicht überleben kann.

Tierliche Zellen Auch tierliche Zellen sind spe- 45
zialisiert und je nach Funktion unterschiedlich gebaut. Zellen der Darmschleimhaut eines

Menschen (oder Tieres) haben eine auffällige Form. Da sie viele Ausstülpungen besitzen, ist
50 ihre Oberfläche stark vergrößert. So können Stoffe aus dem Darminnern gut aufgenommen werden. Des Weiteren findet man in ihnen viele Mitochondrien zur Energiebereitstellung ▶ Bild 2a.

55 **Gewebe** Die Darmschleimhautzellen bilden ein Gewebe, die Darmschleimhaut ▶ Bild 2b. Diese Zellen der Darmschleimhaut haben alle die gleiche Aufgabe, nämlich den Transport von Nährstoffen aus dem Darm in das Blut. Die Zellen der
60 Darmschleimhaut sind fest miteinander verbunden, sodass keine Stoffe aus dem Darm unkontrolliert zwischen den Zellen hindurch in den Körper gelangen.

Organ Der Darm ist ein Organ, also ein abge-
65 grenzter Bereich, der eine Funktionseinheit darstellt ▶ Bild 2c. Er sorgt dafür, dass über die Nahrung aufgenommene Nährstoffe in weitere Bereiche des Körpers gelangen. Er besteht aus der Darmschleimhaut und den zugehörigen

Blutgefäßen. Sie sorgen gemeinsam mit weite- 70 ren Geweben, z. B. Muskeln, für den Weitertransport der Nährstoffe.

Organismus Der Organismus kann nur überleben, wenn alle Organe funktionstüchtig sind. Aber es reicht noch nicht aus, dass alle Organe 75 funktionieren, sie müssen zum Überleben auch miteinander in Verbindung stehen und kommunizieren.

1 **A** Ordne folgende Begriffe in eine sachlogische Reihenfolge: Organ, Gewebe, Zelle, Organismus.
 B Gib für jeden Begriff jeweils ein tierliches und ein pflanzliches Beispiel an.

2 Nenne die Organe, die in einer Blüte zu finden sind ▶ Bild 3.

3 Überprüfe, ob die folgende Aussage für den Menschen zutrifft: „Ein Organismus ist nur dann lebensfähig, wenn alle Organe funktionstüchtig sind."

3 Schema einer Blüte

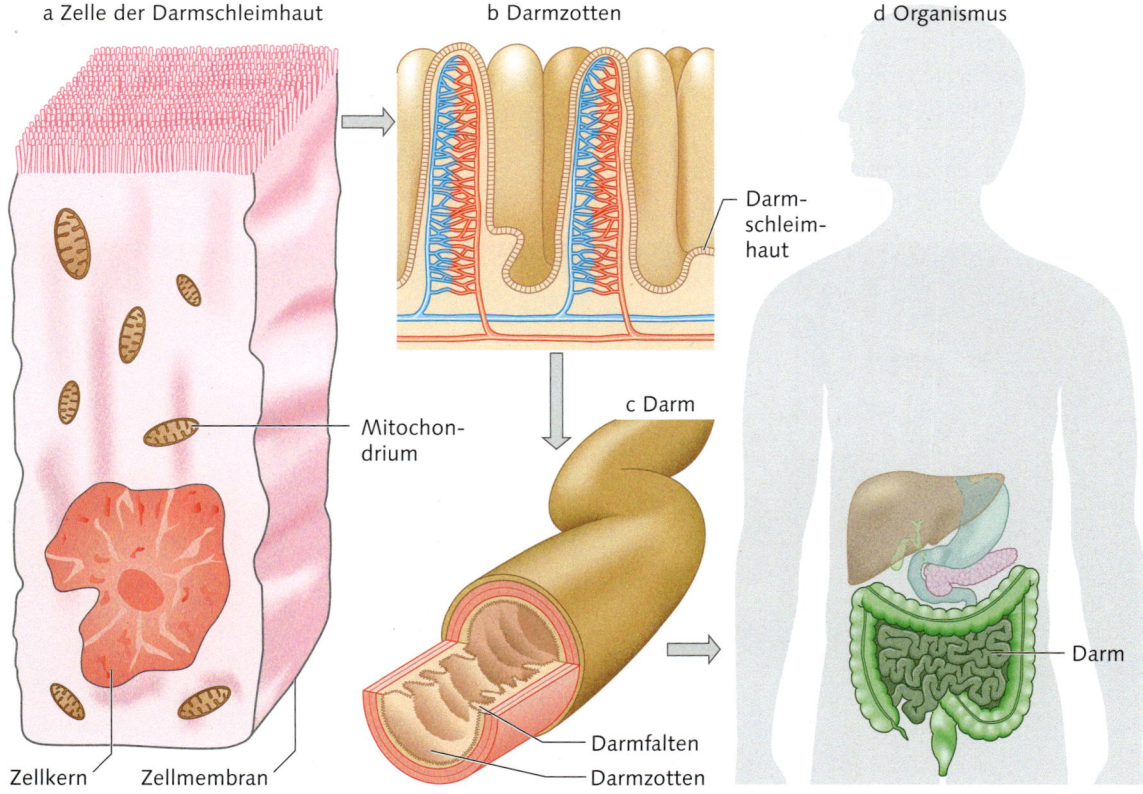

a Zelle der Darmschleimhaut

b Darmzotten

d Organismus

Darm-schleim-haut

Mitochon-drium

c Darm

Zellkern   Zellmembran

Darmfalten

Darmzotten

Darm

2 Organismus Mensch

Beobachtung von Pantoffeltierchen

Pantoffeltierchen kommen in Tümpeln, Teichen, Bächen und sogar in Wasserpfützen vor. Sie bestehen nur aus einer Zelle ▶ Bild 1. Können Pantoffeltierchen überhaupt richtige Lebewesen sein? Du kannst sie mit dem Lichtmikroskop beobachten und dies herausfinden.

1 Formuliere Forscherfragen, mit denen du überprüfen kannst, ob Pantoffeltierchen tatsächlich Lebewesen sind.

Mikrokopieren des Pantoffeltierchens

Material: Pantoffeltierchenkultur, Pipette, Pinzette, Watte, Filterpapier, Mikroskop, Objektträger mit Hohlschliff, Deckglas

Durchführung:
1. Ziehe ein wenig Watte in Fäden und verteile sie mit der Pinzette in der Vertiefung des Objektträgers.
2. Gib mit der Pipette 1 Tropfen aus der Pantoffeltierchenkultur auf die Watte.
3. Lege das Deckglas auf den Objektträger, ohne dass sich Luftblasen bilden.
4. Tupfe überstehende Flüssigkeit mit dem Filterpapier ab.
5. Lege das Präparat unter das Mikroskop.
6. Suche ein festsitzendes Pantoffeltierchen zunächst bei schwacher Vergrößerung. Beobachte es dann bei verschiedenen Vergrößerungen.

2 Zeichne das Pantoffeltierchen in der Größe mindestens einer halben DIN-A4-Seite.

3 Erkläre den Namen Pantoffeltierchen.

4 Beschrifte dir bekannte Zellorganellen.

5 Beschreibe weitere auffällige Strukturen.

Versuch 1

Material: Pantoffeltierchenkultur, gelöste Gelatine im Becherglas, 2 Pipetten, Filterpapier, Mikroskop, Objektträger mit Hohlschliff, Deckglas

Durchführung:
1. Gib 1 Tropfen der Pantoffeltierchenkultur in die Vertiefung des Objektträgers.
2. Gib mit der zweiten Pipette 1 Tropfen der Gelatinelösung direkt daneben auf den Objektträger. Die beiden Tropfen sollten sich berühren.
3. Lege das Deckglas auf den Objektträger, ohne dass sich Luftblasen bilden.
4. Lege das Präparat unter das Mikroskop.

6 Beobachte die Pantoffeltierchen etwa 2 min lang.

7 Beschreibe deine Beobachtung.

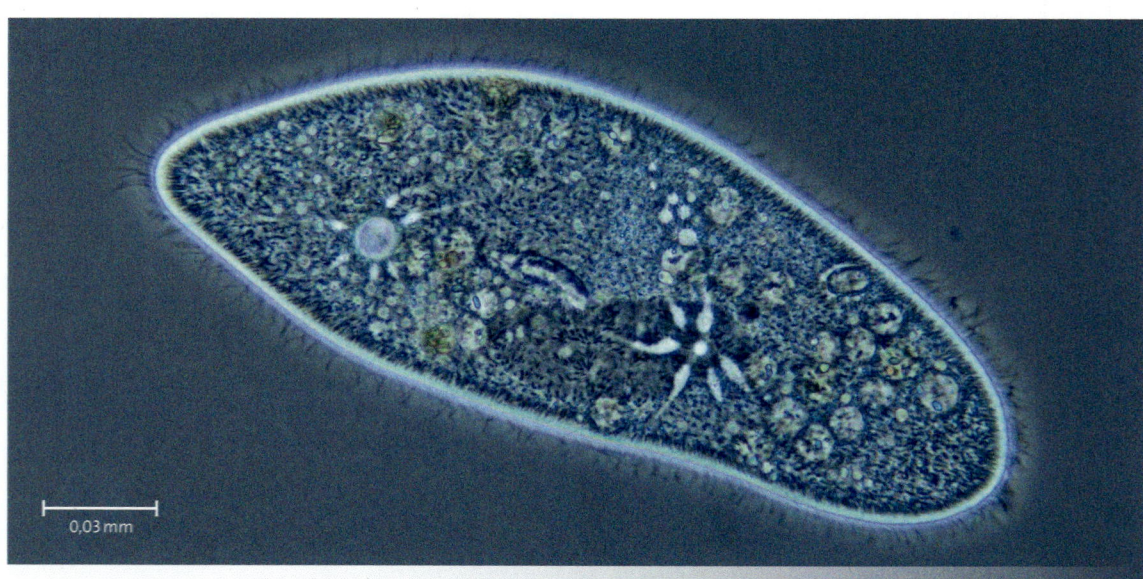

0,03 mm

1 Lichtmikroskopische Aufnahme eines Pantoffeltierchens. Das Vorderende befindet sich rechts.

Versuch 2

Material: Pantoffeltierchenkultur, farbige Salzkristalle (z. B. rotes Blutlaugensalz), Pipette, Pinzette, Mikroskop, Objektträger mit Hohlschliff, Deckglas

Durchführung:

1. Tropfe ein wenig der Pantoffeltierchenkultur in die Vertiefung des Objektträgers.
2. Lege das Deckglas auf den Objektträger, ohne dass sich Luftblasen bilden.
3. Lege das Präparat unter das Mikroskop.
4. Suche am Randbereich des Präparats nach Pantoffeltierchen.
5. Gib dort, wo viele Pantoffeltierchen zu sehen sind, mit der Pinzette kleine Kristalle an den Rand des Deckglases, sodass die Kristalle Kontakt zum Wasser unter dem Deckglas haben.

1 Beobachte die Pantoffeltierchen etwa 2 min lang.

2 Beschreibe deine Beobachtung.

Versuch 3

Material: Pantoffeltierchenkultur, die 2 Tage ohne Nahrung gehalten wurde, Tusche, Wasser, Messbecher, 3 Pipetten, Pinzette, Filterpapier, Mikroskop, Objektträger mit Hohlschliff, Deckglas

Durchführung:

1. Gib mit der einen Pipette 20 Tropfen der Tusche in 15 ml Wasser.
2. Gib mit der zweiten Pipette 1 Tropfen der Pantoffeltierchenkultur in die Vertiefung des Objektträgers.
3. Gib mit der dritten Pipette 1 Tropfen der verdünnten Tusche direkt daneben auf den Objektträger. Die beiden Tropfen sollten sich berühren.
4. Lege das Deckglas auf den Objektträger, ohne dass sich Luftblasen bilden.
5. Mikroskopiere das Präparat.

3 Beobachte die Pantoffeltierchen etwa 2 min lang.

4 Beschreibe die Reaktion eines Pantoffeltierchens, wenn es mit der Tusche in Berührung kommt.

5 Erkläre deine Beobachtungen mithilfe von ► Bild 2.

Auswertung:

6 **A** Beantworte deine Forscherfragen anhand deiner Beobachtungen.

  B Bewerte, ob das Pantoffeltierchen ein Lebewesen ist.

7 Plane Versuche, mit denen du weitere Kennzeichen des Lebens beim Pantoffeltierchen untersuchen kannst.

8 Pantoffeltierchen gehören zu den Wimpertierchen. Begründe diese Einordnung.

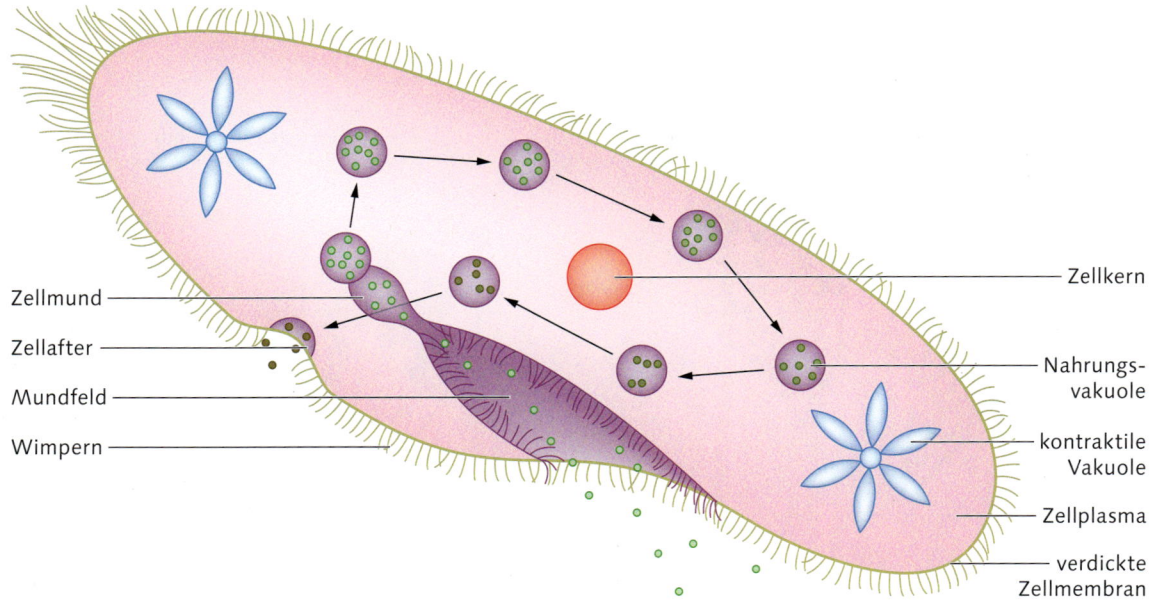

Zellmund
Zellafter
Mundfeld
Wimpern

Zellkern
Nahrungsvakuole
kontraktile Vakuole
Zellplasma
verdickte Zellmembran

2 Schemazeichnung eines Pantoffeltierchens

Das Augentierchen – Pflanze oder Tier?

Im Sommer schimmert die oberste Wasserschicht von Tümpeln und anderen kleinen Gewässer oft grün ▶ Bild 2. Dort findet man winzige grüne Kleinstlebewesen in großer Zahl, z. B.
5 Augentierchen.
Augentierchen sind etwa 0,05 mm große spindelförmige Einzeller. Sie besitzen keine Zellwand, sondern sind nur von einer verdickten Zellmembran umgeben. In der Zelle befinden
10 sich Chloroplasten. Mit ihrer Hilfe können Augentierchen Fotosynthese betreiben. Dabei nehmen sie die Energie des Sonnenlichts auf und bilden energiereichen Traubenzucker. Sie können aber auch energiereiche Nahrung auf-
15 nehmen.
Augentierchen bewegen sich mit ihrer langen Geißel fort. Dabei rotieren sie um die Längsachse. In Abhängigkeit von der Einfallsrichtung des Lichts beschattet der Augenfleck einen
20 lichtempfindlichen Bereich am Vorderende der Zelle. So können sie die Richtung des einfallenden Lichts wahrnehmen und zum Licht schwimmen.
Augentierchen vermehren sich ungeschlecht-
25 lich. Durch Längsteilung der Zelle entstehen zwei Tochterzellen.

2 Tümpel

① Erkläre die Grünfärbung der obersten Wasserschicht, die im Sommer in Tümpeln auftritt.

② **A** Benenne mithilfe von ▶ Bild 3 die Strukturen im Foto ▶ Bild 1.
B Nenne die Funktionen von Chloroplast, Geißel, Augenfleck und Zellkern.
C Manche Zellorganellen und Eigenschaften des Augentierchens sind typisch für Pflanzen, andere typisch für Tiere. Ordne zu. Nimm auch den Text zu Hilfe.
D Bewerte, ob der Name Augentierchen passend ist.

③ Erkläre, welchen Vorteil Augentierchen davon haben, dass sie auf Lichtquellen zuschwimmen.

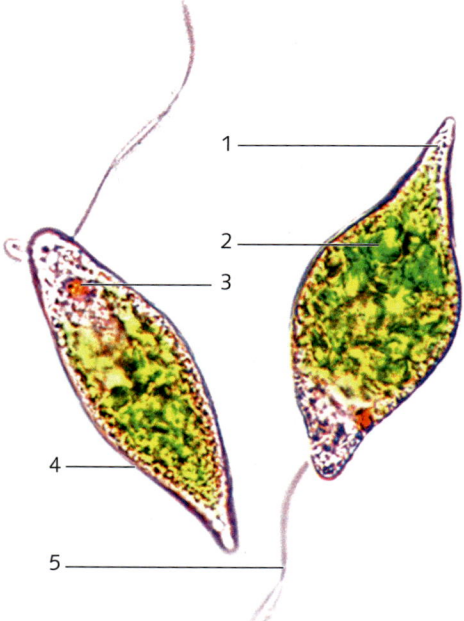

1 Augentierchen unter dem Lichtmikroskop

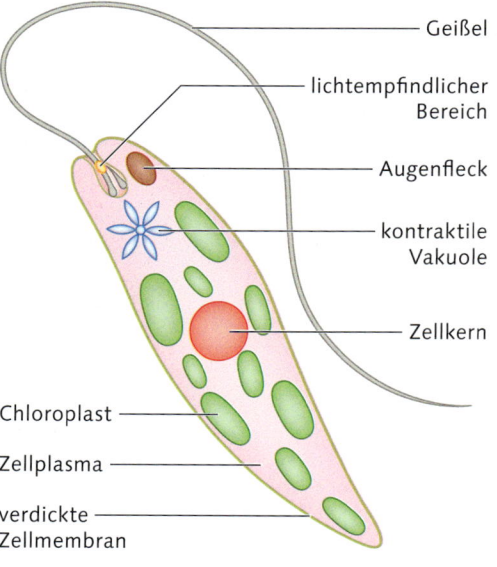

Geißel
lichtempfindlicher Bereich
Augenfleck
kontraktile Vakuole
Zellkern
Chloroplast
Zellplasma
verdickte Zellmembran

3 Augentierchen (Schema)

Was lebt im Heuaufguss?

In einem Heuaufguss leben die unterschiedlichsten einzelligen Lebewesen. Einzeller bewohnen alle Lebensräume, die ausreichend feucht sind. Bei Wassermangel bilden sie eine kapselartige Hülle. Kommen sie erneut mit Wasser in Kontakt, werden sie wieder beweglich und vermehren sich. Du kannst selbst Einzeller aus einem Heuaufguss beobachten.

Herstellung des Heuaufgusses

Material: Glasbehälter (2 000 ml), Glasplatte als Abdeckung, 5 g zerschnittenes Heu oder anderes abgestorbenes Pflanzenmaterial, 600 ml Tümpelwasser, 1 200 ml Leitungswasser

Durchführung:

1. Fülle das Heu oder anderes abgestorbenes Pflanzenmaterial in den Glasbehälter.
2. Gib Leitungswasser und Tümpelwasser im Verhältnis 2 : 1 zu. Das Gefäß sollte bis etwa 3 cm unter den Rand gefüllt sein.
3. Decke das Gefäß mit einer Glasplatte ab.
4. Stelle es an einen hellen, leicht sonnigen Standort. Warte 2 Tage.
5. Mache am zweiten Tag eine Geruchsprobe. Riecht das Wasser ein wenig faulig und ist es leicht trüb, kannst du in den folgenden Tagen mit dem Mikroskopieren beginnen.

Vorgänge im Heuaufguss

Nach etwa 2 Tagen setzt eine Fäulnis des abgestorbenen Materials ein und Bakterien vermehren sich. Diese Bakterien bilden an der Wasseroberfläche eine dünne, schmierige Schicht, die Kahmhaut. Sie dient den Einzellern, die sich unter günstigen Bedingungen vermehren, als Nahrung.

Mikroskopieren des Heuaufgusses

Material: Mikroskop, Objektträger, Deckglas, Pipette, Becherglas mit Tümpelwasser und Kahmhaut

❶ Mikroskopiere 1 Tropfen Wasser, der mit der Pipette direkt unterhalb der Kahmhaut entnommen wurde.
  A Zeichne mindestens zwei verschiedene Einzeller.
  B Benenne sie mithilfe von ▶ Bild 4.

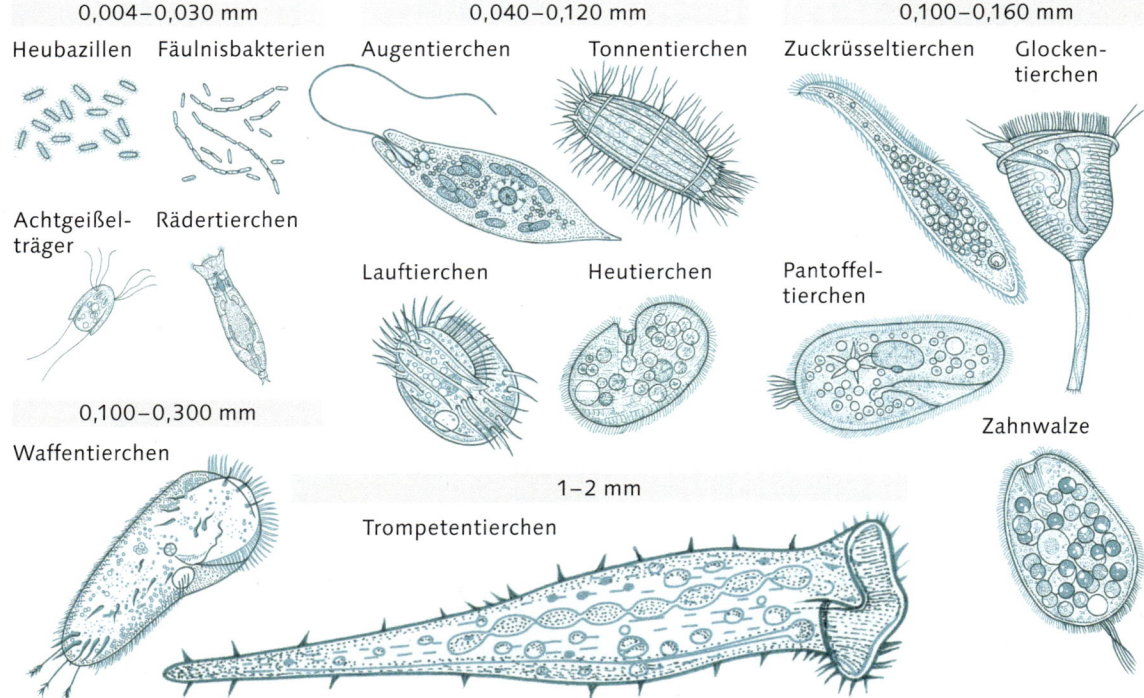

0,004–0,030 mm
Heubazillen   Fäulnisbakterien

0,040–0,120 mm
Augentierchen   Tonnentierchen

0,100–0,160 mm
Zuckrüsseltierchen   Glockentierchen

Achtgeißelträger   Rädertierchen

Lauftierchen   Heutierchen

Pantoffeltierchen

0,100–0,300 mm
Waffentierchen

1–2 mm
Trompetentierchen

Zahnwalze

4 Lebewesen im Heuaufguss

Zusammenfassung

Kompartimentierung

Zellen besitzen verschiedene Zellorganellen. Diese bilden abgeschlossene Reaktionsräume, die Kompartimente. So sind z. B. die Chloroplas-
5 ten Reaktionsräume, in denen die Fotosynthese abläuft. In den Mitochondrien findet die Energiebereitstellung für die Zelle statt ▸ Bild 1.
Jedes Lebewesen ist ein Organismus, der aus mehreren Organen besteht. Jedes Organ stellt
10 ein Kompartiment dar. Ein Beispiel dafür ist der Darm. Die Organe stehen untereinander in enger Wechselwirkung.
Diese Sachverhalte beschreiben das biologische Prinzip *Kompartimentierung*.

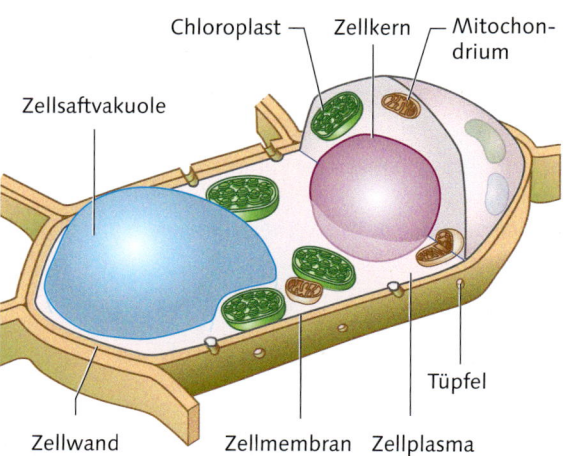

1 Schema einer pflanzlichen Zelle

15 Struktur und Funktion

Die Struktur jedes Zellorganells weist auf seine Funktion hin. Chloroplasten sind die Kompartimente der Fotosynthese und haben eine besondere Struktur, die für ihre Funktion unerlässlich
20 ist: Sie besitzen den grünen Blattfarbstoff Chlorophyll, der die Fotosynthese ermöglicht. Ebenso hängt die Struktur eines Organs eng mit den Aufgaben (Funktionen) zusammen, die dieses Organ zu erfüllen hat. Die Darmschleimhaut-
25 zellen sind in ihrer Struktur an ihre Funktion angepasst. Durch ihre gefaltete und vergrößerte Oberfläche können Nährstoffe besonders gut aufgenommen werden ▸ Bild 2.
Derartige Zusammenhänge werden im bio-
30 logischen Prinzip *Struktur und Funktion* beschrieben.

2 Zellen der Darmschleimhaut

Variabilität

Der Aufbau aller Zellen ist sehr ähnlich. Pflanzliche Zellen haben Zellwand, Zellmembran, Zellplasma und verschiedene Zellorganellen. 35 Jedoch gibt es Abwandlungen des Grundbauplans in unterschiedlichen Bereichen der Pflanze. Beispielsweise haben Zellen in den Laubblättern viele Chloroplasten, in denen Fotosynthese betrieben wird. Wurzelzellen werden nicht be- 40 lichtet. Sie haben keine Chloroplasten und deshalb kann dort keine Fotosynthese stattfinden. Auch Zellen verschiedener Arten zeigen Variabilität. So gibt es unterschiedliche Farbstoffe in der Vakuole, die typisch für die jeweilige Pflanze 45 sind ▸ Bild 3.
Auch bei den tierlichen Zellen gibt es Abwandlungen des Grundbauplans. So haben Darmzellen eine bestimmte Struktur, die sich von der der Mundschleimhautzellen unterscheidet. 50
Das biologische Prinzip *Variabilität* bezieht sich auf diese Zusammenhänge.

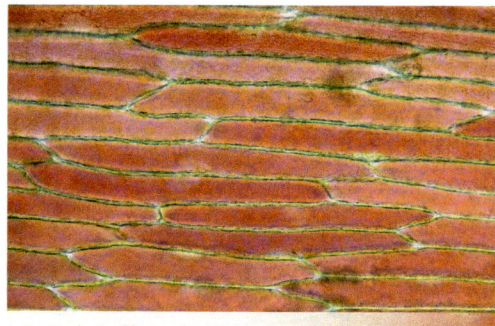

3 Farbstoffe in der Vakuole pflanzlicher Zellen

Teste dich!

1 **A** Ordne den Ziffern in ▶ Bild 4 die richtige Bezeichnung zu.

B Begründe, ob es sich um die Darstellung von pflanzlichen oder tierlichen Zellen handelt.

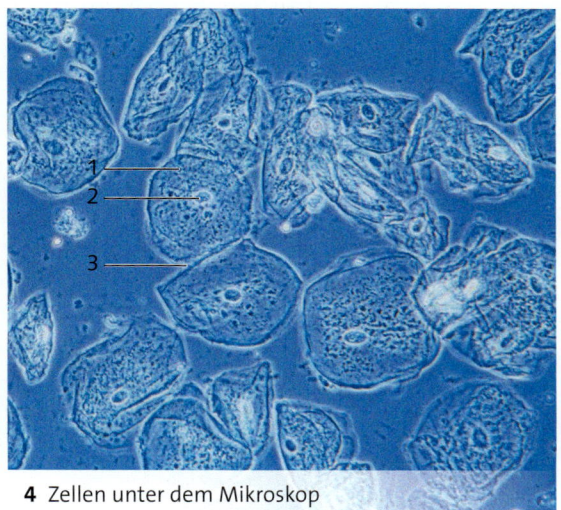

4 Zellen unter dem Mikroskop

2 Beschreibe am Beispiel eines Zellmodells, was Modelle leisten.

3 **A** Ordne den Ziffern die Bezeichnung für die Bestandteile des Mikroskops zu ▶ Bild 5.

B Beschreibe dein Vorgehen beim Mikroskopieren.

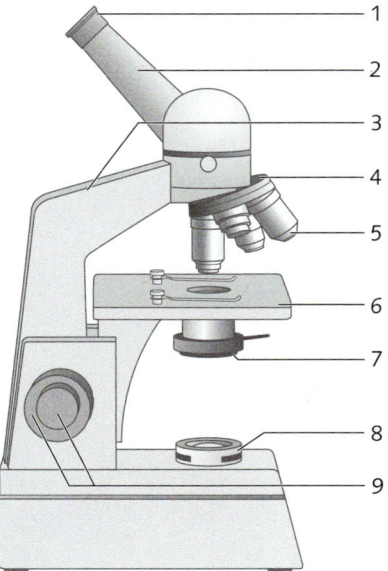

5 Mikroskop

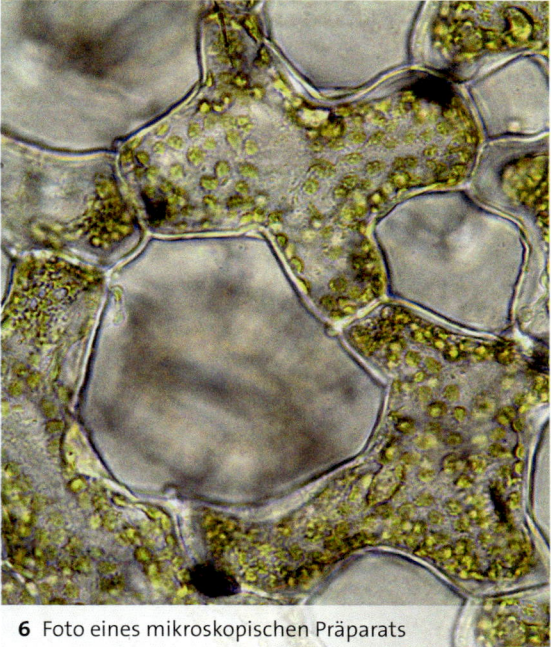

6 Foto eines mikroskopischen Präparats

4 **A** Zeichne und beschrifte das mikroskopische Präparat ▶ Bild 6.

B Begründe, ob es sich um pflanzliche oder tierliche Zellen handelt.

C Stelle Vermutungen auf, welche Funktion diese Zellen haben und wo sie zu finden sein könnten.

5 **A** Beschreibe, wie Pflanzen und Tiere wachsen.

B Erläutere das biologische Prinzip Variabilität anhand der Differenzierung von Zellen.

6 **A** Erkläre die Begriffe Zelle, Gewebe, Organ und Organismus an einem geeigneten Beispiel.

B Ordne die folgenden Gewebetypen begründet einem tierlichen oder pflanzlichen Organ sowie dem Organismus zu: Festigungsgewebe, Leitgewebe, Fotosynthesegewebe, Muskelgewebe.

C Stelle Hypothesen auf, welche Eigenschaften die Zellen in diesen Geweben zeigen müssten.

7 Erkläre das biologische Prinzip Kompartimentierung am Beispiel einer tierlichen Zelle.

8 „Pantoffeltierchen und Augentierchen sind einzellige Lebewesen." Diskutiere, ob diese Aussage korrekt ist. Beziehe einen Vergleich mit anderen Lebewesen ein, z. B. Mensch, Gänseblümchen.

▶ Die Lösungen zu den Aufgaben findest du im Anhang.

Fotosynthese und

Zellatmung ▶▶

Pflanzen bilden die Grundlage für das Leben auf der
Erde. Sie nutzen die Energie des Sonnenlichts, um
energiereiche Nährstoffe herzustellen. Diese Nährstoffe
werden auf vielfältige Art und Weise genutzt.
Mit historischen und neuen Versuchen kann man die
pflanzlichen Stoffwechselprozesse sichtbar machen.

Pflanzen als Nährstoffproduzenten

1 Früchte, Samen und Speicherorgane

Bedeutung von Pflanzen für die Ernährung
Menschen und Tiere ernähren sich unter anderem von pflanzlichen Produkten. In Früchten, Speicherorganen wie Knollen oder Zwiebeln und in Samen sind *Nährstoffe*, also Kohlenhydrate wie Zucker oder Stärke, aber auch Fette und Eiweiße, gespeichert ▶Bild 1. Die Energie, die in diesen gespeicherten Nährstoffen steckt, wird im Stoffwechsel von Menschen und Tieren freigesetzt und genutzt.

Pflanzen ernähren sich nicht von anderen Lebewesen. Wie aber produzieren die Pflanzen dann die für ihr Überleben notwendigen Nährstoffe? Wovon ernähren sich Pflanzen?

Fotosynthese Grüne Pflanzen nutzen für den Prozess der *Fotosynthese* die Energie des Sonnenlichts. Dabei stellen sie aus den energiearmen Ausgangsstoffen Kohlenstoffdioxid und Wasser energiereichen Traubenzucker, die Glucose, her ▶Bild 2. Sie sind also *autotroph*, das heißt selbsternährend. Als Abfallprodukt entsteht bei der Fotosynthese Sauerstoff, der an die Umgebung abgegeben wird. Die Bedeutung der grünen Pflanzen besteht also darin, dass sie als *Produzenten* Nährstoffe für ihren eigenen Bedarf herstellen und deshalb die Ernährungsgrundlage für alle anderen Lebewesen bilden.

Man bezeichnet diese Stoffwechselreaktion als Fotosynthese, weil unter Nutzung der Energie des Sonnenlichts Stoffe synthetisiert oder aufgebaut werden. Grüne Pflanzen sind Energiewandler. Sie wandeln im Prozess der Fotosynthese die Energie des Sonnenlichts in chemische Energie um, die in den gebildeten Nährstoffen gespeichert ist.

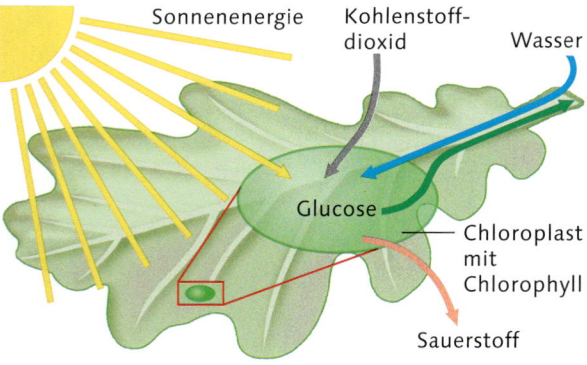

2 Schema der Fotosynthese

1. Erkläre den Begriff „autotroph".

2. Stelle den Prozess der Fotosynthese in Form einer Wortgleichung dar. Schreibe die Ausgangsstoffe auf die linke und die Produkte auf die rechte Seite und beschrifte den Pfeil.

     +   ⟶   +

3. Erläutere die Bedeutung der Fotosynthese für das Leben von Tieren und Menschen.

Laubblätter – Orte der Fotosynthese

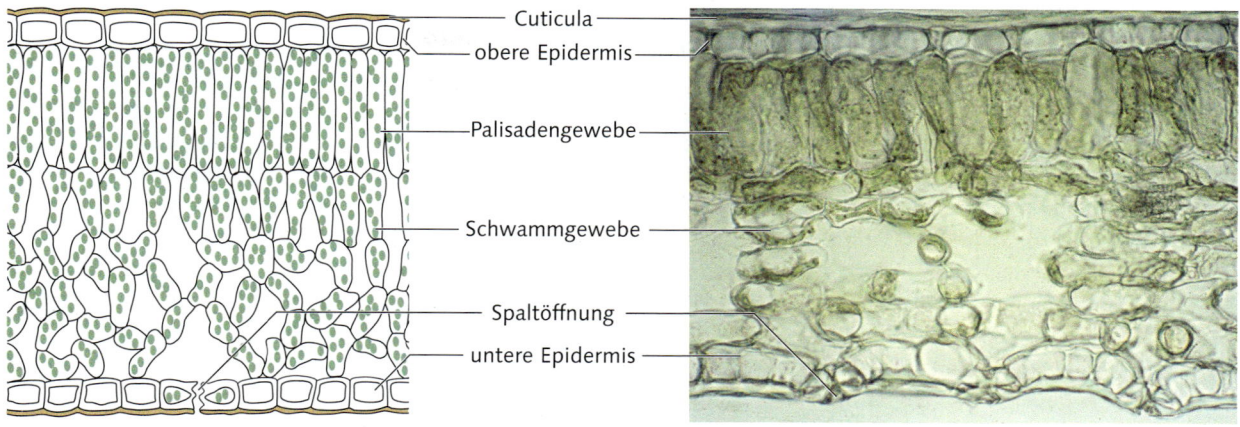

3 Laubblattquerschnitte: schematisch (links) und lichtmikroskopisch (rechts)

Blattaufbau Die Laubblätter der grünen Pflanzen sind die „Nährstofffabriken", denn dort wird aus den Ausgangsstoffen Kohlenstoffdioxid und Wasser Glucose hergestellt. Der Bau der
5 Blätter ist an diese Funktion angepasst. Betrachtet man den Querschnitt eines Laubblattes unter dem Lichtmikroskop, so erkennt man, dass es aus mehreren Geweben aufgebaut ist ▶ Bild 3.

10 **Blattoberseite** Die obere *Epidermis* besteht aus dickwandigen, farblosen Zellen, die lückenlos nebeneinander liegen. Auf der Außenseite der Epidermis ist eine lichtdurchlässige, wasserabweisende Wachsschicht, die *Cuticula*, aufgela-
15 gert. Während die Cuticula einen Verdunstungsschutz darstellt, schützt die Epidermis das Blattinnere vor Verletzungen.

Blattinneres Das Palisaden- und das Schwammgewebe spielen eine wesentliche Rolle für die
20 Fotosynthese. Das *Palisadengewebe* besteht aus schmalen, lang gestreckten Zellen, die zahlreiche Chloroplasten enthalten. Diese Blattgrünkörner enthalten den grünen Blattfarbstoff *Chlorophyll*, der den Blättern ihre Farbe verleiht.
25 Mithilfe dieses Farbstoffs nehmen die Pflanzen die Energie des Sonnenlichts auf und machen sie für die Pflanze nutzbar. Zwischen den unregelmäßig geformten, chloroplastenarmen Zellen des *Schwammgewebes* befinden sich viele
30 große Hohlräume. Diese *Interzellularen* ermöglichen eine gute Durchlüftung des Blattes.

Blattunterseite Die untere Epidermis schließt das Blatt nach außen ab. Hier fallen zahlreiche Poren, die *Spaltöffnungen*, auf ▶ Bild 4. Durch die Spaltöffnungen gibt die Pflanze Wasser- 35 dampf an die Umgebung ab. Dies nennt man *Transpiration*. Die Wasserdampfabgabe kann von der Pflanze reguliert werden, indem sie die Spaltöffnungen mehr oder weniger weit öffnet. Besondere Bedeutung haben die Spaltöffnun- 40 gen für die Aufnahme und Abgabe von Kohlenstoffdioxid und Sauerstoff, also für den Gasaustausch.

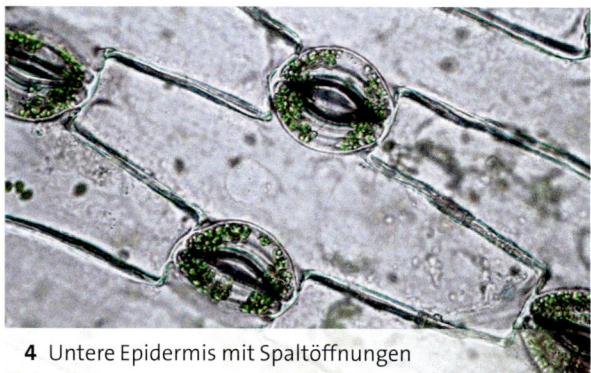

4 Untere Epidermis mit Spaltöffnungen

❶ A Nenne die Blattgewebe.
  B Beschreibe stichwortartig ihre Struktur und Funktion. Fertige dazu eine Tabelle nach folgendem Muster an:

Name des Gewebes	Struktur	Funktion

Viel Sonne – wenig Sonne

Sonnenpflanzen und Schattenpflanzen Mit ihren grünen Laubblättern können Pflanzen die Energie des Sonnenlichts nutzen, um energiereiche Glucose herzustellen und zu speichern.
5 Die Lichtintensität an verschiedenen Standorten ist aber sehr unterschiedlich. Es gibt Stellen mit hoher Lichtintensität wie offene Feldfluren, Felsen, Trockenrasen oder Heideflächen. Umgekehrt erreicht die Kräuter und Moose des
10 Waldbodens nur sehr wenig Licht. An diese unterschiedlichen Lichtverhältnisse sind alle an den jeweiligen Standorten wachsenden Pflanzen angepasst. So nehmen sie einerseits durch zu viel Licht keinen Schaden, andererseits kön-
15 nen sie bei geringem Lichteinfall das Licht optimal nutzen.
Pflanzen, die bevorzugt an sehr sonnigen Standorten wachsen, bezeichnet man als Sonnenpflanzen. Sie haben einen hohen Lichtbedarf
20 und sterben bei zu viel Schatten. Beispiele sind das Heidekraut oder der als Gewürz bekannte Thymian. Schattenpflanzen, z. B. Sauerklee oder Springkraut, sind an Standorte mit geringer Lichtintensität angepasst. Ihnen schadet eine
25 intensive Bestrahlung. Die jeweilige Angepasstheit betrifft meist die ganze Pflanzenart.

Sonnenblatt und Schattenblatt Auch innerhalb einer Pflanzenart können Anpassungen an unterschiedliche Lichtverhältnisse auftreten. Dies ist bei den Sonnen- und Schattenblättern der 30 Rotbuche der Fall. Die Blätter auf der Oberseite der Baumkrone sind dem vollen Sonnenlicht ausgesetzt, während die Blätter im inneren und unteren Bereich deutlich weniger Licht erhalten ▶ Bild 1. Erst während der Blattentwicklung 35 entscheidet sich durch viel oder wenig Lichteinfluss, ob sich ein Blatt zum Sonnen- oder Schattenblatt entwickeln wird.
Das Sonnenblatt ist kleiner und derber, mit mehrschichtigem Gewebe. Deshalb ist es dicker. 40 Sonnenblätter sind auch bei starkem Sonnenlicht in der Lage, die gesamte Energie zu nutzen. Schattenblätter sind größer, dünner und zarter gebaut. Somit können sie das spärliche Licht z. B. im Innern der Krone auffangen. 45
Die gesamte Fotosyntheseausbeute wird bei der Rotbuche durch das Vorhandensein von Licht- und Schattenblättern optimiert: Das Schattenblatt nutzt niedrige, das Sonnenblatt hohe Lichtintensität optimal zur Herstellung 50 von Glucose bei der Fotosynthese. Beide Blatttypen ergänzen sich.

① **A** Vergleiche den Aufbau der verschiedenen Gewebe im Schatten- und Sonnenblatt ▶ Bild 1.
B Sonnen- und Schattenblatt sind unterschiedlich an eine optimale Fotosyntheseausbeute angepasst. Erläutere dies mit dem Aufbau und der Größe der beiden Blatttypen.

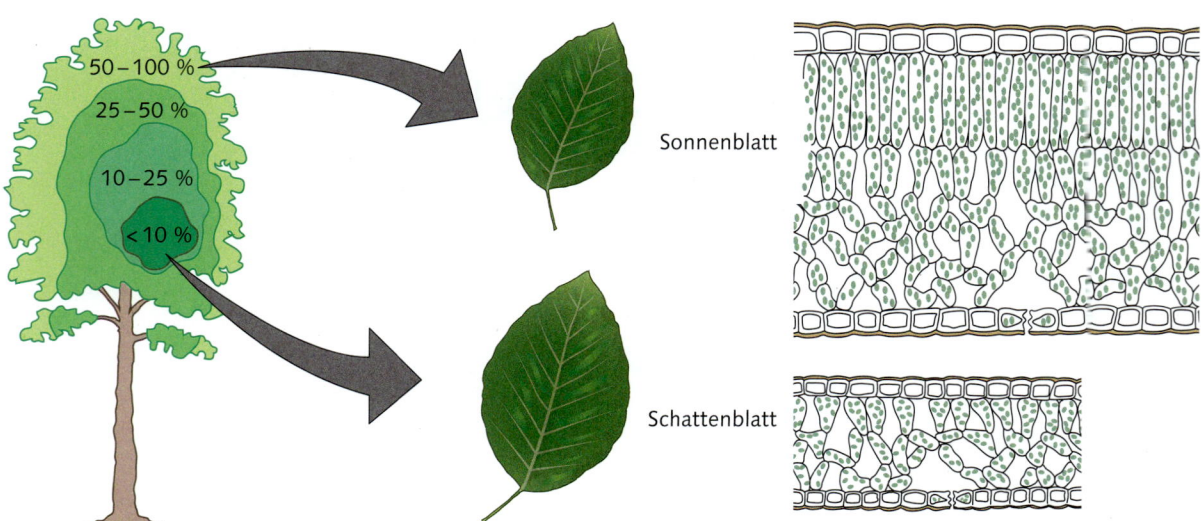

50 – 100 %
25 – 50 %
10 – 25 %
< 10 %

Sonnenblatt

Schattenblatt

1 Lichtintensität in der Baumkrone von außen nach innen in Prozent (links), Sonnen- und Schattenblatt der Rotbuche (rechts)

Anfertigung von Blattquerschnitten

Laubblätter lassen sich mit dem Lichtmikroskop untersuchen. So kann man den Bau der verschiedensten Blätter ansehen und vergleichen. Damit der Lichtstrahl beim Mikroskopieren durch das Präparat dringen kann, müssen die Blätter sehr dünn geschnitten sein.

Blattquerschnitt aus gefaltetem Laubblatt

Material: Laubblätter (z. B. Flieder, Christrose, Nieswurz, Alpenveilchen), Schneidebrett, Rasierklinge mit Schutz aus Metall ▶ Bild 4

Durchführung:
1. Falte das Laubblatt mehrfach ▶ Bild 2.
2. Schneide die überstehenden Teile des Blattes ab, es entsteht eine gerade Fläche.
3. Versuche, möglichst dünne Schnitte anzufertigen.

Schnitt-fläche

2 Falten eines Laubblatts

Blattquerschnitt mit Holundermark

Laubblätter kann man zum leichteren Schneiden in Holundermark einspannen.

Material: Laubblätter, Holundermark, Schneidebrett, Rasierklinge mit Schutz aus Metall

Durchführung:
1. Spalte das Holundermark längs.
2. Spanne ein Stückchen des Laubblatts zwischen den Holundermarkhälften ein ▶ Bild 3.
3. Schneide das Mark auf Höhe des Blattstückchens quer durch, damit eine gerade Fläche entsteht.
4. Schneide mit der Rasierklinge möglichst dünne Scheibchen.

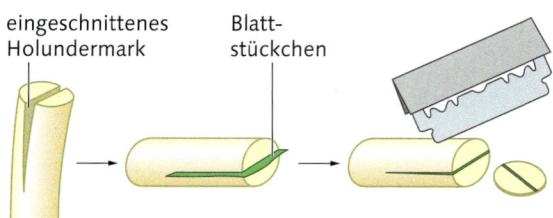

eingeschnittenes Holundermark

Blatt-stückchen

3 Anfertigung eines Blattquerschnitts mit Holundermark

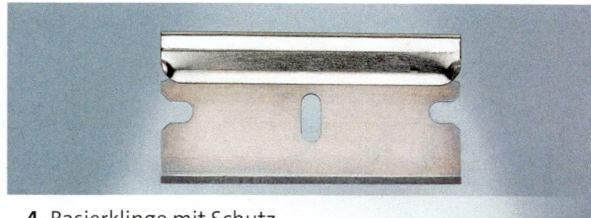

4 Rasierklinge mit Schutz

Blattquerschnitt mit Mikrotom

Mit einem Hand- oder Tischmikrotom (▶ Bild 5) kannst du auch ohne Übung gleichmäßig dünne Schnitte herstellen, z. B. von Nadelblättern.

5 Tischmikrotom

1 **A** Stelle Querschnitte von Laubblättern her und mikroskopiere sie.
B Benenne die Blattgewebe. Welche Blattgewebe enthalten Chloroplasten, welche nicht?
C Formuliere eine begründete Hypothese, ob aus einem Nadelblatt (▶ Bild 6) mehr oder weniger Wasser verdunstet als aus einem Laubblatt.

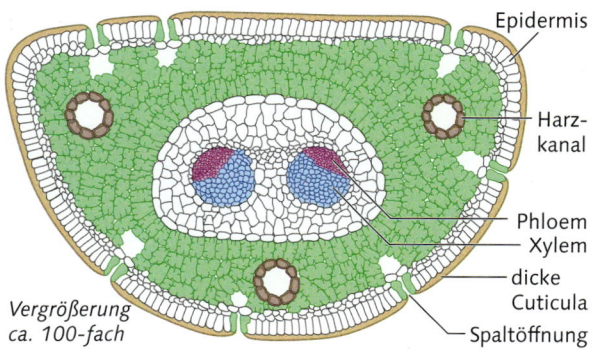

Epidermis

Harz-kanal

Phloem
Xylem
dicke Cuticula
Spaltöffnung

Vergrößerung ca. 100-fach

6 Zeichnung eines Nadelblattquerschnitts

Wasser- und Stofftransport in Pflanzen

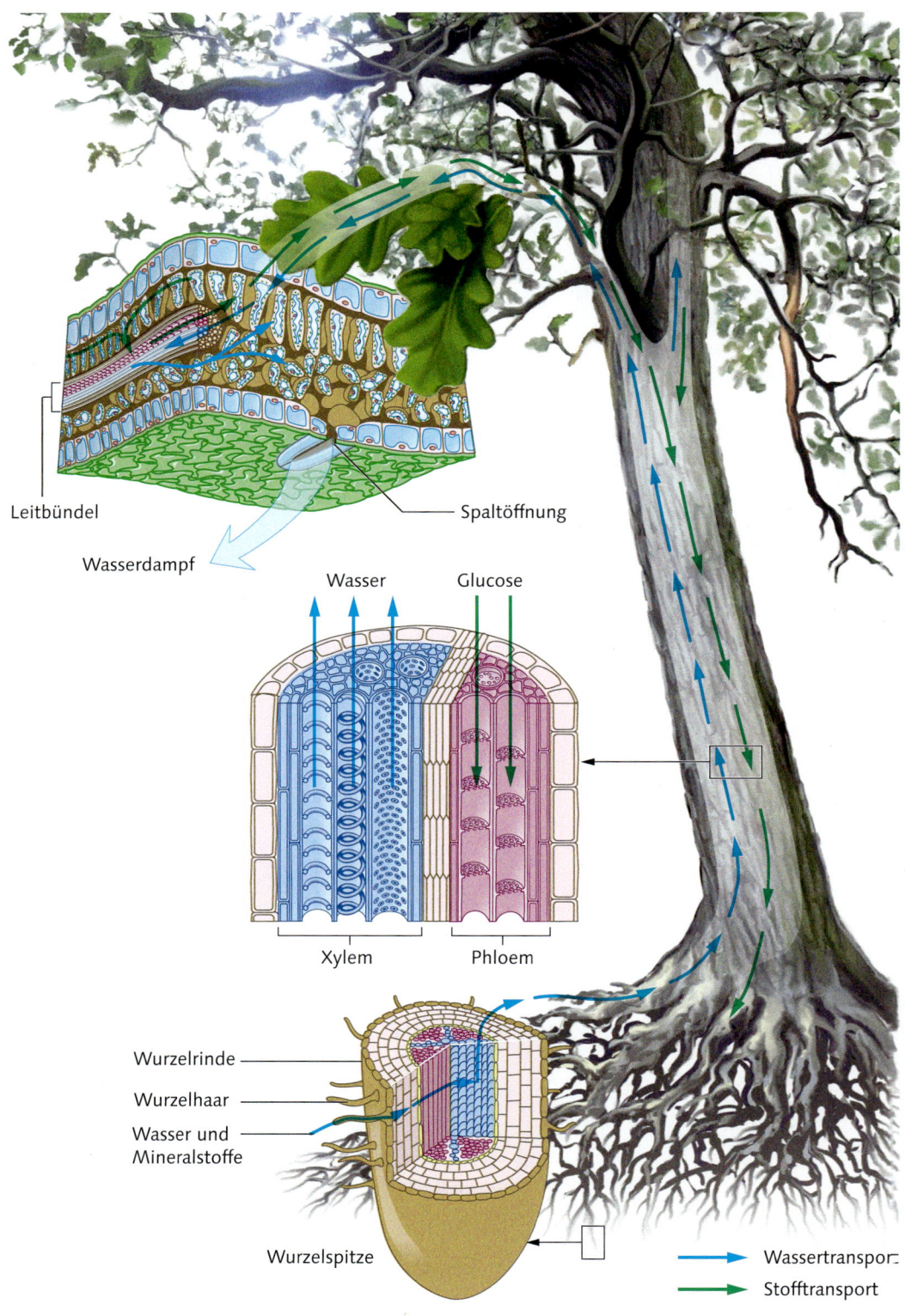

Leitbündel

Spaltöffnung

Wasserdampf

Wasser

Glucose

Xylem

Phloem

Wurzelrinde

Wurzelhaar

Wasser und Mineralstoffe

Wurzelspitze

Wassertransport

Stofftransport

1 Wasser- und Stofftransport in Pflanzen

Wassertransport Pflanzen benötigen für die Fotosynthese neben Kohlenstoffdioxid auch Wasser. Sie besitzen für den Wassertransport ein Leitungsnetz, das sich von den Wurzeln bis
5 zu den Blättern erstreckt ▶ Bild 1.
Über die Wurzelhaarzellen nimmt die Pflanze Wasser und darin gelöste Mineralstoffe aus dem Boden auf. Das Wasser gelangt über die Zellen der Wurzelrinde in die Wasserleitungs-
10 bahnen, das *Xylem*. Von dort wird es weiter über die Blattadern bis in die Zellen der Blattgewebe transportiert.
Über die Spaltöffnungen geben die Blätter ständig Wasserdampf an die Umgebung ab. Diese
15 Transpiration bewirkt, dass Wasser über das Xylem aus der Wurzel nachgesogen wird und der Wasserstrom nicht abreißt.

Stofftransport Die bei der Fotosynthese in den Zellen des Palisaden- und Schwammgewebes gebildete Glucose wird in andere Pflanzenteile 20 befördert. Dies geschieht über besondere Leitungsbahnen, die *Phloem* genannt werden. Der Transport ist möglich, weil Glucose wasserlöslich ist. In diesen Pflanzenteilen wird die Glucose verbraucht oder in Speicherstoffe umgewan- 25 delt. Ein wichtiger pflanzlicher Speicherstoff ist die Stärke. Stärke ist nicht wasserlöslich.

1 Beschreibe den Weg des Wassers durch die Pflanze in Form eines Fließdiagramms.

2 Nenne pflanzliche Organe, in denen Nährstoffe gespeichert werden.

Experimente zur Wasserdampfabgabe

Die Wasserdampfabgabe bei Pflanzen kann man im Experiment beobachten.

A
B

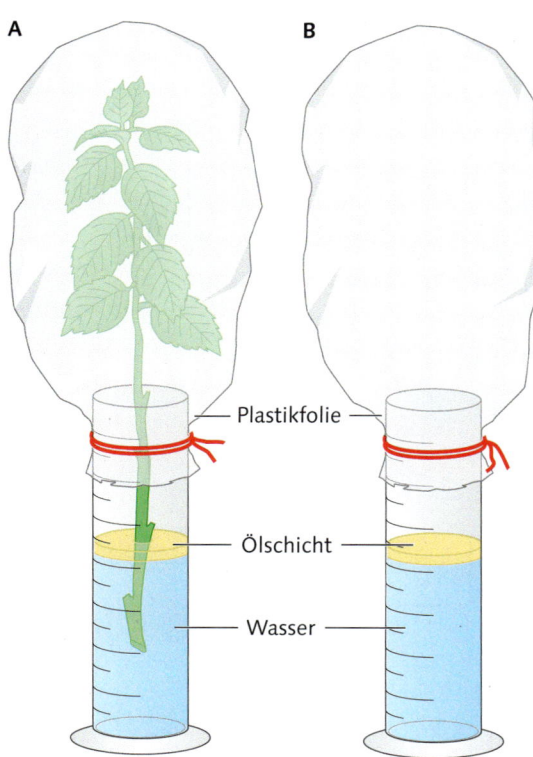

Plastikfolie

Ölschicht

Wasser

2 Experiment zur Wasserdampfabgabe

3 A Beschreibe den Versuchsaufbau des in ▶ Bild 2 dargestellten Experiments.
B Erkläre, warum sich in Versuchsansatz **A** Wassertröpfchen an der Plastikfolie niederschlagen, bei **B** jedoch nicht.
C In einem weiteren Versuchsansatz werden die Blattunterseiten mit Vaseline bestrichen. Stelle Hypothesen über das zu erwartende Versuchsergebnis auf.

4 Ein Wissenschaftler möchte überprüfen, ob die Wurzeln oder die Blätter für die Wasseraufnahme verantwortlich sind.
A Nenne zunächst die Hypothesen, die der Wissenschaftler aufgestellt hat. Formuliere dazu deine Erwartungen, wenn die Hypothese zutrifft: „Wenn die Blätter für die Wasseraufnahme verantwortlich sind, dann …"
B Entwickle Experimente, mit denen du die Hypothesen überprüfen kannst.

Bedeutung des Lichts für die Fotosynthese

Die in der Fotosynthese gebildete Glucose wird von der Pflanze in Stärke umgewandelt. Mit einem Stärkenachweis lässt sich das zeigen.

1 Stärkenachweis

Stärkenachweis

Das Kohlenhydrat Stärke lässt sich mit Lugol'scher Lösung (Iod-Kaliumiodid) durch eine empfindliche Farbreaktion nachweisen. Iod-Kaliumiodid ist eine bernsteinfarbene Lösung. Gibt man diese zu Stärke, so bildet die Stärke mit der Iod-Kaliumiodid-Lösung eine blauviolette oder blauschwarze Färbung ▶ Bild 1. Diese blau-violette Färbung ist der Stärkenachweis.

Bedeutung des Lichts für die Fotosynthese

Eine Geranienpflanze wird 24 Stunden lang belichtet. Einige Blätter werden mit Alufolie umwickelt und so vom Licht abgeschirmt. Von der Pflanze wird je ein belichtetes und ein unbelichtetes Blatt abgeschnitten. Bei beiden Blättern wird der Stärkenachweis mit Iod-Kaliumiodid-Lösung durchgeführt.

Achtung: Der Versuchsaufbau muss einmal für belichtete und ein zweites Mal für unbelichtete Blätter aufgebaut werden.

Material: belichtetes und unbelichtetes Geranienblatt, Schutzbrille, Brennspiritus (Ethanol vergällt, 96,5 %ig; GHS 2 und 7, Entsorgung: flüssige organische Abfälle, halogenfrei); Iod-Kaliumiodid-Lösung (GHS 8), Heizplatte, Tiegelzange, Schere, Pinzette, Pipette, Wasser, 2 Petrischalen, 2 große und 2 kleine Bechergläser

Durchführung:

1. Gib die Blätter für 10 min in kochendes Wasser ▶ Bild 2a.
2. Anschließend überführt deine Lehrerin oder dein Lehrer die Blätter in ein Becherglas mit heißem Brennspiritus. Hier verbleiben sie für 5 min.
3. Wasche die Blätter in einem Becherglas, das du zuvor zur Hälfte mit Wasser gefüllt hast. Schwenke sie dazu mit der Pinzette im Wasser hin und her ▶ Bild 2c.
4. Bedecke den Boden einer Petrischale mit Iod-Kaliumiodid-Lösung. Lege die Blätter mit der Pinzette hinein ▶ Bild 2d.

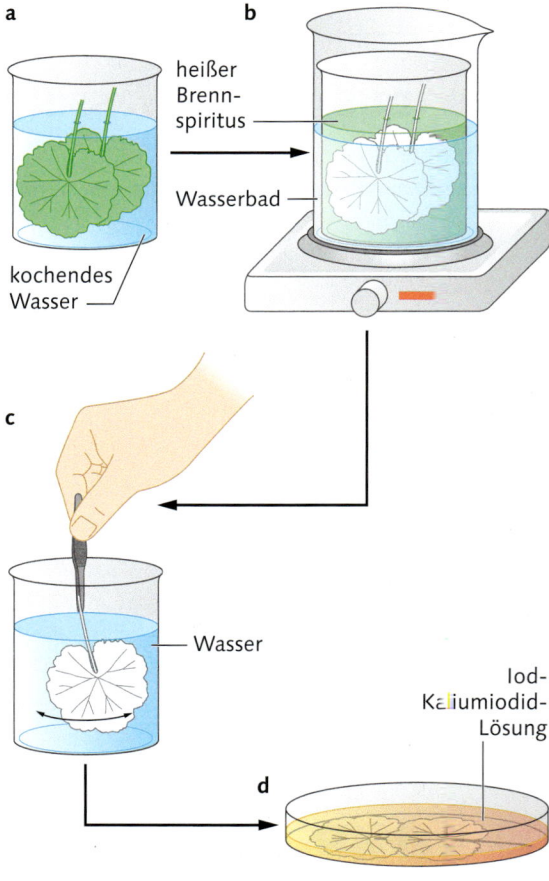

2 Versuchsdurchführung

1 Protokolliere deine Versuchsbeobachtungen.

2 Deute das Versuchsergebnis.

Orte der Stärkebildung

Der Versuch mit belichteten und nicht belichteten Blättern zeigt, dass Stärke nur in belichteten Blättern gebildet wird. Licht ist also ein zwingend notwendiger Faktor für die Produktion von Stärke in der Fotosynthese. Aber hat auch die Färbung des Blattes einen Einfluss auf die Stärkebildung?

Stärkenachweis in panaschierten Blättern

In der Natur treten innerhalb derselben Pflanzenart Pflanzen mit einheitlich grün gefärbten Blättern, aber auch solche mit panaschierten Blättern auf ▶ Bild 3. Panaschierte Blätter weisen neben grün gefärbten auch farblose Blattbereiche auf. Es stellt sich die Frage, ob auch bei panaschierten Blättern im ganzen Blatt durch Fotosynthese Stärke gebildet wird.

Forscherfrage: Wo wird in panaschierten Blättern Stärke gebildet?

Hypothesen:
(1) Stärke wird im gesamten Blatt gebildet, weil die Blätter „Nährstofffabriken" sind.
(2) Stärke wird nur in den grünen Blattbereichen gebildet. Zur Stärkebildung ist Licht erforderlich. Mithilfe des grünen Blattfarbstoffs Chlorophyll wird die Lichtenergie eingefangen. Also kann die Stärkebildung nur in den grünen Blattbereichen stattfinden.
(3) Glucose wird nur in den grünen Blattbereichen gebildet und in die farblosen Bereiche weitergeleitet. An beiden Orten wird daraus Stärke gebildet.

Material: Blatt einer 24 Stunden lang belichteten Geranienpflanze mit panaschierten Blättern, Schutzbrille, Iod-Kaliumiodid-Lösung (GHS 8), elektrische Heizplatte, Tiegelzange, Schere, Pinzette, Pipette, Wasser, Petrischale, Becherglas (250 ml), Siedesteinchen

Durchführung:
1. Fertige vor Versuchsbeginn eine Zeichnung des Umrisses eines panaschierten Blattes an. Skizziere die Verteilung der grün- bzw. ungefärbten Bereiche im Blatt ▶ Bild 4.
2. Fülle das Becherglas halb voll mit Wasser und gib einige Siedesteinchen in das Wasser.
3. Erhitze bis zum Kochen.
4. Gib das Blatt für 15 min in das kochende Wasser, bis es sich entfärbt.
5. Nimm das entfärbte Blatt heraus.
6. Lege das Blatt anschließend für 10 min in eine Petrischale, deren Boden mit Iod-Kaliumiodid-Lösung bedeckt ist.

3 Panaschierte Geranienblätter

Wasser

Siedesteinchen

Iod-Kaliumiodid-Lösung

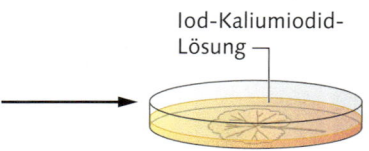

4 Versuchsdurchführung

1 Vergleiche die auftretende Färbung mit deiner Umrisszeichnung des Blattes vor dem Versuch.

2 Deute das Versuchsergebnis. Nimm dabei Bezug auf die oben formulierten Hypothesen.

3 Fasse zusammen, wo und unter welchen Voraussetzungen Fotosynthese stattfindet.

Stoff- und Energieumwandlung

Stoffumwandlung Grüne Pflanzen wandeln die Glucose, die in der Fotosynthese gebildet wird, in zahlreiche andere Stoffe um ▶ Bild 1. So baut die Pflanze aus der Glucose andere Kohlenhy-
5 drate, darunter Stärke und Cellulose, auf. Stärke ist schlecht wasserlöslich und eignet sich deshalb als Speicherstoff, der in Samen, Früchten oder anderen Pflanzenorganen gelagert wird. Cellulose ist ein wichtiger Zellwandbestandteil.
10 Neben der Stärke bildet die Pflanze andere Nährstoffe, wie Eiweiße und Fette.

Energieumwandlung Wenn die Pflanze diese Nährstoffe abbaut, wird Energie bereitgestellt. Diese Energie nutzt die Pflanze, um ihren eigenen Energiebedarf zu decken. Die Energie wird 15 für Lebensvorgänge wie die Aufnahme von Mineralstoffen aus dem Boden oder den Stofftransport innerhalb der Pflanze benötigt. Andererseits nutzt die Pflanze die gebildeten Stoffe für ihr Wachstum, indem sie neue Zellen auf- 20 baut und so zum Beispiel Früchte, Samen oder neue Blätter bildet.

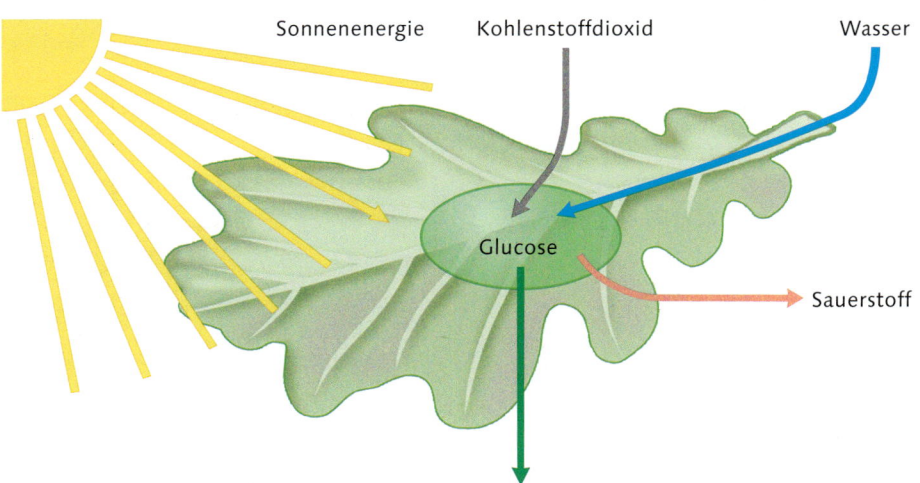

Sonnenenergie   Kohlenstoffdioxid   Wasser

Glucose

Sauerstoff

Durch den Baustoffwechsel entstehen in den Zellen durch Stoffumwandlung:

andere Kohlenhydrate   Fette und Öle   Eiweiße
z. B. Rohrzucker, Stärke, Cellulose

Zuckerrüben   Kartoffeln   Rapsöl   Erbsen

Holz   Sonnenblumenöl   Sojabohnen

1 Weiterverarbeitung von Glucose

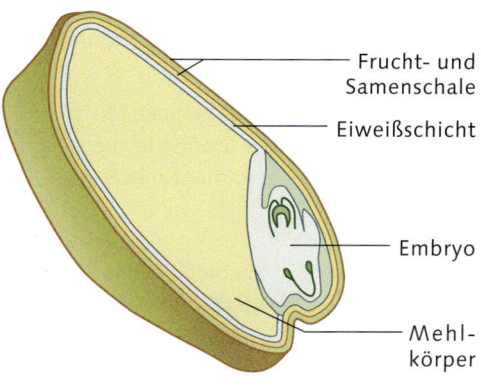

2 Weizenfrucht

Frucht- und Samenschale

Eiweißschicht

Embryo

Mehlkörper

1. Erkläre, wieso sich Stärke besser als Speicherstoff eignet als Glucose.

2. Nenne Möglichkeiten, wie Menschen Pflanzen nutzen ▶ Bild 1.

3. Bild 2 zeigt einen Längsschnitt durch eine Weizenfrucht. Erläutere, woher die Energie für das Wachstum des Embryos ursprünglich stammt.

4. Erkläre die Begriffe Stoff- und Energieumwandlung bei Pflanzen.

Material Methode Praxis

Stärkekörner mikroskopieren

Pflanzen speichern Kohlenhydrate in den Zellen ihrer Früchte, Samen oder Speicherorgane in Form von Stärkekörnern. Unter dem Mikroskop kann man diese Stärkekörner betrachten, nachdem man vorher durch Zerschneiden oder Zerquetschen die Zellen zerstört hat.

Präparate mit Stärkekörnern
Fertige mikroskopische Präparate einer Kartoffel, eines Bohnensamens und einer Banane an.

Material: Messer, Zange, Präpariernadel, Objektträger, Deckgläschen, Filterpapier, Pipette, Iod-Kaliumiodid-Lösung (GHS 8), Wasser, Kartoffel, Bohnensamen, Banane

Durchführung:
1. Bereite drei Objektträger vor, indem du mit der Pipette auf jeden Objektträger einen Tropfen Wasser gibst.
2. Schneide dann von einer Kartoffel ein Stück ab und schabe mit dem Messer Zellen von der Schnittstelle.
3. Zerkleinere den Bohnensamen mit der Zange. Kratze mit dem Messer kleine Stückchen von dem weißen Gewebe der Innenseite des Bohnensamens ab.
4. Gib die abgeschabten Zellen jeweils in die Wassertropfen auf den Objektträgern.
5. Schneide ein kleines Stück von der Banane ab. Kratze mit einer Präpariernadel eine kleine Menge Bananenfruchtfleisch ab.
6. Stelle ein Quetschpräparat des Bananenfruchtfleischs her, wie auf Seite 25 beschrieben.
7. Lege jeweils ein Deckgläschen auf.

8. Gib je einen Tropfen Iod-Kaliumiodid-Lösung auf den Rand der Deckgläschen. Sauge die Iod-Kaliumiodid-Lösung durch die Präparate, indem du ein Filterpapier an die andere Seite der Deckgläschen hältst.
9. Mikroskopiere die drei Präparate.

5. Fertige jeweils eine Zeichnung an.

6. Vergleiche die Formen der Stärkekörner von Kartoffel, Bohnensame und Banane.

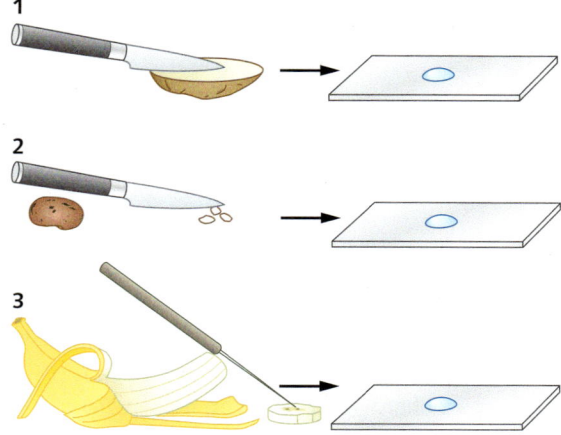

3 Herstellung der Präparate

Erforschung der Fotosynthese

Versuch von van Helmont Um 1635 machte der Naturforscher Johan van Helmont ein wichtiges Experiment zur Klärung der Frage, wie sich Pflanzen ernähren.

5 Damals vermuteten die Wissenschaftler, dass Pflanzen alle zum Wachstum erforderlichen Stoffe aus der Erde entnehmen. Van Helmont pflanzte eine junge Weide in einen Topf mit Erde. Zuvor hatte er sowohl die Weide als auch

10 die Erde gewogen. Die Erde deckte er mit einer durchlöcherten Metallplatte ab und verhinderte so, dass durch Wind oder andere Umwelteinflüsse Erde hinzukam oder verloren ging. Er goss die Pflanze ausschließlich mit Regenwas-

15 ser. Nach fünf Jahren wog er die Weidenpflanze und die Erde im Topf erneut ▶ Bild 1.
Aus seiner Beobachtung zog er die Schlussfolgerung, dass Pflanzen die Stoffe, die sie für ihr Wachstum benötigen, überwiegend aus dem

20 Wasser und nur zu einem sehr geringen Teil aus der Erde entnehmen.

nehmen also neben Wasser und darin gelösten 30 Mineralstoffen auch noch andere Stoffe auf die sie im Baustoffwechsel in eigene Pflanzenmasse umwandeln.

Versuche von Priestley Der Theologe, Philosoph, Chemiker und Physiker Joseph Priestley 35 (▶ Bild 3) vermutete, dass Lebewesen einen Einfluss auf die Zusammensetzung der Luft haben. Er führte im Jahr 1771 eine wichtige Versuchsreihe zur Überprüfung seiner Hypothese durch ▶ Bild 4. 40

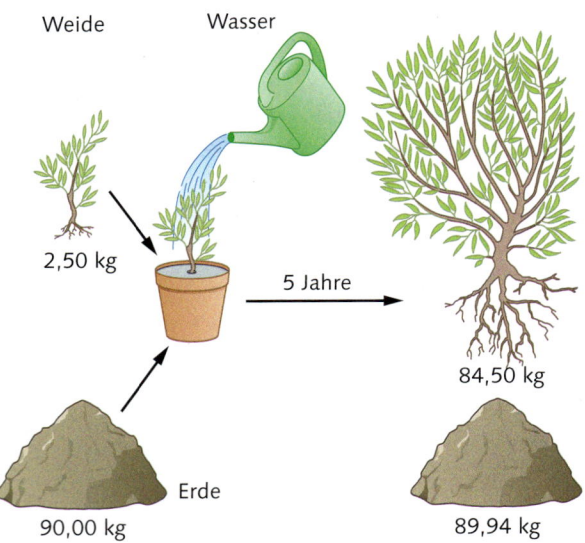

Weide · Wasser

2,50 kg

5 Jahre

84,50 kg

Erde

90,00 kg · 89,94 kg

1 Versuch von van Helmont

Weg der Erkenntnis Heute weiß man, dass diese Schlussfolgerung falsch war. Bestimmt man nämlich den Wasseranteil einer Pflanze, indem

25 man sie trocknet und das Trockengewicht vom Frischgewicht abzieht, so stellt man fest, dass ein Rest an Pflanzenmasse bleibt, dessen Herkunft sich weder durch Wasser- noch durch Mineralstoffaufnahme erklären lässt. Pflanzen

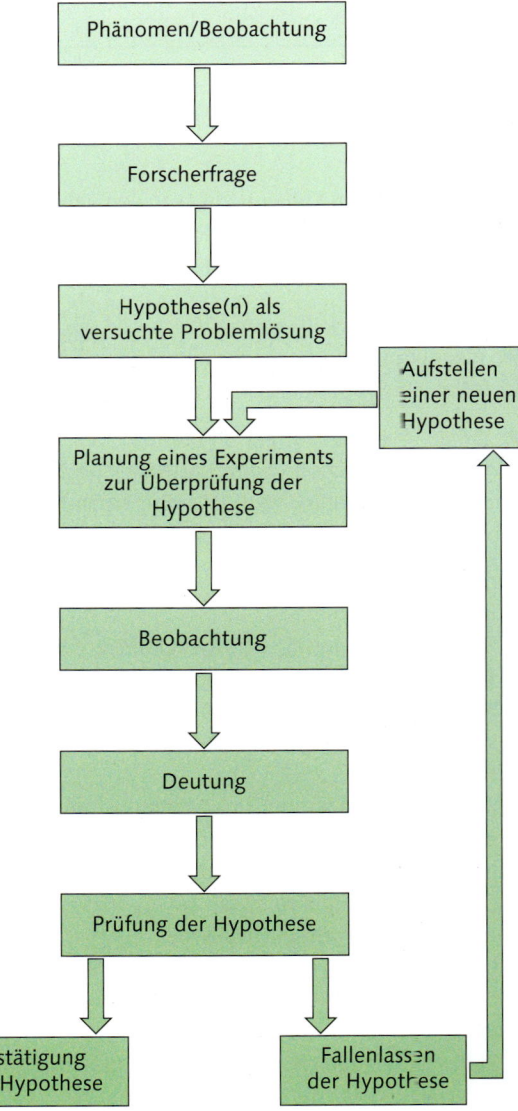

Phänomen/Beobachtung

Forscherfrage

Hypothese(n) als versuchte Problemlösung

Aufstellen einer neuen Hypothese

Planung eines Experiments zur Überprüfung der Hypothese

Beobachtung

Deutung

Prüfung der Hypothese

Bestätigung der Hypothese

Fallenlassen der Hypothese

2 Naturwissenschaftlicher Weg der Erkenntnisgewinnung

3 Joseph Priestley (1733–1804)

Priestley beobachtete, dass eine brennende Kerze, die unter einer luftdicht verschlossenen Glasglocke stand, nach kurzer Zeit erlosch ▶ Bild 4A. In einem weiteren Versuch platzierte
45 er eine grüne Pflanze unter der Glasglocke, unter der zuvor die Kerze erloschen war. Er achtete darauf, dass dabei keine Luft aus der Umgebung in die Glasglocke gelangte. Nach 14 Tagen entzündete er die Kerze unter der Glasglocke und
50 stellte fest, dass sie brannte ▶ Bild 4B.
In einem dritten Versuchsansatz setzte Priestley eine Maus unter eine luftdicht verschlossene Glasglocke. Die Maus starb nach kurzer Zeit. Setzte er jedoch in einem weiteren Versuch eine
55 Maus unter eine Glasglocke, unter der sich zuvor 14 Tage lang eine grüne Pflanze befunden hatte, überlebte die Maus und die grüne Pflanze gedieh gut ▶ Bild 4C.

Schlussfolgerungen Priestley schlussfolgerte
60 aus seinen Versuchen, dass eine brennende Kerze und ein atmendes Tier dieselben Stoffe aus der Luft entnehmen. Außerdem stellte er fest, dass Pflanzen und Tiere die Luft in unterschiedlicher Weise verändern. Belichtete Pflanzen ge-
65 ben einen Stoff ab, den eine brennende Kerze ebenso benötigt wie ein atmendes Tier. Pflanzen nehmen einen Stoff aus der Luft auf, den sowohl atmende Tiere als auch brennende Kerzen abgeben, und gedeihen gut in dieser „ver-
70 brauchten" Luft.
Priestley konnte also mit seinen Versuchen bestätigen, dass Lebewesen einen Einfluss auf die Zusammensetzung der Luft haben. Es gelang

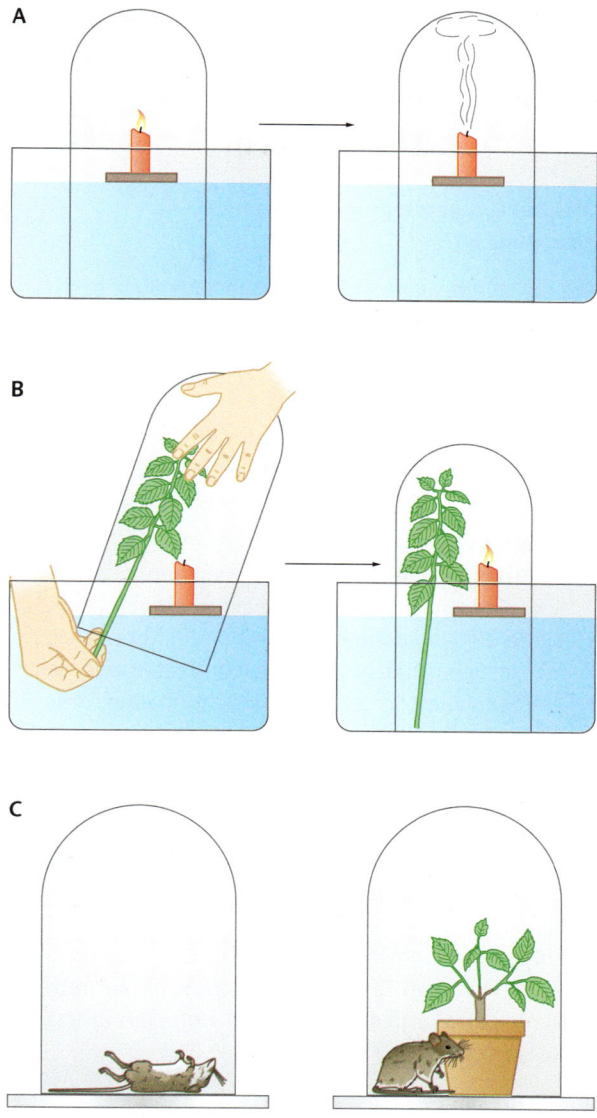

4 Versuche von Priestley

ihm aber nicht, die Luftbestandteile zu identifizieren, die Pflanzen und Tiere jeweils aufneh- 75 men bzw. abgeben.

1 Bild 2 zeigt in Form eines Fließschemas, wie ein Naturwissenschaftler arbeitet. Erläutere den naturwissenschaftlichen Weg der Erkenntnisgewinnung am Beispiel der Vorgehensweise von Van Helmont.

2 Beschreibe Priestleys Versuchsdurchführung anhand von ▶ Bild 4.

3 Stelle eine Hypothese zu folgender Beobachtung Priestleys auf: Eine Maus unter einer Glasglocke, die im Dunkeln steht, stirbt auch dann, wenn sich unter der Glasglocke eine grüne Pflanze befindet.

Nachweis von Sauerstoff und Kohlenstoffdioxid

Heute lässt sich das Gas, das Tiere und Menschen mit der Ausatemluft abgeben, und das Gas, das Pflanzen im Licht herstellen, experimentell nachweisen.

Welches Gas geben grüne Pflanzen bei Belichtung ab?

Mit der Glimmspanprobe kann man Sauerstoff nachweisen. Ein glimmender Holzspan flammt bei Anwesenheit von Sauerstoff auf ▶ Bild 1.

Material: 1000-ml-Becherglas oder Aquarium, Glastrichter mit Hahn, Glimmspan, Reagenzglas, Streichhölzer, einige Sprosse der Wasserpest, Wasser, Lichtquelle

Durchführung:
1. Fülle das Becherglas mit Leitungswasser.
2. Schneide einige Sprosse der Wasserpest ab.
3. Binde die Sprossstücke zusammen und bringe sie mit der Schnittfläche nach oben unter den wassergefüllten Glastrichter ▶ Bild 2. Achte darauf, dass der Hahn des Trichters geschlossen ist.
4. Stelle das Glas mit den Wasserpestpflanzen bis zur nächsten Biologiestunde unter eine brennende Lampe.
5. Stülpe in der nächsten Biologiestunde ein Reagenzglas über die Öffnung des Trichters und öffne den Hahn.
6. Führe die Glimmspanprobe durch. Entzünde dazu einen Holzspan. Blase ihn aus, sodass er nur noch glimmt. Halte den glimmenden Holzspan in das Reagenzglas.

❶ Deute die Versuchsbeobachtung.

1 Glimmspanprobe

2 Versuchsaufbau

Welches Gas geben atmende Lebewesen ab?

Mit Kalkwasser kann man Kohlenstoffdioxid nachweisen. Klares Kalkwasser färbt sich bei Anwesenheit von Kohlenstoffdioxid milchig trüb ▶ Bild 3.

Material: Becherglas, Kalkwasser (gesättigte Calciumhydroxid-Lösung, GHS 5 und 7, Schutzhandschuhe tragen!), Strohhalm

Durchführung:
1. Fülle ein Becherglas etwa 1 cm hoch mit Kalkwasser.
2. Puste durch einen Strohhalm in das Kalkwasser.

❷ Beschreibe deine Beobachtung.

❸ Deute das Versuchsergebnis.

3 Nachweis von Kohlenstoffdioxid

Eigenständige Planung und Durchführung von Experimenten

Das Experimentieren ist eine wichtige Erkenntnismethode in der Biologie.
Beim Experimentieren gehen Wissenschaftler systematisch vor.

Schritt 1 Aus einer Naturbeobachtung ergibt sich die Forschungs- oder Problemfrage.

Schritt 2 Zur Beantwortung dieser Frage werden Hypothesen, also begründete Vermutungen über Ursache-Wirkungs-Beziehungen, aufgestellt.

Schritt 3 Es schließt sich die systematische Planung von Versuchen an, mit denen die Hypothesen überprüft werden. Die natürliche Situation wird in einem Kontrollexperiment nachgestellt. Weiterhin werden Versuche geplant, in denen jeweils nur eine Einflussgröße verändert wird. Durch den Vergleich der Beobachtungen des Kontrollexperiments und der übrigen Versuchsansätze wird der Einfluss eines bestimmten Faktors auf das Versuchsergebnis deutlich.

Schritt 4 In einem Versuchsprotokoll werden die Forschungsfrage, die Hypothesen, eine genaue Versuchs-

beschreibung mit Angabe der Materialien sowie die Beobachtungen und Messergebnisse festgehalten.

Schritt 5 Schließlich werden die Hypothesen anhand der Versuchsergebnisse überprüft.

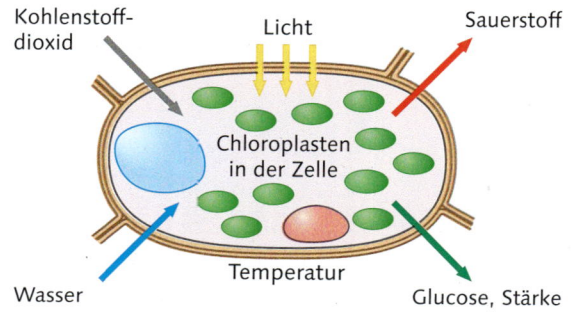

4 Ausgangsstoffe, Einflussfaktoren und Endstoffe der Fotosynthese

Belichtet man Wasserpestpflanzen, so steigen Gasbläschen auf. Es handelt sich bei diesem Gas um Sauerstoff. Da Sauerstoff ein Endstoff der Fotosynthese ist, kann die Zahl der innerhalb einer bestimmten Zeit aufsteigenden Sauerstoffbläschen als Maß für die Fotosyntheseleistung genutzt werden.

Forscherfrage:	Wie kann die Fotosyntheseleistung einer Wasserpestpflanze gesteigert werden?
Hypothese:	Kohlenstoffdioxid ist ein Ausgangsstoff für die Fotosynthese. Stellt man einer Pflanze mehr Kohlenstoffdioxid zur Verfügung, dann müsste auch die Menge an Endstoffen, z. B. die Sauerstoffmenge, die innerhalb einer bestimmten Zeit hergestellt wird, steigen.

Versuchsplanung

Material:	3 Reagenzgläser, 3 gleich große, ca. 3 cm lange Wasserpestsprosse, Büroklammern, 3 Aquarien mit verschiedenem Wasser jeweils gleicher Temperatur: Leitungswasser, abgekochtes Wasser (enthält wenig Kohlenstoffdioxid), Mineralwasser (enthält viel Kohlenstoffdioxid), Lichtquelle, Stoppuhr
Durchführung:	Die Reagenzgläser werden in den jeweiligen Aquarien unter Wasser befüllt, damit keine Luftblasen entstehen. Reagenzglas 1 wird mit Leitungswasser befüllt und dient als Kontrolle. Reagenzglas 2 wird mit abgekochtem Wasser, Reagenzglas 3 mit Mineralwasser befüllt. Der Wasserstand in allen Reagenzgläsern muss zu Versuchsbeginn gleich sein und die Wasserpestsprosse müssen gleich groß sein. Sie werden mit einer Büroklammer beschwert so in die Reagenzgläser gestellt, dass die Schnittfläche nach oben zeigt, sich aber unter der Wasseroberfläche befindet. Die Reagenzgläser werden im gleichen Abstand von der Lichtquelle aufgestellt. Über einen Zeitraum von 1 min werden die an der Schnittfläche aufsteigenden Sauerstoffbläschen gezählt.

1 **A** Führt das Experiment in Gruppen durch. Einigt euch, wer die verschiedenen Aufgaben übernimmt.
B Protokolliert eure Beobachtung.
C Deutet die Beobachtung und ergänzt das Protokoll.

2 **A** Entwickelt in eurer Gruppe Experimente, mit denen ihr den Einfluss der Faktoren Licht oder Temperatur auf die Fotosyntheseleistung überprüfen könnt.
B Führt diese Experimente durch.
C Protokolliert eure Experimente.

Bedeutung der Fotosynthese

Die Fotosynthese wird oft als die wichtigste Stoffwechselreaktion auf der Erde bezeichnet. Worin besteht die besondere Bedeutung der Fotosynthese?

1 Keimender Bohnensamen

5 **Bedeutung der Fotosynthese für Pflanzen** Blütenpflanzen speichern in ihren Samen, aber auch in überwinternden Speicherorganen Nährstoffe, z. B. Stärke. Wenn ein Samen keimt, nutzt der Pflanzenembryo den Nährstoffvorrat im
10 Samen, um den Keimling wachsen zu lassen ▶ Bild 1. Erst wenn der Keimling die ersten grünen Laubblätter ausgebildet hat, kann er Fotosynthese betreiben. So stellt er die Nährstoffe, die er für sein weiteres Wachstum benötigt, aus
15 Kohlenstoffdioxid und Wasser mithilfe des Sonnenlichts selbst her. Viele Frühblüher, z. B. Buschwindröschen oder Tulpen, nutzen die Nährstoffe in ihren Speicherorganen, um im Frühjahr die oberirdischen Pflanzenteile, also den Spross und die Blätter, aufzubauen.
20

Bedeutung der Fotosynthese für Tiere und Menschen Grüne Pflanzen stellen die Ernährungsgrundlage für Tiere und Menschen dar, weil nur sie in der Lage sind, aus energiearmen Ausgangsstoffen energiereiche Nährstoffe herzu- 25
stellen. Als Produzenten stehen sie deshalb am Anfang aller Nahrungsketten ▶ Bild 2. Pflanzenfresser ernähren sich direkt von pflanzlichen Produkten und sind somit unmittelbar von der pflanzlichen Nährstoffproduktion abhängig. 30
Fleischfresser ernähren sich wiederum von Pflanzenfressern. Sie sind also indirekt von der Nährstoffproduktion der Pflanzen abhängig. Bei der Fotosynthese geben Pflanzen außerdem Sauerstoff ab, der für alle atmenden Lebewe- 35
sen lebensnotwendig ist. Ohne grüne Pflanzen könnten also weder Tiere noch Menschen auf Dauer überleben.

Bedeutung der Fotosynthese für das Klima Ein stattlicher Laubbaum in unseren Breiten stellt 40
durch Fotosynthese täglich über 10 kg Glucose her und verbraucht dabei etwa 10 000 Liter Kohlenstoffdioxid. Dabei wird die gleiche Menge an Sauerstoff gebildet. In den letzten 100 Jahren ist der Kohlenstoff- 45
dioxidgehalt in der Erdatmosphäre deutlich angestiegen. Forscher haben nachgewiesen, dass Kohlenstoffdioxid als Treibhausgas zur Erderwärmung beiträgt. Bei der Fotosynthese werden von den Pflanzen riesige Mengen an 50
Kohlenstoffdioxid gebunden. In der Wachstums- phase wirken grüne Pflanzen so einem weiteren Temperaturanstieg entgegen und das ist für das Klima auf unserer Erde sehr wichtig.

2 Nahrungskette

3 Industrieanlage

55 **Fossile Brennstoffe** Kohle, Torf, Erdgas und Erdöl sind *fossile Brennstoffe*. Der Begriff „fossil" bedeutet, dass sie vor bis zu 500 Millionen Jahren aus Abbauprodukten von toten Kleinstlebewesen und abgestorbenen Pflanzen entstanden
60 sind. Letztendlich gehen alle fossilen Brennstoffe also auf die Stoffproduktion durch Fotosynthese und damit die dauerhafte Bindung von Kohlenstoffdioxid zurück. Wir nutzen die in den Brennstoffen gespeicherte Energie zum Heizen, in der
65 Industrie (▶ Bild 3) und im Straßen-, Flug- und Eisenbahnverkehr als Treibstoff.

Energiepflanzen Fossile Brennstoffe werden knapp. Deshalb werden heute verstärkt Energiepflanzen wie Mais oder Raps angebaut
▶ Bild 4. Die Produkte, die diese Pflanzen in der 70 Fotosynthese herstellen, werden als Biokraftstoff oder für Bioheizkraftwerke genutzt
▶ Bild 5. Energiepflanzen dienen also nicht der Ernährung von Mensch und Tier, sondern werden angebaut, um den Energiebedarf in der In- 75 dustrie und in privaten Haushalten zu decken.
Der Anbau von Energiepflanzen hat aber zur Folge, dass weniger Landfläche für den Anbau von Futterpflanzen und für den Anbau von Pflanzen, die dem Menschen als Nahrung die- 80 nen, zur Verfügung steht.
Andererseits wachsen Energiepflanzen im Gegensatz zu fossilen Brennstoffen jährlich nach. Es handelt sich also um nachwachsende Rohstoffe. 85

1 Stelle die Bedeutung der Fotosynthese in Form eines Lernplakats dar.

2 Erläutere am Beispiel der Fotosynthese das biologische Prinzip Stoff- und Energieumwandlung.

3 Erkläre, wieso das Leben auf der Erde ohne die Fotosynthese der grünen Pflanzen nicht möglich wäre.

4 **A** Nenne Vor- und Nachteile des Anbaus von Energiepflanzen.
B Für Biokraftstoff wird mit dem Slogan „Sonne im Tank" geworben. Erläutere.

4 Rapsernte

5 Tankstelle für Biokraftstoff

Zellatmung

1 Keimende Erbsen

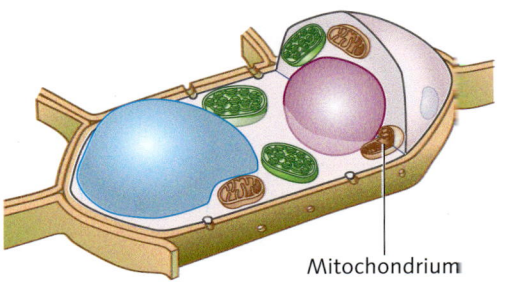

Mitochondrium

3 Zelle mit Mitochondrien

Energie zum Leben Um Leistung zu vollbringen, benötigen die Zellen aller Lebewesen Energie. Die Energie wird beispielsweise zum Auf- und Umbau von Stoffen und zum Stofftransport benötigt. Die Energie für alle Lebensvorgänge
5 stammt aus der *Zellatmung*. In dieser Stoffwechselreaktion wird die chemische Energie der Glucose für die Zellen nutzbar gemacht.

Zellatmung Die Zellatmung läuft in mehreren Teilschritten im Zellplasma und in den Mito-
10 chondrien, den „Kraftwerken der Zelle", ab. Zellen, die viel Energie brauchen, besitzen auch eine große Zahl an Mitochondrien ▶ Bild 3. In der Zellatmung reagiert der energiereiche Ausgangsstoff Glucose mit Sauerstoff zu den ener-
15 giearmen Endstoffen Kohlenstoffdioxid und Wasser. Die chemische Energie der Glucose wird dabei so umgewandelt, dass sie von der Zelle auf vielfältige Weise genutzt werden kann, z. B.

für den Bau von neuen Zellen und die Herstellung von benötigten Stoffen.   20

Stoff- und Energieumwandlung Pflanzen verbrauchen einen Teil der von ihnen in der Fotosynthese hergestellten Nährstoffe in der Zellatmung. Auch in Pflanzenteilen gespeicherte Nährstoffe werden genutzt. So wandeln kei- 25
mende Erbsensamen (▶ Bild 1) die Speicherstoffe im Samen zunächst in Glucose um. Sie nutzen diese als Ausgangsstoff für die Zellatmung. Bei dieser Stoffwechselreaktion reagiert Glucose mit Sauerstoff zu den energiearmen Produk- 30
ten Kohlenstoffdioxid und Wasser. In den Zellen finden also Stoffumwandlungen statt. Außerdem wird ein großer Teil der chemischen Energie, die in der Glucose gespeichert war, in Wärme umgewandelt. In der Zellatmung findet also 35
ebenfalls Energieumwandlung statt.
Auch Tiere und Menschen betreiben Zellatmung. Da sie im Gegensatz zu grünen Pflanzen energiereiche Stoffe nicht selbst herstellen können, müssen sie diese über die Nahrung auf- 40
nehmen. Man nennt sie daher Konsumenten.

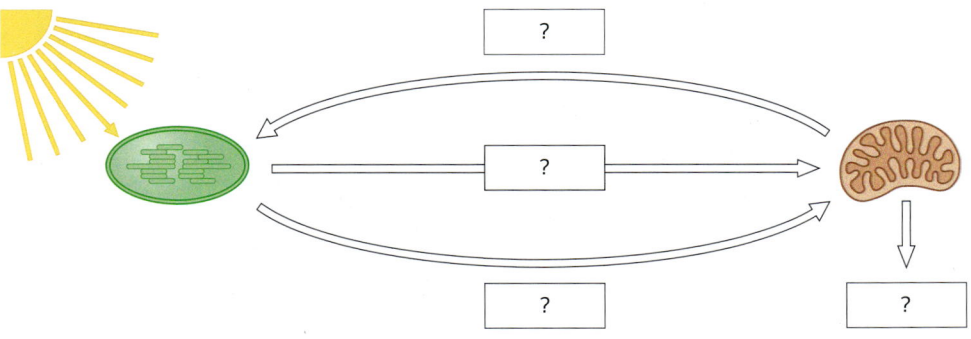

2 Schema zur Fotosynthese und Zellatmung

Fotosynthese und Zellatmung Grüne Pflanzen besitzen in ihren Zellen Chloroplasten und Mitochondrien. In den Chloroplasten stellen sie
45 aus den energiearmen Ausgangsstoffen Kohlenstoffdioxid und Wasser energiereiche Glucose her und geben Sauerstoff ab. Dazu benötigen sie die Energie des Sonnenlichts. Fotosynthese läuft also nur tagsüber ab. In den Mitochondrien
50 wird die energiereiche Glucose unter Sauerstoffverbrauch wieder zu den energiearmen Endstoffen Kohlenstoffdioxid und Wasser abgebaut. Dadurch steht der Pflanze am Tag und in der Nacht Energie für ihren Stoffwechsel zur
55 Verfügung. Bei ausreichender Belichtung stellt die Pflanze bei der Fotosynthese mehr Glucose her, als sie selbst durch Zellatmung verbraucht.

1 **A** Stelle den Prozess der Zellatmung in Form einer Wortgleichung dar. Schreibe die Ausgangsstoffe auf die linke und die Endstoffe auf die rechte Seite.

B Vergleiche die Wortgleichungen von Zellatmung und Fotosynthese.

2 Bewerte die Aussage „Pflanzen betreiben tagsüber Fotosynthese, nachts atmen sie".

3 Stelle den Zusammenhang von Zellatmung und Fotosynthese dar, indem du das Schema von ▶ Bild 2 vervollständigst.

Auch Pflanzen atmen

In Pflanzensamen kann die nächste Pflanzengeneration mit einem großen Nährstoffvorrat ausgestattet überdauern. Mit 8 Stunden vorgequollenen, keimenden Erbsensamen kannst du prüfen, ob auch Pflanzen atmen.

Experiment zur Zellatmung

Material: vorgequollene Erbsensamen, 2 Waschflaschen, Kalkwasser (gesättigte Calciumhydroxidlösung, GHS 5 und 7, Schutzhandschuhe tragen!), Versuchsrohr mit 2 Stopfen mit Bohrung und 2 kurzen Glasrohren, Gummischläuche, Wasserstrahlpumpe oder Handpumpe, 3 Stative, 3 Klemmen, 3 Muffen

Durchführung:
1. Stecke in jeden Stopfen auf der breiten Seite ein Glasrohr, sodass es noch ca. 3 cm herausschaut.
2. Befülle das Versuchsrohr mit den Erbsensamen und verschließe es mit den vorbereiteten Stopfen.
3. Befestige an den Stativen auf gleicher Höhe mithilfe der Muffen je eine Klemme. Sie sollen Waschflaschen und Versuchsrohr halten.
4. Befülle die Waschflaschen zu $^1/_3$ mit Kalkwasser. Sichere sie mit den Stativen ▶ Bild 4.
5. Verbinde das Versuchsrohr mit Schlauchstücken mit den gefüllten Waschflaschen. Sichere mit Stativ und Klemme.
6. Sauge mit der Wasserstrahlpumpe oder Handpumpe einige Minuten Luft durch die Apparatur.

4 **A** Formuliere Hypothesen, die du mit dem Experiment überprüfen kannst.
B Protokolliere deine Beobachtungen.
C Werte das Experiment aus. Erkläre das Ergebnis. Nimm Bezug auf deine Hypothesen.

5 Stelle eine Hypothese darüber auf, in welchem der verschlossenen Standzylinder eine Kerze früher erlischt: a) zur Hälfte mit keimenden Erbsen gefüllt; b) ohne Füllung.
Erläutere deine Entscheidung.

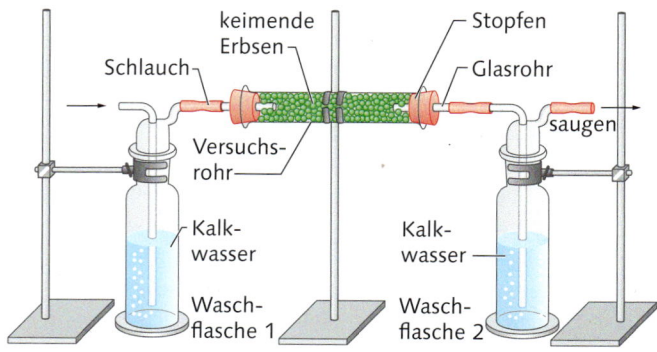

4 Versuchsaufbau

Zusammenfassung

Kompartimentierung

Kompartimente sind abgegrenzte Reaktionsräume. Auf der Ebene der Organe findet man
bei einem pflanzlichen Organismus Blätter,
5 Sprossachse und Wurzeln als Reaktionsräume.

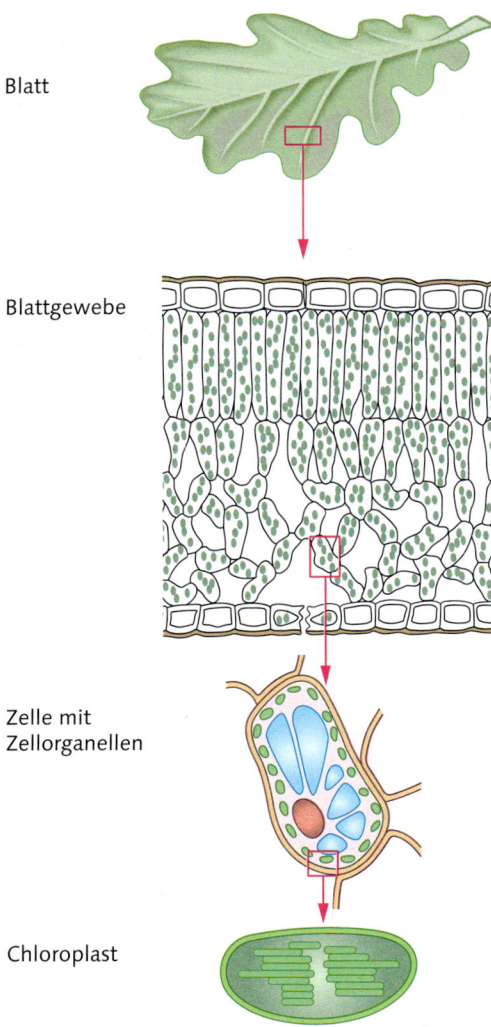

1 Kompartimente im Laubblatt

Die Fotosynthese läuft in den grünen Laubblättern ab. Das Organ Blatt ist in weitere Reaktionsräume, die unterschiedlichen Gewebe,
unterteilt ▶ Bild 1. Die Fotosynthese findet im
10 Palisaden- und im Schwammgewebe statt. Diese
Gewebe sind wiederum aus Zellen aufgebaut.
Auch innerhalb der Zellen lassen sich abgegrenzte Reaktionsräume, die Zellorganellen,
unterscheiden. Diese Reaktionsräume überneh-

men unterschiedliche Funktionen. So baut die 15
Pflanze bei der Fotosynthese in den Chloroplasten Glucose auf. In den Mitochondrien der
gleichen Zelle betreibt sie Zellatmung und baut
Glucose wieder ab ▶ Bild 2. Durch die Kompartimentierung können in den verschiedenen 20
Zellorganellen einer Zelle gleichzeitig verschiedene Stoffwechselreaktionen ablaufen.
Auf diese Zusammenhänge verweist das biologische Prinzip *Kompartimentierung*.

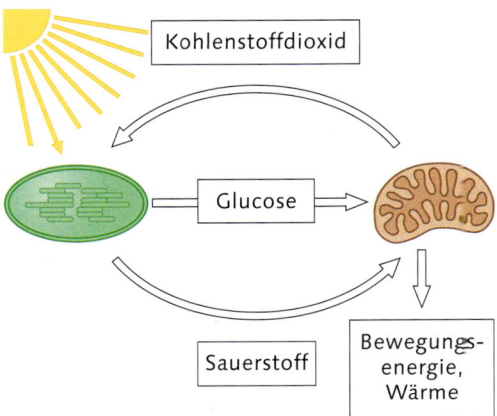

2 Kompartimente in der Zelle: Chloroplast und
Mitochondrium

Stoff- und Energieumwandlung 25

Grüne Pflanzen sind Produzenten. In der Fotosynthese nutzen sie die Energie des Sonnenlichts und stellen in den Chloroplasten aus den
energiearmen Ausgangsstoffen Kohlenstoffdioxid und Wasser energiereiche Glucose her und 30
geben Sauerstoff ab ▶ Bild 2. Die Pflanze kann
aus der Glucose viele andere Stoffe aufbauen,
z. B. weitere Kohlenhydrate, Fette und Eiweiße.
Diese Nährstoffe bilden die Ernährungsgrundlage für Tiere, die Konsumenten. 35
Pflanzen und Tiere betreiben Zellatmung. In der
Zellatmung wandeln sie die Glucose mit dem
aufgenommenen Sauerstoff in die energiearmen Endstoffe Kohlenstoffdioxid und Wasser
um ▶ Bild 2. Die frei werdende Energie nutzen 40
sie im Energiestoffwechsel für wichtige Lebensvorgänge wie die Bewegung oder die Aufnahme
und den Transport von Stoffen. Ein Teil der Energie wird in Form von Wärme abgegeben.
Diese Vorgänge beschreibt das biologische 45
Prinzip *Stoff- und Energieumwandlung*.

Teste dich!

1 Beschreibe die Vorgänge bei der Fotosynthese mit eigenen Worten.

2 **A** Benenne die in ▶ Bild 3 dargestellten Blattstrukturen.

B Erläutere das biologische Prinzip Struktur und Funktion am Beispiel des Blattes.

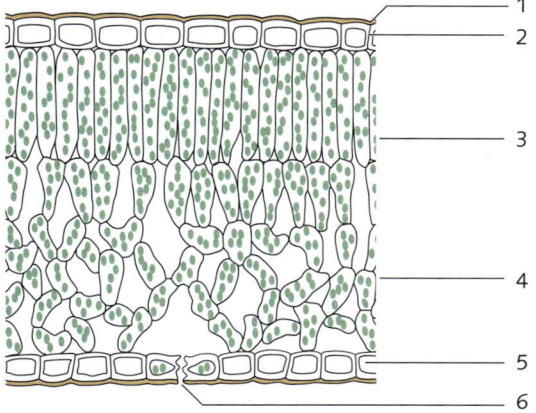

3 Blattquerschnitt

3 Das Diagramm in ▶ Bild 4 zeigt die Ergebnisse eines Experiments, bei dem die Sauerstoffabgabe einer Pflanze gemessen wurde.

A Beschreibe die dargestellte Beobachtung des Versuchs.

B Entwickle einen Versuchsaufbau, der zu dem dargestellten Ergebnis führen kann.

C Stelle Hypothesen auf, welche Ergebnisse du erwartest, wenn man den Versuch im Dunkeln durchführt.

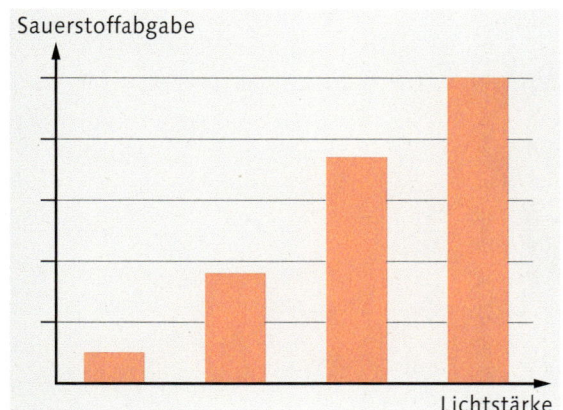

4 Versuch zur Sauerstoffabgabe bei Pflanzen

4 Nenne die Wortgleichung der Zellatmung.

5 Schneeglöckchen sind nach dem langen Winter die ersten Frühlingsboten ▶ Bild 5. Sie haben den Winter unterirdisch als Zwiebeln überdauert, während die oberirdischen Pflanzenteile abgestorben sind. Schneeglöckchen treiben so früh im Jahr aus, dass der Boden oft noch gefroren oder schneebedeckt ist. Man kann beobachten, dass der Schnee um die Stelle, an der das Schneeglöckchen austreibt, weggeschmolzen ist.

A Erkläre, warum der Schnee schmilzt.

B Erläutere am Beispiel der Schneeglöckchen das biologische Prinzip Stoff- und Energieumwandlung.

5 Schneeglöckchen im Schnee

6 Ein Keimling enthält besonders viele Mitochondrien. Erkläre.

7 Bewerte die Aussage: „Die Fotosynthese ist die wichtigste Stoffwechselreaktion auf der Erde."

8 Pflanzliche Zellen enthalten neben Chloroplasten auch Mitochondrien. Erkläre an diesem Beispiel das biologische Prinzip Kompartimentierung.

▶ Die Lösungen zu den Aufgaben findest du im Anhang.

Ernährung und Verdauung ▶▶

Unsere Nahrung liefert sowohl Energie für Bewegung und Stoffwechsel als auch Bausteine für Wachstum und Regeneration. Damit die Nahrungsbausteine zur weiteren Verarbeitung in jede Zelle gelangen können, brauchen wir ein gesundes Verdauungssystem, das die Aufgaben der Nahrungsspaltung und der Aufnahme der Nährstoffe in das Blut übernimmt. Eine ausgewogene Ernährung hält den Körper gesund. Gemeinsam kochen und essen macht Spaß und stärkt das Gemeinschaftsgefühl.

Warum wir essen

1 Beispiele für gemeinsames Essen

Nahrung liefert Energie In unserer Gesellschaft, aber auch in anderen Kulturen nimmt das Essen eine zentrale Rolle ein. Menschen treffen sich oft zum gemeinsamen Frühstück, Mittag- oder
5 Abendessen. Familien sprechen am Esstisch gerne darüber, was sie am Tag erlebt haben und tauschen sich dabei auch über wichtige Themen aus. Schüler sitzen beim Essen in der Schulmensa zusammen, unterhalten sich über ihren
10 Schultag, ihre privaten Erlebnisse oder über das Essen, das vor ihnen steht. Manchmal verbringen wir mehrere Stunden mit gemeinsamem Essen und genießen dabei auch das Zusammensein ▶ Bild 1.
15 Essen ist mehr als reiner Genuss. Wir essen, weil wir Hunger haben. Nahrung dient uns in erster Linie zur Energieaufnahme.
Die Energiemenge wird weltweit in der Einheit Joule (J) angegeben. Bei uns ist jedoch die
20 ältere Einheit Kilokalorie (kcal) gebräuchlicher ▶ Bild 2. Auf Lebensmittelverpackungen ist in der Regel die im Lebensmittel enthaltene Ener-

---

1000 Joule = 1 Kilojoule (kJ)
1000 Kalorien = 1 Kilokalorie (kcal)

1 Kalorie = 4,19 Joule

---

2 Umrechnungsfaktoren Joule – Kalorie

giemenge aufgeführt. Neben dem absoluten Energiegehalt, dem Brennwert, findet man hier auch den Anteil an Kohlenhydraten, Fetten und 25 Eiweißen ▶ Bild 3. Dies sind die Nährstoffe, aus deren Energiegehalt sich der Gesamtenergegehalt eines Lebensmittels zusammensetzt.

NÄHRWERTE DURCHSCHNITTLICH IN 100g:	
Brennwert	385 kJ / 91 kcal
Eiweiß	3,2 g
Kohlenhydrate	14,2 g
davon Zucker	14,2 g
Fett	2,4 g

3 Energiegehalt und Anteil der Nährstoffe

Unser Körper – ein Energiewandler Nahrung liefert dem menschlichen Körper die Energie für 30 verschiedenste Tätigkeiten. Für uns deutlich sichtbar ist die Umwandlung dieser chemischen Energie der Nährstoffe in Bewegungsenergie. Nur wer genug gegessen hat, ist in der Lage, sportliche Leistungen zu vollbringen. Auf der 35 anderen Seite fühlt sich jemand, der länger nicht gegessen hat, schnell matt und nicht leistungsfähig. Die Energie, die für die Bewegung notwendig ist, müssen wir durch Nahrung aufnehmen. 40

Energie wird aber auch für weniger sichtbare Vorgänge im Körper benötigt. Alle Stoffwechselvorgänge brauchen Energie. Dazu gehören z.B. das Schlagen des Herzens, die Bewegung
45 der Atemmuskulatur und die Verdauung der Nahrung. Auch geistige Arbeit benötigt Energie, denn das Gehirn arbeitet ebenfalls. Für die Konzentration ist es deswegen wichtig, dem Körper regelmäßig Energie in Form von Nahrung zuzu-
50 führen.

Grundumsatz und Leistungsumsatz Der Energiebedarf, also die benötigte Energiemenge, ist bei allen Menschen unterschiedlich. Er hängt unter anderem vom Alter, Geschlecht und von
55 der körperlichen Aktivität ab. Die Energie, die bei völliger körperlicher Ruhe benötigt wird, bezeichnet man als *Grundumsatz*. Der Grundumsatz ist vor allem von Alter und Gewicht abhängig. Für die Berechnung kann man folgende
60 Formel verwenden, die einen Durchschnittswert liefert:

> Grundumsatz (GU) =
> 4,2 kJ × Zeit (in Std.) × Körpergewicht (in kg)

4 Berechnung des Grundumsatzes

Bei körperlicher oder geistiger Anstrengung steigt der Energiebedarf, man spricht nun vom *Leistungsumsatz*. Dieser ist bei unterschied-
65 lichen Tätigkeiten ebenfalls verschieden groß ▶ Bild 5. Der *Gesamtumsatz* ergibt sich aus der Summe von Grundumsatz und Leistungsumsatz und gibt an, wie viel Energie ein Mensch innerhalb von 24 Stunden benötigt ▶ Bild 6.

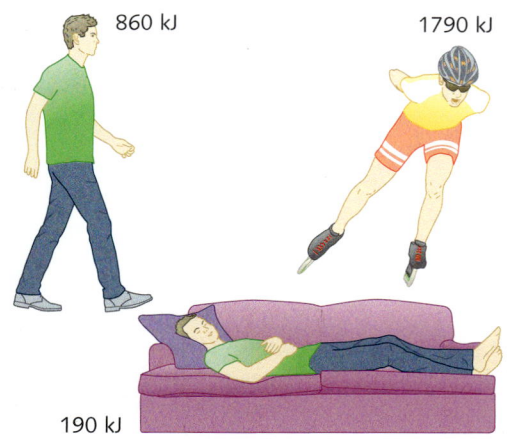
860 kJ   1790 kJ

190 kJ

5 Leistungsumsatz pro Stunde bei verschiedenen Tätigkeiten

Durchschnittlicher Energiebedarf in kJ pro Tag		
Alter	Jungen ♂	Mädchen ♀
10–13	9 400	9 000
13–15	10 500	9 800
15–19	12 600	10 000
19–25	10 900	9 200

6 Energiebedarf, abhängig vom Alter und Geschlecht

Energiespeicher Enthalten die mit der Nahrung 70 aufgenommenen Nährstoffe mehr Energie als der Körper benötigt, so wird diese Energie in Form von Speicherstoffen im Körper aufbewahrt. Überschüssige Fette werden in Fettzellen im Körper eingelagert. Dabei werden vor-75 handene Fettzellen aufgefüllt oder es werden neue Fettzellen gebildet. Das ist der Grund, warum es zur Gewichtszunahme kommt. Kohlenhydrate werden vom Körper in Fette umgewandelt und so ebenfalls gespeichert. 80
Wenn der Körper weniger Energie zu sich nimmt, als er benötigt, dann wird die im Fett enthaltene Energie dem Körper wieder zur Verfügung gestellt, die Fettreserven werden abgebaut. Der Körper sollte allerdings nicht zu lange 85 auf die Zufuhr von Nährstoffen verzichten, da es sonst zu Mangelerscheinungen kommen kann.

1 A Beschreibe die Fotos in ▶ Bild 1.
B Stelle Vermutungen darüber auf, welche Bedeutung „Essen" für den jeweils dargestellten Personenkreis hat.

2 A Erkläre den Unterschied zwischen Grundumsatz und Leistungsumsatz.
B Berechne deinen Grundumsatz für 24 Stunden ▶ Bild 4.
C Erkläre, warum der Körper auch bei völliger Ruhe Energie benötigt.

3 Auf verschiedenen Lebensmittelverpackungen findest du folgende Angaben: Schweineschnitzel (100 g): 230 kcal; Blumenkohl tiefgefroren (100 g): 25 kcal; Spaghetti (100 g): 361 kcal; Vollmilchschokolade (100 g): 525 kcal.
A Ermittle jeweils den Energiegehalt in J und kJ.
B Berechne, wie viel der jeweiligen Lebensmittel du essen müsstest, um deinen Gesamtenergiebedarf für einen Tag zu decken. Gehe dabei vom durchschnittlichen Gesamtenergiebedarf aus ▶ Bild 6.

Nährstoffe – Lieferanten der Energie

Nährstoffe Verschiedene Lebensmittel weisen unterschiedlich hohe Energiegehalte auf, da in ihnen Fette, Kohlenhydrate und Eiweiße in unterschiedlichen Anteilen enthalten sind.
5 Diese *Nährstoffe* sind die Energielieferanten. Pro Gramm besitzen sie eine bestimmte Menge an chemischer Energie, die der Körper nutzen kann. Man spricht vom Energiegehalt der Nährstoffe ▶ Bild 1. Die Zuordnung eines Stoffes zu
10 Fetten, Kohlenhydraten oder Eiweißen erfolgt aufgrund seines Aufbaus. Dieser ist für jeden Nährstoff charakteristisch.

Für eine ausgewogene Ernährung ist eine Versorgung mit allen drei Nährstoffen äußerst
15 wichtig.

Energiegehalt der Nährstoffe

Fette: 38,9 kJ/g
Kohlenhydrate: 17,2 kJ/g
Eiweiße: 17,2 kJ/g

1 Energiegehalt der Nährstoffe

Fette Fette bilden mit einem Energiegehalt von 38,9 Kilojoule pro Gramm die energiereichste Nährstoffgruppe. Viele tierische Lebensmittel wie Wurst, Käse oder Sahne enthalten als vor-
20 rangigen Nährstoff Fett. Fette sind aber auch in vielen pflanzlichen Produkten wie Oliven oder Erdnüssen enthalten. Diese dienen unter anderem zur Gewinnung pflanzlicher Öle.

Ein Fettmolekül besteht aus Glycerin und drei
25 Fettsäuren ▶ Bild 2. Die Art der Fettsäuren bestimmt dabei die Eigenschaften des Fettes, z. B. den Aggregatzustand und die Schmelztemperatur. Tierische Fette sind bei Raumtemperatur (20 °C) häufig fest, während pflanzliche Fette gewöhnlich in Form von Ölen vorkommen,
30 also flüssig sind. Feste pflanzliche Fette wie Margarine wurden meist industriell gehärtet.

Der Mensch ist auf die Zufuhr von Fetten angewiesen. Fette werden im Körper für den Aufbau von Zellmembranen oder Hormonen benötigt.
35 Auch viele Vitamine können ihre wichtige Funktion nur erfüllen, wenn man mit der Nahrung genügend Fett aufgenommen hat. Eine Fettunterversorgung kann daher zu einem Mangel an fettlöslichen Vitaminen führen, da der
40 Körper diese dann nicht aufnehmen kann.

Kohlenhydrate In die Gruppe der Kohlenhydrate gehören die Zucker. Zucker können aus mehreren Bausteinen bestehen. Der einfachste Baustein ist der Einfachzucker ▶ Bild 3.
45 Honig und viele Früchte enthalten Traubenzucker (Glucose) und Fruchtzucker (Fructose). Diese zählen zu den Einfachzuckern.

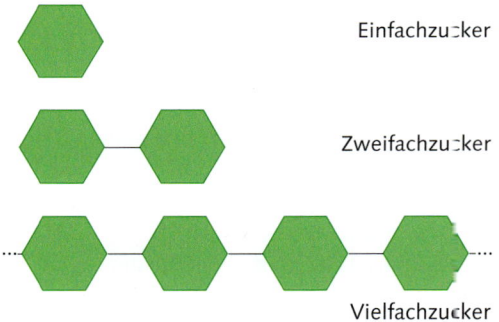

3 Symbolhafte Darstellung von Einfach-, Zweifach- und Vielfachzuckern

Die Saccharose, der aus der Küche bekannte Rübenzucker, ist ein Zweifachzucker. Auch
50 Malzzucker (Maltose) und Milchzucker (Lactose) zählen zu den Zweifachzuckern. Sie bestehen aus zwei miteinander verknüpften Einfachzuckern.

Sind mehr als 10 Einfachzucker miteinander
55 verbunden, dann spricht man von einem Vielfachzucker. Beispiele hierfür sind Stärke und Cellulose. Stärke ist ein wichtiger pflanzlicher Speicherstoff und kommt z. B. in Kartoffeln und Getreide sowie in vielen daraus hergestellten
60 Produkten wie Nudeln oder Brot vor. Cellulose ist der Hauptbestandteil von pflanzlichen Zell-

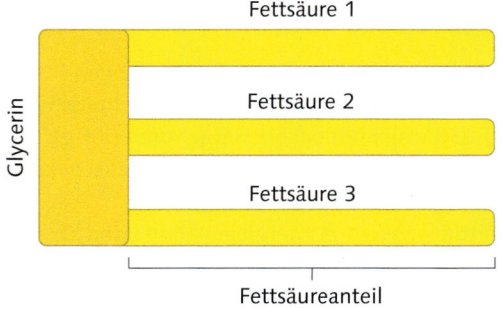

2 Symbolhafte Darstellung eines Fettes

wänden. In der Ernährung spielen Vielfachzucker als Ballaststoffe eine wichtige Rolle. Im
65 Gegensatz zu den Einfach- und Zweifachzuckern schmecken diese allerdings nicht süß.
Wir benötigen Kohlenhydrate in erster Linie für
die Zellatmung, den Vorgang, in dem die Energie für den Körper bereitgestellt wird. Bei einem
70 langfristigen Mangel an Zucker kann die Funk-
tionsfähigkeit der Zellen beeinträchtigt werden.
Auch Konzentrationsschwierigkeiten können
die Folge einer Unterversorgung mit diesem
Nährstoff sein.

75 **Eiweiße** Die dritte Nährstoffgruppe bilden die
Eiweiße oder Proteine. Grundbausteine der Proteine sind die Aminosäuren. In einem Protein
sind meist über 100 Aminosäuren kettenförmig
aneinandergereiht ▶ Bild 4.

Protein 1

Protein 2

Aminosäuren

4 Symbolhafte Darstellung eines Proteins

80 Es gibt verschiedene Aminosäuren. Die Eigenschaften eines Proteins ergeben sich aus deren
unterschiedlichen Anordnung.
Der menschliche Körper besteht zu 15–20 % aus
Proteinen, wobei diese ständig auf- und abge-
85 baut werden. Da der Körper nicht alle Aminosäuren selbst herstellen kann, sind wir auf die
Zufuhr von Proteinen aus der Nahrung angewiesen. Einen besonders hohen Proteinanteil
haben Hühnereier und Milch, aber auch Fisch
90 und Fleisch. Proteine werden im Körper für zahlreiche Funktionen benötigt, z. B. für den Aufbau
und die Funktion der Muskulatur.
Eine wichtige Rolle spielen Proteine auch bei der
Abwehr von Krankheiten. Bei ungenügender
95 Proteinzufuhr sinkt auch die Widerstandfähig-
keit gegen Krankheiten. Eine Unterversorgung
mit diesem Nährstoff führt vor allem während
des Wachstums zu körperlicher und geistiger
Unterentwicklung.

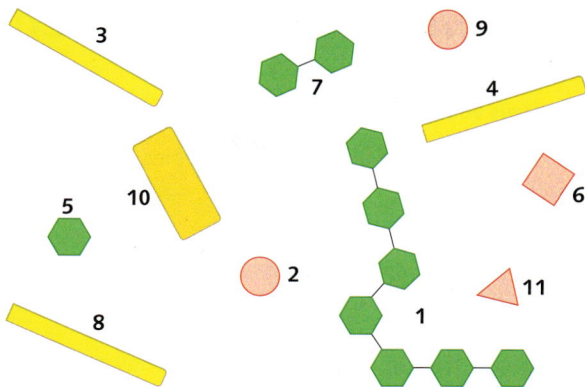

5 Symbole für einige Nährstoffe und deren Bausteine

1 Nenne die Bausteine der Fette, Kohlenhydrate und
Eiweiße.

2 Ordne die Bausteine in ▶ Bild 5 den drei Nährstoffgruppen zu.

3 Erkläre, warum der menschliche Körper Energie in
Form von Fetten speichert und nicht in Form von
Kohlenhydraten. Verwende dafür die Informationen
in ▶ Bild 1.

4 **A** Stelle Vermutungen darüber auf, welcher Nährstoff in den folgenden Lebensmitteln vorrangig
enthalten ist: Vollkornbrot, Eistee, Würstchen,
Quark, Frischkäse, Reis, Butter, Vollmilchschokolade. Fertige eine Tabelle an.
B Überprüfe deine Vermutungen, indem du auf den
entsprechenden Lebensmittelverpackungen nach-
schaust.

5 Berechne, wie viel Energie in 100 g Brot bzw. Butter
durch Kohlenhydrate, Fette und Proteine geliefert
wird ▶ Bild 6.

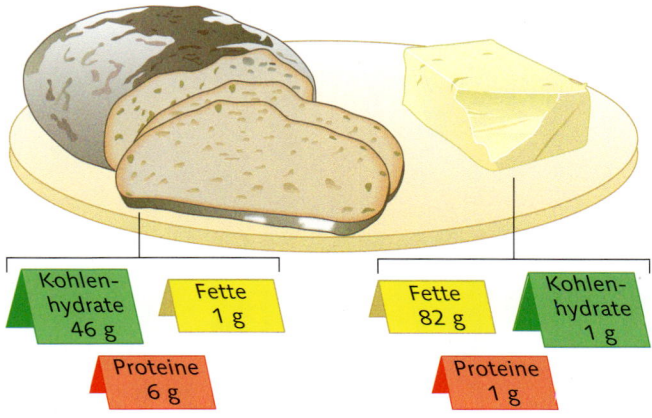

6 Nährstoffgehalte von Brot und Butter je 100 g

Nachweis von Nährstoffen

Nachweis von Fetten mit der Fettfleckprobe

Material: Löschpapier oder Filterpapier, Pipette, Wasser, Öl, Bleistift

Durchführung:
1. Gib je einen Tropfen Wasser und Öl auf eine Ecke des Löschpapiers bzw. Filterpapiers und markiere die beiden Tropfen mit dem Bleistift.
2. Lass die Tropfen trocknen und halte das Papier gegen das Licht.

Nachweis von Kohlenhydraten

A Nachweis von Traubenzucker (Glucose) mit dem Benedict-Reagenz

Material: Becherglas (400 ml), Wasserkocher bzw. Wasserbad (60 °C), Reagenzglasklemme, Spatel, Reagenzglas, 2 Pipetten, Benedict-Reagenz (GHS 7 und 9), Traubenzucker, Wasser

Durchführung:
1. Fülle 2 ml des Benedict-Reagenz in ein Reagenzglas.
2. Gib eine Spatelspitze Glucose zu dem Gemisch und schüttle es leicht.
3. Stelle das Reagenzglas in das heiße Wasserbad ▶ Bild 1. Erhitze die Lösung, bis du eine deutliche Veränderung feststellen kannst.

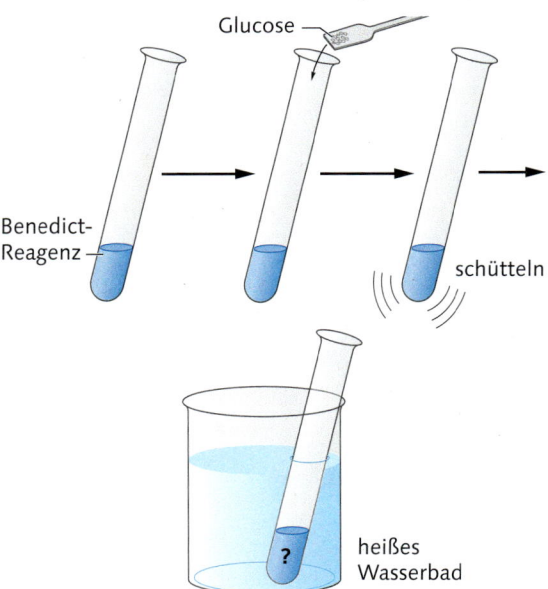

1 Versuchsaufbau zum Nachweis von Traubenzucker

B Nachweis von Stärke

Material: Reagenzglas, Spatel, Glasstab, Petrischale, Wasser, Stärke (löslich), Iod-Kaliumiodid-Lösung (GHS 8)

Durchführung:
1. Fülle das Reagenzglas zur Hälfte mit Wasser.
2. Gib eine Spatelspitze Stärke dazu. Rühre gut um.
3. Gib 2–3 Tropfen Iod-Kaliumiodid-Lösung in das Reagenzglas.

Nachweis von Proteinen mit der Biuret-Probe

Material: Becherglas (400 ml), Wasserkocher, Reagenzglas, Teelöffel, Pipetten, Kupfersulfatlösung (5 %) (GHS 7 und 9), Natriumcarbonatlösung (10 %) (GHS 7), Kochsalz (Natriumchlorid), Eiklar

Durchführung:
1. Gib in einem Becherglas zu 150 ml Wasser etwa 3 Spatellöffel Kochsalz und rühre gut um. Gib das Eiklar in die Salzlösung und rühre erneut um.
2. Gib etwa 1–2 ml von der hergestellten Lösung in ein Reagenzglas und füge mit einer neuen Pipette einige Tropfen Kupfersulfatlösung dazu.
3. Nun füge mit einer neuen Pipette 5 Tropfen Natriumcarbonatlösung dazu und schüttle vorsichtig.
4. Stelle das Reagenzglas für 5 min in ein Becherglas mit Wasser, das bis kurz vor dem Sieden erhitzt wurde.

❶ A Beschreibe deine Beobachtungen für den Nachweis von Fetten, Traubenzucker, Stärke und Proteinen.
    B Notiere je einen Merksatz für die drei Nachweise.

❷ Bei dir in der Küche findest du folgende Lebensmittel: Käse, ein hart gekochtes Ei, Toastbrot, Salami, Mehl, Kartoffeln und Kartoffelchips.
    A Stelle eine Hypothese darüber auf, welche Nährstoffe in diesen Lebensmitteln enthalten sind.
    B Plane ein Experiment, mit dem du deine Hypothese überprüfen kannst. Vergiss dabei die Kontrollexperimente nicht.
    C Führt das Experiment für ein Lebensmittel in Gruppen durch.
    D Schreibe ein Versuchsprotokoll.

Nährstoffe allein reichen nicht

Krankheit unter Seefahrern Zur Zeit von Christoph Kolumbus ernährten sich Seefahrer oft monatelang von Zwieback, getrocknetem Brot und anderen Lebensmitteln, die lange haltbar
5 waren. Ihr Energiebedarf konnte dadurch gedeckt werden. Dennoch fielen viele Seefahrer nach einigen Monaten auf See einer meist tödlichen Krankheit zum Opfer. Die Seeleute verloren zunächst durch faulendes Zahnfleisch ihre
10 Zähne. Innere Blutungen und eine Schwächung des Körpers folgten. Der britische Seefahrer James Cook war einer der ersten Kapitäne, dessen Mannschaft nicht erkrankte. Er versorgte sie auf hoher See regelmäßig mit Sauerkraut.

15 **Vitamine** Heute weiß man, dass Sauerkraut im Gegensatz zu Zwieback und Brot viel Vitamin C enthält. Die Seefahrer litten an der Krankheit Skorbut, die Folge einer Unterversorgung mit Vitamin C sein kann. Vitamin C ist in vielen
20 Obst- und Gemüsesorten sowie Zitrusfrüchten enthalten ▶ Bild 2. Bei ausreichender Aufnahme schützt es uns unter anderem vor Infektionen und fördert die Bildung von Knochen.
Neben dem Vitamin C gibt es noch 12 weitere
25 bekannte Vitamine. Vollkornprodukte, Fleisch und Nüsse haben z. B. einen hohen Anteil an bestimmten B-Vitaminen. Diese sind unter anderem an der Bildung der roten Blutzellen beteiligt.
30 *Vitamine* sind Stoffe, von denen unser Körper nur kleine Mengen benötigt. Dennoch sind sie lebensnotwendig, weil sie für viele Vorgänge in unseren Zellen wichtig sind. Bei ausgewogener Ernährung nehmen wir Vitamine in ausreichen-
35 der Menge durch die Nahrung auf. Da unser Körper Vitamine nicht selbst herstellen kann, kommt es bei fehlenden Vitaminen zu Mangelerscheinungen.

Mineralstoffe Zu den *Mineralstoffen* zählen z. B. Eisen, Calcium und Magnesium. Mineralstoffe 40 benötigt unser Körper ebenfalls in geringen Mengen, die wir mit der Nahrung aufnehmen. Einen hohen Eisengehalt weisen z. B. Fleisch und Gemüse auf. Eisen ist wichtig für die Blutbildung. Abgeschlagenheit und Mattheit kön- 45 nen die Folgen eines Eisenmangels sein. Calcium ist wichtig für den Aufbau von Knochen und Zähnen. Milchprodukte enthalten viel Calcium.

Ballaststoffe Einige Kohlenhydrate wie die Cellulose sind *Ballaststoffe*. Vollkornprodukte, 50 Obst und Gemüse (▶ Bild 3) enthalten meist viel Cellulose und gelten daher als besonders ballaststoffreich. Ballaststoffe können von unserem Körper nicht verdaut werden. Dennoch sind sie unerlässlich für die Verdauung, 55 weil sie den Transport der Nahrung durch den Darm unterstützen.

Wasser Unser Körper verliert ständig Wasser durch Verdauungsprozesse und Schwitzen. Stoffwechselvorgänge benötigen Wasser, wir 60 müssen unseren Körper also ständig mit Wasser versorgen. Je nach körperlicher Anstrengung benötigen wir 2–3 Liter Flüssigkeit am Tag.

3 Vollkornprodukte, Obst und Gemüse sind ballaststoffreich.

1 Erläutere die Bedeutung von Vitaminen, Mineralstoffen und Ballaststoffen.

2 Informiere dich über die Vitamine, die im Text nicht aufgeführt sind. Fertige ein Lernplakat über diese Vitamine an.

2 Zitrusfrüchte enthalten viel Vitamin C.

Gesunde Ernährung

Grundlagen gesunder Ernährung Pizza, Pommes frites und Hamburger – bei vielen Kindern und Jugendlichen könnten solche Gerichte jeden Tag auf den Tisch kommen. In den meisten
5 Familien gehören sie allerdings nicht zum täglichen Speiseplan. Warum eigentlich nicht?
Fast Food und Fertigprodukte sind schnell zubereitet, schmecken vielen und sind oftmals auch ein willkommener Imbiss zwischendurch.
10 Da Hamburger und Co. jedoch zu einem großen Anteil aus Fetten und Kohlenhydraten bestehen und meist wenig Gemüse enthalten, ist eine einseitige Ernährung mit diesen Produkten auf Dauer nicht gesund.
15 Ernährungswissenschaftler haben in den vergangenen Jahren immer wieder versucht, Grundlagen einer gesunden Ernährung zusammenzustellen. Dabei unterscheiden sich die Empfehlungen zwar geringfügig, in einem
20 sind sich Wissenschaftler aber einig: Gesunde Ernährung heißt, sich ausgewogen zu ernähren. Ausgewogen bedeutet dabei, dass der Körper mit allen Nährstoffen ausreichend versorgt wird und dabei zusätzlich alle wichtigen Vita-
25 mine, Mineralstoffe und Ballaststoffe erhält. Dann schadet es auch nicht, gelegentlich zu Fast Food und Fertiggerichten zu greifen.

Ausgewogene Ernährung Die Empfehlungen für eine ausgewogene Ernährung richten sich
30 nach Alter, Geschlecht und den jeweiligen Lebensbedingungen. So benötigt ein Ausdauersportler überdurchschnittlich viele Kohlenhydrate, die Nahrung von Säuglingen hingegen sollte aufgrund deren hohen Energiebedarfs
35 reicher an Fetten sein.
Durchschnittswerte geben an, aus welchen Nährstoffanteilen sich der Gesamtenergiebedarf zusammensetzen sollte ▶ Bild 1. Eine gesunde und somit ausgewogene Ernährung be-
40 steht also aus reichlich Gemüse, Kartoffeln und Brot sowie aus wenig Fleisch und fetthaltigen Lebensmitteln.
Auch für Vitamine und Mineralstoffe gibt es Richtwerte. Bei einer abwechslungsreichen
45 Ernährung tritt in der Regel aber kein Vitamin- oder Mineralstoffmangel auf.

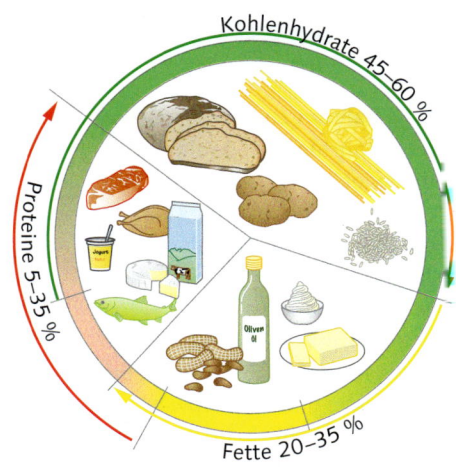

1 Ausgewogenes Verhältnis der Nährstoffe

Fett macht fett? Viele Jugendliche verzichten bewusst auf bestimmte Lebensmittel, aus Angst an Gewicht zuzunehmen. Bei einer ausgewogenen Ernährung in Kombination mit aus- 50 reichend Bewegung besteht in der Regel aber kein Grund für eine unkontrollierte Gewichtszunahme. Ausgewogen ist eine Ernährung mit viel Obst und Gemüse. Ein kompletter Verzicht auf fetthaltige Lebensmittel ist jedoch nicht 55 ratsam, da es dadurch zu Mangelerscheinungen kommen kann.

1 Beschreibe die Grundlagen für eine ausgewogene Ernährung.

2 Erläutere die in ▶ Bild 2 vorgeschlagenen Regeln für eine gesunde Ernährung.

Regeln für eine gesunde Ernährung

1. Vielseitig essen!
2. Reichlich Getreideprodukte und Kartoffeln
3. Gemüse und Obst: Nimm 5 am Tag!
4. Täglich Milch- und Milchprodukte; 1- bis 2-mal in der Woche Fisch; Fleisch, Wurst und Eier in Maßen
5. Wenig tierliche Fette und wenig fettreiche Lebensmittel
6. Zucker und Salz in Maßen
7. Reichlich Flüssigkeit
8. Gerichte schmackhaft und schonend zubereiten
9. Sich Zeit nehmen und das Essen genießen
10. In Bewegung bleiben

2 Vorschläge für eine gesunde Ernährung

Ernährungsempfehlungen

In der Schulmensa werden drei Gerichte angeboten ▶ Bild 3. Diese bestehen aus einem unterschiedlich hohen Anteil an Fetten, Kohlenhydraten und Proteinen und unterscheiden sich daher auch in ihrem Energiegehalt.

A

B

C

Schweineschnitzel mit Pommes frites	Chef-Salat	Putenschnitzel mit Reis
93,8 g Kohlenhydrate	8,4 g Kohlenhydrate	48,6 g Kohlenhydrate
57,6 g Eiweiß	18,4 g Eiweiß	46,2 g Eiweiß
55,6 g Fett	7,2 g Fett	15,2 g Fett

3 Ausgewählte Gerichte der Schulmensa

① Berechne den jeweiligen Energiegehalt der drei Gerichte.

② Bestimme den Anteil der Energie aus Kohlenhydraten, Fetten und Proteinen in Prozent.

③ Berechne, wie viel Prozent deines Gesamtenergiebedarfs du durch das Gericht A decken kannst.

④ Erläutere, welches Gericht am ehesten den Empfehlungen für eine ausgewogene Ernährung entspricht.

Für eine ausgewogene Ernährung gibt es viele Empfehlungen. Oftmals werden diese Empfehlungen in Form eines Ernährungskreises dargestellt.

⑤ Beschreibe den Ernährungskreis ▶ Bild 4.

⑥ Du hast dich in der Mensa für den Salat entschieden ▶ Bild 3 B. Beschreibe, wie dein Frühstück und Abendessen aussehen sollten, damit deine Ernährung für diesen Tag den Empfehlungen einer ausgewogenen Ernährung entspricht ▶ Bild 4.

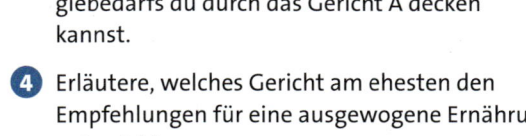

Getreideprodukte und Kartoffeln

Gemüse

Obst

Milch und Milchprodukte

Fleisch, Fisch

Butter, Öl

4 Beispiel für einen Ernährungskreis (DGE)

Zucker überall?

Zucker ist ein Energielieferant. Dauerhafter, übermäßiger Genuss von Zucker kann aber zu schweren gesundheitlichen Beeinträchtigungen wie Zuckerkrankheit (Diabetes), Übergewicht oder Karies führen.

500 ml
45 Würfelzucker

1 Zuckergehalt von Ketchup

Der durchschnittliche Zuckerkonsum in Deutschland liegt heute bei etwa 100 g Zucker pro Person täglich. Zucker ist ein Geschmacks- und Konservierungsstoff und findet sich auch dort, wo wir ihn weniger vermuten: in Gläsern mit sauren Gurken, in Ketchup, Fertiggerichten, Gemüsekonserven und Getränken ▶ Bild 1. Deshalb merken wir nicht immer, wie viel Zucker wir zu uns nehmen.

Auf der Packung jedes industriell verarbeiteten Lebensmittels muss eine Zutatenliste und Nährwerttabelle abgedruckt sein. Die Zutat mit dem größten Gewichtsanteil wird zuerst genannt ▶ Bild 2. In der Nährwerttabelle (▶ Bild 3) muss der genaue Gehalt des Zuckers angegeben sein. Allerdings müssen hier nicht alle zugefügten Zuckerarten berücksichtigt werden. Und es gibt, neben dem natürlich vorkommenden Zucker, verschiedene industriell verarbeitete Zucker ▶ Bild 4.

Invertzucker: entsteht durch Umwandlung von Rohrzucker in ein Gemisch aus Trauben- und Fruchtzucker

Glucosesirup: entsteht durch Umwandlung von Stärke in eine eingedickte Lösung aus Traubenzucker und Fruchtzucker

Karamellzucker: „gebrannter Zucker"; bei starker Hitze unter ständigem Rühren geschmolzener Zucker, der je nach Erhitzungstemperatur goldgelb bis dunkelbraun wird

Karamellsirup (brauner Zuckersirup): Karamellzucker, der unter Zugabe von Wasser flüssig gemacht wird

Zuckercouleur: schwarze Lebensmittelfarbe, die durch Karamellisierung von Zucker unter Zugabe verschiedener Chemikalien hergestellt wird

4 Verschiedene Zuckerarten

① **A** Nenne die Zuckerarten auf der Zutatenliste ▶ Bild 2.
　 B Vergleiche mit dem Infokasten ▶ Bild 4.

② Auf einer Fruchtgummitüte sind die durchschnittlichen Nährwerte angegeben ▶ Bild 3.
　 A Berechne, wie viele Stück Würfelzucker umgerechnet in einer Tüte mit 250 g enthalten sind. 3 g Zucker entsprechen 1 Stück Würfelzucker.
　 B Berechne, bei einem täglichen Energiebedarf von 9 800 kJ, den Anteil des Energiebedarfs, der von einer Tüte dieser Fruchtgummis gedeckt wird ▶ Bild 3. Ein Stück Würfelzucker hat einen Brennwert von ca. 50 kJ.
　 C Bewerte das Ergebnis im Hinblick auf eine ausgewogene Ernährung.

③ Bringe Lebensmittelverpackungen mit in die Schule, z. B. von Müsliriegeln, Schokolade, Getränken.
　 A Benenne die jeweils enthaltenen Zuckerarten.
　 B Berechne, wie viel Stück Würfelzucker jeweils enthalten sind.
　 C Schreibe einen Tag lang genau auf, was du an (verpackten) Süßigkeiten und Getränken zu dir nimmst, und berechne jeweils den Zuckergehalt. Berechne, wie viele Stück Würfelzucker du an einem Tag umgerechnet gegessen hast.

ⓓ FRUCHTGUMMIS MIT FRUCHTGESCHMACK
Zutaten: Glukosesirup; Zucker; Dextrose; Gelatine; Säuerungsmittel: Citronensäure; Fruchtsaft aus Fruchtsaftkonzentrat: Zitrone, Himbeere, Ananas, Orange; Aroma; Frucht- und Pflanzenkonzentrate: Apfel, Süßkartoffel, Karotte, Hibiskus, Schwarze Johannisbeere; Karamellsirup; Überzugsmittel: Bienenwachs weiß und gelb, Carnaubawachs; Invertzuckersirup. Mindestens haltbar bis Ende ... (siehe Beutelrand). Vor Wärme und Feuchtigkeit schützen.

2 Zutatenliste auf einer Packung Süßigkeiten

Nährwert	pro 100 g	RI* pro Portion (25 g)
Energie:	1456 kJ/348 kcal	4 %
Fett:	<0,5 g	<1 %
davon gesättigte Fettsäuren:	0,2 g	<1 %
Kohlenhydrate:	79 g	8 %
davon Zucker:	56	15 %
Eiweiß:	4,5 g	2 %
Salz:	0,05 g	<1%

RI*= Referenzmenge pro Tag. Referenzmenge für einen durchschnittlichen Erwachsenen (8400 kJ/2000 kcal). Packung enthält 8 Portionen.

3 Nährwerttabelle auf einer Fruchtgummitüte

„Fish & Chips" – ein Spiel zur Nachhaltigkeit

Fisch ist weltweit ein wichtiges Nahrungsmittel. Werden auf Dauer den Gewässern der Erde mehr Fische entnommen als nachwachsen können, verringert sich der Fischbestand, bis einige Fischarten nicht mehr existieren oder sie als Nahrungsquelle für Menschen versiegen. Nachhaltig handeln bedeutet, dass künftige Generationen ihre Bedürfnisse genauso gut befriedigen können wie gegenwärtige Generationen. Ein Spiel soll dies verdeutlichen:

Material pro Gruppe mit Spielleiter:
4 Petrischalen (Boote), ca. 190 Spielchips (Fische), 1 Würfel, Schreibzeug

Regeln:
Es sind 4 Länder mit ihrem Boot auf dem Meer unterwegs, um Fische zu fangen: Norwegen, Deutschland und Spanien mit einer maximalen Fangmenge von je 60 t pro Jahr, Irland mit einer maximalen Fangmenge von 10 t pro Jahr.
Jede Gruppe erhält ein Boot (Petrischale) und wählt ein Land (Norwegen, Deutschland, Spanien, Irland).
Jeder Chip im Spiel steht für 1 t Fisch. Es sind genau 60 t Fisch im Meer (60 Spielchips sind beim Spielleiter). Jedes Schiff darf nur einmal pro Jahr (Spieldurchgang) Fische fangen.
Ziel ist eine möglichst gute Versorgung mit Fisch für alle am Spiel beteiligten Länder.

1. Jedes Land notiert vor dem Fischfang verdeckt, wie viele Tonnen Fisch es fangen möchte (maximale Fangmenge beachten!).
2. Die Reihenfolge, in der die Länder zum Fang auslaufen dürfen, wird mit dem Würfel bestimmt. Das Land mit der höchsten Zahl beginnt.
3. Die Länder geben der Reihe nach an, wie viel sie fischen möchten, der Spielleiter legt die Anzahl Fische (Chips) in das jeweilige Boot.
4. Ist die von der Gruppe gewünschte Menge Fisch im Meer (Chips beim Spielleiter) nicht mehr vorhanden, geht diese Gruppe leer aus und darf erst im nächsten Jahr (im nächsten Durchgang) wieder mitmachen. *Beispiel: Ein Land möchte 30 t Fisch fischen, es sind aber nur noch 24 t beim Spielleiter, dann erhält es nichts und das nächste Land ist an der Reihe.*
5. Nach jedem Jahr (jedem Spieldurchgang) wird die im Meer verbliebene Fischmenge verdoppelt (die Fische vermehren sich). Der Ozean kann aber maximal 60 t Fisch enthalten. *Beispiel: Sind nach dem ersten Fangjahr noch 15 t Fisch im Meer, verdoppelt der Spielleiter die Menge auf 30 t. Sind noch 40 t im Bestand, wird aber nur auf 60 t erhöht, da nicht*

mehr Fische in diesem Lebensraum störungsfrei leben können.

6. Ist das Meer völlig leer gefischt und sind keine Fische zur Vermehrung mehr vorhanden, kann nicht mehr gefischt werden, das Spiel ist zu Ende. Es beginnt ein neues Spiel.

Auswertung:
1. Nach welchen Überlegungen habt ihr die Fangquote eures Landes festgelegt?
2. Hat sich die Strategie eurer Gruppe im Lauf des Spiels verändert?
3. Wo liegt bei diesem Spiel die Nachhaltigkeitsgrenze, das heißt, wie erhält man maximale Erträge ohne Verringerung des Gesamtbestands?

❶ Für den Fischfang gibt es internationale Fangquoten, die zwischen Ländern verhandelt werden. Erkläre, weshalb dies sinnvoll ist.

❷ Nenne Möglichkeiten, wie du selbst helfen kannst, den Meeresbestand der Fische nachhaltig zu schützen.

5 MSC-Siegel für nachhaltigen Fischfang

METHODE

Bewerten

Nach welchen Gesichtspunkten soll man Lebensmittel auswählen, wenn man sie kaufen möchte? Am Beispiel des Einkaufs von Tomaten wird eine Methode vorgestellt, die dir hilft, eine Kaufentscheidung zu treffen.

Schritt 1 Kriterien finden und Sachinformationen sammeln

Kriterien werden immer subjektiv gewählt, das heißt, die Wahl hängt davon ab, was der jeweiligen Person wichtig ist.
5
Beispiel: Wenn dir die Umwelt besonders wichtig ist, wäre für dich „umweltschonende Erzeugung" eines der gewählten Kriterien. Für Menschen, die sparen müssen, ist der Preis ein wichtiges Kriterium.
10 Um Kriterien beurteilen zu können, braucht man meist zusätzliche Sachinformationen.
Beispiel: Die in Deutschland angebauten Tomaten benötigen weniger Bewässerung als die in Spanien erzeugten ▶ Bilder 4 und 5. Diese Information ist wichtig,
15 *um einschätzen zu können, welche der angebotenen Tomaten das Kriterium „umweltschonende Erzeugung" besser erfüllen.*
Die von dir ausgewählten Kriterien bilden die Grundlage der Bewertungstabelle ▶ Bild 3.

> Der CO$_2$-Ausstoß der Transportmittel ist bei kurzen Wegen geringer als bei langen Wegen.

> Tomaten aus Tunesien schmecken im Winter einfach besser als die aus Europa.

2 Argumente

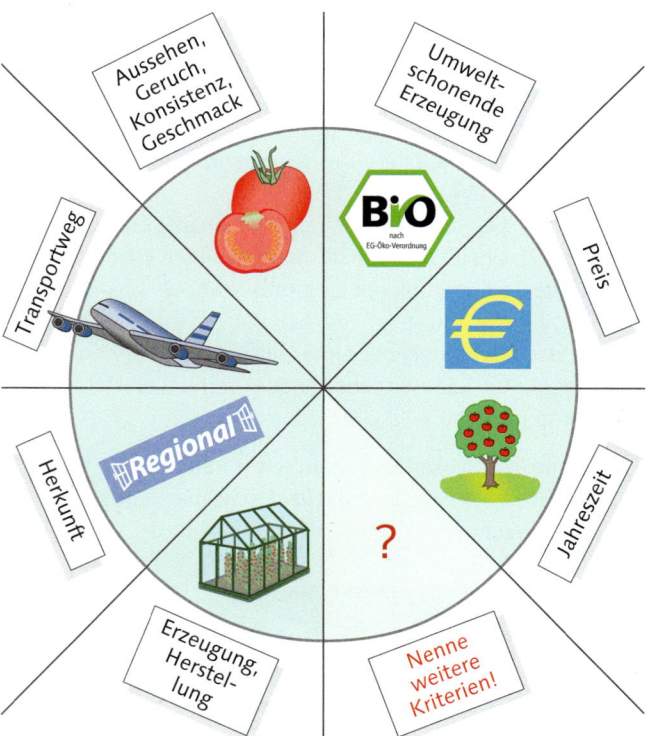

1 Mögliche Bewertungskriterien

Schritt 2 Argumente finden (und überprüfen)
20
Wähle die Kriterien aus, die dir beim Kauf von Lebensmitteln wichtig sind. Begründe, warum sie für dich jeweils wichtig sind. So erhältst du ein Argument.
Indem du Argumente formulierst, kannst du die Kriterien auf Stichhaltigkeit überprüfen. Wenn ein Argu- 25 ment nicht überzeugt, wäre zu überprüfen, ob dir das Kriterium wichtig ist und ob du wirklich gute Gründe dafür hast oder nicht.
Beispiel: Die Tomaten sollen in der Region erzeugt worden sein, weil der Transportweg dann kurz und damit 30 *klimaschonend ist (Kriterium Transportweg ▶ Bild 2).*
Trage die gewählten Kriterien in Spalte 1 der Tabelle ein.

Schritt 3 Argumente gewichten

Überlege, welche der Kriterien dir besonders wichtig 35 sind. Markiere das dir wichtigste Kriterium mit einer Farbe. Es ist dein Topkriterium und diese Punkte werden mit 3 multipliziert.
Beispiel: Ist dir der günstige Preis am wichtigsten, dann multiplizierst du die Punktzahl bei dem Kriterium Preis 40 *für alle Produkte mit 3.*
Überlege nun, wie gut jedes Produkt die Kriterien erfüllt. Vergib in der Tabelle zu jedem Kriterium und für jedes Produkt dementsprechend 1–3 Punkte.

Kriterium \ Produkt	Lecker-Minis Cherrytomaten Preis: 3,99 €/kg Herkunft Spanien	BIG Red Strauchtomate Preis 3,20 €/kg Herkunft Marokko	Öko-Sonne Rispentomate Preis 3,95 €/kg Herkunft Holland Biologische Landwirtschaft	Sun-Star Strauchtomate Preis 1,99 €/kg Herkunft Südspanien Biologische Landwirtschaft
Preis	1 × 3	2 × 3	1 × 3	3 × 3
Aussehen	3	3	2	1
Transportweg	1	1	2	1
Umweltschonende Erzeugung	1	1	3	3
Summe	8	11	10	14

3 Beispiel einer möglichen Bewertungstabelle

45 *Beispiel: Die Tomaten Sun-Star vom Discounter erhalten für das Topkriterium „Preis" 3 × 3 Punkte, weil sie besonders billig sind, für das Kriterium „Transportweg" aber nur 1 Punkt, weil sie aus Südspanien kommen.*

Schritt 4 **Eine Entscheidung treffen und begründen**

50 Addiere alle Punkte für das jeweilige Produkt. Das Produkt, das die meisten Punkte erhält, ist dasjenige, für das du dich entscheiden müsstest (wenn du deine Kriterien richtig gewählt hast). Überprüfe und begründe deine Entscheidung.

55 *Im Beispiel fällt die Entscheidung auf die Tomaten Sun-Star.*

Lebensmittel und Nachhaltigkeit

Lebensmittel sollen gut, sauber und fair sein. Dabei steht „gut" für wohlschmeckend, nahrhaft, frisch, ge-
60 sundheitlich einwandfrei, „sauber" für eine Herstellung, ohne die Umwelt zu belasten. Beispielsweise dürfen Biolandwirte in der Regel keine chemischen Insektenvernichtungsmittel und Kunstdünger einset-

zen. „Fair" umfasst angemessene Bezahlung und faire Bedingungen für alle an der Herstellung und dem 65 Handel Beteiligten. Das heißt, dass viele Interessen wichtig sind und Lebensmittel auch mit Politik, Wirtschaft und Umwelt zu tun haben.

1 Am Beispiel der Tomate kannst du Kriterien der Nachhaltigkeit überprüfen. Die Insel Reichenau im Bodensee und die Stadt Almeria in Südspanien sind Orte der Tomatenproduktion ▶ Bilder 4 und 5. Für 1 kg Tomaten werden 200 Liter Wasser verbraucht. Werte die Diagramme aus. Berücksichtige den Zusammenhang zwischen Niederschlag und Erntezeitpunkt.

2 Nenne Argumente für und gegen den Kauf von regional und saisonal erzeugten Tomaten.

3 Wende die vorgestellte Methode auf ein Obst oder Gemüse deiner Wahl an.

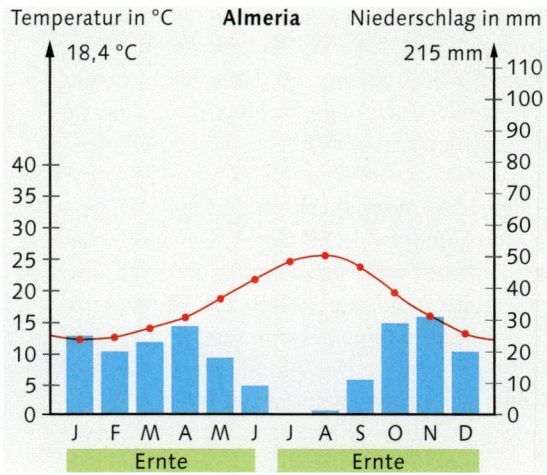

4 Klima und Erntezeiten (Reichenau)

5 Klima und Erntezeiten (Almeria)

Falsches Essverhalten

Gestörtes Verhältnis zum Essen Henrike ist 15, als ihre Mutter zum ersten Mal bemerkt, dass sie immer dünner wird. Beim Mittagessen isst sie fast nichts und auch Süßigkeiten zwischen-
5 durch lehnt Henrike ab. Nachdem sie zum Geburtstag ein paar neue Joggingschuhe bekommen hat, steht sie jeden Morgen eine Stunde früher auf, um vor der Schule Sport zu treiben. Als ihre Mutter sie auf ihr geringes Gewicht an-
10 spricht, weicht ihre Tochter aus, sie habe keinen Hunger und sei darüber hinaus auch zu dick. Als Henrike immer mehr an Gewicht verliert, macht ihre Mutter sich Sorgen und geht mit ihr zum Arzt. Dieser stellt fest, dass Henrike neben
15 Untergewicht auch an Mangelerscheinungen leidet. Er diagnostiziert bei Henrike die Krankheit Magersucht.

Magersucht Wie Henrike erkranken immer wieder vor allem junge Mädchen, aber auch Jun-
20 gen, Männer und Frauen an Magersucht. Wie der Name sagt, handelt es sich dabei um ein Streben, eine Sucht nach einem dünnen, mageren Körper. Die Betroffenen zeigen dabei eine auffällige Gewichtsabnahme und halten da-
25 raufhin ein extrem niedriges Gewicht. Sie haben ständig die Befürchtung, zu dick zu werden. Manche Betroffene treiben täglich und sehr ehrgeizig Sport, um die Gewichtsabnahme noch zu verstärken.
30 Magersucht ist eine *psychosomatische Krankheit*, das bedeutet, dass die körperlichen Symptome psychische Ursachen haben. Diese können sehr vielfältig sein: Bei einigen Jugendlichen führen z.B. Probleme im Elternhaus, in der
35 Schule oder auch Liebeskummer dazu, dass sie den eigenen Körper nicht als schön empfinden.

Folgen der Magersucht Magersucht ist eine ernst zu nehmende Krankheit. Der große Gewichtsverlust wirkt sich negativ auf den gesam-
40 ten Stoffwechsel aus. Durch die verminderte Nahrungsaufnahme bekommt der Körper nicht mehr die Nährstoffe, Vitamine und Mineralstoffe, die er benötigt. Die Betroffenen leiden unter Mangelerscheinungen. Die bewusste
45 Nahrungsverweigerung kann in extremen Fällen bis zum Tod führen. Der Mensch verhungert dann regelrecht.

1 Zu dick?

Essstörungen Neben der Magersucht gibt es noch weitere Krankheiten, die auf einem falschen Essverhalten beruhen. Meist füh-en 50 psychische Ursachen dazu, dass die Betroffen en ein gestörtes Verhältnis zu ihrem Körper und ihrer Ernährung entwickeln. Manchmal liegt auch das Streben nach falschen Vorbildern aus Werbung, Fernsehen oder Ähnlichem der Ess- 55 störung zugrunde. Bei einer Essstörung dreht sich ein Großteil des Alltags um das Essen. Die Magersüchtigen beispielsweise zählen jede Kalorie, um nicht zuzunehmen.
Als Essstörung gelten auch Essattacken mit an- 60 schließendem Schuldgefühl, wie es bei der Ess-Brech-Sucht, der Bulimie, der Fall ist. Darüber hinaus kann auch die übermäßige Aufnahme von Kalorien Anzeichen einer Essstörung se n. Die Folge ist starkes Übergewicht, das bis zur 65 Fettleibigkeit, der Adipositas, führen kann. Alle Essstörungen müssen ernst genommen werden, denn die Betroffenen schaffen es oftmals nicht, ohne ärztliche Hilfe wieder gesund zu werden. 70

1 **A** Beschreibe ▶ Bild 1.
B Erkläre die Bedeutung von ▶ Bild 1.

2 Suche nach Werbeanzeigen, in denen bestimmte Vorstellungen als schön angesehen werden, und beschreibe diese.

3 Erkläre, warum man Essstörungen als psychosomatische Krankheiten bezeichnet.

Essstörungen

Essstörungen können sich auf vielfältige Weise äußern und verschiedenste Ursachen haben. Im Folgenden sind ein Tagebucheintrag eines an Bulimie erkrankten Mädchens und ein Brief eines adipösen Jungen abgedruckt.

Liebes Tagebuch,
heute hab ich in einer Zeitschrift wieder etwas über eine neue Diät gelesen. Ich brauch das alles nicht. Ich kann nicht einfach auf Essen verzichten. Mama hat neulich zu mir gesagt, ich hab immer richtige „Fressattacken". Sie freut sich, dass ich dabei noch eine normale Figur behalte. Wenn die wüsste ...
Heute hatte ich wieder zwei solcher Anfälle. Danach hab ich mich wie immer richtig schlecht und vor allem total fett gefühlt. Also bin ich nach dem Essen gleich wieder ins Bad. Mittlerweile bin ich schon richtig geübt: Das dauert nicht länger, wie wenn ich auf die Toilette müsste. Ich weiß noch, wie ich mich die ersten Male davor geekelt habe.
Ach ja, ich war heute beim Zahnarzt. Der meinte, in der letzten Zeit sei ich ganz schön oft da gewesen, meine Zähne seien sehr kariesanfällig geworden ... Ach, das vergeht bestimmt wieder. Auf dem Weg nach Hause ist mir dann schon wieder so schwindlig geworden. Meine Mutter meint, ich soll wegen meiner Kreislaufprobleme mal zum Arzt gehen. Dann kann der auch gleich was gegen meine Verdauungsbeschwerden unternehmen. Diese ständigen Verstopfungen, gefolgt von Durchfall, seien ja auch nicht normal, meint sie. Mir macht das alles nicht so viel aus. Hauptsache, ich bin schön schlank!

Tagebucheintrag der 13-jährigen Franziska

Hallo Mama und Papa,
mir geht es gut hier. Hier bin ich endlich nicht mehr der Einzige, der so dick ist. Keiner guckt blöd oder macht dumme Sprüche. Die sagen hier, wir haben kein normales Essverhalten. Neulich mussten wir uns alle zusammen in einen Kreis setzen und jeder musste erzählen, wann er am liebsten isst.
Das werdet ihr nicht glauben, einige haben gar keine Hobbys, die essen echt aus Langeweile. Manche haben auch was Schlimmes erlebt und essen so viel aus Frust oder Kummer. Zu mir haben sie gesagt, ich habe falsch anerzogene Essgewohnheiten und hätte nie gelernt, aufzuhören, wenn ich satt bin. Wir haben wohl alle falsche Ernährungsgewohnheiten, das heißt, wir essen das Falsche. Heute war ein Arzt zu Besuch. Er hat uns erklärt, was passiert, wenn wir so weitermachen und immer dicker werden: Übergewicht belastet alle Organe. Das Herz kann krank werden und man kann davon zuckerkrank werden. Und wisst ihr noch, dass ich in letzter Zeit immer so schlecht geschlafen habe? Das kann auch vom Übergewicht kommen. Ich vermisse euch, euer Martin

Brief des 14-jährigen Martin aus einer Klinik für übergewichtige Kinder und Jugendliche

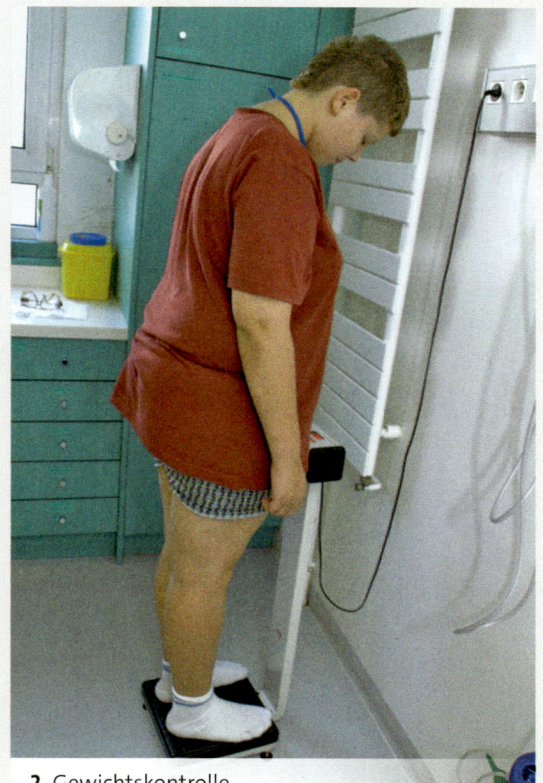

2 Gewichtskontrolle

1 A Beschreibe die Anzeichen und die Folgen von Bulimie und Adipositas.
B Nenne Gründe, die bei Franziska und Martin zu einer Essstörung geführt haben könnten.

2 Diskutiere mit deinem Sitznachbarn, was man tun kann, wenn bei einem Freund oder einer Freundin eine Essstörung vermutet wird.

Unser Verdauungssystem

Weg der Nahrung durch den Körper Eine Banane ist ein schneller Energielieferant. Um die in ihr steckende Energie für unseren Körper nutzbar zu machen, müssen die enthaltenen Nährstoffe
5 zerlegt werden. Dies geschieht während der *Verdauung*. So bezeichnet man den schrittweisen Abbau der Nährstoffe in ihre Bausteine auf dem Weg durch den Körper.

Zwischen dem Abbeißen und Kauen und dem
10 Ausscheiden unverdaulicher Nahrungsbestandteile durchlaufen die Bestandteile der Banane die verschiedenen Verdauungsorgane. Dort werden die Nährstoffe gespalten und die Bausteine somit für den Körper verwertbar gemacht. Die
15 Nahrung passiert die Organe Mund, Speiseröhre, Magen und Darm. Andere Organe wie die Leber, die Gallenblase und die Bauchspeicheldrüse unterstützen die Verdauung ▶ Bild 1.

Von der Speiseröhre gelangt der Nahrungsbrei in den **Magen**, einen etwa 30 cm langen Muskelschlauch. In ihm werden bis zu 2 Liter Speisen und Getränke mehrere Stunden gesammelt. Die Magensäfte sind sehr sauer und töten viele in der Nahrung enthaltene Krankheitserreger ab. Während die Magenmuskulatur den Nahrungsbrei durchknetet, beginnt auch die Verdauung der Proteine. Der Nahrungsbrei wird schließlich durch den Pförtner, den Magenausgang, portionsweise an den Dünndarm weitergegeben.

Der erste Abschnitt des Dünndarms ist etwa so lang wie 12 Finger breit sind und heißt **Zwölffingerdarm**. Hier werden die Nährstoffe gespalten, bevor sie im **Dünndarm** weiter abgebaut und ihre Bausteine ins Blut aufgenommen werden. Im Dünndarm sind zudem zahlreiche Bakterien angesiedelt, die wichtig für die Abwehr von Krankheitserregern sind.

Der **Dickdarm** bildet den letzten Teil des Verdauungstrakts. **Blinddarm** und **Mastdarm** sind Abschnitte des Dickdarms. Auf dem Weg durch den 1–2 m langen Muskelschlauch wird der Nahrung viel Wasser entzogen und die nun eingedickten und unverdaulichen Nahrungsreste werden durch den **After** ausgeschieden. Wie der Dünndarm beheimatet auch der Dickdarm wichtige Bakterien, die die Verdauung unterstützen.

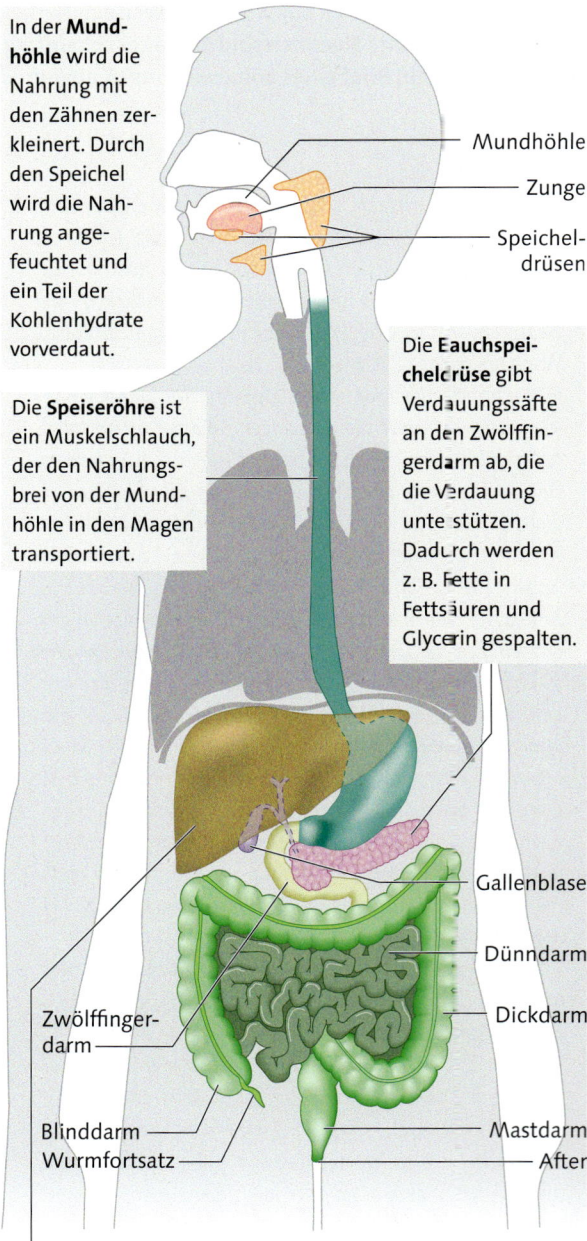

In der **Mundhöhle** wird die Nahrung mit den Zähnen zerkleinert. Durch den Speichel wird die Nahrung angefeuchtet und ein Teil der Kohlenhydrate vorverdaut.

Mundhöhle

Zunge

Speicheldrüsen

Die Speiseröhre ist ein Muskelschlauch, der den Nahrungsbrei von der Mundhöhle in den Magen transportiert.

Die **Bauchspeicheldrüse** gibt Verdauungssäfte an den Zwölffingerdarm ab, die die Verdauung unterstützen. Dadurch werden z. B. Fette in Fettsäuren und Glycerin gespalten.

Gallenblase

Dünndarm

Dickdarm

Zwölffingerdarm

Blinddarm
Wurmfortsatz

Mastdarm

After

Die **Leber** produziert – ähnlich wie die Bauchspeicheldrüse – Verdauungssäfte. Diese werden in der Gallenblase gespeichert und von dort ebenfalls an den Zwölffingerdarm abgegeben. Sie bewirken, dass Fette in Form von kleinen Tröpfchen in den Dünndarm gelangen.

1 Übersicht über das Verdauungssystem beim Menschen

🟢 Beschreibe den Weg der Nahrung durch den Körper.

Entstehung von Karies

Karies oder auch Zahnfäule ist eine der häufigsten Zahnerkrankungen beim Menschen. Bei ihrer Entstehung sind verschiedene Faktoren beteiligt: In der Mundhöhle befinden sich Bakterien, die sich von
5 Zucker ernähren. Je mehr kohlenhydrathaltige Nahrung wir zu uns nehmen, desto besser können sich die Bakterien vermehren. Sie bauen den Zucker ab, um ihn für sich nutzbar zu machen. Dabei scheiden sie Stoffwechselprodukte aus, die sich zusammen
10 mit den Bakterien und Speichelresten als Zahnbelag absetzen. Eine solche Plaqueschicht lässt sich durch Zähneputzen kaum noch entfernen.
Weitere Bakterien siedeln sich jetzt an, die beim Abbau von Zucker Milchsäure ausscheiden. Durch die
15 Säure werden die Plaqueschicht und der darunterliegende Zahnschmelz angegriffen. Es kommt zu weißen oder braunen Flecken, die Vorstufe der Karies. Eine frühzeitige Behandlung durch den Zahnarzt kann den Prozess jetzt stoppen, bevor der Zahn stark geschä-
20 digt ist. Geschieht das nicht, kann die Zerstörung des Zahns fortschreiten und der Zahnschmelz wird dauerhaft geschädigt. Es entsteht Karies.

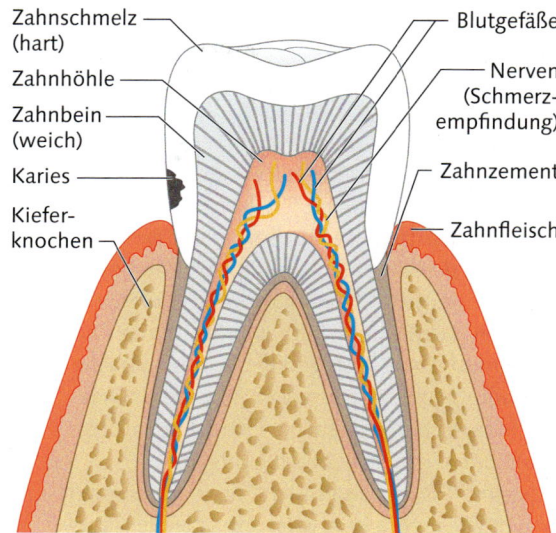

2 Aufbau des menschlichen Zahns

1 Beschreibe den Aufbau des menschlichen Zahns ► Bild 2.

2 Erstelle ein Fließschema zur Kariesentstehung.

3 Erkläre, warum ein Loch im Zahn meist nicht sofort entdeckt wird, sondern erst nach einer gewissen Zeit Schmerzen bereitet. Verwende dazu ► Bild 2.

Struktur und Funktion der Speiseröhre

Wenn unsere Nahrung vom Mund in den Magen transportiert wird, gelangt sie durch die etwa 25 cm lange Speiseröhre. Da diese ein langer Muskelschlauch aus einer Längs- und Quermuskulatur ist, funktioniert der Transport auch entgegen der Schwerkraft. Der Nahrungsbrei wird durch abwechselndes Zusammenziehen der Längs- und Quermuskeln weitertransportiert. Durch diese peristaltische Bewegung ist es z. B. möglich, im Handstand ein Glas Wasser zu trinken. Die Funktion der Speiseröhre kannst du mit einem Modellversuch verdeutlichen.

3 Aufbau der Speiseröhre

Bewegungsrichtung
— Schleimhaut
— entspannte Muskulatur
— kontrahierte Muskulatur
— Speisebrei

Forscherfrage: Warum gelangt die Nahrung auch entgegen der Schwerkraft durch die Speiseröhre in den Magen?

Material: Fahrradschlauch (ca. 25 cm lang), Tischtennisball (alternativ: Walnuss), Speiseöl

Durchführung:
1. Fette den Tischtennisball (bzw. die Walnuss) mit dem Speiseöl ein.
2. Drücke den Tischtennisball in den Fahrradschlauch.
3. Befördere ihn nun durch den Schlauch, sodass er am anderen Ende wieder zum Vorschein kommt. Beobachte dabei genau, was du tun musst.

4 Gib an, für welche Strukturen in der Wirklichkeit der Fahrradschlauch und der Tischtennisball Modell stehen.

5 Schreibe ein Versuchsprotokoll. Beantworte dabei auch die Forscherfrage.

Enzyme helfen bei der Verdauung

Nährstoffe werden durch Enzyme zerlegt Durch das Kauen im Mund wird die Nahrung mechanisch zerkleinert, also in kleinere Stücke zerlegt. Die Bausteine der Nährstoffe können aber
5 durch unsere Zähne nicht voneinander getrennt werden. Nur die Nährstoffbausteine können aber ins Blut aufgenommen werden. Die Spaltung der Nährstoffketten ist eine chemische Reaktion, die normalerweise nur sehr langsam
10 abläuft. Sie wird daher durch Hilfsstoffe, die Enzyme, beschleunigt. Verdauungsenzyme sind Proteine, die im Körper gebildet werden und die Verdauung unterstützen. Man bezeichnet *Enzyme* auch als Biokatalysatoren, da sie chemische
15 Reaktionen im Körper beschleunigen.
Modellhaft kann man sich ein Verdauungsenzym wie eine Schere vorstellen, die die Nährstoffe an ihren Verbindungen trennt. Kohlenhydrate, Fette und Proteine werden auf ihrem
20 Weg durch den Körper schrittweise durch verschiedene Enzyme immer weiter abgebaut, bis am Ende die Einzelbausteine übrig bleiben.

Enzyme sind substratspezifisch In unserem Magen befindet sich unter anderem das Enzym
25 Pepsin, das Proteine zerkleinert. Es spaltet lange Aminosäureketten in kürzere Ketten ▶ Bild 1.

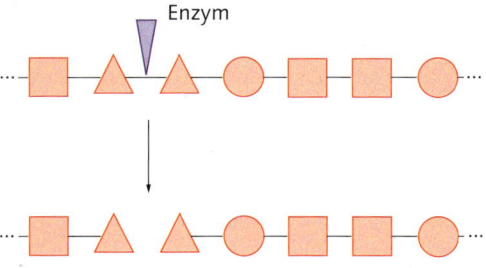

1 Modellvorstellung für die Zerlegung von Proteinen durch Pepsin

Fette und Kohlenhydrate werden durch Pepsin nicht gespalten. Jedes Enzym kann aufgrund seines Aufbaus immer nur einen spezifischen
30 Stoff, sein *Substrat*, spalten. Man sagt auch, Enzyme sind substratspezifisch. Oftmals lässt schon der Name des Enzyms auf sein spezifisches Substrat schließen. Das Enzym, das für die Spaltung des Milchzuckers, der Lactose, zustän-
35 dig ist, heißt Lactase. Saccharose, der Rübenzucker, wird durch die Saccharase abgebaut.

Schlüssel-Schloss-Prinzip Für die Substratspezifität der Enzyme sind die jeweils einzigartige Struktur des Enzyms und des Substrats verantwortlich. Das Enzym Amylase kann sich passge- 40 nau an ein Stärkemolekül anlagern, da dessen Bau, also seine Struktur, genau zur Struktur des Enzyms passt. Man sagt auch, Enzym und Substrat passen zusammen, so wie ein Schlüssel in sein entsprechendes Schloss passt. In der Biolo- 45 gie findet man weitere Beispiele für solche Passgenauigkeiten und hat daher ein biologisches Prinzip formuliert: das *Schlüssel-Schloss-Prinzip*. Trifft ein anderes Enzym auf ein Stärkemolekül, so findet keine Spaltung statt, da 50 Enzym und Substrat nicht zusammenpassen.

Ablauf einer Enzymreaktion Jede Reaktion zwischen einem Enzym und seinem Substrat läuft ähnlich ab ▶ Bild 2. Trifft ein passendes Substrat auf ein Enzym, so bindet es an dieses Enzym. 55 Jetzt kann das Enzym das Substrat spalten, indem es die Verbindungen zwischen einzelnen Bausteinen trennt. Das Produkt hat eine andere Struktur als das Substrat. Enzym und Produkt passen nicht mehr zusammen, und das Enzym 60 trennt sich vom Produkt. Es kann jetzt das nächste Substrat binden und spalten. Enzyme werden also bei Reaktionen nicht verbraucht.

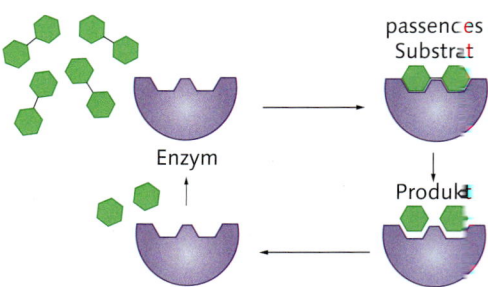

passendes
Substrat
Enzym
Produkt

2 Ablauf einer Enzymreaktion

❶ Beschreibe den Ablauf einer Enzymreaktion. Übertrage dazu ▶ Bild 2 in dein Heft. Ergänze die einzelnen Bilder durch Textfelder.

❷ Erkläre mithilfe des Schlüssel-Schloss-Prinzips, warum Enzyme substratspezifisch sind.

❸ Das Enzym Amylase spaltet Stärke in den Zweifachzucker Maltose. Stelle diesen Vorgang ähnlich wie in ▶ Bild 1 modellhaft dar.

Abbau von Nährstoffen

Wenn wir lange genug auf einem Stück Brot kauen, können wir feststellen, dass es nach einiger Zeit süß schmeckt. Brot enthält Stärke, die allerdings nicht süß schmeckt. Was passiert mit der Stärke im Mund? Mit einem Modellexperiment kannst du das herausfinden.

3 Was passiert mit der Stärke im Mund?

Stärkenachweis mit Iod-Kaliumiodid-Lösung

Material: 2 Reagenzgläser, Reagenzglasgestell, Stopfen, 3 Pipetten, kleines Becherglas, Wasser, 1%ige Stärkelösung, Iod-Kaliumiodid-Lösung (GHS 8), ggf. Amylaselösung

Durchführung:

1. Sammle in einem kleinen Becherglas etwa 1 ml Speichel und verdünne diesen mit der gleichen Menge Wasser. Alternativ kannst du auch eine Amylaselösung als künstlichen Speichel verwenden.
2. Fülle in 2 Reagenzgläser jeweils 10 ml Stärkelösung.
3. Gib zu einer der beiden Lösungen deine Speichellösung und schüttle kurz. Die Stärkelösung in dem zweiten Reagenzglas dient als Kontrolle ▶Bild 4 (K). Warte 3–5 min.
4. Gib nun in jedes Reagenzglas noch einen Tropfen der Iod-Kaliumiodid-Lösung.

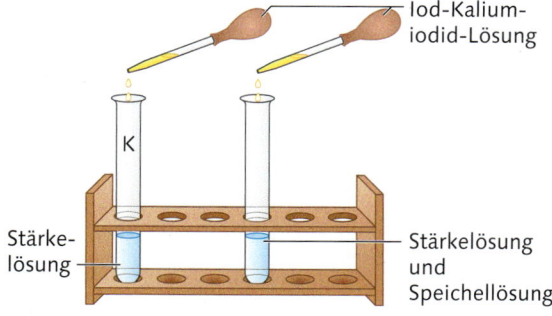

Iod-Kalium-iodid-Lösung

Stärke-lösung

Stärkelösung und Speichellösung

4 Versuchsansätze zum Stärkenachweis

Nachweis von Einfach- und Zweifachzuckern mit dem Benedict-Reagenz

Material: 4 Reagenzgläser, Reagenzglasgestell, Reagenzglasklemme, Stopfen, kleines Becherglas, 4 Pipetten, Wasserkocher bzw. Wasserbad (ca. 60 °C), Stärkelösung, Benedict-Reagenz (GHS 7 und 9), ggf. Amylaselösung

Durchführung:

1. Sammle in einem kleinen Becherglas etwa 1 ml Speichel und verdünne diesen mit der gleichen Menge Wasser. Alternativ kannst du auch eine Amylaselösung als künstlichen Speichel verwenden.
2. Gib in 2 Reagenzgläser jeweils 6 ml Stärkelösung.
3. Gib zu einer der beiden Stärkelösungen deine Speichellösung und schüttle kurz. Das zweite Reagenzglas dient als Kontrolle. Warte 3–5 min.
4. Gib nun zu beiden Stärkelösungen jeweils 2 ml des Benedict-Reagenz und schüttle kurz.
5. Stelle die beiden Reagenzgläser für ca. 2 min in das heiße Wasserbad.

① Schreibe für beide Versuche ein vollständiges Versuchsprotokoll. Beantworte dabei auch die Forscherfrage.

Ein Experiment planen

② Ein Mitschüler behauptet, Enzyme arbeiten nicht bei jeder Temperatur gleich gut.

A Plane ein Experiment, mit dem du diese Aussage überprüfen kannst. Vergiss dabei das Kontrollexperiment nicht. Folgende Materialien stehen dir zur Verfügung:
3 Reagenzgläser, Reagenzglasgestell, Stopfen, 3 Pipetten, kleines Becherglas, Wasser, Stärkelösung, Iod-Kaliumiodid-Lösung (GHS 8), 3 Wasserbäder (5 °C, 30 °C und 60 °C).

B Führt das Experiment in Gruppen arbeitsteilig durch und wertet es aus.

Verdauung der Nährstoffe

Kohlenhydrate Manchmal läuft einem schon beim bloßen Anblick eines leckeren Essens das Wasser im Mund zusammen. Das hat einen Grund: Im Mundspeichel befindet sich das En-
5 zym Amylase. Amylase hilft bei der Verdauung der Kohlenhydrate, es spaltet den Vielfachzucker Stärke. Stärke befindet sich in vielen Lebensmitteln wie Mehl, Kartoffeln und Brot. Als Produkt entsteht Maltose, ein Zweifachzucker.
10 Zusammen mit dem Speichel und den anderen Bestandteilen der Nahrung wird die Maltose dann durch die Speiseröhre in den Magen transportiert. Nach einer gewissen Zeit gelangen die Zweifachzucker in den Dünndarm. Dort befin-
15 den sich weitere Enzyme, die die Maltose, aber auch andere Kohlenhydrate wie Saccharose und Lactose weiter zerlegen, bis schließlich nur noch Einfachzucker wie Glucose und Fructose vorliegen ▶ Bild 1. Diese sind klein genug, um in die
20 Blutbahn überzugehen und zu den Zellen transportiert zu werden.

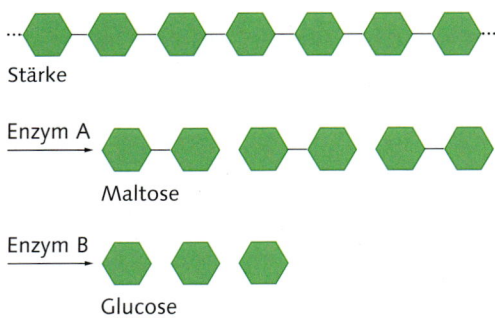

1 Modellhafte Darstellung der Stärke-spaltung in Maltose und Glucose

Fette Fette sind in Wasser nicht löslich. Die Beobachtung hat schon jeder einmal gemacht, der versucht hat, Wasser und Öl zu vermischen.
25 In unserem Körper laufen die meisten Reaktionen, so auch die Verdauung der Nährstoffe, in wasserhaltiger Umgebung ab. Damit die Fette verdaut werden können, müssen sie sich in Wasser lösen lassen. Dazu werden die mit der
30 Nahrung aufgenommenen Fette zunächst emulgiert: Es entstehen dabei kleine Fetttröpfchen, die sich im Wasser fein verteilen können. Dies geschieht mithilfe der Gallenflüssigkeit, die von der Leber produziert und an den Dünn-
35 darm abgegeben wird.

Im Magen und Dünndarm befinden sich Lipasen. Diese Enzyme spalten Fettmoleküle in Fettsäuren und Glycerin ▶ Bild 2. Die hauptsächliche Verdauung der Fette findet durch die Lipase im Dünndarm statt, nachdem die Fette
40 emulgiert wurden. Fettsäuren und Glycerin sind wesentlich kleiner als ein Fettmolekül und können jetzt in die Blutbahn übertreten.

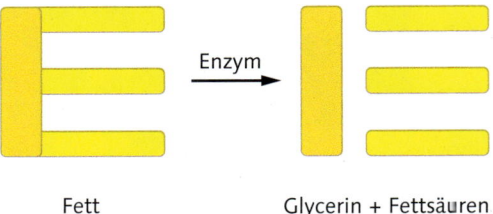

| Fett | Glycerin + Fettsäuren |

2 Modellhafte Darstellung der Spaltung eines Fettes in Glycerin und drei Fettsäuren

Proteine Die Verdauung der Proteine beginnt im Magen durch das Enzym Pepsin. Dafür benö-
45 tigt es die Magensäure. Die Bauchspeicheldrüse sondert das Enzym Trypsin in den Zwölffingerdarm ab, das die Aminosäureketten weiter abbaut. Die kürzeren Ketten aus wenigen Aminosäuren gelangen mit dem Nahrungsbrei in den
50 Dünndarm. Dort werden sie durch andere Enzyme, die in einer sauren Umgebung nicht arbeiten können, weiter verdaut. So werden sie in ihre Bausteine, die Aminosäuren, zerlegt ▶ Bild 3. Die Aminosäuren gelangen nun ins Blut.
55

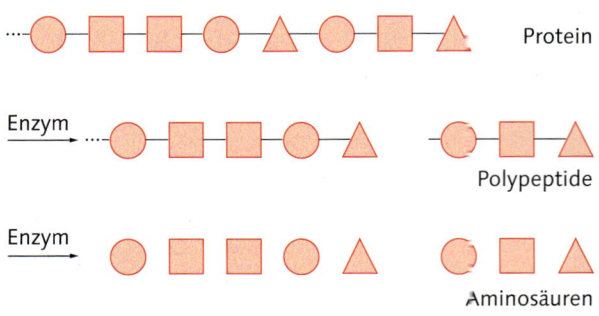

3 Modellhafte Darstellung der Spaltung eines Proteins in Aminosäuren

1 Stelle in einer Tabelle Wirkort, spezifisches Substrat und Spaltprodukte der an der Verdauung beteiligten Enzyme dar.

2 Erkläre den Begriff Emulgieren.

Versuche zur Verdauung

Verdauung der Proteine

Die Verdauung der Proteine beginnt bereits im Magen und wird im Dünndarm fortgesetzt. Durch folgendes Experiment sollen die Vorgänge im Magen nachvollzogen werden.

Material: 5 Reagenzgläser, 2 Bechergläser, Glasstab, Spatel, Wasserbad (60 °C), Hühnerei, Pepsin, verdünnte (10 %ige) Salzsäure (GHS 5 und 7; Schutzhandschuhe tragen!), Amylase

Durchführung:

1. Trenne das Eiweiß vom Eigelb und gib sie in 2 verschiedene Bechergläser. Erhitze das Hühnereiweiß so lange im Wasserbad, bis du eine deutliche Trübung erkennen kannst. Achte darauf, dass das Eiweiß nicht fest wird.
2. Verteile das Eiweiß gleichmäßig auf 5 Reagenzgläser.
3. Gib zu den 5 Versuchsansätzen Pepsin, Salzsäure und Amylase nach der in der Tabelle angegebenen Verteilung ▶ Bild 4. (Ein – bedeutet, dass du diesen Stoff nicht in das jeweilige Reagenzglas geben sollst.)

❶ A Stelle eine Hypothese zu den Versuchsergebnissen auf.
 B Führe den Versuch durch. Notiere deine Beobachtungen.
 C Werte deine Beobachtungen aus. Wurden deine Hypothesen bestätigt?
 D Erkläre die Bedeutung von Versuchsansatz 1.

Bedeutung der Gallenflüssigkeit

Material: 2 Reagenzgläser mit Stopfen, Pipetten, Speiseöl, Wasser, Gallensaft oder Ochsengalle (Suspension)

Durchführung:

1. Fülle ein Reagenzglas zur Hälfte mit Wasser und gib mit einer Pipette 5 Tropfen Speiseöl dazu. Schüttle das Reagenzglas kräftig durch und lass es dann 5 min stehen.
2. Fülle das zweite Reagenzglas ebenfalls zur Hälfte mit Wasser und gib 5 Tropfen Speiseöl dazu. Füge einige Tropfen Ochsengallen-Suspension (oder Gallensaft) hinzu. Schüttle erneut und lass das Reagenzglas ebenfalls 5 min stehen.

❷ A Führe den Versuch durch. Beschreibe deine Beobachtungen.
 B Fertige eine Skizze deiner Beobachtungen an.
 C Erläutere die Bedeutung der Gallenflüssigkeit für die Verdauung von Fetten.

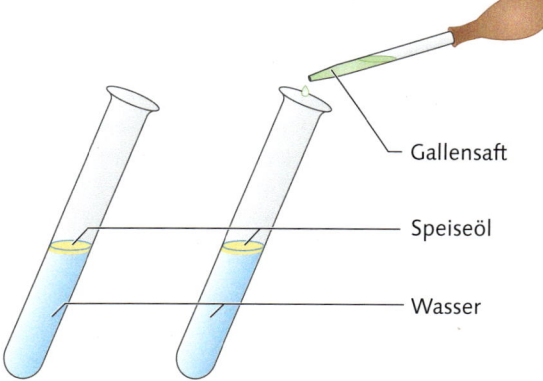

Gallensaft

Speiseöl

Wasser

5 Versuch zur Bedeutung der Gallenflüssigkeit

Versuchsansatz	1	2	3	4	5
Eiweißlösung	5 ml	5 ml	5 ml	5 ml	5 ml
Pepsin	–	1 Spatelspitze	1 Spatelspitze	–	–
Salzsäure (= Magensäure)	–	–	4 ml	4 ml	–
Amylase	–	–	–	–	1 Spatelspitze

4 Versuchsansätze: Verdauung der Proteine

Aufnahme der Nährstoffe im Darm

Resorption Aus dem Magen gelangt der Nahrungsbrei in den etwa 3 m langen Dünndarm. Der Dünndarm ist ein Muskelschlauch mit einer inneren Ring- und einer äußeren Längsmuskulatur. Beide Muskelschichten ziehen sich, ähnlich den Muskelbewegungen in der Speiseröhre, abwechselnd zusammen. Diese Darmperistaltik schiebt den Nahrungsbrei langsam durch den Darm.

Im Dünndarm werden letztlich alle Nährstoffe bis in ihre Bausteine zerlegt. Die für die Verdauung notwendigen Enzyme werden von der Bauchspeicheldrüse und dem Dünndarm selbst gebildet. Die jetzt vorhandenen Einfachzucker, Aminosäuren, Fettsäuren und das Glycerin werden nun *resorbiert*, das heißt in den Körper aufgenommen. Die einzelnen Bausteine sind so klein, dass sie von den Darmschleimhautzellen aufgenommen werden und in das Blut abgegeben werden können. Mit dem Blut gelangen sie zu allen Zellen des Körpers.

Prinzip der Oberflächenvergrößerung Die Innenwand des Dünndarms besitzt zahlreiche Falten. Betrachtet man diese Falten unter einem Mikroskop, erkennt man kleine Ausstülpungen, die Darmzotten ▶ Bild 1. Durch die Falten und Zotten wird die Oberfläche der Dünndarmschleimhaut stark vergrößert. Man spricht auch

vom Prinzip der Oberflächenvergrößerung. Die Darmzotten sind von feinsten Blutgefäßen, den Kapillaren, durchzogen ▶ Bild 2. Die große Oberfläche der Dünndarmschleimhaut und die dünne Wand der Blutgefäße erleichtern den Übergang der Nährstoffe in das Blut.

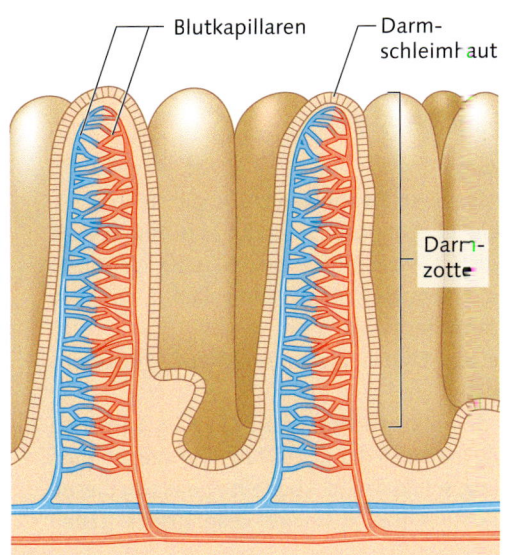

2 Darmzotten

Nicht alle Stoffe werden resorbiert Nach der Resorption der Nährstoffe sowie Vitamine und Mineralstoffe im Dünndarm wird im Dickdarm ein Großteil des Wassers aus der Nahrung und den Verdauungssäften resorbiert und dem Körper wieder zur Verfügung gestellt. Der ausgeschiedene Kot enthält dann vor allem Cellulose und andere unverdauliche Nahrungsreste. Der menschliche Körper kann Cellulose nicht verdauen, weil ihm die dafür notwendigen Enzyme fehlen. Dennoch ist die Aufnahme dieser Ballaststoffe für die Verdauung wichtig. Ballaststoffe können z. B. Wasser binden. Dadurch wird die Darmtätigkeit angeregt und die Verdauung unterstützt.

1 Erkläre das Prinzip der Oberflächenvergrößerung am Beispiel des Dünndarms.

2 Rinder können im Gegensatz zum Menschen Cellulose verdauen. Das verdanken sie den in ihrem Darm enthaltenen Bakterien. Erkläre, warum diese Bakterien die Cellulose verwerten können.

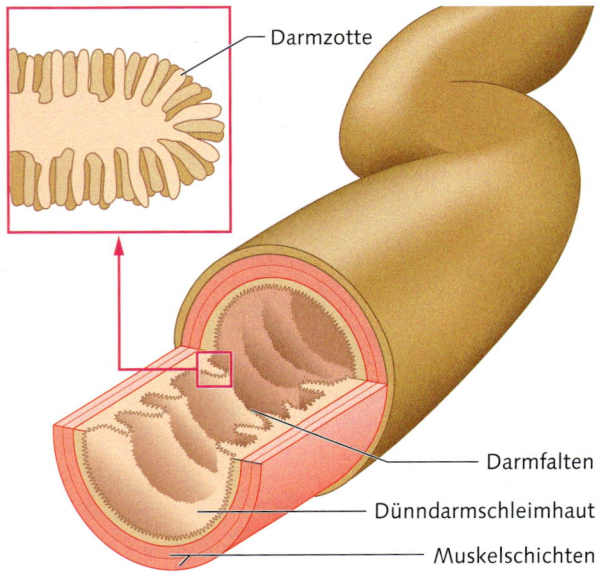

1 Oberflächenvergrößerung des Dünndarms

Prinzip der Oberflächenvergrößerung

Die Oberflächenvergrößerung ist ein bedeutendes Prinzip in der Biologie, das vor allem bei Transportvorgängen eine Rolle spielt. Vergrößerte Oberflächen begünstigen den Stoffaustausch, z. B. zwischen Geweben innerhalb des Körpers.

Modellversuch zur Oberflächenvergrößerung

Die vergrößerte Oberfläche der Dünndarmschleimhaut erleichtert den Übergang der Nährstoffe aus dem Dünndarm in das Blut. Mit einem Modellversuch kann dieses Phänomen demonstriert werden.

Material: 2 gleich große Stoffstücke eines Frottee- und Leinentuchs (z. B. 10 cm × 10 cm), 2 Bechergläser (400 ml), Messzylinder, Wasser, Lupe, Glasschale

Durchführung Teilversuch A:
1. Betrachte die trockenen Tücher mit der Lupe.

Durchführung Teilversuch B:
1. Miss mit dem Messzylinder jeweils 100 ml Wasser ab und gib das Wasser in je ein Becherglas.
2. Tauche das Frotteetuch in eines der beiden Bechergläser und schwenke das Becherglas ein wenig, sodass sich das Tuch mit dem Wasser vollsaugen kann. Wenn du das Tuch aus dem Becherglas nimmst, wringe es nicht aus, sondern lass es lediglich etwas über dem Becherglas abtropfen und lege es dann in die bereitgestellte Schale.
3. Bestimme das Volumen des übrigen Wassers im Becherglas mithilfe eines Messzylinders.

4. Wiederhole die Schritte 3 und 4 mit dem Leinentuch und dem anderen Becherglas.

① **A** Beschreibe deine Beobachtungen aus beiden Teilversuchen (A und B).
  B Deute die Beobachtung aus dem Teilversuch B.
  C Erkläre das Prinzip der Oberflächenvergrößerung aufgrund der Beobachtungen aus beiden Teilversuchen.

Oberflächenvergrößerungen im Tier- und Pflanzenreich

Neben der Innenwand des Dünndarms findet man im Tier- und auch im Pflanzenreich weitere Beispiele für das Prinzip der Oberflächenvergrößerung.

② **A** Beschreibe die ▶ Bilder 3–5.
  B Erkläre, wo sich das Prinzip der Oberflächenvergrößerung bei den jeweiligen Beispielen finden lässt.
  C Erläutere jeweils den Vorteil, der sich durch die Oberflächenvergrößerung ergibt.

3 Wurzelhaare

4 Laubbaum

5 Fächerfühler beim Maikäfer

METHODE

Erstellen einer Concept-Map

Fachtexte sind oftmals sehr umfangreich und nicht immer leicht zu verstehen. Um dir Zusammenhänge zu verdeutlichen, kannst du Textinhalte mithilfe einer Concept-Map darstellen. Eine Concept-Map ermöglicht es auch, Sachverhalte zu einem späteren Zeitpunkt schnell wieder zu erfassen. Anhand des komplexen Themengebiets „Nährstoffe" wird dir die Methode vorgestellt.

Schritt 1 Lies dir zunächst den Text durch, dessen Zusammenhänge du veranschaulichen möchtest. Unterstreiche beim erneuten Lesen die Begriffe, die dir für das Oberthema wichtig erscheinen ▶ Bild 2.

Schritt 2 Schreibe die unterstrichenen Begriffe mit ein wenig Abstand auf ein Blatt Papier ▶ Bild 1.

Schritt 3 Schneide die aufgeschriebenen Begriffe aus und lege sie auf ein Blatt DIN-A3-Papier ▶ Bild 3. Begriffe, die du nicht kennst, legst du erst einmal zur Seite. Achte darauf, dass auf jedem Papierstück nur ein Begriff steht.

Nährstoffe
Kohlenhydrate, Fette, Proteine, Enzyme, Bestandteile, Glucose, Energie, Stärke, Einfachzucker, Zweifachzucker, Maltose, Benedict-Reagenz, Aminosäuren, Stärkenachweis, Vielfachzucker, Iod-Kaliumiodid-Lösung, Fettfleckprobe, Biuret-Probe, Glycerin, Fettsäuren

1 Unterstrichene Begriffe

3 Ausgeschnittene Begriffe

Nährstoffe

Nährstoffe liefern unserem Körper Energie, sie heißen daher auch Energielieferanten. Man unterscheidet drei Nährstoffgruppen: Kohlenhydrate, Fette und Eiweiße oder Proteine. Die Fette sind die Nährstoffe mit dem größten Energiegehalt. Überschüssige Energie wird daher im Körper in der Regel in Form von Fettreserven gespeichert. Ein Fettteilchen besteht aus Glycerin und drei Fettsäuren. Wenn man ein fetthaltiges Lebensmittel auf ein Löschpapier gibt, dann bleibt ein im Licht durchscheinender Fleck zurück. Diese Fettfleckprobe ist der Nachweis für Fette.
Eine zweite Nährstoffgruppe bilden die Proteine. Ihre Bestandteile sind die Aminosäuren. Mithilfe der Biuret-Probe können Proteine nachgewiesen werden. Viele tierische Nahrungsmittel wie Eier, Käse, Milch und Milchprodukte enthalten als vorrangigen Nährstoff Proteine.
Die dritte Nährstoffgruppe bilden die Kohlenhydrate. Der einfachste Baustein der Kohlenhydrate ist der Einfachzucker. Je nach Anzahl der miteinander verknüpften Einfachzucker unterscheidet man zwischen Einfach-, Zweifach- und Vielfachzuckern. Glucose, der aus der Küche bekannte Traubenzucker, ist ein Einfachzucker. Stärke ist ein Vielfachzucker. Diese ist nicht süß. Bei der Verdauung wird die Stärke bereits beim Kauen in den Zweifachzucker Maltose, den Malzzucker, gespalten. Dabei entsteht ein süßer Geschmack.
Der Stärkenachweis wird mit Iod-Kaliumiodid-Lösung durchgeführt. Traubenzucker und Malzzucker können mit dem Benedict-Reagenz nachgewiesen werden. Dabei entsteht in der zunächst bläulichen Lösung ein roter Feststoff.
Im Körper werden die Nährstoffe bei der Verdauung schrittweise abgebaut, bis nur noch ihre Einzelbestandteile, die Fettsäuren, Glycerin, die Aminosäuren und die Einfachzucker, übrig bleiben. Die Spaltung der Nährstoffe geschieht mithilfe von Enzymen.

2 Text „Nährstoffe"

Schritt 4 Überlege, welche Begriffe zusammenpassen, und lege diese näher zusammen. Lass aber noch ein wenig Platz zwischen den Begriffen ▶ Bild 4. Wenn du in der Methode geübter bist, kannst du die Begriffe auch gleich geordnet aufschreiben, ohne sie vorher auseinanderzuschneiden.

4 Sortierte Begriffe

Schritt 5 Verbinde die Begriffe durch Pfeile, zwischen denen ein wichtiger Zusammenhang besteht, z.B.: Kohlenhydrate ⟶ Einfachzucker. Achte darauf, dass du pro Pfeil immer nur zwei Begriffe verbindest. An jedem Begriff dürfen aber mehrere Pfeile beginnen und zu jedem Begriff dürfen auch mehrere Pfeile führen.

Beschrifte dann die Pfeile mit Verben, die die Verknüpfung zwischen den Begriffen verdeutlichen, z.B. Kohlenhydrate $\xrightarrow{\text{bestehen aus}}$ Einfachzuckern ▶ Bild 5.

Versuche nun auch, die zur Seite gelegten Begriffe einzuordnen. Wenn dir Begriffe jetzt noch unbekannt sind, recherchiere diese, sodass du alle Begriffe einordnen kannst. Klebe die Begriffe auf.

1 Erstelle eine Concept-Map nach dem vorgegebenen Schema zum Text „Verdauung der Nährstoffe" auf Seite 78. Bedecke die Buchseite vor dem Unterstreichen mit einer Folie.

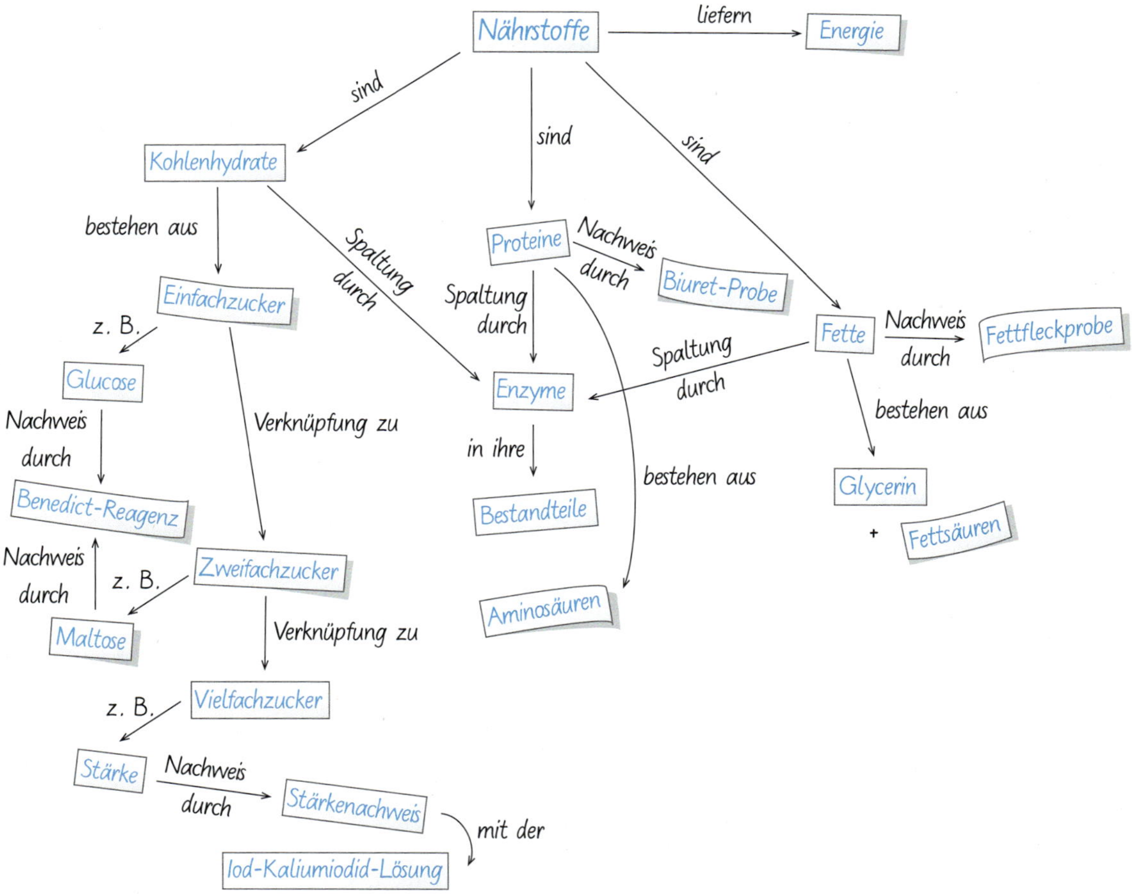

5 Fertige Concept-Map

Zusammenfassung

Stoff- und Energieumwandlung

Tiere und Menschen müssen energiereiche Stoffe mit der Nahrung aufnehmen, umwandeln und Nichtverwertbares wieder aus-
5 scheiden. Über die Nahrung erhält der Körper Energie und weitere Stoffe, die er dringend benötigt. Bei der Verdauung werden die aufgenommenen Stoffe Schritt für Schritt in ihre Bausteine zerlegt. Die Nahrung setzt sich aus
10 den Nährstoffen Kohlenhydrate, Fette und Proteine sowie den Vitaminen und Mineralstoffen zusammen. Ballaststoffe aus Obst, Gemüse und Vollkornprodukten (▶ Bild 1) fördern die Bewegung des Darms. Die Aufnahme von Wasser ist
15 für Lösungs- und Transportvorgänge im Körper unerlässlich.
Diese Prozesse beschreibt das biologische Prinzip *Stoff- und Energieumwandlung*.

1 Vollkornprodukte

Damit der Körper mit allen notwendigen Stof-
20 fen ausreichend versorgt wird, bedarf es einer ausgewogenen Ernährung. Die Empfehlungen hierbei richten sich nach Alter, Geschlecht und der körperlichen Aktivität. Einseitige und mangelhafte Ernährung kann zu Krankheiten füh-
25 ren. Magersucht und Ess-Brech-Sucht zählen zu den psychosomatischen Krankheiten. Alle Essstörungen müssen ernst genommen und ärztlich behandelt werden.

Kompartimentierung

30 Unter dem Begriff Verdauung werden alle Vorgänge zusammengefasst, die den schrittweisen Abbau von Nährstoffen auf ihrem Weg durch das Verdauungssystem beschreiben. Im Mund beginnt bereits die Verdauung der Kohlenhyd-
35 rate durch das Enzym Amylase. Im Magen und auch im Dünndarm befinden sich unterschied-

liche Enzyme, die Fette in Fettsäuren und Glycerin sowie Proteine in Aminosäuren spalten. Im Magen ist dafür eine saure Umgebung notwen-
40 dig, die durch die Magensäure hergestellt wird. Im Dünndarm finden Verdauungsvorgänge statt, die in einer sauren Umgebung nicht ablaufen könnten. Die Einteilung des Verdauungssystems in verschiedene Bereiche, die Kompar-
45 timente, ermöglicht es, diese unterschiedlichen Bedingungen zu schaffen. Zur selben Zeit können verschiedene Vorgänge ablaufen, ohne sich gegenseitig zu beeinflussen.
Diese Einteilung in verschiedene Reaktions-
50 räume umschreibt das biologische Prinzip *Kompartimentierung*.

Struktur und Funktion

Das Enzym Amylase spaltet den Vielfachzucker Stärke bereits beim Kauen im Mund in den Zwei-
55 fachzucker Maltose. Für die weitere Verdauung sind andere Enzyme notwendig, da Amylase Maltose nicht umwandeln kann. Enzyme sind substratspezifisch und können nur das jeweils passende Substrat umwandeln. Man sagt auch,
60 Enzym und Substrat passen zusammen, so wie ein Schlüssel in sein entsprechendes Schloss passt. Enzymreaktionen sind ein Beispiel für das Schlüssel-Schloss-Prinzip.
Die innere Oberfläche des Dünndarms ist durch
65 Falten und Dünndarmzotten stark vergrößert ▶ Bild 2. So können die Nahrungsbausteine besonders gut aufgenommen werden.
Das Prinzip der Oberflächenvergrößerung und das Schlüssel-Schloss-Prinzip gehören zum biologischen Prinzip *Struktur und Funktion*. 70

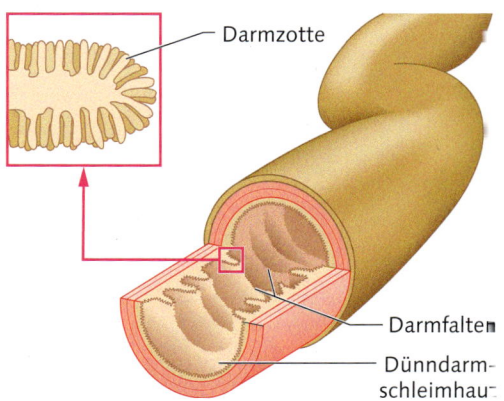

Darmzotte

Darmfalten

Dünndarmschleimhaut

2 Oberflächenvergrößerung des Dünndarms

Teste dich!

1 Janas Mutter gibt ihrer Tochter immer ein Schulfrühstück mit. Am Mittwoch, an dem sie einen 6-Stunden-Tag hat, gibt die Mutter ihr einen Joghurt mit Bircher Müsli, einen Apfel, einen Schokomuffin und eine Apfelschorle mit. In der Schule schenkt Jana ihr Frühstück ihrer Freundin und kauft sich eine Käsestange und einen Eistee.

A Vergleiche die beiden Mahlzeiten hinsichtlich ihrer Nährstoffzusammensetzung ►Tabellen.

B Beschreibe, wie man die Nährstoffe nachweisen kann.

C Begründe, welches der beiden Frühstücke den Empfehlungen für eine ausgewogene Mahlzeit entspricht.

Mitgebrachtes Frühstück

	Proteine in g	Kohlenhydrate in g	Fette in g
Bircher Müsli (50 g)	6	30	5
Vollmilchjoghurt (150 g)	5,9	8,1	5,7
Apfel (100 g)	0,3	11,4	0,6
Schokomuffin (50 g)	2,5	23,0	13
Apfelschorle (250 ml)	0,2	19,5	0,2
Summe	14,9	92,0	24,5

Eingetauschtes Frühstück

	Proteine in g	Kohlenhydrate in g	Fette in g
Käsestange (150 g)	25,8	62,1	17
Eistee (250 ml)	0,0	23,5	0
Summe	25,8	85,6	17

2 Vitamine sind unverzichtbare Nahrungsbestandteile.

A Erläutere an einem Beispiel die Bedeutung von Vitaminen.

B Viele Vitamine sind temperatur- und lichtempfindlich. Nenne Ratschläge für die schonende Lagerung und Zubereitung von vitaminreichen Nahrungsmitteln (z. B. Milch, Paprika, Äpfel, Karotten).

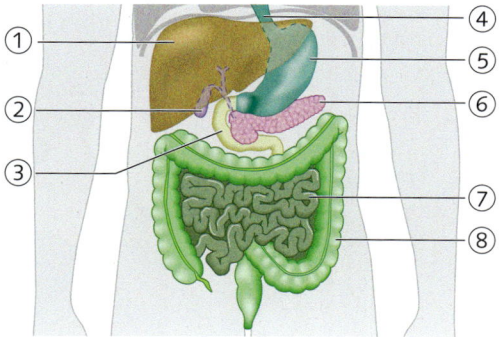

3 Verdauungsorgane

3 Die Gesunderhaltung der Zähne ist wichtig.

A Beschreibe die Entstehung von Karies.

B Nenne Verhaltensweisen, die der Entstehung von Karies entgegenwirken.

4 **A** Benenne die mit Ziffern beschrifteten Verdauungsorgane in ►Bild 3.

B Erläutere die biologischen Prinzipien Kompartimentierung und Oberflächenvergrößerung (Struktur und Funktion) am Beispiel des Verdauungssystems.

C Erläutere, weshalb ein zerkautes Stück Würfelzucker süßer schmeckt als ein nicht zerkleinertes Stück.

5 Enzyme sind Biokatalysatoren.

A Beschreibe die Funktionsweise der Verdauungsenzyme anhand von ►Bild 4.

B Erläutere die Substratspezifität von Enzymen.

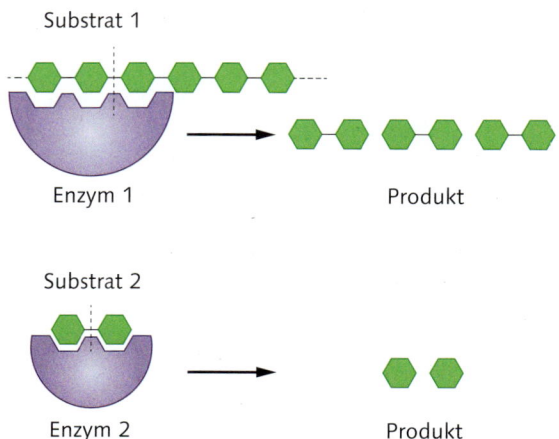

4 Wirkung von Enzymen

► Die Lösungen zu den Aufgaben findest du im Anhang.

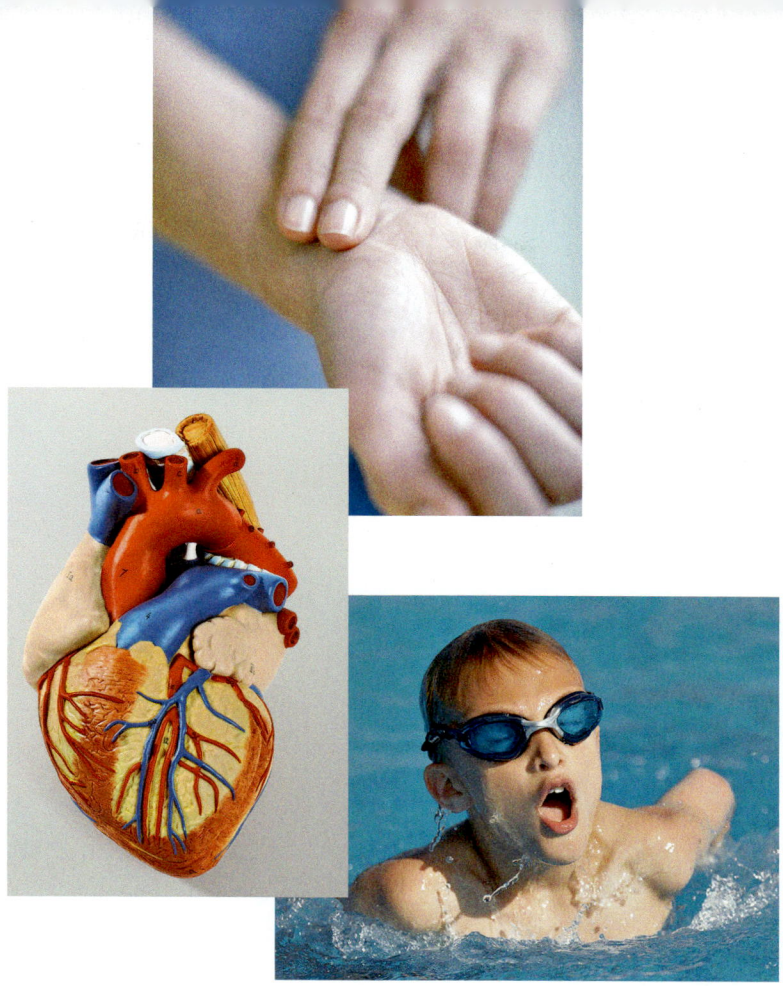

Herz, Blutkreis- lauf und Atmung ▶▶

Alle Organe und Zellen des Körpers benötigen Nährstoffe und Sauerstoff. Abfallstoffe müssen entsorgt werden. Das Blutkreislaufsystem transportiert den Sauerstoff von der Lunge in alle Körperregionen und das Kohlenstoffdioxid von dort zur Lunge. Das Herz treibt den Blutkreislauf an. Regelmäßige Bewegung ist wichtig, um das Herz-Kreislauf-System gesund zu erhalten.

Das Herz – zentrales Organ

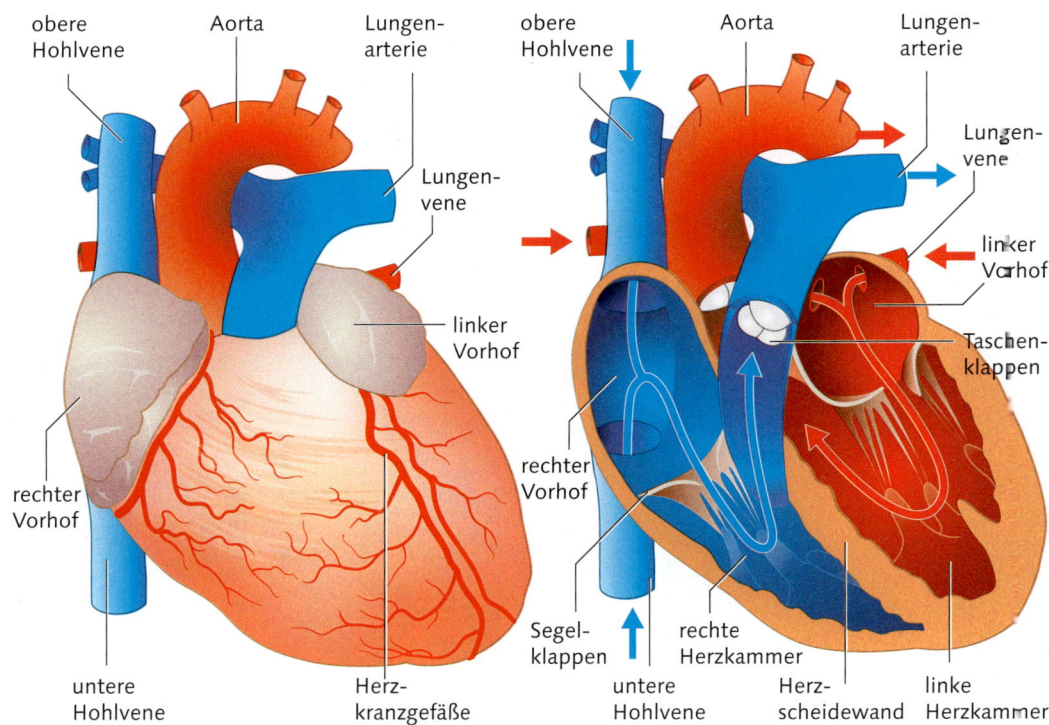

obere Hohlvene · Aorta · Lungen-arterie · Lungen-vene · linker Vorhof · rechter Vorhof · untere Hohlvene · Herz-kranzgefäße

obere Hohlvene · Aorta · Lungen-arterie · Lungen-vene · linker Vorhof · Taschen-klappen · rechter Vorhof · Segel-klappen · rechte Herzkammer · untere Hohlvene · Herz-scheidewand · linke Herzkammer

1 Der Bau des Herzens

Bau des Herzens Das Herz ist als zentrales Organ des Körpers der Motor des Blutkreislaufs. Uns allen sind Redewendungen wie „Er trägt das Herz am rechten Fleck" oder „Mir fällt ein
5 Stein vom Herzen" vertraut. In diesen Redewendungen spiegelt sich neben ihrem bildlichen Aussagewert auch die Bedeutung des Herzens als Organ wider.
Das Herz des Menschen ist ein muskulöses,
10 faustgroßes Hohlorgan ▶ Bild 1. Es liegt ziemlich genau in der Mitte des Brustkorbs hinter dem Brustbein. Seine untere Spitze ist nach links gerichtet. Durchschnittlich wiegt es 300 Gramm und besteht aus zwei durch eine
15 muskulöse *Herzscheidewand* abgetrennte Hälften, einer linken und einer rechten Herzhälfte. Beide Herzhälften sind nochmals in eine große und eine kleine Kammer unterteilt. Durch die Kammerung ist garantiert, dass das sauerstoff-
20 reiche und das sauerstoffarme Blut getrennt bleiben. Die kleinen Kammern nennt man *Vorhöfe*, bei den großen spricht man von *Herzkammern*. Große *Segelklappen*, die wie Ventile

das Blut nur in eine Richtung strömen lassen, trennen Vorhöfe und Herzkammern voneinan- 25 der ab. Zwischen den Herzkammern und den Blutgefäßen sitzen *Taschenklappen*. Das sind Ventile, die den Rückfluss des Blutes in die Herzkammern verhindern.
Alle großen Blutgefäße, die das Herz mit dem 30 Körper und der Lunge verbinden, sind im oberen Bereich des Herzens zu finden. Die Versorgung des Herzens mit nährstoffreichem und sauerstoffreichem Blut übernehmen die *Herzkranzgefäße*, die von der Aorta abzweigen. Sie um- 35 spannen als feines Netz das gesamte Hohlorgan ▶ Bild 1.

Phasen der Herzaktion – Systole und Diastole
Das Herz pumpt pro Minute die gesamte Blutmenge von etwa 5 bis 6 Litern durch den 40 menschlichen Körper. Dafür muss es bei Erwachsenen ca. 70-mal in der Minute schlagen. Vorhöfe und Herzkammern arbeiten dabei zusammen, indem sie sich zeitversetzt zusammenziehen und wieder entspannen. 45

Diastole (Entspannungs- und Füllungsphase)   Systole (Anspannungs- und Auswurfphase)

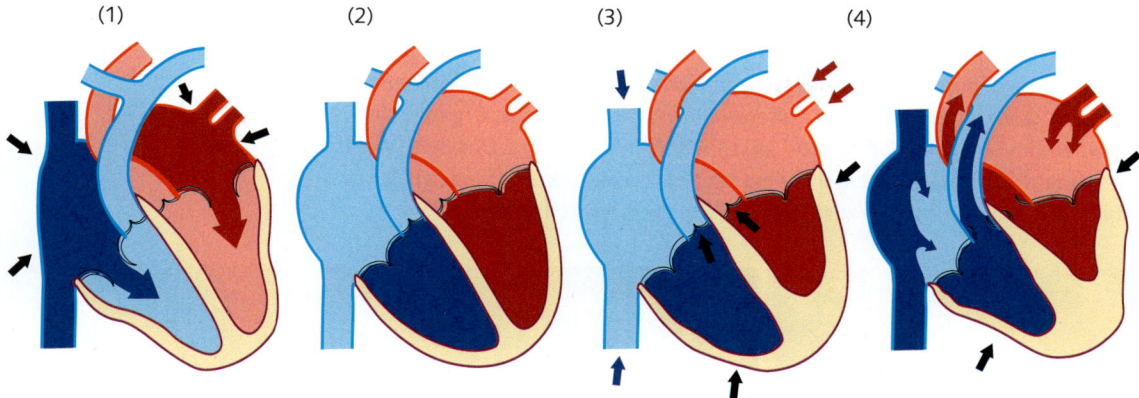

2 Phasen der Herzaktion – Systole und Diastole

Das Herz arbeitet als Saug-Druck-Pumpe. Während der *Diastole*, der Entspannungs- und Füllungsphase, ist die Herzmuskulatur entspannt und die Segelklappen sind geöffnet, die
50 Taschenklappen hingegen verschlossen. Es wird ein Unterdruck in den Herzkammern erzeugt. So wird das sauerstoffarme Blut aus dem Körper in die rechte Herzkammer eingesaugt. Das sauerstoffreiche Blut von der Lunge gelangt dagegen in die linke Herzkammer. Sobald beide
55 Herzkammern gefüllt sind und das Blut einen bestimmten Druck auf die Herzkammer ausübt, endet die Diastole und die *Systole* setzt ein. Das ist die Anspannungs- und Auswurfphase. Der
60 Hohlmuskel zieht sich zusammen, die Segelklappen sind geschlossen, die Taschenklappen öffnen sich. In der Folge wird sauerstoffreiches Blut aus der linken Herzkammer über die Aorta in den Körper gedrückt, während das sauer-
65 stoffarme Blut aus der rechten Herzhälfte über die Lungenarterie zur Lunge gepumpt wird. Sind die Kammern geleert, beginnt die nächste Diastole. In knapp einer Sekunde laufen somit immer vier Aktionsphasen ab: Die Entspan-
70 nungs- und Füllungsphase der Diastole und die Anspannungs- und die Auswurfphase der Systole ▶ Bild 2.

Herzschlag Das Herz schlägt in Ruhe ca. 70-mal pro Minute. Diesen Herzschlag spürt man bei
75 körperlicher Anstrengung oder Aufregung deutlich. Er wird als Klopfen in der Brust wahrgenommen. Man spricht vom *Puls*. Die Anzahl der Herzschläge pro Minute bezeichnet man als *Pulsfrequenz*.

Die rhythmische Bewegung des Herzens kann 80 man beispielsweise mit dem Zeige- und Mittelfinger am Handgelenk fühlen, weil sich bedingt durch den Herzschlag auch diese Blutgefäße rhythmisch ausdehnen und wieder zusammenziehen. Bei körperlicher Anstrengung beschleu- 85 nigt sich der Puls, in vollkommenen Ruhephasen verlangsamt er sich.

❶ **A** Beschreibe den Aufbau des Herzens anhand von ▶ Bild 1 oder an einem Herzmodell.
   B Erkläre, warum die linke Herzhälfte hier auf der rechten Seite und die rechte Herzhälfte auf der linken Seite liegt.

❷ Berechne, wie oft die gesamte Blutmenge eines Menschen an einem Tag durch das Herz gepumpt wird.

❸ Vergleiche die Funktionsweise einer Kolbenpumpe, z.B. einer Fahrradpumpe (▶ Bild 3), mit der des Herzens.

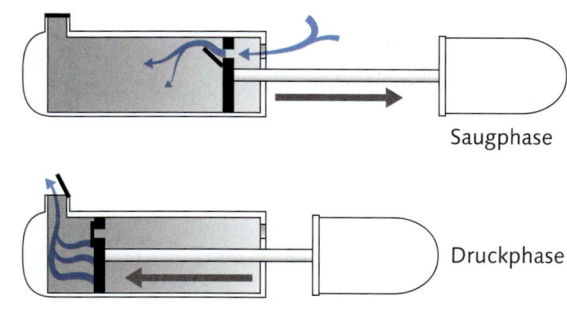

Saugphase

Druckphase

3 Fahrradpumpe

❹ Stelle die vier Phasen der Herzaktion mithilfe von ▶ Bild 2 in einem Fließschema dar.

METHODE

Sektion eines Schweineherzens

Biologen und Mediziner untersuchen Organe, um deren Funktionsweise besser verstehen zu können oder um die Todesursache bei Tieren oder Menschen herauszufinden. Nach einer intensiven äußeren Betrachtung wird das Organ seziert, indem es mit einem Skalpell geöffnet und anschließend zerlegt wird. Das dem Menschenherzen sehr ähnliche Schweineherz eignet sich für die Sektion, da es auch Rückschlüsse auf die Funktionsweise des menschlichen Herzens zulässt.

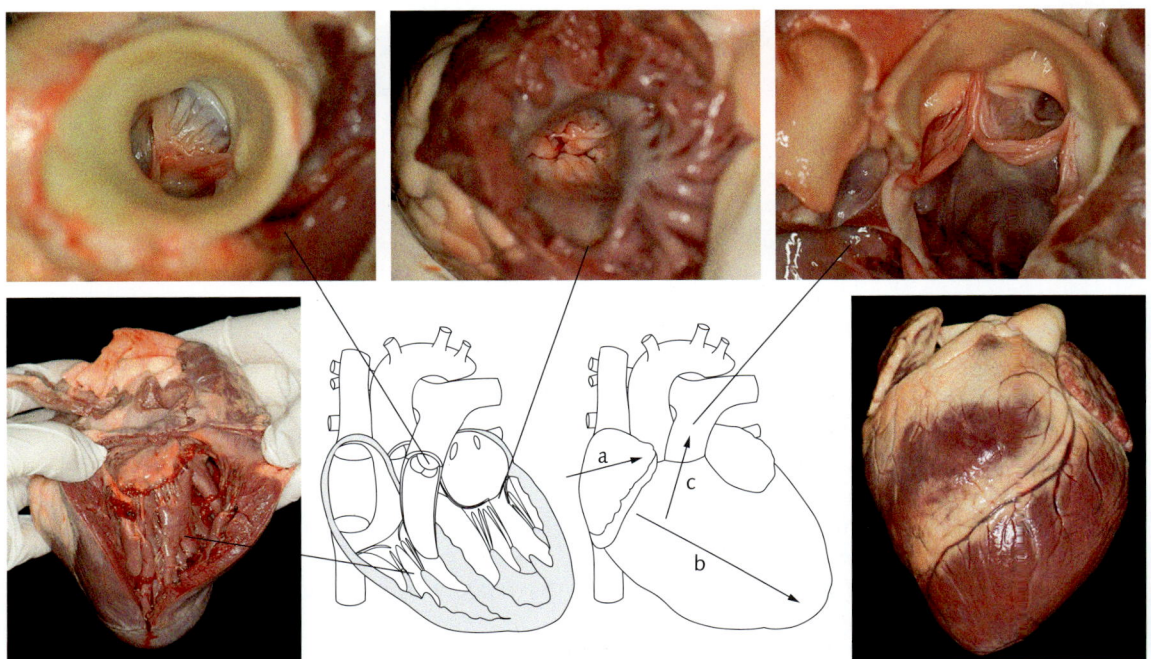

1 Strukturen im Innern des Herzens

2 Schnittführung

Material: Präparier- bzw. Sezierwanne, Waage, Einweghandschuhe, Skalpell, Papiertücher, Becherglas mit Wasser, Pipette, Sonde, Papier, Bleistift, Kamera
Sicherheitshinweis: Vorsicht beim Umgang mit einem Skalpell, die Klinge ist sehr scharf!
Vorbereitung der Sektion: Lege das Herz so in die Wanne, dass die Herzspitze nach rechts zeigt.

Äußere Untersuchung des Herzens

Untersuche das Herz von außen: Identifiziere die rechte und die linke Herzhälfte, die Vorhöfe und Kammern sowie die wichtigen Blutgefäße. Fertige eine Skizze an und beschrifte diese ▶ Bild 1.

Einzelschritte der Sektion

Schritt 1 Trenne zunächst die Aorta und die Lungenarterie ab, damit die Taschenklappen freigelegt sind. Untersuche deren Funktion. Spritze dazu mit der Pipette Wasser darauf.

Schritt 2 Führe einen Schnitt durch den Muskel des rechten Vorhofs (▶ Bild 2, Schnitt a) und lege so die Segelklappen frei.

Schritt 3 Schneide nun durch die rechte Segelklappe nach vorne links unten die rechte Herzkammer auf (Schnitt b). Ziehe die Herzkammerwände auseinander und betrachte das Innere sowie die Kammerwand genau. Du kannst Ausschnitte fotografieren. Untersuche die Funktionsweise der Segelklappen.

Schritt 4 Suche mit dem Finger oder der Sonde von der rechten Herzkammer aus die Lungenarterie. Schneide sie von der rechten Herzkammer nach oben hin auf (Schnitt c). Dieser Schnitt legt die Taschenklappen der Lungenarterien ganz frei.

Schritt 5 Schneide die komplette linke Herzhälfte seitlich auf und untersuche Vorhof und Herzkammer. Vergleiche auch mit der rechten Seite.

Krankhafte Veränderungen am Herzen

Herzinfarkt Mit zunehmendem Alter steigt das Risiko, am Herzen zu erkranken. Auch eine ungesunde Lebensweise steigert das Erkrankungsrisiko. So zählen beispielsweise anhaltender
5 Stress oder Fettleibigkeit zu Risikofaktoren für Herzerkrankungen.
Wenn Patienten über plötzliche Übelkeit und starke Schmerzen in der Brust klagen, diagnostiziert der Kardiologe, ein Herzspezialist, häufig
10 einen Herzinfarkt. Dabei sterben Zellen des Herzmuskels ab, da sie nicht ausreichend versorgt werden. Es besteht dringender Handlungsbedarf, damit der Patient eine Überlebenschance hat. Ursache des Infarkts sind
15 Blutgerinnsel, die ein Herzkranzgefäß an einer verengten Stelle verstopfen. Sie bilden sich an entzündeten Stellen, die durch fetthaltige Ablagerungen in den Blutgefäßen entstehen
▶ Bild 3.

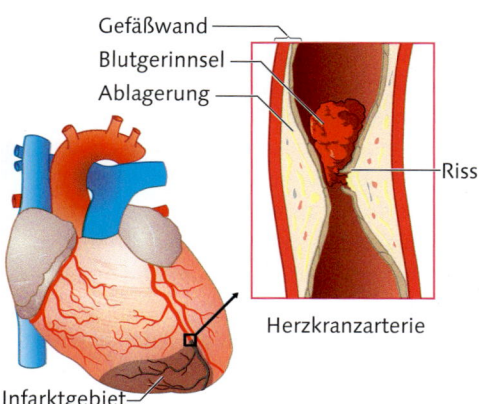

Gefäßwand
Blutgerinnsel
Ablagerung
Riss
Herzkranzarterie
Infarktgebiet

3 Verschluss eines Herzkranzgefäßes

20 Als wirksame Behandlungsmöglichkeit gilt die Eröffnung des verschlossenen Gefäßes, um die Durchblutung möglichst schnell wiederherzustellen. Dazu gibt es Medikamente, die Blutgerinnsel schrittweise auflösen. Manchmal gelingt
25 es auch, in die Gefäße ein Instrument einzuführen, das sich an der betroffenen Stelle ballonförmig ausweitet und somit die verengte Stelle wieder erweitert. Außerdem können in einer Operation Bypässe gelegt werden, wobei beispielsweise
30 Venenstücke aus dem Unterschenkel als Überbrückungen der verschlossenen Stellen genutzt werden. Therapien schließen aber immer auch nachhaltige Veränderungen des Lebenswandels ein. Dazu zählen regelmäßiges Ausdauertraining, eine ausgewogene Ernährung und der Verzicht auf das Rauchen. 35

Angeborene Herzfehler Manchmal kommen Kinder mit Herzklappenfehlern auf die Welt. Ist z.B. die Taschenklappe betroffen, erfolgt kein vollständiger Verschluss zwischen Aorta und 40 Herzkammer. In der Folge vergrößert sich der entsprechende Herzmuskel und die Pumpleistung wird erhöht. Oftmals führt dies zu Überlastungen, die ein Herzversagen nach sich ziehen können. Abhilfe schafft in der Regel das 45 rechtzeitige Einsetzen einer künstlichen Herzklappe. Gleichermaßen geht man vor, wenn durch eine chronische Entzündung ein Herzklappenfehler verursacht wurde.

Herztransplantation Leidet ein Mensch an einer 50 unheilbaren, schwerwiegenden Herzerkrankung, die innerhalb kurzer Zeit zum Tod führen würde, wird eine Herztransplantation ins Auge gefasst, um sein Leben zu retten. Dabei wird das Herz des Patienten operativ entfernt und an 55 seiner Stelle ein geeignetes Spenderorgan eingesetzt. Steht dieses nicht rechtzeitig zur Verfügung, kann die Wartezeit auf ein geeignetes Organ durch Transplantation eines Kunstherzens überbrückt werden ▶ Bild 4. Dieses kann 60 den Menschen über mehrere Tage am Leben halten, indem es die Pumpleistung für das nicht mehr funktionierende Herz übernimmt.

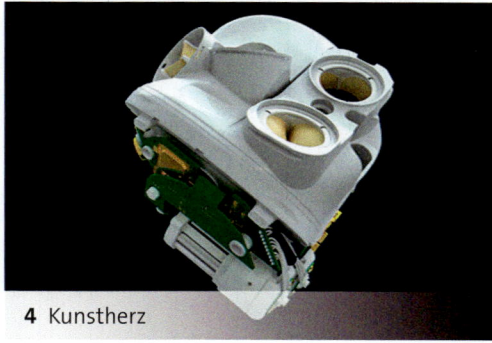

4 Kunstherz

1 Erkläre die Entstehung und die Folgen eines Herzinfarkts mithilfe von ▶ Bild 3.

2 Beschreibe die Folgen, die ein Herzklappenfehler für den betroffenen Menschen hat.

Dem Herzschlag auf der Spur

Wie leistungsfähig der Körper ist, hängt von unterschiedlichen Faktoren ab. Hierzu zählen das Alter, das Geschlecht sowie der Gesundheits- und Trainingszustand. Insbesondere die Leistungsfähigkeit des Herzens spielt eine bedeutende Rolle. Bestimmende Größen wie Pulsfrequenz, Atmung und Blutdruck geben Hinweise darauf. Sie lassen sich leicht untersuchen.

Puls- und Atemfrequenz messen

Führe in Partnerarbeit Pulsfrequenzmessungen in Ruhe und bei unterschiedlichen Belastungen durch. Lege eine Tabelle wie in ▶ Bild 2 an und trage die erfassten Werte ein. Bestimme bei diesen Tätigkeiten ebenso die Anzahl der Atemzüge pro Minute (Atemfrequenz) und notiere die Werte.

1

A Stelle Hypothesen auf, wie sich die Pulsfrequenz sowie die Atemfrequenz bei unterschiedlichen Belastungen verändern wird.

B Dein Partner sitzt auf einem Stuhl. Ertaste nun dessen Puls. Du kannst ihn fühlen, wenn du mit den Fingerspitzen von Mittel- und Zeigefinger am Unterarm bis zum Handgelenk kurz vor den Handballen gleitest ▶ Bild 1. Sobald du ihn deutlich spürst, zähle 60 s lang den Puls. Der gewonnene Wert entspricht dem Ruhepuls.

C Dein Partner macht 15 Kniebeugen. Miss sofort den Puls: Zähle 60 s lang die Pulsschläge. Wiederhole im Abstand von 1 min, 2 min und 3 min.

D Dein Partner macht 30 Kniebeugen. Miss wieder sofort den Puls und verfahre wie bei C.

E Erstelle ein Säulendiagramm, in dem du alle gewonnenen Werte erfasst.

1 Pulsmessung am Handgelenk

F Tausche mit deinem Partner die Rollen. Jetzt gilt es, die Atemzüge vor und nach den unterschiedlichen Aktivitäten zu zählen.

G Vergleicht eure Daten mit den Daten anderer Teams.

H Bei einem Versuchsdurchlauf ihrer Klasse hat Alina ihre erhobenen Daten im Heft notiert ▶ Bild 2. Werte sie aus.

Trainingseffekte untersuchen

Ausdauertraining hat positive Effekte auf die Leistungsfähigkeit des Herz-Kreislauf-Systems.

2

A Nenne realistische Trainingsmöglichkeiten, wie du über die nächsten 3 Wochen deine Ausdauerleistung steigern könntest.

B Diskutiere deine Vorschläge mit deinen Klassenkameraden. Stimmt euch ab, welches Trainingsprogramm von jedem im genannten Zeitraum absolviert werden soll.

C Erstelle deinen persönlichen Ausdauertrainingsplan. Entwickle dafür ein Formular, in dem Trainingszeiten und -umfang notiert werden.

D Führe das Ausdauertraining in den nächsten 3 Wochen gezielt durch.

E Wiederhole die Puls- und Atemfrequenzmessungen nach den 3 Wochen.

F Vergleiche deine Ergebnisse vor und nach dem Trainingsprogramm.

G Ziehe Schlussfolgerungen aus den Beobachtungen.

Klasse 7a 30.05.2017	Anzahl der Pulsschläge/min – Anzahl der Atemzüge/min						
Schüler/-in	im Sitzen	nach 15 Kniebeugen			nach 1 min Seilspringen		
		nach 1 min	nach 2 min	nach 3 min	nach 1 min	nach 2 min	nach 3 min
Jonas	85/21	115/29	98/25	89/22	119/30	102/25	95/23
Luisa	68/18	95/25	79/23	72/19	98/27	82/23	75/20
Mia	74/20	108/27	89/24	80/21	112/27	98/25	85/22

2 Puls- und Atemfrequenzmessungen

Der Blutkreislauf

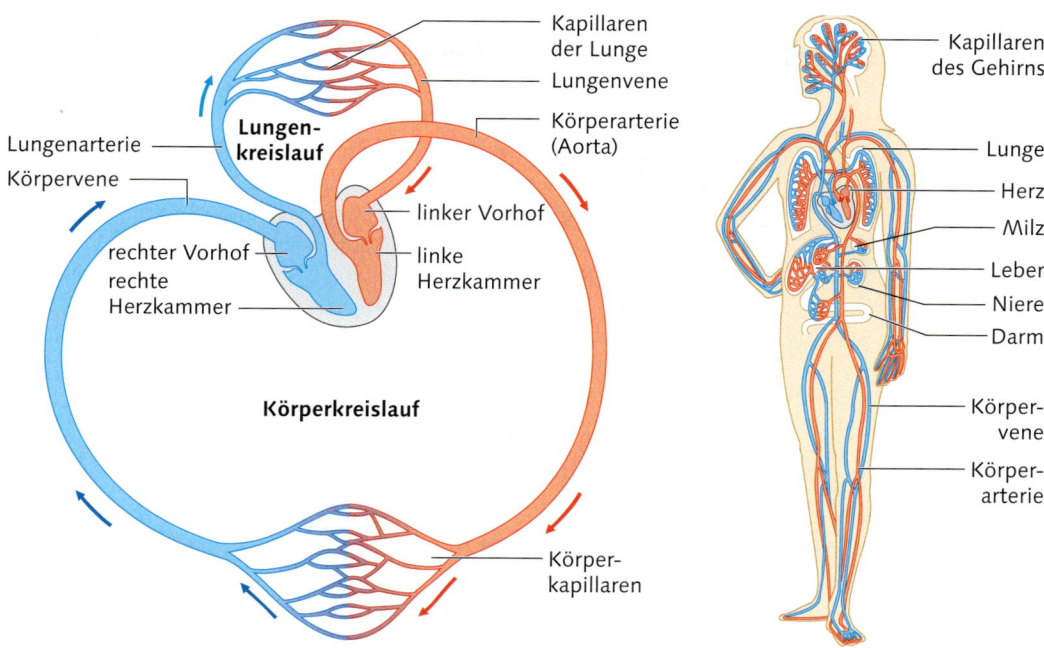

3 Blutkreislauf des Menschen

Transport des Blutes durch den Körper Wie bei allen Wirbeltieren zirkuliert das Blut beim Menschen innerhalb eines geschlossenen Systems. Die Blutgefäße verästeln sich in den Organen in
5 immer feinere Gefäße. Dadurch wird die Versorgung aller Organe mit Sauerstoff und Nährstoffen gewährleistet, ebenso der Abtransport von Abfallstoffen wie Kohlenstoffdioxid. Bei der Betrachtung des Blutkreislaufsystems beginnt
10 man immer beim Herzen. Es ist das zentrale Organ, das das Blut durch den Körper pumpt.

Zwei Herzkreisläufe Das Blut wird durch zwei unterschiedliche Kreisläufe gepumpt ▸ Bild 3. Beide Herzhälften arbeiten gleichzeitig: Die
15 rechte, kleine Herzhälfte pumpt sauerstoffarmes, kohlenstoffdioxidreiches Blut über die Lungenarterie ins Kapillarnetz der Lunge. Dort wird Kohlenstoffdioxid abgegeben und Sauerstoff aufgenommen. Das von der Lunge kom-
20 mende sauerstoffreiche Blut fließt über ein anderes großes Blutgefäß in den linken Vorhof und gelangt über die Taschenklappe in die linke, große Herzkammer. Dieser „kleine" Kreislauf heißt *Lungenkreislauf*. Von dort wird das Blut
25 durch die Arterien zu den Bauchorganen, in den

Kopf, die Arme und die Beine gepumpt. Man spricht vom *Körperkreislauf*.

Blutgefäßsystem Der Körper verfügt über zwei unterschiedliche Gefäßtypen: die Arterien und die Venen. Sie verlaufen häufig direkt nebenei- 30 nander: Die *Arterien* führen vom Herzen weg, die *Venen* hingegen zum Herzen hin ▸ Bild 3. Ihr Aufbau und ihre Funktion unterscheiden sich deutlich: Arterien sind dickwandig. So halten sie dem enormen Druck stand, mit dem das Blut 35 vom Herzen in den Körper gepumpt wird. Die Arterienwände bestehen hauptsächlich aus elastischen Fasern und Muskelzellen. Dadurch sind sie elastisch und zugleich stabil (▸ S. 94 Bild 1). 40
Im Gegensatz dazu sind Venen dünnwandig. Da in den Venen nur ein geringer Druck herrscht, stellt das kein Problem dar. Allerdings muss das Blut in den Venen gegen die Schwerkraft befördert werden, z. B. aus den Beinen zum Herzen. 45 Dies ist auf zweierlei Weise möglich: Zum einen wölben sich die Arterien, wenn ein Blutstoß sie durchströmt, nach außen, sodass sie auf die Venen drücken. Zum anderen drücken die umgebenden Muskeln während ihrer Aktivität die 50

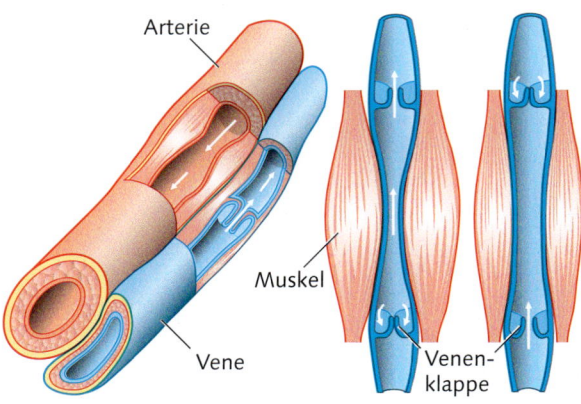

1 Bluttransport in den Arterien und Venen

Venen zusammen und befördern dabei das Blut in Richtung des Herzens. Außerdem übt das Herz eine große Saugwirkung aus. Den Rückfluss des Blutes verhindern Venenklappen. Sie
55 haben eine Ventilfunktion, die dafür sorgt, dass das Blut nur in eine Richtung fließt ▶ Bild 1.
Die Blutgefäße verjüngen sich in den Organen und Geweben des Körpers immer weiter. Die *Kapillaren* bilden ein feines Netzwerk und sind
60 nur noch 0,005–0,01 mm dick ▶ Bild 2. Eine rote Blutzelle passt gerade noch hindurch. Die dünnen Gefäßwände und der langsame Blutstrom begünstigen den Stoffaustausch. Während die Fließgeschwindigkeit des Blutes in den Gefäßen
65 mit zunehmender Entfernung vom Herzen abnimmt, steigt der Druck hingegen an. Ursache sind die zunehmend engeren und weniger elastischen Gefäße.

Blutdruck Wird beim Arzt der Blutdruck gemes-
70 sen, werden mit einem Messgerät die Druckverhältnisse in den Arterien ermittelt. Es werden

immer zwei Werte genommen. Der erste Wert gibt den maximalen Blutdruck während der Systole an, der zweite den minimalen während der Diastole. Als optimale Blutdruckwerte gel- 75 ten ein systolischer Wert unter 120 mmHg und ein diastolischer unter 80 mmHg ▶ Bild 4. Der Blutdruck wird in der Einheit Millimeter Quecksilbersäule (mmHg) gemessen. Für die Messung wird eine Manschette auf Herzhöhe am Arm 80 angelegt ▶ Bild 3. Mit dem Stethoskop werden die Geräusche des Blutflusses unterhalb der Manschette geprüft. Bei modernen Geräten sind in der Manschette elektronische Druckabnehmer integriert. 85
Bei körperlicher Aktivität ist der Blutdruck höher als in Ruhe. Das Herz arbeitet dann schneller und vor allem mit höherem Druck, damit der Körper ausreichend mit Sauerstoff und Nährstoffen versorgt werden kann. 90

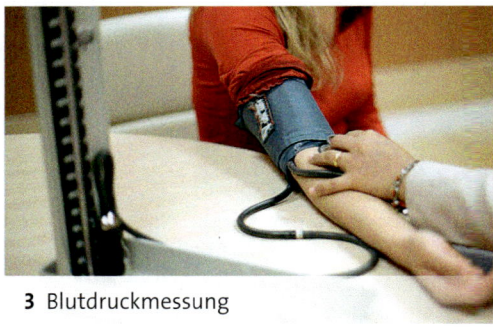

3 Blutdruckmessung

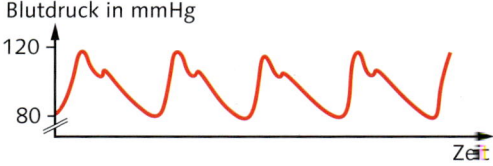

4 Arterieller Blutdruck im Körperkreislauf

1 Beschreibe das Blutkreislaufsystem anhand von ▶ Bild 3 auf S. 93.

2 Stelle den Weg des Blutes durch den Körper als Fließschema dar. Starte im linken Vorhof.

3 Begründe, warum Blut aus einer verletzten Arterie stoßweise spritzt, während es bei Venen kontinuierlich fließt.

4 Erläutere das Diagramm in ▶ Bild 2 unten.

5 Beschreibe, von wo nach wo eine Beinvene/Lungenvene/Lebervene das Blut transportiert. Nimm auch ▶ Bild 3 auf S. 93 sowie ▶ Bild 1 auf S. 88 zu Hilfe.

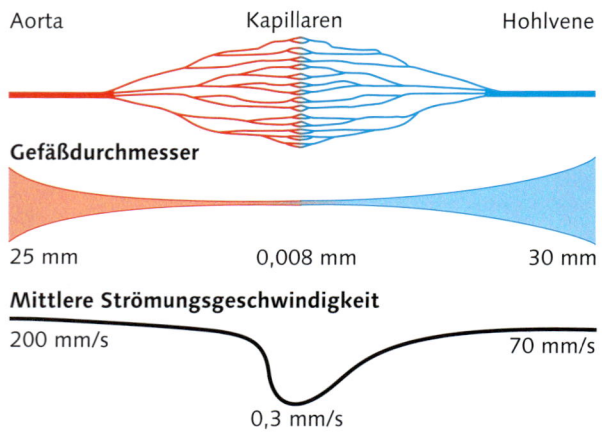

2 Blutgefäßsystem

Dem Blutdruck auf der Spur

Der Blutdruck wird oft von Ärzten gemessen, da er Hinweise auf den Gesundheitszustand gibt. Der Blutdruck wird mit zwei Zahlen angegeben, dem systolischen und dem diastolischen Wert.

1 Erkläre mihilfe des Grundwissenstextes und anhand der ▶ Bilder 3 und 6, wie die Blutdruckmessung funktioniert.

2 Erkläre, wie es zu den unterschiedlichen Blutdruckwerten in den verschiedenen Gefäßen kommt ▶ Bild 5. Beachte, dass sich die Messwerte hier immer nur auf ein einzelnes Gefäß beziehen.

3 Miss mit einem Blutdruckmessgerät deinen Blutdruck in Ruhe und nach 2 min Seilspringen. Du kannst auch eine andere Belastungsform wählen.
   A Vergleiche die Ergebnisse.
   B Erkläre die Zusammenhänge.

4 Erkläre, wie das Blut trotz geringen Drucks in den Venen wieder zum Herzen zurückgelangt.

5 In der Tabelle lassen sich Blutdruckwerte unterschiedlicher Personen ablesen ▶ Bild 7.
   A Vergleiche die Werte. Für Jugendliche gilt der Normwert 120/80 mmHg.
   B Stelle begründete Hypothesen auf, warum die Blutdruckwerte so stark abweichen.

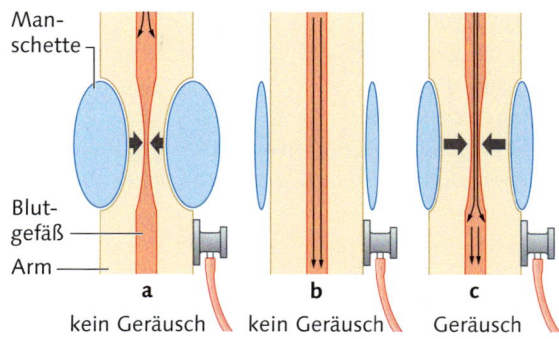

Man-schette — Blut-gefäß — Arm

a kein Geräusch   b kein Geräusch   c Geräusch

6 Einfluss des Manschettendrucks auf ein Blutgefäß

Person	Blutdruck (mmHg)
12-jähriger Junge	120/75
25-jähriger Mann	130/85
18-jährige korpulente Frau	140/90
50-jährige Frau	125/80
70-jährige Frau	140/95

7 Blutdruckwerte verschiedener Personen

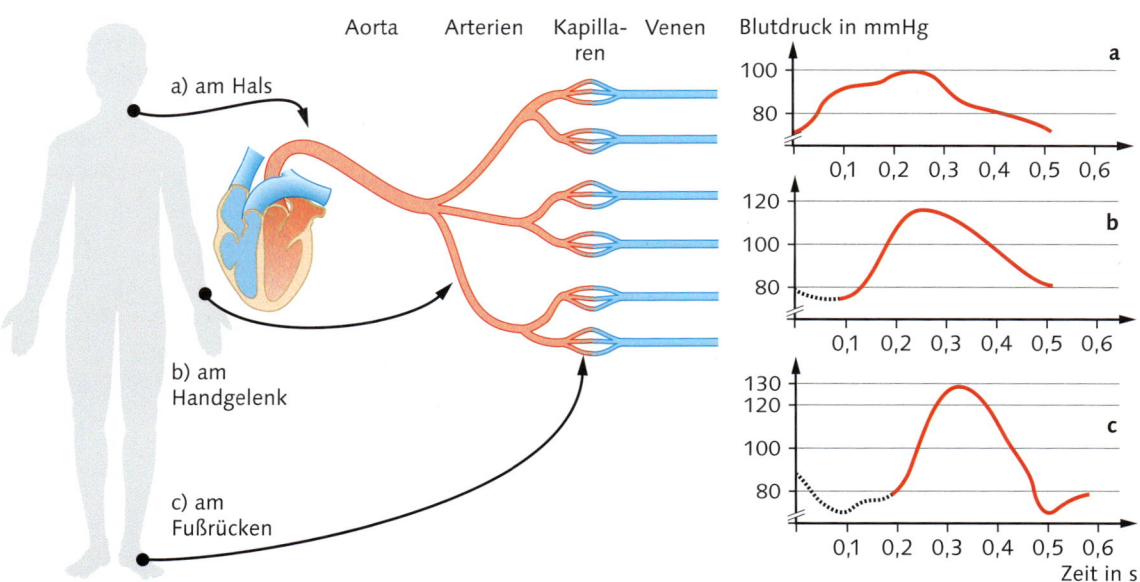

a) am Hals   b) am Handgelenk   c) am Fußrücken

Aorta   Arterien   Kapillaren   Venen

Blutdruck in mmHg

Zeit in s

5 Blutdruck im Verlauf des arteriellen Gefäßsystems

Blutkreislauf

Bau eines Funktionsmodells

Material: 4 Silikonschläuche und 2 passende Ventile, Saugball, T-Glasrohr, Wasser, Bechergläser

Durchführung:

1. Baue gemäß ▶Bild 1 ein Herzfunktionsmodell. Achte darauf, in beide Gläser die gleiche Menge Wasser zu füllen.
2. Versuche, die Flüssigkeit aus dem einen ins andere, ebenfalls mit Flüssigkeit gefüllte Glas zu pumpen.

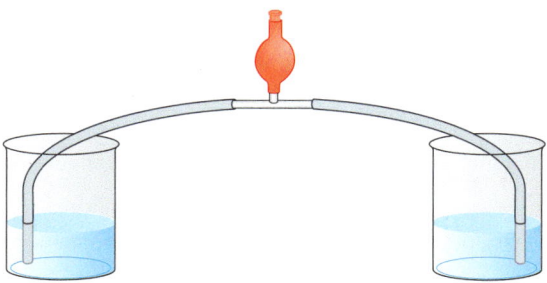

1 Grundaufbau des Funktionsmodells

① Beschreibe deine Beobachtung.

3. Erweitere das Modell um Ventile und weitere kurze Silikonschläuche. Probiere wieder zu pumpen.

② Beschreibe erneut deine Beobachtung.

③ Erkläre deinem Sitznachbarn die Funktionsweise des Modells.

④ Skizziere dein Modell.

⑤ A Vergleiche das Modell mit der Struktur des menschlichen Herzens.
B Vergleiche die Funktionsweise des Modells mit der des menschlichen Herzens.

Durchblutung der Organe

Bei körperlicher Anstrengung muss der Körper verschiedene Vorgänge regulieren, die die Atmung und den Blutkreislauf betreffen. Neben der Atemfrequenz steigern sich die Pulsfrequenz und das Schlagvolumen, also das pro Herzschlag ausgestoßene Blutvolumen. Herzfrequenz und Schlagvolumen bestimmen zusammen das Herzzeitvolumen ▶Bild 3. Auch die Verteilung des Blutvolumens im Körper ist gegenüber Ruhephasen erheblich verändert ▶Bild 2.

	Herzzeitvolumen
in Ruhe	5 l/min
bei ausdauerndem Seilspringen	25 l/min

3 Herzzeitvolumen

⑥ A Beschreibe die in ▶Bild 2 dargestellten Veränderungen bei ausdauerndem Seilspringen gegenüber dem ruhenden Körper.
B Erstelle anhand der Werte in ▶Bild 2 ein Diagramm, das die Veränderungen zeigt.

⑦ Bei trainierten Menschen ist die Herzfrequenz in Ruhe niedriger als bei nicht trainierten. Stelle eine begründete Hypothese auf, welchen Einfluss dies auf das Herzzeitvolumen hat.

		Musku-latur	Herz-muskel	Nieren	Knochen	Gehirn	Haut	Innere Organe
in Ruhe	Verteilung des Blutvolumens (in %)	22	4	20	5	18	5	26
	Durchblutung (in l/min)	1,0	0,25	1,0	0,25	0,75	0,2	1,25
bei ausdau-erndem Seilspringen	Verteilung des Blutvolumens (in %)	83	5	3	1	4	–	4
	Durchblutung (in l/min)	20,0	1,25	1,0	0,25	1,0	–	1,25

2 Organdurchblutung in Ruhe und beim Seilspringen

Zusammensetzung des Blutes

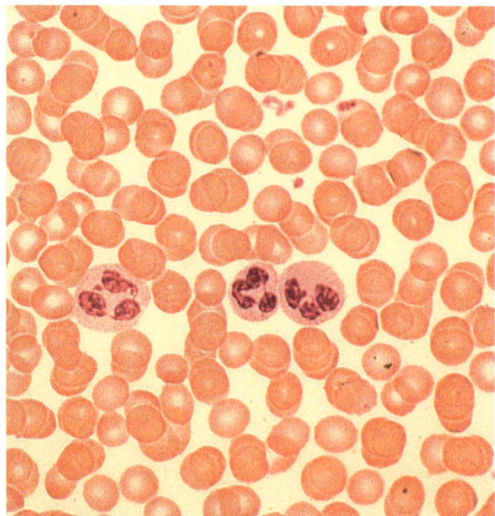

4 Mikroskopisches Bild eines Blutausstrichs

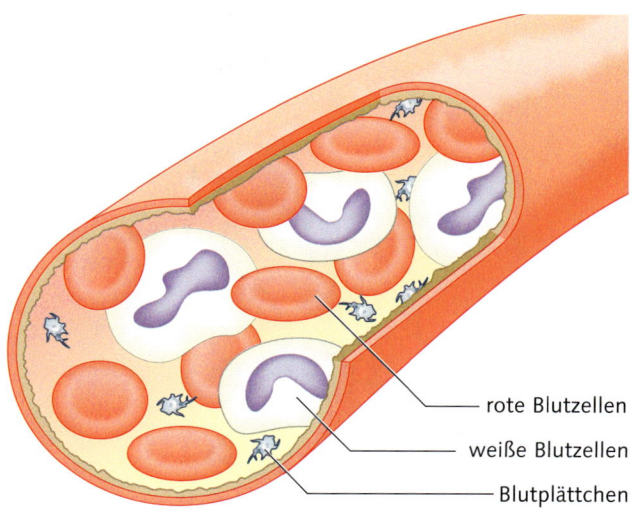

rote Blutzellen
weiße Blutzellen
Blutplättchen

5 Blutgefäß mit Blutzellen

Bestandteile des Blutes Im Körper eines erwachsenen Menschen fließen etwa 5–6 Liter Blut. Ungefähr 55 % davon sind Blutplasma, der flüssige Teil des Blutes, in dem sich neben Was-
5 ser auch unterschiedliche gelöste Stoffe befinden. Hierzu zählen Mineralstoffe, Vitamine und verschiedene Eiweißstoffe, die bei der Abwehr von Krankheitserregern sowie bei der Blutgerinnung eine wichtige Rolle spielen. Die übrigen
10 45 % sind feste Bestandteile, die man mit dem Mikroskop erkennen kann ▶ Bild 4. Dazu gehören die weißen und roten Blutzellen sowie die Blutplättchen ▶ Bild 5.

Aufgaben des Blutes Neben Sauerstoff und
15 Kohlenstoffdioxid, den Atemgasen, werden auch Nährstoffe, Hormone, Abwehrstoffe gegen Krankheitserreger und Abfallstoffe im Blut transportiert. Sie gelangen so an ihre Zielorte, die Organe und Gewebe. Außerdem trägt das
20 Blut zum Wärmehaushalt des Körpers bei, weil es Wärme, die bei Stoffwechselprozessen entsteht, im Körper verteilt.

Blutzellen Wenn man einen Blutausstrich unter dem Mikroskop betrachtet, fallen die *roten Blut-*
25 *zellen*, die Erythrocyten, auf. Sie machen den weitaus größten Anteil an Blutzellen aus und geben dem Blut durch das Hämoglobin, den roten, eisenhaltigen Blutfarbstoff, die typische

Farbe. Rote Blutzellen transportieren vornehm-
30 lich Atemgase. Im mikroskopischen Bild erscheinen sie als runde, eingedellte Scheiben ohne Zellkern ▶ Bild 4. Ihre Lebensdauer beträgt ungefähr 120 Tage. In unserem Körper werden jeden Tag ca. 200 Milliarden rote Blutzellen neu
35 gebildet, überwiegend im roten Knochenmark, das die Hohlräume der Knochen ausfüllt.
Die Aufgabe der *weißen Blutzellen*, der Leukocyten, ist die Krankheitsabwehr. In den Körper eingedrungene Fremdkörper und Krankheits-
40 erreger, aber auch im Körper entstandene Krebszellen werden von diesen Zellen bekämpft. Sie werden ebenfalls im roten Knochenmark gebildet, doch unterscheiden sie sich in ihrer Lebensdauer und ihrer Gestalt erheblich. Im Gegensatz zu den roten Blutzellen besitzen sie
45 einen Zellkern.
Die *Blutplättchen*, die Thrombocyten, haben keinen Zellkern. Auch sie entstehen im Knochenmark und haben eine wichtige Funktion bei der Blutgerinnung.
50

1 Vergleiche rote und weiße Blutzellen hinsichtlich ihrer Form und Aufgaben.

2 Blutplasma kann man mehrmals im Monat spenden, Blutzellen hingegen nur alle 2 bis 3 Monate. Erkläre.

3 Begründe, warum man direkt nach einer Blutspende keinen Sport treiben sollte.

Bau und Funktion der Atmungsorgane

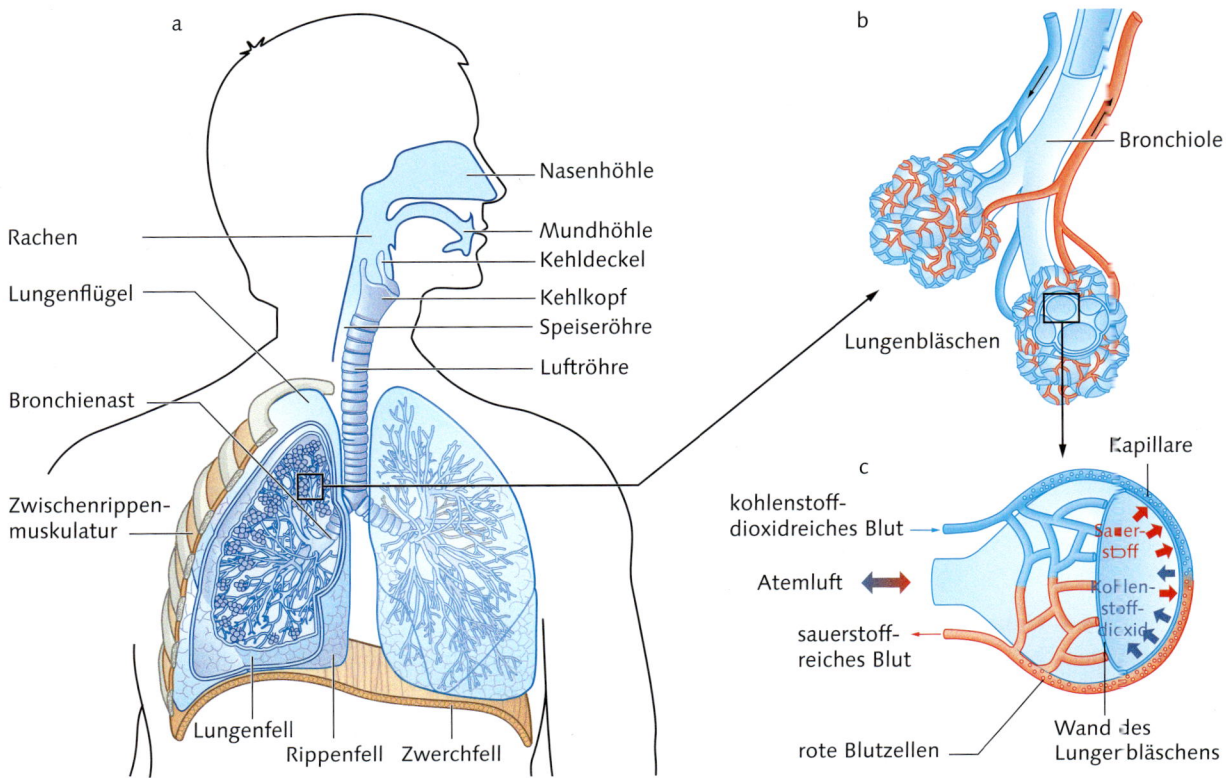

a

Nasenhöhle
Mundhöhle
Kehldeckel
Kehlkopf
Speiseröhre
Luftröhre

Rachen
Lungenflügel
Bronchienast
Zwischenrippen-muskulatur

Lungenfell
Rippenfell Zwerchfell

b

Bronchiole
Lungenbläschen

c

kohlenstoff-dioxidreiches Blut
Atemluft
sauerstoff-reiches Blut
rote Blutzellen

Kapillare
Sauer-stoff
Kohlen-stoff-dioxid
Wand des Lungenbläschens

1 Atmungsorgane des Menschen

Der Arzt oder die Hebamme wacht bei der Geburt sorgsam darüber, dass das Neugeborene schnell seinen ersten Atemzug macht. Die Atmung gehört schließlich zu den absolut
5 lebensnotwendigen Prozessen.

Weg der Atemluft im Körper Beim Einatmen gelangt die Luft durch die Nase in die *Nasenhöhle*. Sie ist mit vielen kleinen Härchen ausgekleidet, die Staubpartikel aus dem Luftstrom heraus-
10 filtern. Auch die feuchte Nasenschleimhaut leistet dazu ihren Beitrag. Außerdem wird die eingeatmete Luft in der Nasenhöhle angefeuchtet und *erwärmt* ▶ Bild 1a. Sie strömt weiter durch den Rachenraum in die *Luftröhre*, einen ca.
15 10 cm langen Schlauch, der mit Knorpelspangen durchsetzt ist. Durch die Knorpelspangen erhält die Luftröhre Stabilität. Im Bereich des *Kehlkopfs* ist die Luftröhre mit einem kleinen *Kehldeckel* versehen. Er kann sie verschließen und
20 verhindert so das Eindringen von Fremdkörpern. Im unteren Bereich spaltet sich die Luft-

röhre in Äste auf, die *Bronchien*, die sich im Innern der *Lungenflügel* befinden. Die Bronchien verästeln sich immer weiter und münden in die dünnwandigen *Lungenbläschen*. Diese sind 25 traubenförmig angeordnet und von kleinsten Blutgefäßen, den *Kapillaren*, umsponnen ▶ Bilder 1b und c.

Wie wir atmen – Atembewegungen Die Lunge selbst hat keine Muskeln, sodass das Einsaugen 30 der Luft passiv erfolgen muss. Das Lungenvolumen verändert sich beim Atmen kontinuierlich. Wenn sich der Brustkorb hebt, wird die Lunge größer ▶ Bild 2. Dadurch entsteht ein Unterdruck und die Luft strömt ein. Senkt sich der 35 Brustkorb, verkleinert sich die Lunge und die Luft strömt aus. Dieser Vorgang wird erst durch die Brustmuskulatur und das *Zwerchfell*, eine Muskelschicht zwischen dem Brust- und dem Bauchraum, ermöglicht. Beim Ausatmen ist das 40 Zwerchfell nach oben gewölbt, beim Einatmen spannt es sich und vergrößert so den Brustraum. Gleichzeitig drückt es die Organe im Bauchraum nach unten, sodass sich der Bauch 45 etwas nach vorne wölbt. Diesen Vorgang nennt man *Bauchatmung*.

Bei der *Brustatmung* kommen viele kleine Muskeln, die zwischen den Rippen sitzen, zum Einsatz. Man spricht von der *Zwischenrippenmus-* 50 *kulatur*. Sie hebt den Brustkorb und erweitert den Brustraum. Durch den entstehenden Unterdruck strömt die Luft durch die Nase in die Luftröhre und die Bronchien in die Lunge ein. Beim Ausatmen wird hingegen der Brustraum ver- 55 engt und die Lunge zusammengedrückt, sodass die Luft herausgepresst wird. Äußerlich ist dies gut zu erkennen, weil sich der Brustkorb beim Einatmen deutlich hebt und beim Ausatmen merklich senkt. Bei körperlicher Anstrengung 60 atmet man häufiger ein und aus, das heißt, die *Atemfrequenz* steigt. Dabei gewinnt die Brustatmung an Bedeutung.

Warum wir atmen – Gasaustausch In der Alltagssprache wird unter der Atmung das bloße 65 Ein- und Ausatmen verstanden. In der Biologie bezeichnet man das als äußere Atmung. Diese Vorstellung beschränkt den Prozess der Atmung auf rein mechanische Vorgänge und muss daher erweitert werden.

70 Untersucht man die ausgeatmete und die eingeatmete Luft, stellt man deutliche Unterschiede ihrer Zusammensetzung fest ▶ Bild 3. In der ausgeatmeten Luft ist deutlich mehr Kohlenstoffdioxid enthalten als in der Einatemluft. 75 Umgekehrt ist diese wesentlich sauerstoffreicher als die Ausatemluft. Dadurch wird deutlich, dass der Körper Sauerstoff aus der eingeatmeten Luft aufnimmt und Kohlenstoffdioxid abgibt.

80 Der Sauerstoff gelangt in die unzähligen von den Kapillaren umsponnenen Lungenbläschen. Ihre Oberfläche macht in ihrer Gesamtheit ungefähr eine Fläche von 100 m² aus ▶ Bild 1. Die Lungenoberfläche wird durch diese beson- 85 dere Struktur extrem vergrößert. Dies ist für den Gasaustausch von großer Bedeutung. Man spricht vom Prinzip der Oberflächenvergrößerung, da eine große Stoffaustauschfläche entsteht. Der Sauerstoff tritt durch die dünne 90 Wand der Lungenbläschen in die vielen feinen Blutgefäße über, die sie umgeben ▶ Bild 1c. Aufgrund der großen Oberfläche können viele Sauerstoffteilchen gleichzeitig die dünnen Wände

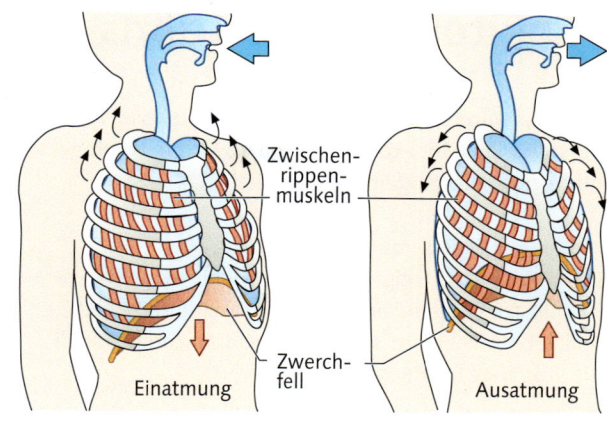

2 Atembewegungen: Bauch- und Brustatmung

passieren. Mit den roten Blutzellen gelangt der Sauerstoff zu allen Zellen des Körpers.   95 In den Mitochondrien der Zellen wird mithilfe des Sauerstoffs Glucose abgebaut, wobei Energie bereitgestellt wird. Sie wird für den Stoffwechsel der Zelle gebraucht. Diese Zellatmung nennt man auch innere Atmung. So wie Sauer- 100 stoff über die enorme Oberfläche der Lungenbläschen ins Blut aufgenommen wird, wird im Gegenzug Kohlenstoffdioxid abgegeben. Beim Ausatmen wird es schließlich nach außen befördert. In der Lunge findet ein Gasaustausch statt. 105

1 Beschreibe mithilfe von ▶ Bild 1 den Weg der Luft beim Einatmen.

2 Zeichne ein Diagramm, das die Zusammensetzung der Atemluft veranschaulicht. Beziehe dich dabei auf die Tabelle in ▶ Bild 3. Wähle einen geeigneten Diagrammtyp.

3 **A** Beschreibe den Gasaustausch in der Lunge ▶ Bild 1b und c.
   B Erläutere das Prinzip der Oberflächenvergrößerung am Beispiel der Lunge.

4 Stelle in einem Lernplakat die äußere und innere Atmung dar.

Eingeatmete Luft	Gas	Ausgeatmete Luft
78 %	Stickstoff	78 %
21 %	Sauerstoff	17 %
0,03 %	Kohlenstoffdioxid	4,03 %
ca. 1 %	Edelgase	ca. 1 %

3 Zusammensetzung der ein- und ausgeatmeten Luft

Arbeiten mit Funktionsmodellen

Funktionsmodelle veranschaulichen komplexe Prozesse und erleichtern das Verständnis. Dabei konzentriert man sich in der Regel auf einen Teilaspekt und hinterfragt diesen genauer.

Modell zur Brustatmung

Das Bild rechts zeigt ein vereinfachtes Funktionsmodell zur Rippen- und Zwerchfellatmung ▶ Bild 2. Vollziehe mit einem solchen oder ähnlichen Modell die Vorgänge bei der Atmung nach.

1 A Ordne die im Modell verwendeten Bauteile entsprechenden Körperstrukturen zu.

B Beschreibe die beiden dargestellten Zustände bei der Atmung.

C Erkläre mithilfe des Modells die Vorgänge bei der Brustatmung.

D Vergleiche die Funktionsweise des Modells mit den Vorgängen bei der Atmung.

E Beschreibe die Grenzen des Modells.

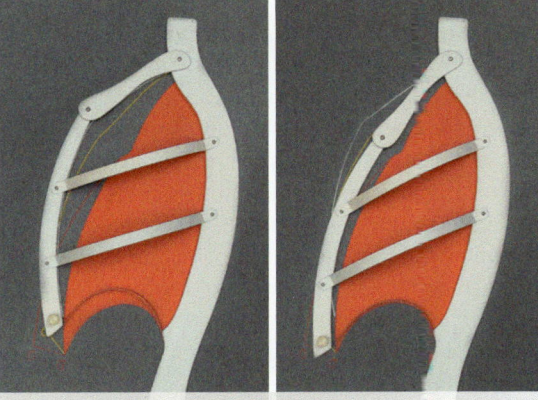

2 Funktionsmodell zur Atmung

Modell zur Bauchatmung

Mit einem Modell zur Bauchatmung lässt sich zudem das Füllen der Lungenflügel mit Luft veranschaulichen. Wie ein solches mit einfachen Mitteln gebaut werden kann, siehst du in den ▶ Bildern 1 und 3.

2 A Baue das Flaschenmodell möglichst genau nach. Orientiere dich an den abgebildeten Arbeitsschritten. Natürlich kannst du auch leicht abweichende Bauteile verwenden.

B Ordne die im Modell verwendeten Bauteile den Körperstrukturen zu.

C Arbeite mit dem Funktionsmodell. Dabei musst du das Modell mit einer Hand am Flaschenhals festhalten. Mit der anderen Hand ziehst du den Luftballon am unteren Ende vorsichtig nach unten. Dann lässt du ihn wieder langsam los. Wiederhole diesen Vorgang mehrfach.

D Beschreibe deine Beobachtungen.

E Vergleiche deine Beobachtungen mit den Vorgängen bei der Bauchatmung.

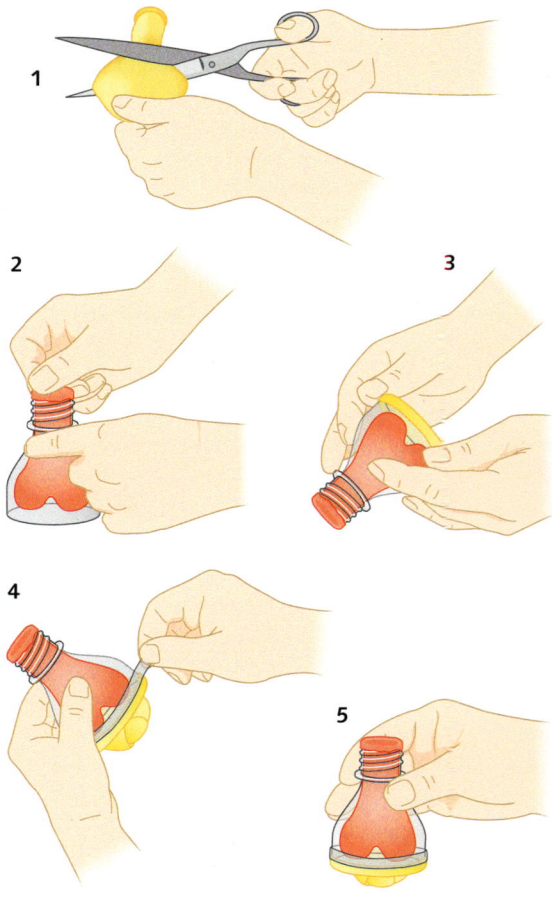

1 Materialien

3 Herstellung des Flaschenmodells

Die Atmung erforschen

Die Vorgänge bei der Atmung lassen sich mit unterschiedlichen Experimenten veranschaulichen. Durch systematisches Vorgehen bei der Planung, genaues Beobachten und gewissenhaftes Protokollieren sowie Auswerten der Experimente kannst du interessante Erkenntnisse gewinnen.

Bevor du zur Tat schreitest, solltest du die Methodenschritte zum selbstständigen Experimentieren durchlesen ▶ S. 51.

Messung des Lungenvolumens

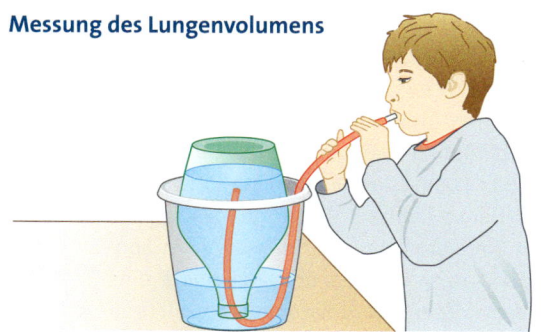

4 Selbst gebauter Atemmesser

Forscherfrage: Wie viel Liter Luft kann ein Kind in einem Zug ausatmen?

① **A** Erkläre unter Bezugnahme zur Forschungsfrage den Aufbau des Versuchs.

B Baue den Atemmesser nach ▶ Bild 4. Dabei können bestimmte Bauteile auch durch andere Materialien ersetzt werden (z. B. Aquarium statt Eimer). Damit du das Atemvolumen bestimmen kannst, muss das Auffanggefäß mit einer Volumenskala (Einheit Liter oder ml) versehen sein.

C Führe den Versuch mit mehreren Personen durch und werte alles gewissenhaft aus.

D Fertige ein Versuchsprotokoll an.

E Vergleiche die Messwerte.

Untersuchung der Atemluft

Material: 3 Waschflaschen, Mundstücke, 3 Schlauchstücke, Saugball, Kalkwasser (gesättigte Calciumhydroxid-Lösung; GHS 5 und 7, Schutzhandschuhe tragen!)

Durchführung:

1. Baue die Versuchsanordnung gemäß ▶ Bild 5 auf. Achte auf dichte Verbindungen und einen gleichen Füllstand in beiden gefüllten Waschflaschen.
2. Ziehe mit dem Saugball mehrfach Luft durch die erste Waschflasche. Dieses Vorgehen simuliert die Einatmung. Selbst durch das Mundstück einzuatmen ist zu gefährlich. Nutze unbedingt den Saugball.
3. Nimm danach das Mundstück der anderen Waschflasche in den Mund. Atme durch dieses mehrfach gleichmäßig aus. Zum Einatmen nimmst du das Mundstück jeweils aus dem Mund, um das Kalkwasser nicht einzuatmen. Wiederhole beide Vorgänge so oft, bis sich ein Ergebnis zeigt.
4. Erneuere das Kalkwasser im zweiten Versuchsansatz. Stülpe einen mit Kohlenstoffdioxid gefüllten Luftballon über das Mundstück und lass das Gas in die Waschflasche strömen.

② Beobachte alles genau, vergleiche und deute die Ergebnisse.

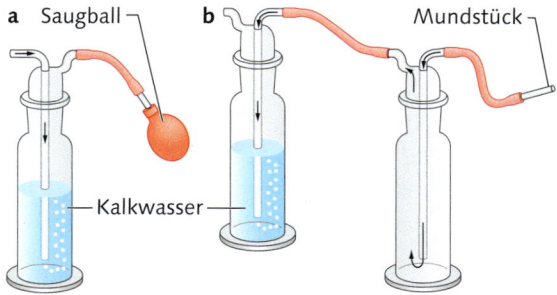

a Saugball **b** Mundstück

Kalkwasser

5 Kalkwasserprobe

Atemfrequenzmessungen

Als Atemfrequenz bezeichnet man die Anzahl der Atemzüge pro Minute. Das Atemzugvolumen ist die Luftmenge, die pro Atemzug eingeatmet und anschließend wieder ausgeatmet wird.

③ **A** Entwickle einen Versuch zur Bestimmung dieser Größen.

B Führe den Versuch mit verschiedenen Personen durch.

C Wiederhole den Versuch mit einer Person mehrfach. Lass sie dabei unterschiedliche Tätigkeiten ausführen.

D Berechne das Atemzugvolumen pro Minute der Versuchsperson.

E Fertige ein Versuchsprotokoll an.

F Deute deine Beobachtungen und Ergebnisse.

Rauchen – eine weitverbreitete Sucht

1 Raucherzone

Tabakkonsum und seine Folgen In Deutschland rauchen aktuell ein Viertel der Jugendlichen und mehr als ein Drittel der Erwachsenen, obwohl das Rauchen ernsthafte Gefahren birgt:
5 Jährlich sterben über 100 000 Raucher in Deutschland an den Folgeerkrankungen des Rauchens.
80–90 % der Krebserkrankungen im Bereich der Atemwege gehen auf den Tabakrauch zurück.
10 Der Rauch enthält mindestens 4 000 Schadstoffe, von denen ca. 50 extrem krebserregend sind. Zudem enthält Tabakrauch Teer, der sich in der Lunge absetzt ▶ Bild 2. Der Teer und andere Schadstoffe im Tabakrauch verkleben und schä-
15 digen die feinen Flimmerhärchen. Diese kleiden die Bronchien aus und befördern durch ständige Bewegungen den Schleim mit den Fremd-

körpern in Richtung Rachen ▶ Bild 3. Verlieren die Flimmerhärchen ihre Funktion, können Krankheitserreger schwerer abgewehrt werden. 20 In der Lunge führt dies beispielsweise zu einer übermäßigen Schleimbildung und Husten. Der Körper versucht so, die Schadstoffe auszuscheiden.
Auch Asthma oder chronische Bronchitis sind 25 typische Erkrankungen der Atemwege, die sich oftmals auf das Rauchen zurückführen lassen. Das beim Verbrennen des Tabaks entstehende Kohlenstoffmonooxid wirkt als starkes Atemgift. Es bindet an das Hämoglobin der roten 30 Blutzellen, sodass diese weniger Sauerstoff transportieren können. Aufgrund des entstehenden Sauerstoffmangels in den Zellen können sich Konzentrationsstörungen sowie eine geringere körperliche Leistungsfähigkeit zei- 35 gen. Schlimmstenfalls sterben Zellen ab.

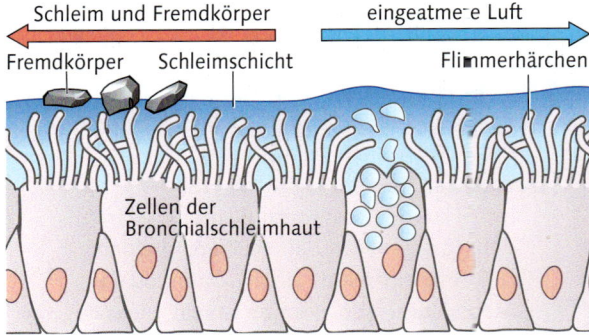

3 Bronchialschleimhaut mit Flimmerhärchen

Nikotin Das im Tabakrauch enthaltene Nikotin ist ein starkes Nervengift. Eine einzelne Zigarette enthält bis zu 13 mg Nikotin, wovon beim Rauchen zwischen 1 und 2 mg in die Blutbahn 40 übertreten. Beim Erwachsenen wirken rund 50 mg Nikotin tödlich, wenn sie auf einmal aufgenommen werden. Für Kleinkinder ist bereits eine Menge von 6 mg lebensbedrohlich. Deshalb sind herumliegende Zigarettenstummel 45 für kleine Kinder sehr gefährlich.
Nikotin verengt die Blutgefäße, sodass Körperteile nicht mehr ausreichend mit Sauerstoff versorgt werden. Schlaganfall, Herzinfarkt und Durchblutungsstörungen sowie Thrombosen 50 sind häufige Folgen. Außerdem wirkt es als Droge. Drogen beeinflussen das Bewusstsein

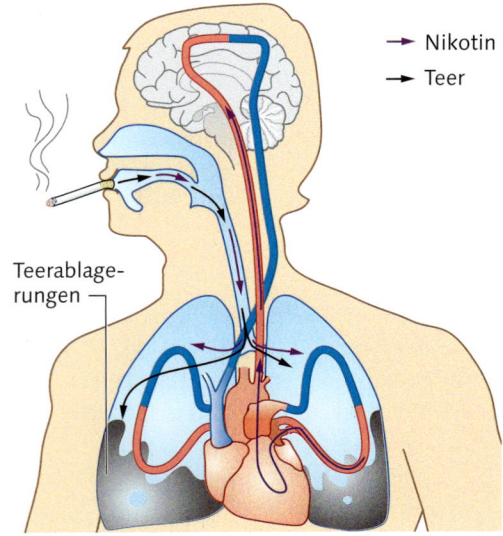

2 Wege von Nikotin und Teer im Körper

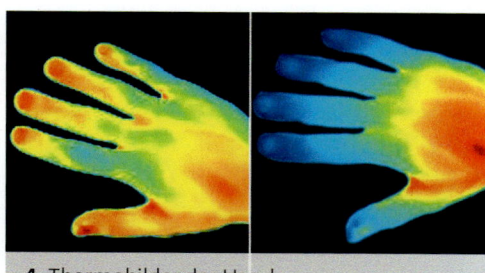

4 Thermobilder der Hand

und die Wahrnehmung und machen süchtig. Der Tabakpflanze dient Nikotin als Gift gegen
55 Insektenfraß. Für den Menschen ist es nicht nur giftig, sondern es macht auch abhängig. Von Nikotin abhängig zu sein bedeutet, dass sich das Verhalten, der Stoffwechsel und das Denken des Betroffenen verändern: Es stellt sich ein
60 wachsendes, zum Teil sogar zwanghaftes Verlangen nach weiterem Konsum von Zigaretten ein. Man bezeichnet diesen Zustand als *Sucht*.

Passivrauchen Die Schadstoffe im eingeatmeten Rauch bergen nicht nur für den Raucher Gefah-
65 ren, sondern auch für seine Mitmenschen, die ihn ebenfalls einatmen. In Deutschland sterben nachweislich jährlich ca. 3 000 Passivraucher an den Folgen des Tabakkonsums anderer.

1 Nenne typische Folgen des Rauchens.

2 Das ▶ Bild 3 zeigt die Flimmerhärchen in den Bronchien.
   A Erkläre anhand der Abbildung, wie Fremdkörper oder Erreger nach außen befördert werden.
   B Beschreibe, wie die Flimmerhärchen durch das Rauchen in ihrer Funktion beeinträchtigt werden.

3 Obwohl Ärzte mit Nachdruck vor dem Rauchen warnen, sieht man häufig Jugendliche, die rauchen. Sie lassen sich von den Warnungen nicht abschrecken.
   Nenne kurz- und langfristige gesundheitliche Gefahren, die für den Raucher und sein Umfeld mit dem Rauchen verbunden sind.

4 Die Thermogramme in ▶ Bild 4 sind mit einer Wärmebildkamera aufgenommen worden. Hohe Temperaturen werden dabei in Rottönen dargestellt, niedrige Temperaturen in Blautönen.
   A Beschreibe die abgebildeten Thermogramme.
   B Stelle begründete Vermutungen auf, welches Thermogramm einem Menschen vor bzw. nach dem Konsum einer Zigarette zugeordnet werden kann.
   C Erkläre, wie es zu den Abweichungen zwischen beiden Bildern kommt.

Material Methode Praxis

Die Sucht des Rauchens hinterfragen

Abgeschlafft kommt Jan aus der Schule. Mit hängendem Kopf geht er auf seinen Freund Luca zu, der auf ihn wartet. Dieser schmunzelt und hält ihm auffordernd eine Zigarettenschachtel entgegen. Jan greift zu und steckt sich die Zigarette an.

5 Beschreibe anhand des Diagramms in ▶ Bild 5, warum Jugendliche sich zum Rauchen verleiten lassen.

6 **A** Nenne Gründe, warum Jan zugreift.
   B Nenne weitere Gründe, die Jugendliche bewegen zu rauchen.

7 Interviewe einen ehemaligen Raucher im Hinblick auf seine Erfahrungen mit dem Rauchen. Ziehe Schlussfolgerungen.

8 **A** Nenne alle Argumente für und gegen das Rauchen.
   B Überprüfe die Argumente.
   C Stelle in einer Diskussionsrunde deinen persönlichen Standpunkt zum Rauchen dar.

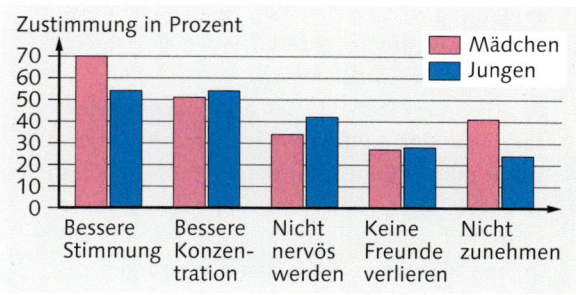

Zustimmung in Prozent
Mädchen
Jungen

Bessere Stimmung | Bessere Konzentration | Nicht nervös werden | Keine Freunde verlieren | Nicht zunehmen

5 Gründe fürs Rauchen

Leistungen des Organismus

1 Jugendliche beim Langstreckenlauf

Unser Körper – eine Hochleistungsmaschine

Wenn man einen Langstreckenlauf bewältigen, eine große Strecke tauchen, eine Treppe schnell hochlaufen oder einen Baum hinaufklettern
5 möchte, arbeitet der Körper auf Hochtouren. Nur durch die optimale Zusammenarbeit aller Organe werden Höchstleistungen möglich. Stoffaufnahme und -abgabe sowie Transport und Umwandlung sind genau aufeinander
10 abgestimmt.

Der *Stoffwechsel*, das heißt die Gesamtheit der in den Zellen ablaufenden chemischen Prozesse, wird angepasst. Körperfunktionen wie die Verdauung werden eher zurückgefahren. Ande-
15 re Teile des Stoffwechsels werden gesteigert. Die *Stoffwechselrate* steigt.

Das Herz-Kreislauf-System ist besonders gefordert. Während und kurz nach Anstrengungen atmet man häufiger und tiefer ein und aus als
20 in Ruhe. Nur so kann die Lunge ausreichend Sauerstoff aus der Luft aufnehmen, um die Organe über das Blut damit versorgen zu können. Gleichzeitig gibt der Organismus mehr Kohlenstoffdioxid ab, das ausgeatmet wird. Die

25 gesteigerte Atmung ist Voraussetzung, um körperliche und geistige Anstrengungen über einen längeren Zeitraum erbringen zu können. Unter Belastung scheint auch das Herz förmlich zu rasen, es schlägt deutlich schneller als in
30 Ruhe. Außerdem erwärmen sich während der körperlichen Aktivität die Muskeln erheblich. Ein Großteil der Wärme wird vom Blutstrom aufgenommen. An der Körperoberfläche wird die Wärme schließlich über die Haut abge-
35 strahlt. Einer Überhitzung wird somit vorgebeugt.

Energieversorgung – Zellatmung und Zellstoffwechsel

Um die Leistungsfähigkeit aufrechtzuerhalten, wird Energie gebraucht, die wir über unsere Nahrung aufnehmen. In der Nahrung ist
40 chemische Energie gespeichert, die im Körper in Bewegungsenergie und Wärme umgewandelt wird. Bevor man große körperliche oder geistige Leistungen erbringen kann, sollte man kohlenhydratreich essen, um die Energieumwandlung
45 während der Anstrengung positiv zu beeinflussen. Kohlenhydrate sind besonders geeignet, da

sie im Verdauungstrakt schnell aufgespalten werden. Die Kohlenhydrate werden als Speicherform in den Muskeln und der Leber eingelagert. Diese Speicherform kann leicht abgebaut werden und gelangt als Glucose in das Blut. So werden die Zellen insbesondere bei erhöhter Leistungsanforderung ausreichend mit diesem Energielieferanten versorgt.

In den Mitochondrien wird die Glucose mithilfe von Sauerstoff umgewandelt. Die dabei bereitgestellte Energie kann für den Stoffwechsel genutzt werden. Der Rest wird in Wärme umgewandelt. Bei diesem Prozess entsteht Kohlenstoffdioxid, das ausgeatmet wird.

Arbeiten auch in Ruhe Der Körper kann sich keine Pausen leisten. Insofern benötigen wir nicht nur in Zeiten erhöhter Aktivität Energie, sondern auch bei gewöhnlichen Tätigkeiten, sogar im Schlaf. Energie wird immer auch für die weniger sichtbaren Vorgänge im Körper benötigt. Der gesamte Stoffwechsel bedarf der Energiezufuhr. In jeder einzelnen Zelle finden vielfältige Prozesse statt, die nur weiterlaufen können, wenn die Energiezufuhr nicht versiegt.

Dazu zählen neben den oben geschilderten Prozessen z. B. auch der zelluläre Transport von Stoffen, die Herstellung von Hormonen sowie die Reaktion auf äußere Reize. Zur Aufrechterhaltung aller körperlichen Funktionen bedarf es insofern selbst in völliger Ruhe einer bestimmten Energiemenge, dem Grundumsatz. Wenn der Körper durch gesteigerte Aktivität zusätzlich Energie benötigt, steigt der Umsatz. Diese zusätzliche Energie ist der Leistungsumsatz. Er kann den Grundumsatz um ein Vielfaches übersteigen. Bei extremem Ausdauersport kann er sogar auf das 15-Fache des Grundumsatzes anwachsen.

1 A Erläutere die in ▶ Bild 2 dargestellten Zusammenhänge.

B Stelle diese Zusammenhänge in einer Concept-Map dar.

2 Erkläre, welche körperlichen Prozesse bei den jugendlichen Marathonläufern in ▶ Bild 1 gegenüber ruhenden Alterskameraden angestoßen werden.

3 Bewerte das Sprichwort „Wer rastet, der rostet!"

Stoffaufnahme   **Stofftransport**   **Stoff- und Energieumwandlung**

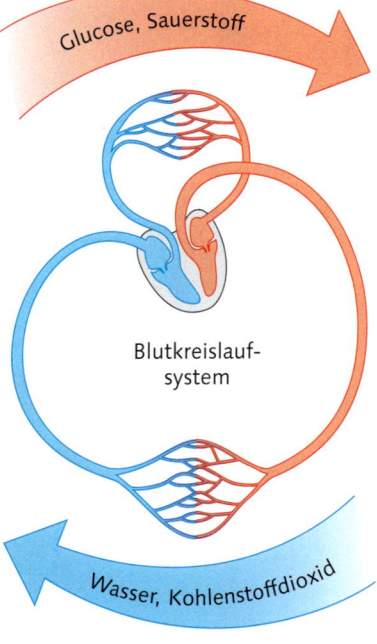

Glucose, Sauerstoff

Blutkreislaufsystem

Wasser, Kohlenstoffdioxid

Stoffabgabe

Zellatmung in allen Körperzellen

Glucose + Sauerstoff

Energie

Kohlenstoffdioxid + Wasser

für Bewegung, Denkarbeit, Wachstum + Wärme

2 Der Stoffwechsel als Motor

Herz-Kreislauf-Erkrankungen

Definition und Beispiele Unter Herz-Kreislauf-Erkrankungen werden alle Krankheiten zusammengefasst, die das Herz oder das Blutkreislaufsystem betreffen. Sie zählen zu den häufigsten
5 Todesursachen in Deutschland. Beispiele sind: Bluthochdruck, dauerhaft zu hoher Puls, Herzmuskelentzündung, Herzklappenfehler und Krampfadern. Nicht nur Erwachsene, auch Kinder und Jugendliche können von Herz-Kreislauf-
10 Erkrankungen betroffen sein.

Ursachen Bedingungen, die eine Krankheit begünstigen, werden *Risikofaktoren* genannt ▶ Bild 1. Es gibt einerseits Risikofaktoren, die man meist nicht beeinflussen kann, wie zu-
15 nehmendes Alter, Infektionen, Klimaschwankungen oder erbliche Vorbelastung. Es gibt andererseits auch Risikofaktoren, die mit unserer Lebensweise in engem Zusammenhang stehen. Dies gilt für viele Ursachen von Herz-Kreislauf-Erkrankungen.
20

Vorbeugung Bereits im Kindes- und Jugendalter legt man die Grundlagen für die Gesundheit im eigenen Erwachsenenalter. Durch eine gesunde Lebensweise, vor allem Sport und Bewegung, sowie eine ausgewogene Ernährung kann man 25 Herz-Kreislauf-Erkrankungen vorbeugen.

1 A Nenne die in ▶ Bild 1 dargestellten Ursachen für Herz-Kreislauf-Erkrankungen.
B Ordne nach beeinflussbaren und nicht beeinflussbaren Ursachen.

2 Erkläre, wie man Herz-Kreislauf-Erkrankungen vorbeugen kann.

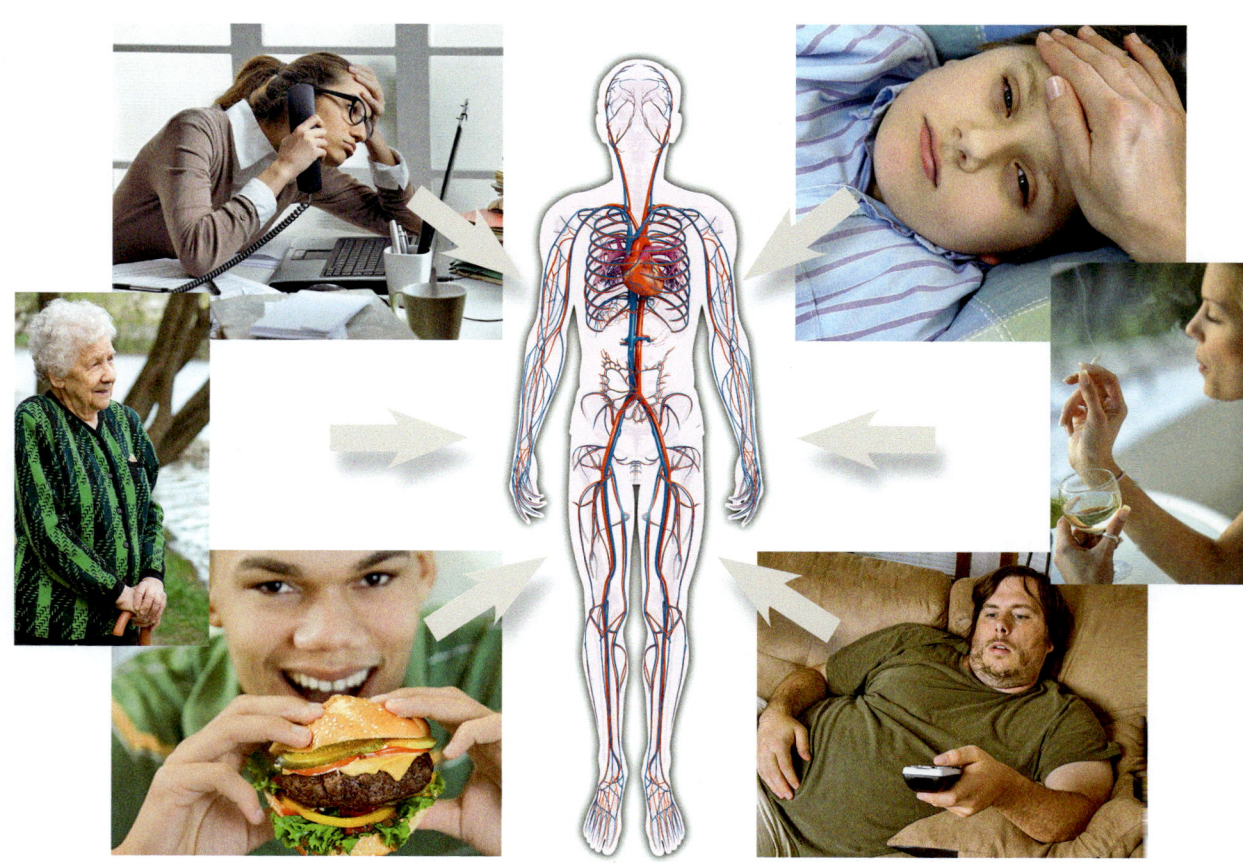

1 Ursachen von Herz-Kreislauf-Erkrankungen

Gesund und fit durch Sport und Bewegung

Mit einem Bewegungstagebuch kannst du dein Bewegungsverhalten beobachten, bewerten und eventuell verändern.

Durch Sport und intensive Bewegung wird unser Herz-Kreislauf-System besonders gefordert. Um unseren Körper gesund zu erhalten, müssen wir uns regelmäßig bewegen. Das Leben vieler Menschen ist aber zunehmend bewegungsarm. Bewegung stärkt neben dem Herz-Kreislauf-System auch die Muskulatur, Knochen und Gelenke, das Immunsystem, die Psyche und den Stoffwechsel. Zudem fördert es die Regenerationsfähigkeit nach Krankheit oder Verletzung.

1 Stelle deine Bewegungsgewohnheiten für 3 Tage vom Aufstehen bis zum Schlafengehen in einer Tabelle dar ▶ Bild 2.

2 A Berechne die Stunden ohne Bewegung und mit Bewegung pro Woche und pro Monat.
  B Vergleiche dein Bewegungstagebuch mit dem deiner Mitschüler.

3 A Nenne Aktivitäten für mehr Bewegung im Schulalltag. Beleuchte dabei den Schulweg, die Pausen, den Pausenhof, Vertretungsstunden und den Unterricht. Tausche deine Ideen mit den Mitschülern aus.
  B Nenne mögliche Aktivitäten außerhalb der Schule. Ergänze die Ideensammlung.
  C Ordne die Ideen in einer persönlichen Rangfolge von 1 bis 10.
  D Versuche 3 Ideen in deinem Alltag umzusetzen.

3 Bewegung auf dem Schulhof

	Tätigkeit	Uhrzeit	Zeiten ohne Bewegung	Zeiten mit Bewegung
Tag 1	z. B. Schulweg mit Fahrrad	07:15−07:35		20 min
	Schule	07:45−12:55	180 min	90 min Sport
		⋮		
	Hausaufgaben	14:00−15:30	90 min	
	Sport im Verein	16:00−18:00		120 min
	Computer	19:00−20:00	60 min	
		⋮		
Tag 2				

2 Beispiel für ein Bewegungstagebuch

Zusammenfassung

Struktur und Funktion

Der Blutkreislauf läuft in einem geschlossenen System ab, das sich in zwei Teile gliedert: den Lungen- und den Körperkreislauf. Hier zirkuliert
5 das Blut, das vom Herzen als Motor des Blutkreislaufs angetrieben wird.

Das Herz ist ein muskulöses Hohlorgan, das in zwei kleine Vorhöfe und zwei große Herzkammern unterteilt ist. Hierdurch bleiben das sau-
10 erstoffarme und das sauerstoffreiche Blut getrennt. Das Herz pumpt ständig die gesamte Blutmenge durch den Körper und schlägt ca. 70-mal in der Minute. Bei körperlicher Anstrengung beschleunigt sich der Herzschlag, bei voll-
15 kommener Ruhe verlangsamt er sich. Um das Herz-Kreislauf-System gesund zu erhalten, ist körperliche Bewegung nötig. So kann man bereits im Kindes- und Jugendalter späteren Herz- und Gefäßerkrankungen vorbeugen.
20 Das Blut ist ein Organ und hat vielfältige Aufgaben. Es besteht aus flüssigem Blutplasma und festen Bestandteilen, den Blutzellen. Diese transportieren Atemgase, sind an der Krankheitsabwehr beteiligt und haben eine wichtige
25 Funktion bei der Blutgerinnung.

Die Lunge ist das zentrale Atmungsorgan des Menschen. Die eingeatmete Luft gelangt durch die Luftröhre in die Bronchien und Bronchiolen und schließlich in die winzig kleinen Lungen-
30 bläschen. Hier findet der Gasaustausch statt: Über die Oberfläche der Lungenbläschen gelangt Sauerstoff aus der eingeatmeten Luft in das Blut und Kohlenstoffdioxid aus dem Blut in die Lungenbläschen. Aufgrund der Anzahl und
35 der Größe der Lungenbläschen ergibt sich eine Gesamtoberfläche von 100 m², die in den zwei Lungenflügeln Platz findet. Diese enorme Oberfläche begünstigt den Gasaustausch, da zur

selben Zeit mehr Sauerstoff- und Kohlenstoffdioxidteilchen ausgetauscht werden können. 40 Die Lungenbläschen sind ein Beispiel für das Prinzip der Oberflächenvergrößerung ▶ Bild 1. Diese Sachverhalte werden durch das biologische Prinzip *Struktur und Funktion* beschrieben.

Stoff- und Energieumwandlung   45

Bei der Verdauung werden energiereiche Stoffe, die wir mit unserer Nahrung zu uns nehmen, schrittweise abgebaut und ihre Einzelbausteine den Zellen für die Zellatmung zur Verfügung gestellt. Der für die Zellatmung notwendige 50 Sauerstoff wird mit dem Blutkreislaufsystem von der Lunge zu den Körperzellen transportiert. Das entstehende Kohlenstoffdioxid gelangt so wieder zur Lunge. Durch unser zentrales Organ, das Herz, ist ein kontinuierlicher 55 Transport der Stoffe gesichert. Nur durch das erfolgreiche Zusammenspiel zwischen Verdauungs-, Atmungs- und Blutkreislaufsystem ist es uns möglich, unserer Nahrung die Energie zu entziehen, sie umzuwandeln und für körperei- 60 gene Vorgänge zu nutzen ▶ Bild 2.

Das biologische Prinzip *Stoff- und Energieumwandlung* umschreibt diese Prozesse.

Stören wir die Arbeit unserer Organe, können sie die Aufgabe der Stoff- und Energieumwand- 65 lung nicht richtig bewerkstelligen. Rauchen, falsche Ernährung und mangelnde Bewegung schaden unseren Organen und können langfristig zu schwerwiegenden Krankheiten führen.

feines Blutgefäß

kohlenstoffdioxid-
reiches Blut

Atemluft

Sauer-
stoff

Kohlen-
stoff-
dioxid

sauerstoff-
reiches Blut

1 Lungenbläschen

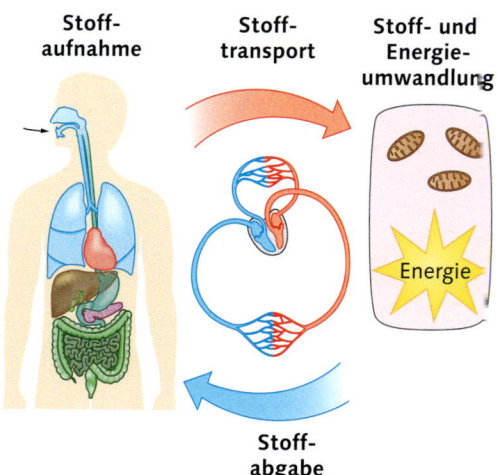

2 Stoff- und Energieumwandlung

Teste dich!

1 **A** Ordne ▶ Bild 3 a und b jeweils begründet einer Herzaktionsphase zu.

B Bei manchen Neugeborenen ist die Herz-scheidewand nicht vollständig geschlossen. Beschreibe, welche Folgen dies hat.

a   b

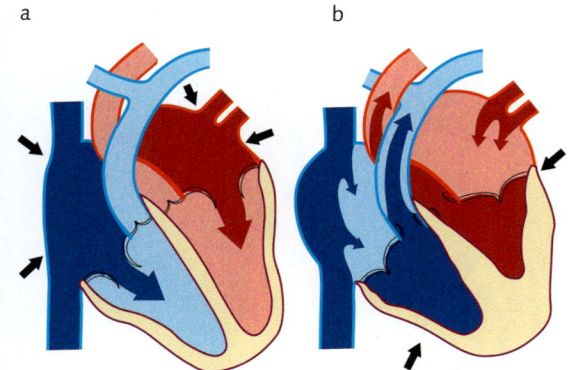

3 Herzaktionsphasen

2 **A** Benenne die Bestandteile des Blutes.

B Ordne ihnen ihre Funktion zu.

3 Sport hat vielfältige Auswirkungen auf den Körper.

A Erkläre, warum eine Profisportlerin einen deutlich höheren Energiebedarf als eine Büroangestellte hat.

B Im Diagramm in ▶ Bild 4 ist die Pulsfrequenz einer trainierten und einer untrainierten Person bei verschiedenen Belastungen dargestellt. Vergleiche.

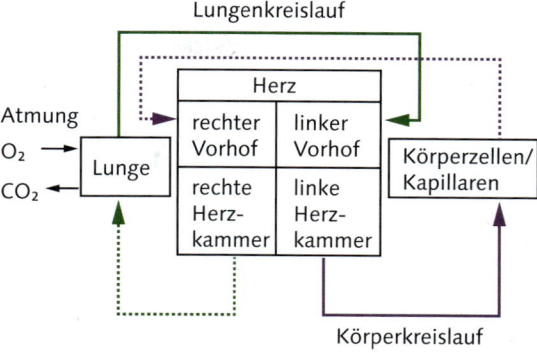

sauerstoffreiches Blut   ——
sauerstoffarmes Blut   ··········

5 Herz-Kreislauf-System

C Beschreibe die Anpassungsreaktionen, die im Herz-Kreislauf-System erfolgen, wenn man über Jahre hinweg Ausdauersport betreibt.

4 Beschreibe den doppelten Blutkreislauf beim Menschen anhand von ▶ Bild 5.

5 **A** Beschreibe die Vorgänge, die nach dem Einatmen in der Lunge erfolgen.

B Erkläre das Prinzip der Oberflächenvergröße-rung am Beispiel der Lungenbläschen ▶ Bild 1.

6 Beschreibe den Zusammenhang von Verdauung, Atmung und Blutkreislauf.

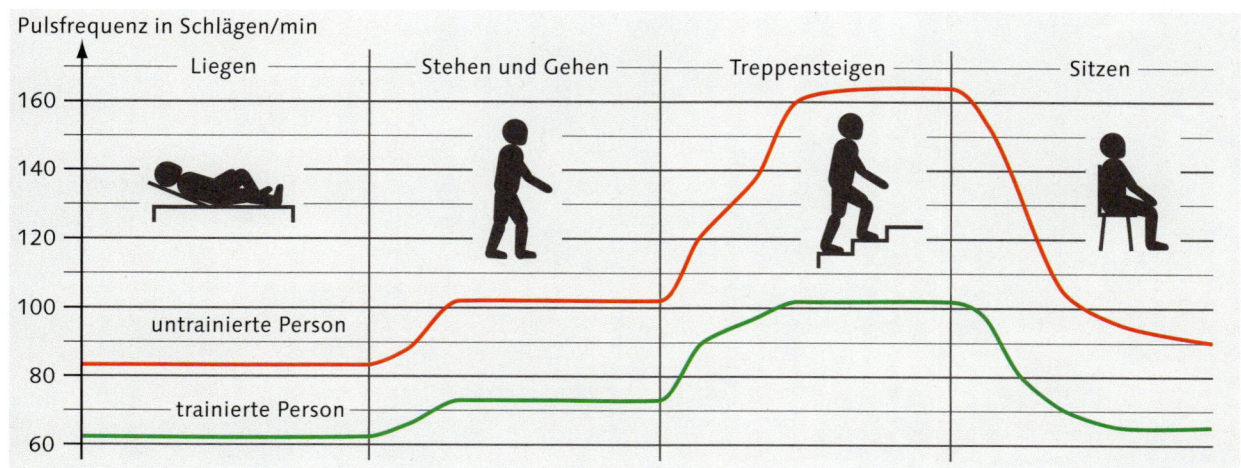

4 Pulsfrequenz bei verschiedenen Belastungen und unterschiedlich gut trainierten Personen

▶ Die Lösungen zu den Aufgaben findest du im Anhang.

Informationssystem
Sinnesorgane ▶▶

Unsere Sinnesorgane ermöglichen es uns, zahlreiche Informationen aus der Umwelt aufzunehmen und uns so in ihr zurechtzufinden. Dabei arbeiten meist mehrere Sinnesorgane gleichzeitig und vermitteln uns einen vielfältigen Eindruck von der Umgebung. Erst wenn einer unserer Sinne beeinträchtigt ist, merken wir, wie wichtig der einzelne Sinn für die Wahrnehmung ist.

Wahrnehmung der Umwelt mit allen Sinnen

Mithilfe unserer Sinnesorgane sind wir in der Lage, zahlreiche Informationen aus der Umwelt aufzunehmen und uns so in ihr zurechtzufinden. Probiere selbst aus, wie gut deine Sinnesorgane arbeiten.

1 Blind testen

2 Verdünnungsreihen zum Vergleich von Geschmacks- und Geruchssinn

Blind testen

Dem Schüler in ▶ Bild 1 wurden die Augen verbunden. Vor ihm liegt eine Tüte mit unbekanntem Inhalt. Nun soll er herausfinden, worum es sich handelt.

❶ A Beschreibe Möglichkeiten, wie der Schüler bestimmen kann, was in der Tüte ist. Er darf nicht nachschauen, doch sonst alle seine Sinne einsetzen.
B Probiere das Experiment mit deinem Sitznachbarn aus.
C Nenne die Sinnesorgane, die eingesetzt wurden.

Geschmack oder Geruch – welcher Sinn ist besser?

Stelle ein Gemisch aus 100 ml Wasser und 1 ml Essig (5 %) her. Nimm hiervon mithilfe einer Einmalpipette 1 ml und verdünne das Gemisch nochmals mit 100 ml Wasser. Wiederhole den Vorgang zwei weitere Male und beschrifte die Verdünnungsstufen ▶ Bild 2.
Stelle ebenso eine Verdünnungsreihe mit 1 g Zucker her. Stelle die Becher in gemischter Reihenfolge auf. Ein Mitschüler kann nun einen Becher auswählen und muss entscheiden, ob in dem gewählten Becher eine Essig- oder Zuckerverdünnung enthalten ist. Er darf dafür an der Flüssigkeit riechen und sie dann mit zugehaltener Nase probieren.

Wetten, dass …

… du es nicht schaffst, acht Gegenstände allein durch den Klang zu erkennen, indem du mit einem Holzstab darauf schlägst?

❷ A Plane ein Experiment, mit dem du diese Wette durchführen kannst.
B Ermittle den Wettkönig in der Gruppe oder Klasse.

Ich sehe was, was du nicht siehst!

Übertrage ▶ Bild 3 in der dargestellten Größe auf ein DIN-A4-Blatt. Zeichne hierzu vier Ringe mit dem Bleistift auf und radiere an unterschiedlichen Stellen eine Öffnung hinein. Hänge das Blatt in 4 m Entfernung in Augenhöhe auf.
Dein Partner soll anschließend versuchen zu erkennen, an welcher Stelle die Ringe jeweils geöffnet sind.

3 Ringe für den Sehtest

Die Sinne des Menschen

Sinne und Sinnesorgane Unser Körper verfügt über Sinne, die es uns ermöglichen, die Informationen aus der Umwelt aufzunehmen. Diese Informationen nennt man Reize. Jeder Sinn reagiert auf einen zu ihm passenden Reiz, man spricht von einem *adäquaten Reiz*.

Der Sehsinn ist bei uns besonders stark ausgeprägt, der Mensch wird aus diesem Grund auch als „Augentier" bezeichnet. Es gibt aber weitaus mehr wahrzunehmen: Um zu beurteilen, ob ein Apfel reif ist, müssen mehrere Sinne zusammenarbeiten. Neben dem Lichtreiz, der zu den Sinneszellen im Auge gelangt, erreichen Geruchsstoffe die Nase. Mit der Zunge nehmen wir Geschmacksstoffe auf. Organe, die Sinneszellen enthalten, nennt man *Sinnesorgane*.

Reiz und Reaktion *Sinneszellen* sind Signalwandler, sie nehmen die adäquaten Reize auf und wandeln sie in elektrische Signale um ▶ Bild 4. Diese werden durch *Nervenzellen* von den Sinnesorganen zu unserem Gehirn weitergeleitet, wo die Sinneseindrücke zusammengetragen und verarbeitet werden. Im Gehirn findet die eigentliche *Wahrnehmung* statt.

Wie der Körper auf einen Reiz reagiert, hängt von der Gesamtheit aller Eindrücke und Erfahrungen ab. So kann der Reifegrad eines Apfels nur festgestellt werden, wenn schon Erfahrungen mit Äpfeln vorhanden sind. Je nachdem, ob wir den Apfel als reif wahrnehmen oder nicht, essen wir weiter oder legen die Frucht wieder weg. Dafür sendet das Gehirn Signale an die Muskeln in Kopf und Hand, die als *Erfolgsorgane* diese Reaktion ausführen.

In manchen Fällen kann ein Reiz auch ohne Wahrnehmung im Gehirn eine Reaktion auslösen. So schnellt reflexartig der Unterschenkel nach vorne, wenn wir beim Gehen mit dem Fuß irgendwo hängen bleiben. Durch diese schnelle Reaktion kann ein Sturz verhindert werden.

Die Vielfalt der Sinne Neben den „klassischen" fünf Sinnen *Sehen, Hören, Riechen, Schmecken* und *Fühlen* besitzen wir weitere Sinne für eine Vielzahl an Reizen. Hierzu zählen Temperatursinn, Gleichgewichtssinn und Schmerzsinn. Einige Sinne können „trainiert" und dadurch noch leistungsfähiger werden. Blinde lernen mit dem Tastsinn ihrer Finger, die Blindenschrift zu lesen. Außerdem ist ihr Gehör häufig besonders gut ausgebildet.

1 Nenne unsere Sinnesorgane und die dazugehörigen Sinne und Reize. Erstelle eine Tabelle wie unten.

Sinnesorgan	Sinn	Adäquater Reiz

2 Elisa steht wartend an einer roten Ampel. Als diese grün wird, geht sie los. Erläutere das Reiz-Reaktions-Schema an diesem Beispiel.

3 Beschreibe deine Wahrnehmung, wenn du wie in ▶ Bild 5 auf einer Waldlichtung stündest:
A mit offenen Augen
B mit geschlossenen Augen

4 Erläutere, inwieweit Menschen ohne Geschmackssinn beeinträchtigt sind.

adäquater Reiz — Sinneszellen/-organ

Nervenzellen

Rückenmark/Gehirn

Nervenzellen

Reaktion — Erfolgsorgan

4 Reiz-Reaktions-Schema

5 Blick auf eine Waldlichtung

Das Auge

Unsere Augen befinden sich an der höchsten Stelle unseres Körpers, dem Kopf. Der Mensch besitzt zwei nach vorne gerichtete Augen.

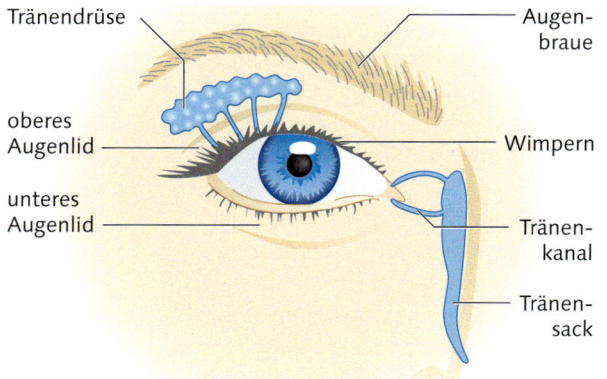

1 Schutzeinrichtungen des Auges

Schutzeinrichtungen Der Großteil des Auges
5 befindet sich gut geschützt in einer knöchernen Höhle im Schädel. Besondere Schutzeinrichtungen bewahren das empfindliche Auge vor Verletzungen ▶ Bild 1.

Besonders auffallend sind die Augenlider, Au-
10 genbrauen und Wimpern. Während die Augenbrauen verhindern, dass Flüssigkeiten wie Regenwasser oder Schweiß von oben in die Augen laufen, halten die Wimpern Insekten und Staub ab. Sobald Fremdkörper die Oberfläche des Aug-
15 apfels berühren oder auch nur die Berührung,

z. B. durch einen Ast, bevorsteht, blinzelt man unwillkürlich. Das Augenlid wird geschlossen, das Auge wird vom Lid verdeckt und somit geschützt.

Jeder hatte schon einmal ein Sandkorn oder ein 20 kleines Insekt im Auge und musste feststellen, dass das Auge zu tränen beginnt. Die Tränenflüssigkeit hat zum einen die Funktion, kleinere Fremdkörper auszuwaschen. Zum anderen verhindert sie aber auch, dass Krankheitserreger 25 ins Auge gelangen. Zusätzlich befeuchtet sie das Auge und ermöglicht so das problemlose Öffnen und Schließen des Augenlids. Die Innenwände der Lider werden von der Bindehaut bedeckt. Die Bindehaut ist eine Schleimhaut und 30 dient der Abwehr von Erregern und Fremdkörpern. Sie verhindert auch, dass Fremdkörper hinter den Augapfel rutschen.

Der Aufbau des Auges Von außen ist nur ein kleiner Teil des Augapfels zu erkennen ▶ Bild 2. 35 Der Augapfel kann durch Muskeln in alle Richtungen bewegt werden. So können Gegenstände innerhalb eines kleinen Bereichs ohne Drehung des Kopfs verfolgt werden. Zum *Augapfel* zählen die weiße Lederhaut, die Hornhaut und die *Iris,* 40 in deren Mitte sich die *Pupille* befindet. Diese ist als kleine schwarze Öffnung erkennbar. Die *Iris* wird auch Regenbogenhaut genannt und kann unterschiedlich gefärbt sein.

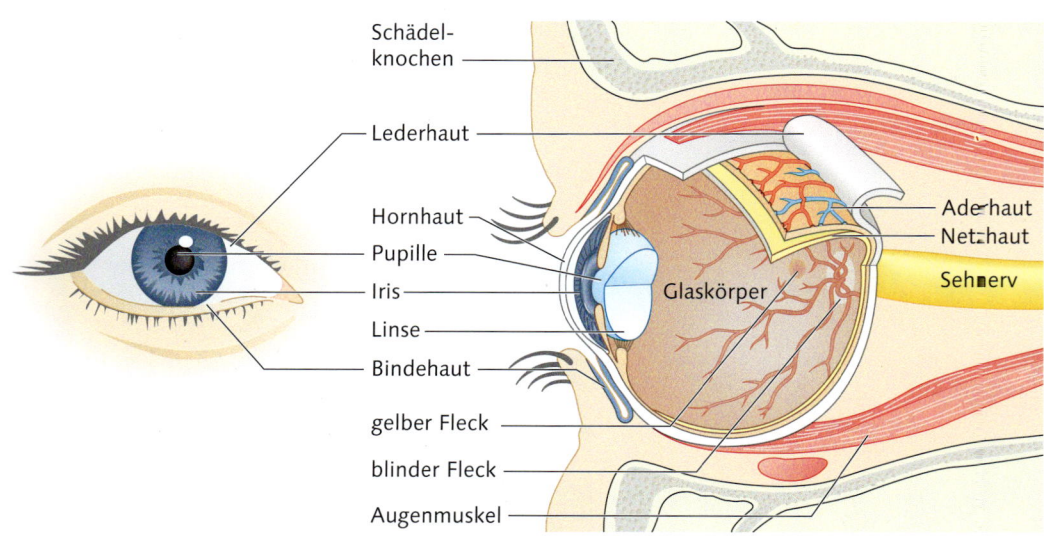

2 Das Auge von vorn (links) und im Längsschnitt (rechts)

Die *Hornhaut*, die *Linse* und der dahinterliegen-
de *Glaskörper* sind durchlässig für Licht und ermöglichen, dass Licht auf die Netzhaut fällt. In
der *Netzhaut* befinden sich die *Lichtsinneszellen*.
Sie wandeln Lichtreize in elektrische Signale um,
die dann über die Nervenzellen des *Sehnervs* an
das Gehirn weitergeleitet werden. Die äußerste
Schicht der Netzhaut, die *Pigmentschicht*, besteht aus Pigmentzellen. Sie sind reich an
schwarzem Farbstoff und verhindern, dass das
auf die Netzhaut fallende Licht reflektiert und
die Sicht dadurch unscharf wird. Zwischen der
zähen *Lederhaut*, welche dem Schutz des Augapfels dient, und der Netzhaut befindet sich die
Aderhaut, die das Auge mit Sauerstoff und
Nährstoffen versorgt.

Regelung des Lichteinfalls in das Auge Da die
Lichtverhältnisse sehr stark schwanken können,
ist es wichtig, dass das Auge auf unterschiedliche Helligkeiten reagieren kann. Durch die Iris
wird der Lichteinfall in das Auge und somit die
Beleuchtungsstärke auf der Netzhaut reguliert.
Die Iris besitzt Muskeln, deren Spannung verändert werden kann, wodurch die Größe der Pupille variiert. Bei weit geöffneter Pupille (▶ Bild 3)
gelangt mehr Licht auf die Netzhaut als bei einer kleinen Pupillenöffnung. Diese Anpassung
des Auges an unterschiedliche Helligkeitswerte
nennt man *Adaptation*. Eine optimale Beleuchtung der Netzhaut ist wichtig, um einerseits genügend Licht zum Sehen zu haben und andererseits ein Geblendetsein oder eine Schädigung
der Netzhaut durch zu viel Licht zu vermeiden.

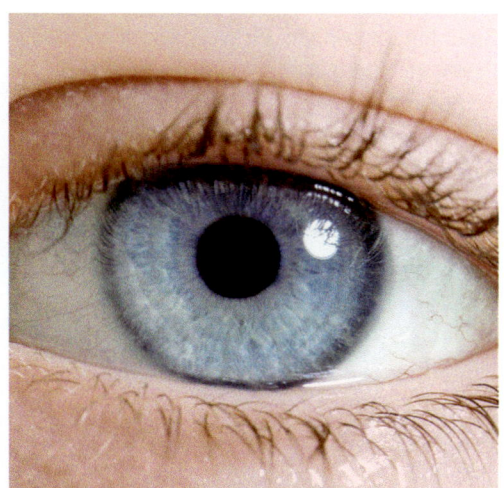

3 Durch die Iris wird die Pupillengröße
reguliert.

Sehen mit zwei Augen Dadurch, dass unsere
Augen nach vorne gerichtet sind, wird ein Großteil der Umgebung von beiden Augen aus leicht
unterschiedlichen Blickrichtungen erfasst. Dies
ermöglicht *räumliches Sehen* und erleichtert
beispielsweise das Abschätzen von Entfernungen. Außerdem verbessert es das Sehen bei
schwierigen Sichtverhältnissen, z.B. in einer
Menschenmenge. Die Augenmuskeln sorgen
dafür, dass beide Augen stets in dieselbe Richtung schauen.

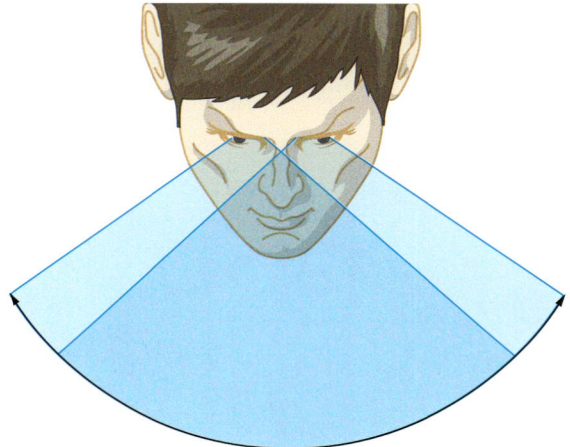

4 Gesichtsfeld des Menschen: von einem und beiden
Augen erfasster Bereich

❶ Nenne die Schutzeinrichtungen des Auges und ihre
Funktionen.

❷ Stelle in einem Fließschema den Weg des Lichts
durch das Auge dar.

❸ A Setze dich mit einer Versuchsperson an einen
Tisch gegenüber. Bitte sie für ca. 30 s die Augen zu
schließen und dann wieder aufzumachen. Achte
beim Öffnen der Augen auf die Pupillen und protokolliere die Beobachtungen. Leuchte vorsichtig
von unten oder von der Seite mit einer Taschen-
lampe in ein Auge und beobachte weiter.
B Erkläre die Beobachtungen.
C Der Augenarzt tröpfelt vor der Untersuchung eine
Flüssigkeit auf den vorderen Augapfel. Dadurch
bleibt die Pupille für längere Zeit erweitert.
Erkläre, warum man nach einer solchen Behandlung eine Brille mit getönten Gläsern tragen sollte,
bis die Wirkung der Flüssigkeit nachlässt.

❹ Die Augen der meisten Säugetiere liegen an der
Seite des Kopfs und sind nach außen gerichtet.
Erläutere Vor- und Nachteile.

⚙ Schutz des Auges

Das Auge ist anfällig für Schädigungen von außen. Körpereigene Schutzeinrichtungen und zusätzliche Schutzmaßnahmen sollen Verletzungen der Augen verhindern.

Körpereigene Schutzeinrichtungen

Trage mit einer Pipette oder dem Finger bei deinem Sitznachbarn einzelne Wassertropfen auf die Stirn und unter den Augenbrauen auf, sodass sie herunterfließen ▶ Bild 1. Sei dabei besonders vorsichtig, um seine Augen nicht zu verletzen.

3 Korrekturbrille und Laborschutzbrille

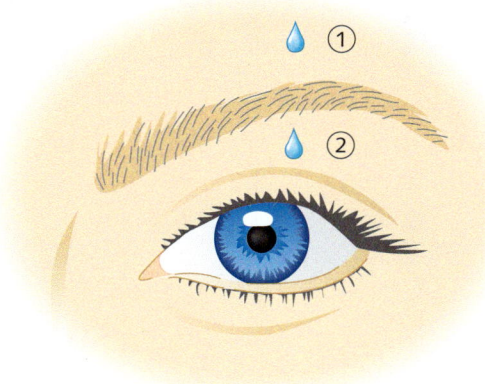

1 Auftragen von Wassertropfen aufs Gesicht

① **A** Beschreibe, wodurch verhindert wird, dass Flüssigkeit ins Auge gelangt.

B Nenne alltägliche Gefährdungen für das Auge von außen.

Laborschutzbrille

Betrachte eine Korrekturbrille und eine Laborschutzbrille ▶ Bild 3. Setze beide Brillen nacheinander auf und lass deinen Sitznachbarn jeweils aus 20 cm Entfernung von vorn, von der Seite und von unten mit einer leeren Spritzflasche deine Augen anpusten.

② **A** Stelle die Unterschiede im Bau beider Brillen tabellarisch dar.

B Vergleiche deine Empfindungen beim Pusteversuch mit der Korrektur- und der Laborschutzbrille aus den verschiedenen Richtungen.

C Bewerte, ob das Tragen einer Korrekturbrille statt einer Laborschutzbrille bei Versuchen mit Chemikalien ausreicht.

Sonnenbrille

Sonnenbrillen sollen das Auge vor zu hoher Lichteinstrahlung schützen, indem sie nur einen Teil des sichtbaren Lichts durchlassen. So verhindert die Tönung der Brille ein Geblendetwerden bei großer Helligkeit. Sie darf die Sicht jedoch nicht zu stark einschränken. Aber auch der nicht sichtbare Teil des Lichts kann dem Auge gefährlich werden: UV-Strahlung schadet beispielsweise der Netzhaut. Brillen können unabhängig von ihrem Tönungsgrad auch einen UV-Filter besitzen, also für UV-Strahlung nur eingeschränkt durchlässig sein.

③ **A** Begründe, welche der Brillen aus der Tabelle (▶ Bild 2) fürs Fahrradfahren an einem sonnigen Tag und welche für eine Schneewanderung an einem sonnigen Tag im Gebirge geeignet ist.

B Erkläre, weshalb bei starkem Sonnenlicht das Tragen einer getönten Brille ohne UV-Filter für das Auge gefährlicher ist als das Tragen keiner Brille. (*Tipp:* Berücksichtige die Adaptation durch die Pupille.)

Brille Nr.	1	2	3	4
Tönungsgrad	hell	mittel	dunkel	dunkel
Durchlässigkeit für sichtbares Licht	80 %	30 %	5 %	5 %
Durchlässigkeit für UV-Strahlung	30 %	0 %	10 %	0 %

2 Eigenschaften verschiedener Sonnenbrillen

Untersuchung eines Schweineauges

Das Schweineauge stimmt in Aufbau und Größe mit einem menschlichen Auge überein. Dies macht es zu einem sehr guten Untersuchungsobjekt. Beim Sezieren eines Auges können der genaue Aufbau und die Funktion einzelner Bestandteile untersucht werden.

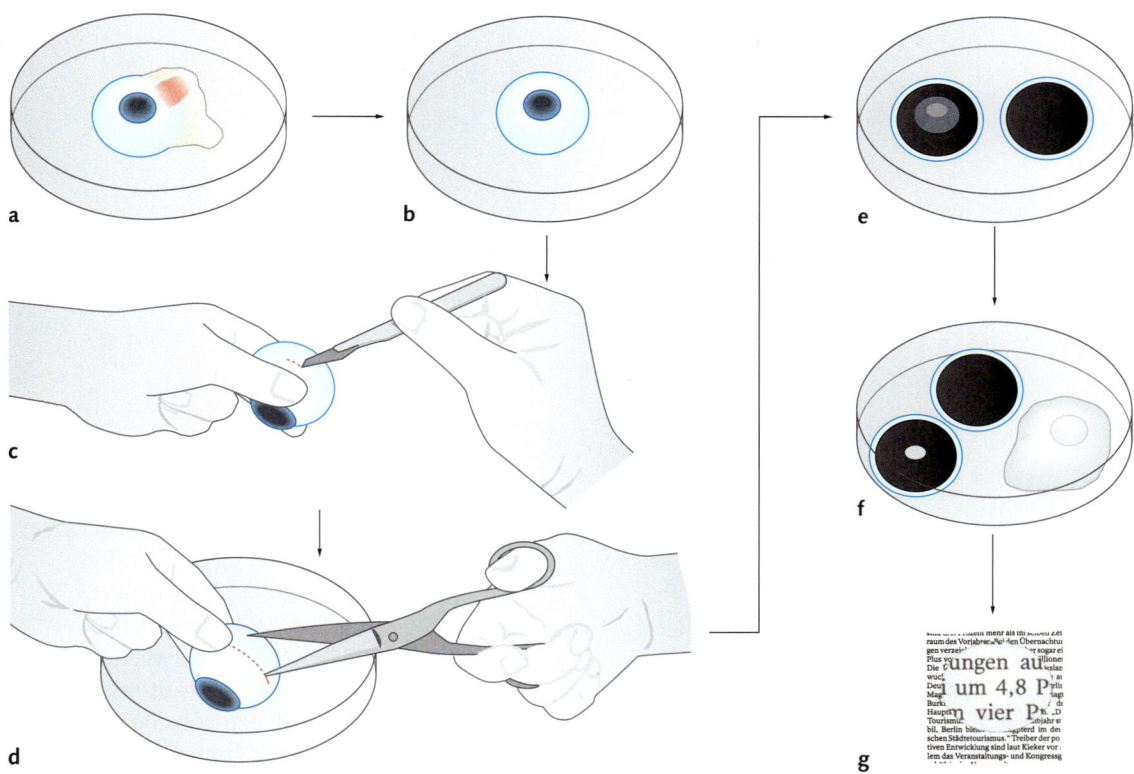

4 Untersuchungsschritte

Material: Schweineauge, Präparier- oder Petrischale, Schere, Skalpell, Pinzette, Einweghandschuhe, Papiertücher, Zeitungspapier

Durchführung:

1. Betrachte zunächst das Auge wie in ▶ Bild 4 a von außen und identifiziere die einzelnen Strukturen. Gut zu erkennen sind der Sehnerv, die Hornhaut und teilweise die Ansätze der Augenmuskeln. Des Weiteren sind Fettgewebe und Bindegewebe erkennbar.

2. Entferne das Fett- und Muskelgewebe sauber mit der Schere ▶ Bild 4 b.

3. Nimm das Auge so wie in ▶ Bild 4 c gezeigt in die Hand.

4. Schneide mit dem Skalpell ein kleines Loch in die Lederhaut. Sei hierbei sehr vorsichtig! Halbiere anschließend mit der Schere, wie in ▶ Bild 4 d gezeigt, das Auge vorsichtig. Achte hierbei darauf,

dass der Inhalt nicht herausquillt, sondern nach Möglichkeit in der vorderen Augenhälfte bleibt ▶ Bild 4 e.

5. Nimm die inneren Bestandteile des Auges heraus und betrachte sie ▶ Bild 4 f.

❶ Beschreibe die Beschaffenheit des Glaskörpers.

6. Befreie die Linse von Resten des Glaskörpers und lege sie auf ein Stück Zeitungspapier, wie in ▶ Bild 4 g zu sehen ist. Untersuche ihre optische Eigenschaft näher.

7. Drücke vorsichtig seitlich auf die Linse und beobachte.

8. Ziehe von der Innenseite des Auges vorsichtig die Netzhaut ab.

❷ Beschreibe das Aussehen der Netzhaut.

Aufbau der Netzhaut

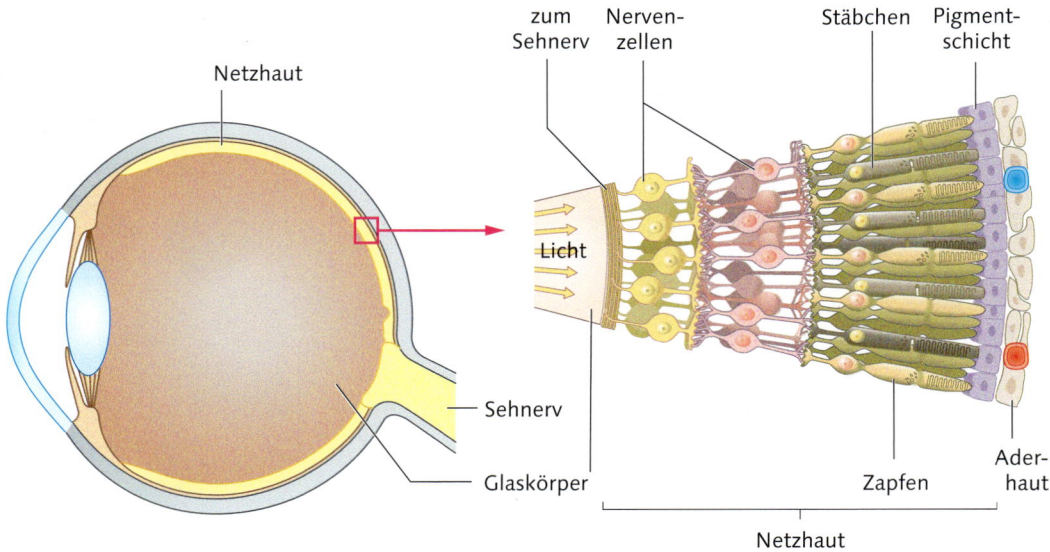

1 Die Schichten der Netzhaut

Netzhaut Die Netzhaut besteht aus Lichtsinneszellen, die sich auf der Pigmentschicht befinden, und zwei Nervenzellschichten ▶ Bild 1.
Einfallendes Licht durchdringt zunächst die Ner-
5 venzellschichten, ehe es auf die dahinterliegen-
den Lichtsinneszellen trifft.
Es gibt zwei verschiedene Typen von Lichtsinneszellen: die *Stäbchen* und die *Zapfen*. Beide sind in der Lage, Lichtreize in Signale umzu-
10 wandeln und diese an die Nervenzellen zu
senden. Die Fortsätze aller innen liegenden Nervenzellen bilden zusammen den *Sehnerv* und
führen in das Gehirn, wo aus allen eingehenden
Signalen von Stäbchen und Zapfen beider
15 Augen der Seheindruck entsteht.

Lichtsinneszellen Der überwiegende Teil der ca.
6 Millionen Zapfen befindet sich im *gelben
Fleck*. Dies ist der Bereich der Netzhaut, an dem
wir bei Tag am schärfsten sehen. Die Zapfen ste-
20 hen hier besonders dicht beieinander. Dadurch
werden die Signale vieler Bildpunkte weitergeleitet und man sieht besonders scharf. Die Blick-
richtung beider Augen wird automatisch immer
so eingestellt, dass das Bild des betrachteten
25 Gegenstands auf den gelben Fleck fällt. Da bestimmte Zapfen besonders stark bei rotem und
andere stärker bei grünem oder blauem Licht
reagieren, ermöglichen sie das Farbensehen. Bei

geringem Lichteinfall senden sie jedoch keine
Signale an das Gehirn weiter. 30
Außerhalb des gelben Flecks befinden sich
hauptsächlich die etwas dünneren und längeren Stäbchen. Insgesamt sind es ca. 125 Millionen. Sie sind über die gesamte Netzhaut verteilt, allerdings wird ihre Anzahl immer geringer, 35
je weiter der Bereich vom gelben Fleck entfernt
liegt. Die Stäbchen ermöglichen keinen Farbein-
druck, sind dafür aber besonders empfindlich
und gewährleisten das Sehen bei schwachen
Lichtverhältnissen, z. B. in der Dämmerung oder 40
bei Nacht.
An der Stelle, an der der Sehnerv das Auge verlässt, dem *blinden Fleck*, sind keinerlei Lichtsinneszellen vorhanden, Lichtreize können dort
nicht umgewandelt werden. 45

1 Beschreibe den Weg des Lichts und den der Signale
durch die Netzhaut.

2 Vergleiche Stäbchen und Zapfen. Lege dafür eine
Tabelle an.

3 Erkläre das Sprichwort „Nachts sind alle Katzen
grau".

4 Im Auge von Katzen wirft eine Schicht hinter der
Netzhaut das einfallende Licht zurück. Erkläre den
Vorteil dieser Besonderheit.

Experimente mit den eigenen Augen

Mit einfachen Experimenten kannst du einige Eigenschaften deiner Augen untersuchen. Mithilfe der Informationen auf den Grundwissensseiten und den Materialien auf dieser Seite kannst du die Effekte erklären.

2 Versuch zum blinden Fleck – Wo ist die Rose?

Blinder Fleck

Lege das Buch mit ca. 50 cm Abstand vor dich auf den Tisch. Halte dein linkes Auge mit der linken Hand zu und schaue mit deinem rechten Auge auf die Iris in ▶ Bild 2. Bewege anschließend deinen Kopf langsam auf das Buch zu, wobei du immer auf die Iris schauen musst.

① **A** Beschreibe deine Beobachtungen, während du deinen Kopf immer weiter in Richtung Buch bewegst.
   B Erkläre deine Beobachtungen.

Nachbilder

Halte dir ein Auge zu und schaue mit dem anderen für ca. 15 s auf das Kreuz der schwarzen Lampe. Anschließend musst du schnell auf das Kreuz daneben schauen ▶ Bild 3.

② **A** Beschreibe deine Beobachtungen.

Die Beobachtung erklärt sich so, dass die Lichtsinneszellen nach längerem Lichteinfall „ermüden" und dann trotz Lichtreiz nur noch wenige Signale ans Gehirn senden können (im Netzhautbereich, auf dem der weiße Bereich der Lampe abgebildet wird). Sie erholen sich jedoch während einer längeren Zeit ohne Lichteinfall. So fallen ihre Signale bei einer erneuten Beleuchtung deutlich stärker aus als normal (im Netzhautbereich, auf dem der schwarze Bereich der Lampe abgebildet wird).

   B Erkläre, weshalb es für den Versuch wichtig ist, den Blick möglichst starr auf das weiße Kreuz zu richten.

Du kannst den Versuch auch mit andersfarbigen Lampen oder anderen Formen durchführen. Schneide hierzu einfach aus einem farbigen Papier eine beliebige Form aus, schaue sie mit einem Auge für ca. 15 s vor einem weißen Hintergrund an und betrachte danach eine weiße Fläche. Besonders interessant ist die Versuchsdurchführung mit den Farben Blau, Gelb und Rot.

Daumensprung

Betrachte deinen Daumen aus ca. 30 cm Entfernung abwechselnd mit dem linken und dem rechten Auge.

③ **A** Beschreibe deine Beobachtungen.
   B Erkläre deine Beobachtungen.

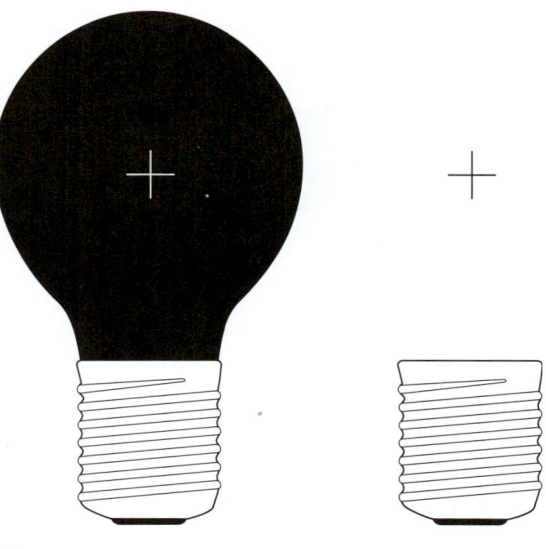

3 Licht aus – Licht an

Sehen in Nah und Fern – Akkommodation

Wir können normalerweise sowohl im Nahbereich als auch bis zu einer gewissen Distanz in der Ferne scharf sehen. In Nähe und Ferne gleichzeitig ist dies jedoch nicht möglich ▶ Bild 1.

5 **Funktion der Linse** Die Hornhaut, die Linse und der Glaskörper beeinflussen die einfallenden Lichtstrahlen, bevor sie auf die Netzhaut treffen: Die Lichtstrahlen werden gebrochen. Bei der Linse handelt es sich um eine Sammellinse,
10 die die Lichtstrahlen bündelt. Sie ist verformbar, wodurch sich ihr Brennpunkt und damit ihre Brechkraft verändern. Je kugeliger sie ist, desto stärker werden die Lichtstrahlen gebrochen.
Die Abbildung eines Gegenstandspunkts durch
15 eine Linse lässt sich vereinfacht wie in ▶ Bild 2 konstruieren. Der Parallelstrahl verläuft parallel zur optischen Achse bis zur Linse, wird gebrochen und führt durch den Brennpunkt. Der Mittelpunktstrahl verläuft ungebrochen durch den
20 Linsenmittelpunkt. Beide Strahlen schneiden sich im Bildpunkt. Liegt der Bildpunkt auf der Netzhaut, wird er scharf gesehen.

Akkommodation Den Vorgang, bei dem sich die Linse verformt und somit das Sehen in der
25 Nähe oder Ferne ermöglicht, bezeichnet man als *Akkommodation*. Die weiche Linse ist an Linsenbändern aufgehängt, die mit dem ringförmigen *Ziliarmuskel* verbunden sind. Ist dieser entspannt, werden die Linsenbänder gestrafft
30 und die Linse wird flach gezogen. Die Brechkraft

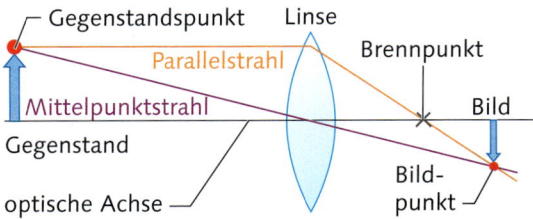

2 Abbildung eines Gegenstandspunkts

der Linse ist gering und man sieht in der Ferne scharf (Fernakkommodation) ▶ Bild 1. Zieht sich der Muskel dagegen zusammen, verringert sich sein Zug auf die Linsenbänder. Diese werden entspannt und die Linse nimmt eine kugelige 35 Form an. Die Lichtstrahlen werden nun stärker gebrochen und so werden Gegenstände in der Nähe scharf gesehen (Nahakkommodation). Allerdings ist die Verformbarkeit der Linse beschränkt. Wir können nicht beliebig nahe oder 40 ferne Objekte scharf sehen. Ab einem bestimmten Punkt in der Nähe ist die Linse maximal abgekugelt und nicht mehr in der Lage, die Lichtstrahlen ausreichend stark zu brechen, das Bild ist unscharf. Die Entfernung, in der nahe Objek- 45 te gerade noch scharf abgebildet werden können, nennt man *Nahpunkt*.

1 Stelle den Vorgang der Nahakkommodation in einem Fließschema dar, ausgehend von einer flachen Linse.

2 Erkläre, weshalb die Fernakkommodation auch als Ruhestellung bezeichnet wird.

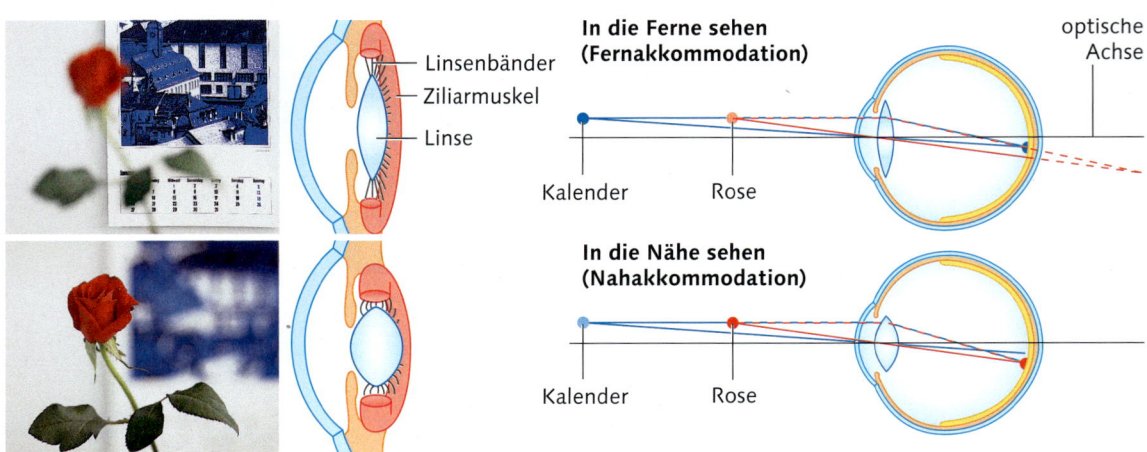

1 Fern- und Nahakkommodation

Modell zur Funktion des Auges

Modelle erleichtern oft das Verständnis von komplizierten Sachverhalten. Du kannst die Funktion der Linse mit einem selbst gebauten Modell genauer untersuchen.

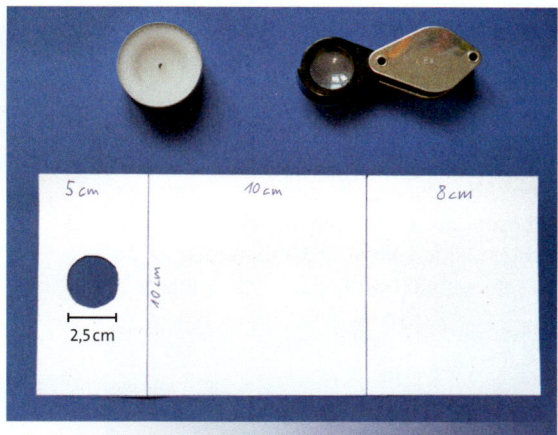

3 Augenmodell: Material und Maße

4 Aufbau des Augenmodells

Bau eines einfachen Augenmodells

Lies dir die Anleitung gut durch und baue anschließend mithilfe von ▶ Bild 3 ein eigenes Augenmodell. So kannst du Funktionen des menschlichen Auges selbst untersuchen.

Material: weißes, dickes Papier oder Karton (DIN A4), Teelicht, kleine Lupe

Durchführung:

Schneide das Papier zu wie in ▶ Bild 3 gezeigt. Falte es entlang der eingezeichneten Linien und baue alles so auf wie in ▶ Bild 4 dargestellt.

Funktion der Linse

Stelle das Teelicht vor die Öffnung.

1 Beschreibe deine Beobachtungen.

Positioniere zusätzlich eine kleine Lupe direkt hinter der Öffnung. Achte beim Aufbau darauf, dass die Kerzenflamme, die Öffnung und die Lupe die gleiche Höhe haben.

2 Beschreibe deine Beobachtungen. Verändere den Abstand der Kerze vor der Öffnung. Beobachte.

3 **A** Vergleiche das Modell mit dem menschlichen Auge, indem du den einzelnen Gegenständen Strukturen im Auge zuordnest.
B Erkläre, inwieweit sich Modell und Auge in ihren Eigenschaften unterscheiden.

Camera obscura

LEONARDO DA VINCI (1452–1519) erkannte, dass unser Auge ähnlich wie die Camera obscura funktioniert. Als Camera obscura (lat. *obscur*: dunkel) wurde früher ein Raum benannt, der völlig abgedunkelt war. Durch ein kleines Loch fiel Licht in ihn hinein. So wurde ein Abbild der Außenwelt auf der dem Loch gegenüberliegenden Wand erzeugt ▶ Bild 5.

4 **A** Erkläre, weshalb das Abbild sowohl bei der Camera obscura als auch bei den Modellversuchen auf dem Kopf steht.
B Bewerte, ob das Bild auf der Netzhaut des Auges auch auf dem Kopf steht.

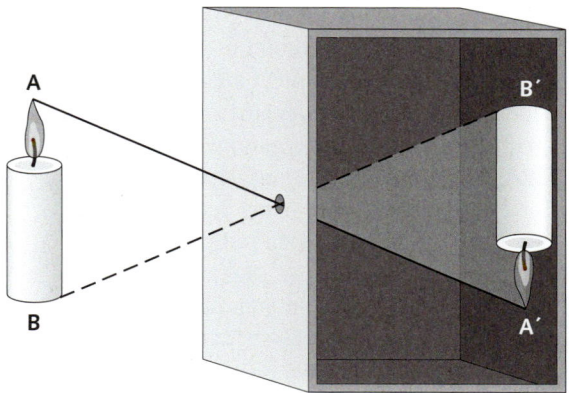

5 Camera obscura

Fehlsichtigkeiten und Sehschwächen

Fehlsichtigkeit Die Eigenschaft, Gegenstände nur in der Nähe scharf sehen zu können, bezeichnet man als *Kurzsichtigkeit*. In der Ferne sieht ein Kurzsichtiger unscharf. Können dage-
5 gen nur Gegenstände mit größerem Abstand scharf gesehen werden, so spricht man von *Weitsichtigkeit*. Ursachen können die Form des Augapfels sein oder aber die veränderten Eigenschaften der Linse, wie sie im Alter auftreten
10 können. Beide Formen der Fehlsichtigkeit können mit Sehhilfen, also Brillen oder Kontaktlinsen, korrigiert werden.

Linsentypen Bei Sehhilfen unterscheidet man grundsätzlich zwischen zwei Typen von Linsen,
15 den Sammellinsen und den Zerstreuungslinsen. Bei den *Sammellinsen* werden die Lichtstrahlen stärker gebündelt. Der Optiker spricht von Plusgläsern. Bei den *Zerstreuungslinsen* werden die Lichtstrahlen stärker gestreut. Man bezeichnet
20 sie als Minusgläser. Auch Kontaktlinsen können beide Eigenschaften besitzen.

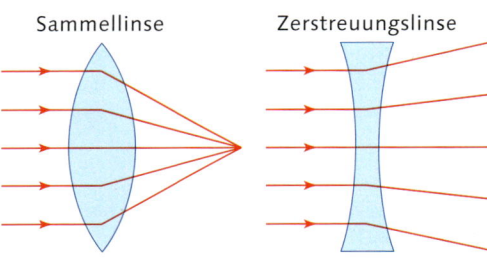

Sammellinse   Zerstreuungslinse

1 Linsentypen

Die richtige Korrekturlinse Wenn das Auge eines Kurzsichtigen fernakkommodiert ist, bricht die Augenlinse das Licht zu stark und ent-
25 fernte Gegenstände werden unscharf abgebildet, weil die Bildpunkte nicht auf der Netzhaut liegen. Bei einer Brille muss ein Linsentyp eingesetzt werden, der zu einer geringeren Brechung führt, der Optiker setzt Minusgläser ein.
30 Genau andersherum ist es bei der Weitsichtigkeit. Beim Sehen in der Nähe ist die Brechkraft der Linse nicht ausreichend. Dies kann an einem zu kurzen Augapfel liegen oder daran, dass die Augenlinse im Alter an Elastizität verliert und
35 dadurch beim Sehen in der Nähe nicht mehr die ausreichend kugelige Form annimmt. Hier müssen Plusgläser eingesetzt werden.

Farbsehschwäche Fast jeder zehnte Junge oder Mann leidet an der Rot-Grün-Sehschwäche. Bei Frauen tritt sie deutlich seltener auf, hier ist nur 40 etwa jede 200. Frau betroffen. Die Sehschwäche ist meist angeboren und bisher gibt es noch keine Behandlungsmöglichkeit. Ursache kann das Fehlen eines bestimmten Zapfentyps sein oder dessen Fehlfunktion. Auch wenn das Farben- 45 sehen beeinträchtigt ist (▶ Bild 2), können die meisten Menschen mit dieser Sehschwäche ohne besondere Einschränkungen ihren Alltag bewältigen. Eine völlige Farbenblindheit ist dagegen sehr selten (Häufigkeit 1 : 100 000). 50

2 Dasselbe Bild von Normalsichtigem (oben) und Person mit Rot-Grün-Sehschwäche (unten) gesehen

1 A Manche Personen benötigen nur zum Lesen eine Brille. Bewerte, ob sie unter Kurz- oder Weitsichtigkeit leiden.
B Erkläre, welcher Linsentyp in eine Lesebrille eingesetzt werden muss.

2 Beschreibe Herausforderungen, die an Menschen mit Rot-Grün-Sehschwäche im Alltag gestellt werden.

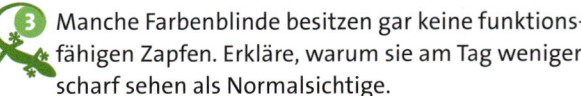
3 Manche Farbenblinde besitzen gar keine funktionsfähigen Zapfen. Erkläre, warum sie am Tag weniger scharf sehen als Normalsichtige.

Fehlsichtigkeiten und ihre Korrektur

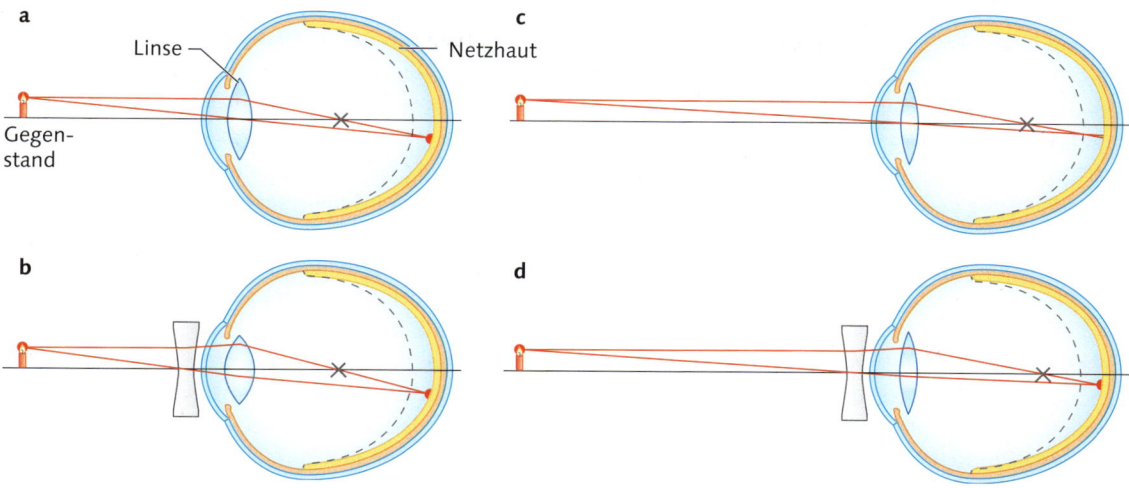

3 Oben: unkorrigierte, unten: mit Zerstreuungslinse korrigierte Sicht eines Kurzsichtigen; links: Gegenstand in der Nähe, rechts: Gegenstand in der Ferne

Kurzsichtigkeit

Der häufigste Grund für Kurzsichtigkeit ist ein zu langer Augapfel, die Brechkraft der Linse ist dann zu hoch. Zur Korrektur wird eine Zerstreuungslinse verwendet.

1 **A** Beschreibe Linsenform und Seheindruck (scharf/unscharf) bei der unkorrigierten Sicht eines Kurzsichtigen ▶ Bild 3 a und c. Vergleiche mit der Sicht eines Normalsichtigen ▶ Bild 1 auf S. 120.

 B Erkläre, weshalb das scharfe Sehen nur in die Nähe auch ohne Brille funktioniert ▶ Bild 3 a.

 C Begründe, warum eine Zerstreuungslinse beim Sehen hilft ▶ Bild 3 b und d.

 D Erläutere, warum ein Augentraining, das den Ziliarmuskel stärkt, Kurzsichtigkeit nicht beheben kann.

Weitsichtigkeit

Der Weitsichtigkeit liegt ein zu kurzer Augapfel zugrunde oder, im Fall der Alterssichtigkeit, die fehlende Elastizität der Linse. Diese verhindert das Annehmen einer ausreichend kugeligen Form beim Sehen in die Nähe. Die zu schwache Brechkraft der Linse kann dann durch eine Sammellinse ausgeglichen werden.

2 **A** Beschreibe die unkorrigierte und die korrigierte Sicht bei einem zu kurzen Augapfel.

 B Begründe, weshalb bei Alterssichtigkeit eine Lesebrille genügt, die nur für die Sicht in die Nähe aufgesetzt wird.

 C Erkläre, weshalb ein Kurzsichtiger, der zugleich an Alterssichtigkeit leidet, in die Ferne trotzdem nur unscharf sieht.

Grauer Star

Wenn sich die Linse stark trübt, spricht man vom Grauen Star ▶ Bild 4. Die Linse kann dann operativ entfernt und durch eine Kunstlinse ersetzt werden.

3 **A** Erkläre, warum man mit einer trüben Linse nur schlecht oder gar nichts mehr sehen kann.

 B Bewerte, ob ein Patient nach einer Operation des Grauen Stars ohne Einsatz einer Kunstlinse kurz- oder weitsichtig ist.

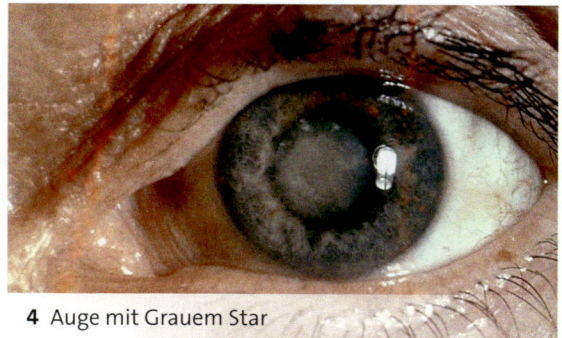

4 Auge mit Grauem Star

Das Ohr

Das Gehör ist unser aktivster Sinn. Egal, ob wir schlafen oder wach sind – stets nehmen wir die Umwelt mit offenen Ohren wahr. Eine besondere Bedeutung haben dabei Kommunikation und
5 räumliche Orientierung. Dafür müssen wir unterschiedliche Töne wahrnehmen und Lautstärke, Richtung und Entfernung von Geräuschquellen unterscheiden können. Das Ohr wird gegliedert in Außen-, Mittel- und Innenohr
10 ▶ Bild 1.

Außenohr Das *Außenohr* mit Ohrmuschel und Gehörgang dient als Schalltrichter. Von einer Schallquelle ausgehende Schallwellen werden von der Ohrmuschel aufgenommen und über
15 den Gehörgang an das Mittelohr weitergeleitet. Das Ohrenschmalz im Außenohr schützt den Gehörgang vor dem Eindringen von Wasser und reinigt ihn von Schmutz- und Staubpartikeln. Außerdem wirkt es antibakteriell, tötet also Bak-
20 terien ab, die ins Außenohr eingedrungen sind.

Mittelohr Das *Mittelohr* umfasst das Trommelfell, die luftgefüllte *Paukenhöhle* mit den Gehörknöchelchen *Hammer, Amboss* und *Steigbügel* sowie die *eustachische Röhre*. Es übernimmt eine wichtige Funktion für die Weiterleitung 25 und Verstärkung von Schallreizen. Durch die eintreffenden Schallwellen beginnt das Trommelfell zu schwingen. Diese Schwingungen werden über die gelenkig miteinander verbundenen Gehörknöchelchen auf das ovale Fenster 30 übertragen. Hierbei handelt es sich um eine Membran, die das Mittelohr vom Innenohr trennt. Die Fläche des ovalen Fensters ist viel kleiner als die des Trommelfells. Bei der Übertragung vom Trommelfell auf das ovale Fenster 35 wird das Schallsignal daher verstärkt.
Die eustachische Röhre verbindet das Mittelohr mit dem Nasen- und Rachenraum. Sie dient der Belüftung und dem Druckausgleich. Beim Fliegen oder Tauchen verändert sich der Luftdruck 40 innerhalb kurzer Zeit. Dies führt dazu, dass in

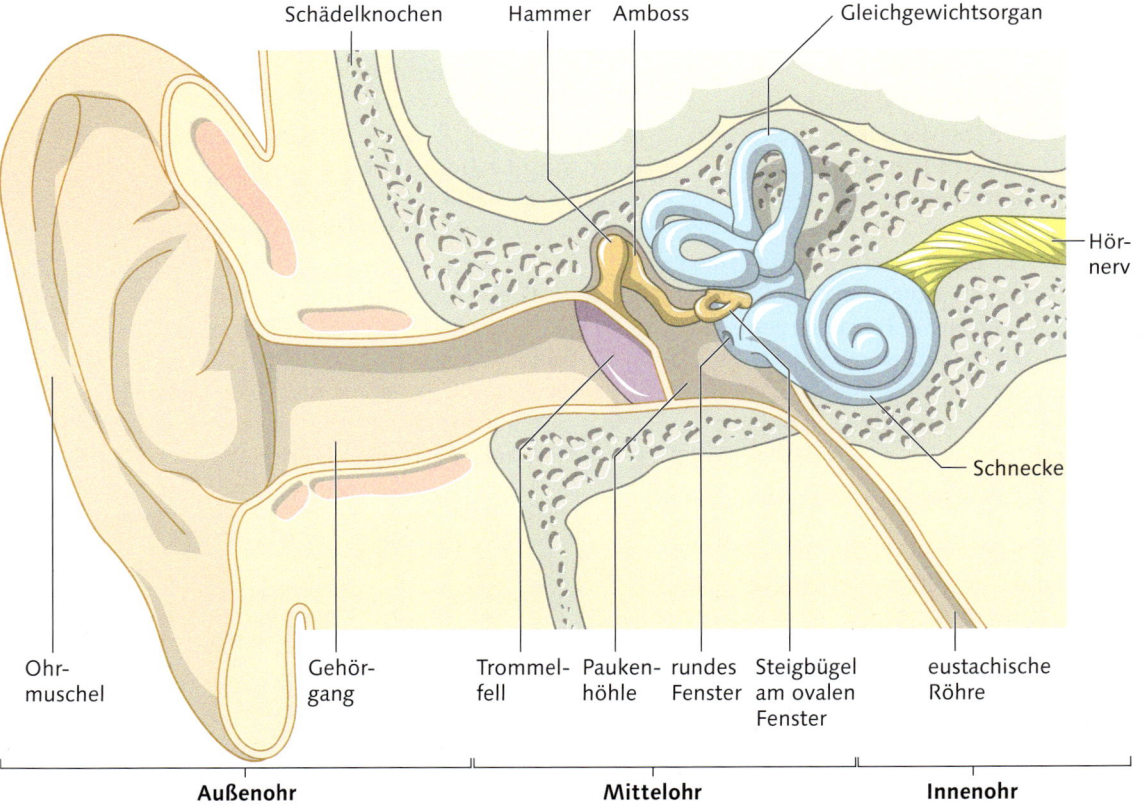

Schädelknochen Hammer Amboss Gleichgewichtsorgan

Hör-
nerv

Schnecke

Ohr-
muschel

Gehör-
gang

Trommel-
fell

Pauken-
höhle

rundes
Fenster

Steigbügel
am ovalen
Fenster

eustachische
Röhre

Außenohr **Mittelohr** **Innenohr**

1 Ohr des Menschen

der Paukenhöhle ein anderer Druck herrscht als außen. Dann kann das Trommelfell nicht mehr schwingen und die Hörfähigkeit ist einge-
45 schränkt. Beim Gähnen, Kauen oder Schlucken öffnet sich die eustachische Röhre und ein Druckausgleich kann erfolgen.

Innenohr Das flüssigkeitsgefüllte *Innenohr* besteht aus der Schnecke und dem Gleichge-
50 wichtsorgan.
Die *Schnecke* ist mit Flüssigkeit gefüllt und enthält rund 25 000 *Hörsinneszellen*. Wenn im Mit-
telohr der Steigbügel die Membran des ovalen Fensters nach innen drückt, gerät die Flüssigkeit
55 in der Schnecke in Bewegung, eine Druckwelle entsteht. Diese Druckwelle reizt die Hörsinneszellen. Sie wandeln den Reiz in ein Signal um, das über den Hörnerv an das Gehirn weitergeleitet wird. Über das runde Fenster wird der rest-
60 liche Druck wieder ans Mittelohr abgegeben.

Richtungshören Das Hören mit zwei Ohren ermöglicht es, die Position einer Schallquelle aus-
zumachen ▶ Bild 2. Liegt eine Schallquelle gera-
deaus, trifft der Schall zeitgleich in beiden
65 Ohren ein. Die von den Hörsinneszellen gesen-
deten Signale gelangen dadurch gleichzeitig zum Gehirn. Bei zur Seite verschobenen Schall-
quellen erreicht der Schall ein Ohr früher als das andere. Im Gehirn kommen deshalb die Signale
70 des näher an der Schallquelle gelegenen Ohrs früher an. Die Signale des anderen Ohrs folgen mit einem kurzen zeitlichen Abstand. Je größer die Zeitdifferenz der von beiden Ohren gesende-
ten Signale ist, desto weiter ist die Schallquelle
75 zu einer Seite verschoben.

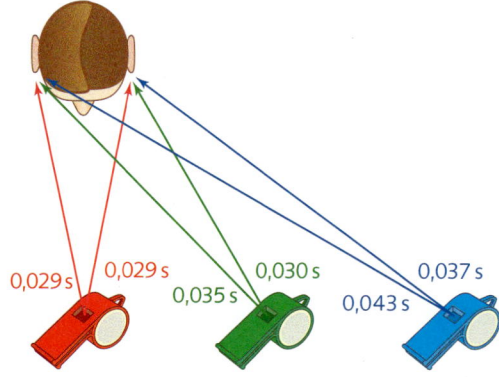

2 Richtungshören: Die Zeitangaben zeigen an, wie lange der Schall bis zum linken bzw. rechten Ohr braucht.

Was ist Schall? Der adäquate Reiz für unsere Ohren ist Schall, der in den meisten Fällen über die Luft übertragen wird. Schall wird durch schwingende Körper erzeugt. Wird eine Schallquelle, z.B. eine Gitarrensaite, angeschlagen, so 80 werden die Luftteilchen vor der schwingenden Saite zusammengedrückt. Hier entsteht ein Be-
reich mit höherem Luftdruck. Auf der rückwärti-
gen Seite werden die Luftteilchen zur selben Zeit auseinandergezogen. Der Luftdruck ist in 85 diesem Bereich geringer ▶ Bild 3. Die entstehenden Luftdruckschwankungen breiten sich als Schallwellen im Raum aus und treffen auf unsere Ohren.
Je schneller die Saite schwingt, desto höher ist 90 der Ton. Die Lautstärke wird durch die Größe der Luftdruckschwankung der Schwingung be-
stimmt. Wird die Saite nur schwach ausgelenkt, entstehen kleine Luftdruckschwankungen, die als leise wahrgenommen werden. Bei starker 95 Auslenkung der Saite erzeugen die großen Luftdruckschwankungen ein lautes Geräusch. Die Lautstärke eines Geräuschs wird in der Einheit Dezibel (dB) angegeben.

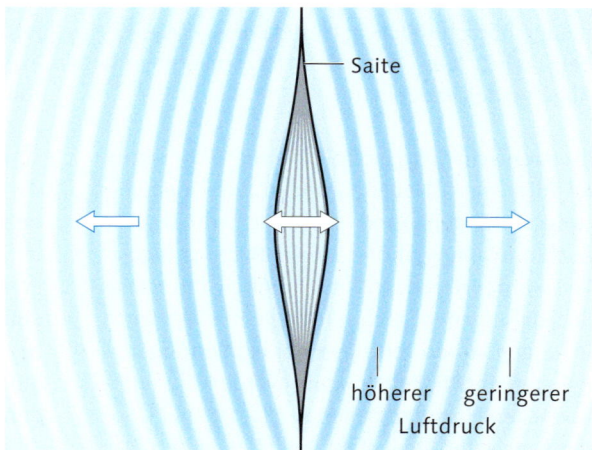

3 Schallwellen in der Luft

1 Stelle in einer Tabelle die Bestandteile des Ohrs und ihre jeweilige Funktion dar.

2 Begründe, weshalb Ärzte davor warnen, den Gehörgang mit Wattestäbchen zu reinigen.

3 Erkläre, weshalb man im Flugzeug bei Start und Landung Kaugummi kauen sollte.

4 Erkläre mithilfe von ▶ Bild 2, warum man auch mit verbundenen Augen herausfinden kann, aus welcher Richtung ein Geräusch kommt.

Schäden des Gehörs

Unser Gehör kann durch lang andauernden Lärm oder durch einmalige sehr laute Schallereignisse bleibend geschädigt werden. Im schlimmsten Fall kann es zur Taubheit kommen.

5 **Trommelfellriss** Bei sehr lauten Geräuschen (z. B. Knall, Explosionen) kann durch die hohe Luftdruckschwankung das Trommelfell reißen. Dies kann Schwerhörigkeit oder den Verlust des Gehörs bedeuten. Wenn das Trommelfell stark 10 geschädigt ist, kann der Riss nicht mehr zuwachsen, kleinere Verletzungen dagegen können wieder heilen.

Mittelohrentzündung Verschiedene Krankheitserreger, die meist durch die eustachische 15 Röhre ins Mittelohr gelangen, können dort eine schmerzhafte Entzündung auslösen. Da die Schleimhäute der Paukenhöhle während einer solchen Mittelohrentzündung angeschwollen sind, kommt es zu Hörstörungen. Durch den ho-20 hen Druck im Mittelohr ist auch ein Trommelfelldurchbruch möglich. Ist die Erkrankung vorbei, kehrt das normale Hörvermögen im Allgemeinen wieder zurück.

Innenohrschäden Häufig lässt die Hörleistung 25 im Alter nach. Neben Gründen wie Durchblutungsstörungen kann diese Schwerhörigkeit auch durch langjährige Schallbelastung ausgelöst werden. Doch nicht nur im Alter sind solche Schädigungen möglich, auch regelmäßiger Lärm 30 in jungen Jahren verringert das Hörvermögen. Bei starker Schalleinwirkung werden die empfindlichen Hörsinneszellen zerstört ▶ Bild 1. Somit kann kein Signal mehr gebildet werden. Das

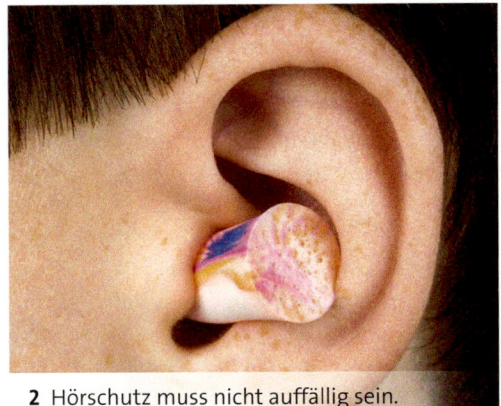

2 Hörschutz muss nicht auffällig sein.

hat zur Folge, dass man einige Töne nicht mehr so gut oder gar nicht mehr hören kann. Solche 35 Hörschäden sind nicht rückgängig zu machen, da die geschädigten Hörsinneszellen nicht nachwachsen. Ein Hörgerät kann die Geräuschwahrnehmung bei Schwerhörigkeit verbessern, den Hörschaden aber nicht heilen. Deshalb soll-40 te man vor allem beim Musikhören mit Kopfhörern auf eine nicht zu hohe Lautstärke achten. In lauter Umgebung, z. B. bei Musikkonzerten, sollte ein Hörschutz getragen werden ▶ Bild 2.

Tinnitus Nimmt jemand Geräusche wahr, für 45 die es keine äußere Schallquelle gibt, bezeichnet man das als Tinnitus. Die Betroffenen hören auf einem oder beiden Ohren Geräusche wie Pfeifen, Rauschen oder Klopfen. Die Ursachen dafür können vielfältig sein. Häufig tritt Tinni-50 tus auch zusammen mit anderen Hörschäden auf. Diese Beschwerden können durch verschiedene Therapien gelindert werden, eine vollständige Heilung ist jedoch häufig schwierig.

1 Nenne weitere Beispiele für Lärmbelastung in der Freizeit.

2 Erkläre, weshalb ein gerissenes Trommelfell zu Taubheit führen kann.

3 Beschreibe anhand von ▶ Bild 1 die Auswirkungen von Lärm auf die Hörsinneszellen.

4 Bei Schwerhörigkeit wurden vor Erfindung der Hörgeräte trichterförmige Hörrohre verwendet. Beschreibe, wie diese Geräte den Hörvorgang unterstützen können.

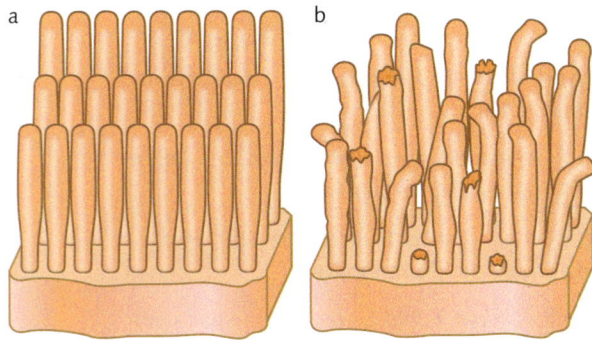

a   b

1 Intakte (links) und geschädigte (rechts) Hörsinneszelle

Lärmbelastung beurteilen

Als Lärm werden nicht nur laute, sondern alle als unangenehm empfundenen Geräusche bezeichnet. Neben Hörschäden kann Lärm auch Erkrankungen des Herz-Kreislauf-Systems und der Psyche verursachen.

Lautstärkemessungen

Ermittle die Lautstärke verschiedener Geräusche jeweils direkt neben der Schallquelle und in 0,5 m, 1 m, 2 m und 4 m Abstand.

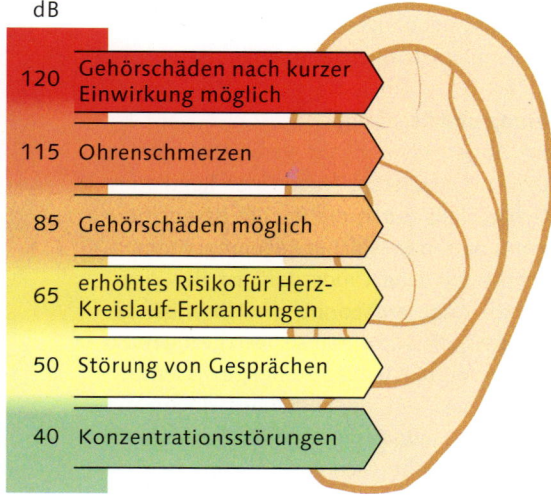

3 Schäden durch Lärm

1 A Stelle die Ergebnisse in einer Tabelle dar.
  B Beurteile die Lärmbelastung mithilfe von
    ▶ Bild 3.
  C Nenne Möglichkeiten, Lärmbelastungen zu verringern.
  D Beschreibe, wie der Abstand zur Schallquelle das Messergebnis beeinflusst.

Lärm und Konzentration

Schreibe die Zahlen 10–99 durcheinander in eine Tabelle mit 10 Spalten und 9 Zeilen, sodass jede Zahl einmal vorkommt ▶ Bild 4. Erstelle vier Tabellen und tausche sie mit einem Versuchspartner aus.
Für jede Tabelle hast du 1 min Zeit. Markiere alle Zahlen, deren erste Ziffer gerade und deren zweite Ziffer ungerade ist. Führe den Versuch unter vier verschiedenen Geräuschbedingungen durch: ohne Zusatzgeräusche (eventuell mit Hörschutz), bei offenem Fenster, bei Musik und bei einer Nachrichtensendung.
Das Ergebnis wird für jede Tabelle einzeln ermittelt: Für jede richtig angekreuzte Zahl wird ein Punkt vergeben, für jede falsch angekreuzte ein Punkt abgezogen.

42	64	14	27	75	44	31	90	19	53
93	33	60	51	98	56	68	45	62	26
16	74	37	92	22	39	48	12	70	78
58	23	80	55	85	25	73	54	35	83
86	49	72	17	61	91	13	67	88	40
34	65	28	84	30	52	99	36	18	77
81	11	97	46	66	94	32	82	59	96
20	76	43	38	87	21	41	63	89	15
50	29	57	95	10	79	71	24	47	69

4 Beispiel für eine Tabelle mit den Zahlen 10–99

2 A Vergleiche mit deinen Mitschülern: Wer hat unter welchen Versuchsbedingungen am besten bzw. am schlechtesten abgeschnitten?
  B Nenne mögliche Erklärungen für die Unterschiede zwischen verschiedenen Personen.
  C Fasse zusammen, was die Versuchsergebnisse über Lärm aussagen.

Verkehrslärm

Der Verkehrslärm in einer Straße wurde mit einem Messgerät aufgezeichnet ▶ Bild 5.

3 A Beschreibe den Verlauf der Lautstärke.
  B Gib den Maximal- und Minimalwert im dargestellten Zeitraum an und schätze den Mittelwert.
  C Beurteile die Lärmbelastung für die Anwohner. Nimm ▶ Bild 3 zu Hilfe.

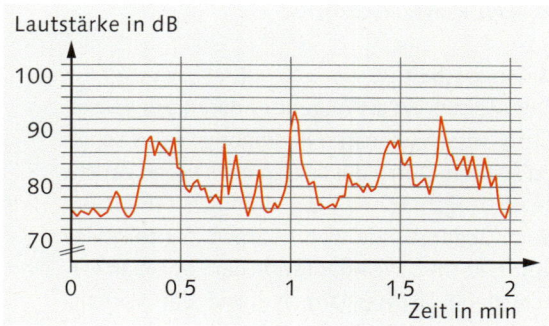

5 Ergebnis der Lautstärkemessung an einer Straße

Zusammenfassung

Information und Kommunikation

Sinnesorgane sind wie Fenster zur Umwelt. Menschen und Tiere nehmen über Sinnesorgane und Sinneszellen Informationen aus ihrer Um-
5 welt sowie aus ihrem eigenen Körper auf. Alle Informationen, die mithilfe der Sinnesorgane aufgenommen werden können, bezeichnet man als Reize. Jedes Sinnesorgan spricht nur auf seinen adäquaten Reiz an. So reagiert das
10 Auge auf Licht, das Ohr hingegen auf Schall und der Geruchs- und Geschmackssinn auf chemische Stoffe.
Die Sinneszellen in den Sinnesorganen wandeln den adäquaten Reiz in elektrische Signale um.
15 Diese werden über Nervenzellen bis zum Gehirn weitergeleitet und dort verarbeitet. Es folgt dann eine entsprechende Reaktion ▶ Bild 1.
Die Aufnahme, Umwandlung und Weiterleitung von Informationen wird im biologischen
20 Prinzip *Information und Kommunikation* beschrieben.

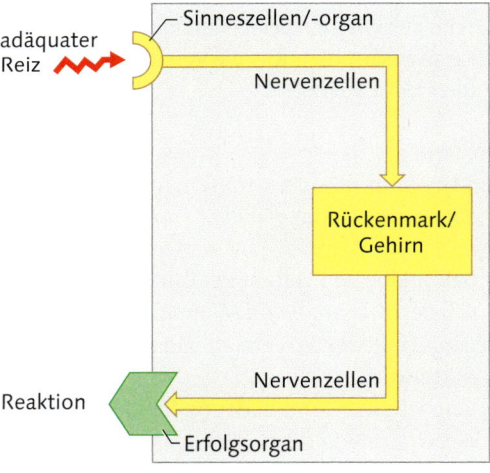

1 Reiz-Reaktions-Schema

Angepasstheit

Der Mensch ist als Augentier daran angepasst, unter verschiedensten Bedingungen gut sehen
25 zu können. Durch die beiden nach vorne gerichteten Augen können wir räumlich sehen und auch Gegenstände wahrnehmen, die teilweise verdeckt sind. Die Adaptation der Pupille an verschiedene Lichtverhältnisse und das Vorhan-
30 densein von Stäbchen und Zapfen in der Netzhaut ermöglichen das Sehen sowohl im Hellen als auch in der Dämmerung. Durch die vielen Zapfen im gelben Fleck der Netzhaut sind wir außerdem in der Lage, unsere Umwelt farbig und einen Teil unseres Sichtfelds sehr scharf 35 wahrzunehmen.
Auch die vielfachen Schutzeinrichtungen wie beispielsweise Augenbrauen, Lider und Wimpern sind eine Angepasstheit an die große Bedeutung, die der Sehsinn für uns hat. 40
Diese Zusammenhänge werden im biologischen Prinzip *Angepasstheit* zusammengefasst.

Steuerung und Regelung

Unsere Augen können auf Veränderungen in der Umwelt reagieren. Neben der Regulation 45 des Lichteinfalls durch die Pupille ist auch die Akkommodation ein solcher Regelungsvorgang. Betrachten wir eine Landschaft, ist der Ziliarmuskel im Auge entspannt, die Linsenbänder werden gestrafft und die Linse flach gezogen. So 50 können ferne Objekte bis zu einer gewissen Entfernung scharf auf der Netzhaut abgebildet werden. Fliegt jedoch plötzlich ein Vogel direkt vor uns vorbei, kann sich das Auge blitzschnell auf Nahsicht einstellen. Durch die Anspannung 55 des Ziliarmuskels entspannen sich die Linsenbänder und die Linse nimmt eine kugelige Form an ▶ Bild 2. Die erhöhte Brechkraft der Linse ermöglicht die scharfe Abbildung auf der Netzhaut. 60
Ist die Akkommodation z. B. durch eine Verformung des Augapfels gestört, ist Fehlsichtigkeit die Folge. Sie kann durch Sehhilfen wie Brillen behoben werden. Die Vorgänge bei der Akkommodation sind ein Beispiel für das biologische 65 Prinzip *Steuerung und Regelung*.

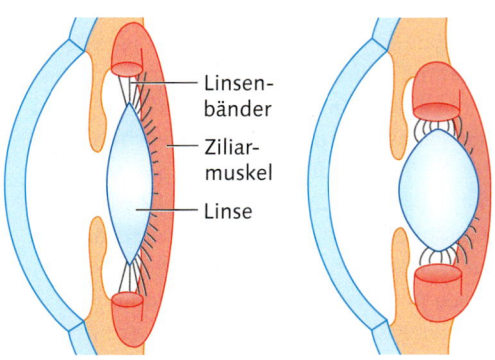

Linsen-
bänder

Ziliar-
muskel

Linse

2 Akkommodation

Teste dich!

1 Erkläre folgende Begriffe: adäquater Reiz, Sinneszelle und Sinnesorgan.

2 Tim verlässt auf den Pausengong hin das Klassenzimmer. Erläutere das Reiz-Reaktions-Schema (▶ Bild 1) an diesem Beispiel.

3 **A** Nenne die Funktion folgender Augenbestandteile: Lid, Pupille, Linse, Lederhaut, Aderhaut.

B Begründe, warum die Linse durchsichtig sein muss, nicht aber die Lederhaut.

4 Personen, die unter Albinismus leiden, haben eine farblose Iris ▶ Bild 3. Sie sind sehr lichtempfindlich und ihr Sehvermögen ist eingeschränkt. Häufig tragen sie eine starke Sonnenbrille. Formuliere eine begründete Hypothese für den Grund der hohen Lichtempfindlichkeit.

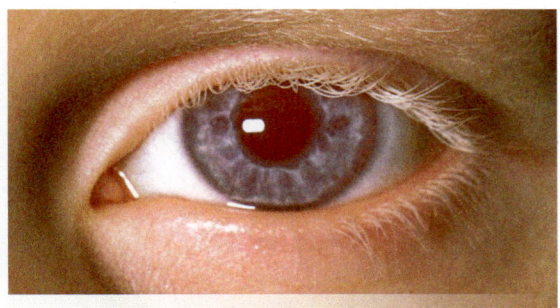

3 Auge einer Person mit Albinismus

5 Das Diagramm in ▶ Bild 4 zeigt die Verteilung der Lichtsinneszellen auf der Netzhaut.

A Ordne begründet zu, welche der Linien für die Zapfen und welche für die Stäbchen steht.

B Erkläre, welche der Stellen 1 und 2 den blinden und welche den gelben Fleck darstellt.

C Formuliere eine Hypothese, warum wir den blinden Fleck beim Sehen im Alltag nicht bemerken.

6 **A** Beschreibe den Zustand von Ziliarmuskel, Linsenbändern und Linse beim Betrachten naher bzw. ferner Gegenstände.

B Im Alter verringert sich die Verformbarkeit der Linse. Erläutere die Folgen beim Betrachten von Gegenständen in unterschiedlichen Entfernungen.

C Begründe, wie die beschriebene Fehlsichtigkeit korrigiert werden kann.

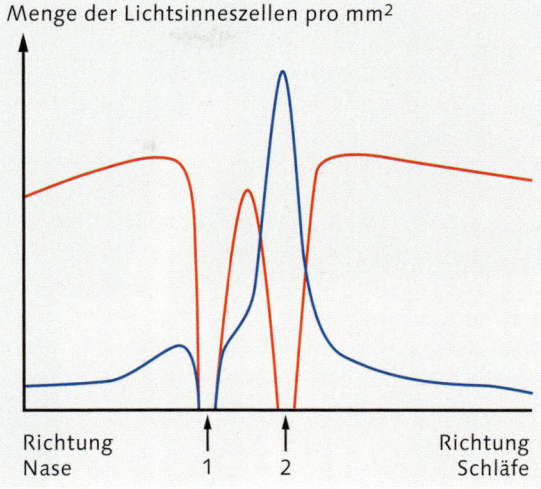

4 Verteilung der Lichtsinneszellen auf der Netzhaut

7 Ordne den Ziffern 1–4 in ▶ Bild 5 die passenden Bezeichnungen und ihre Funktion zu.

8 **A** Nenne mögliche Ursachen von Lärmbelastung in der Schule.

B Erkläre, welche Gefahren von einer starken Lärmbelastung ausgehen.

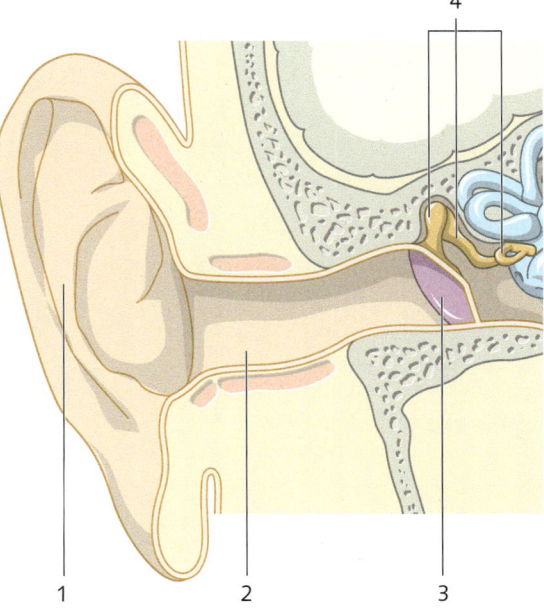

5 Außen- und Mittelohr

▶ Die Lösungen zu den Aufgaben findest du im Anhang.

Informationssystem

Hormone ▶▶

Informationen werden in unserem Körper nicht nur über Nerven, sondern auch über Botenstoffe übertragen, die Hormone. Sie werden in unterschiedlichen Drüsen gebildet und mit dem Blut im ganzen Körper verteilt. Nur Zellen mit spezifischen Bindungsstellen können auf die Hormonsignale reagieren. Hormone sind beispielsweise bei der Versorgung aller Körperzellen mit Energie sowie bei den Reaktionen des Körpers auf Stress beteiligt.

Das Hormonsystem des Menschen

Botenstoffe Der menschliche Körper besitzt mehrere Hormondrüsen ▶ Bild 1. Diese befinden sich an verschiedenen Stellen des Körpers und produzieren spezielle Botenstoffe, die *Hor-*
5 *mone.* Die meisten Hormondrüsen geben die gebildeten Hormone in das Transportsystem Blut ab. Auf diesem Weg werden die Hormone im gesamten Körper verteilt und erreichen jede einzelne Zelle. Im Vergleich zum Nervensystem
10 ist das Hormonsystem ein eher langsames Informationssystem. Beide arbeiten zusammen.

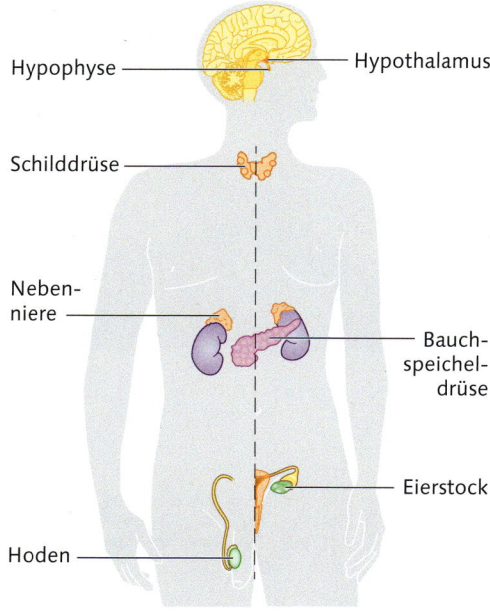

1 Hormondrüsen des Menschen

Hormone wirken spezifisch Hormone sind bereits in sehr geringen Konzentrationen wirksam. Jedes Hormon weist eine eigene räumliche
15 Struktur auf. Es löst nur bei bestimmten Zellen und Geweben seine Wirkung aus. Die jeweiligen Zellen werden als *Zielzellen* bezeichnet ▶ Bild 2. Diese Zellen besitzen *Rezeptoren.* Das sind Bindungsstellen, die aufgrund ihrer Struktur spezi-
20 fisch für ein bestimmtes Hormon sind. Hormon und Rezeptor passen zusammen wie Schlüssel und Schloss. Die Passgenauigkeit des Hormons auf einen spezifischen Rezeptor ist ein Beispiel für das *Schlüssel-Schloss-Prinzip.*
25 Nur wenn ein Hormon zu einem Rezeptor passt und bindet, kommt es zu der jeweiligen Wir-

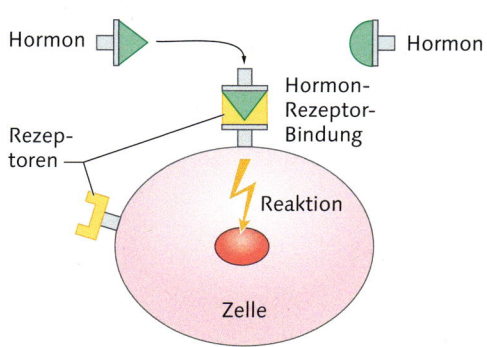

2 Spezifische Hormonbindung an einem Rezeptor

kung in der Zelle. Fehlt ein passender Rezeptor, so findet keine Bindung statt und in der Zelle wird keine Wirkung ausgelöst. Eine Zelle kann Rezeptoren für mehrere Hormone besitzen 30 ▶ Bild 3. Ein Hormon kann bei verschiedenen Zellen unterschiedliche Wirkungen haben. So bewirken die in den Keimdrüsen (Eierstöcken und Hoden) gebildeten Geschlechtshormone in den Zielzellen verschiedener Organe unter an- 35 derem die Ausprägung der sekundären Geschlechtsmerkmale.

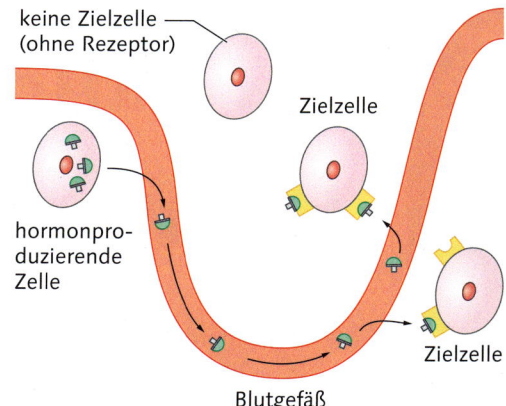

3 Hormontransport über das Blut zu einer Zielzelle

1 **A** Beschreibe den Weg eines in den Keimdrüsen gebildeten Hormons zu einem seiner Wirkungsorte.
   B Erkläre, wie in der Zielzelle eine Wirkung ausgelöst wird ▶ Bilder 2 und 3.

2 Vergleiche das Schlüssel-Schloss-Prinzip bei Hormonen mit dem der Antigen-Antikörper-Reaktion.

Der Blutzuckerspiegel

4 Jugendlicher beim Sport

Blutzucker und Energie Unser Energiebedarf erhöht sich bei körperlicher Aktivität, z. B. beim Sport. Die Muskelzellen brauchen dann vermehrt Glucose. Neben den Muskeln benötigt
5 auch das Gehirn viel Energie. Durch kohlenhydratreiche Nahrung gelangt bei der Verdauung Glucose in unser Blut. Das Blut transportiert die Glucose durch den gesamten Körper. Die Konzentration von Glucose, die im Blut ent-
10 halten ist, wird als *Blutzuckerspiegel* bezeichnet. Er liegt bei gesunden Menschen bei etwa 80–100 mg/100 ml Blut. Der Blutzuckerspiegel schwankt im Verlauf des Tages. Seine Höhe hängt stark von der Zusammensetzung und Menge der aufgenommenen Nahrung sowie 15 von der körperlichen Aktivität ab.

Bedeutung des Blutzuckerspielgels Wenn der Blutzuckerspiegel unter einen bestimmten Wert sinkt, zeigen sich Konzentrationsstörungen, Schwindel und körperliche Schwäche. Der Kör- 20 per gesunder Menschen ist normalerweise in der Lage, den Blutzuckerspiegel zu regulieren und damit relativ konstant zu halten. Dazu bestimmt der Körper fortlaufend die Blutzuckerkonzentration. Veränderungen werden so wahr- 25 genommen und der Körper kann darauf reagieren.

1 Ein erwachsener Mensch hat ein Blutvolumen von etwa 5 bis 6 Litern. Berechne bei einem Blutzuckerspiegel von ca. 100 mg/100 ml die insgesamt gelöste Menge an Glucose im Blut.

2 A Beschreibe den Verlauf des Blutzuckerspiegels in ▶ Bild 5.
B Stelle Hypothesen zu den Schwankungen des Blutzuckerspiegels im Diagramm auf.

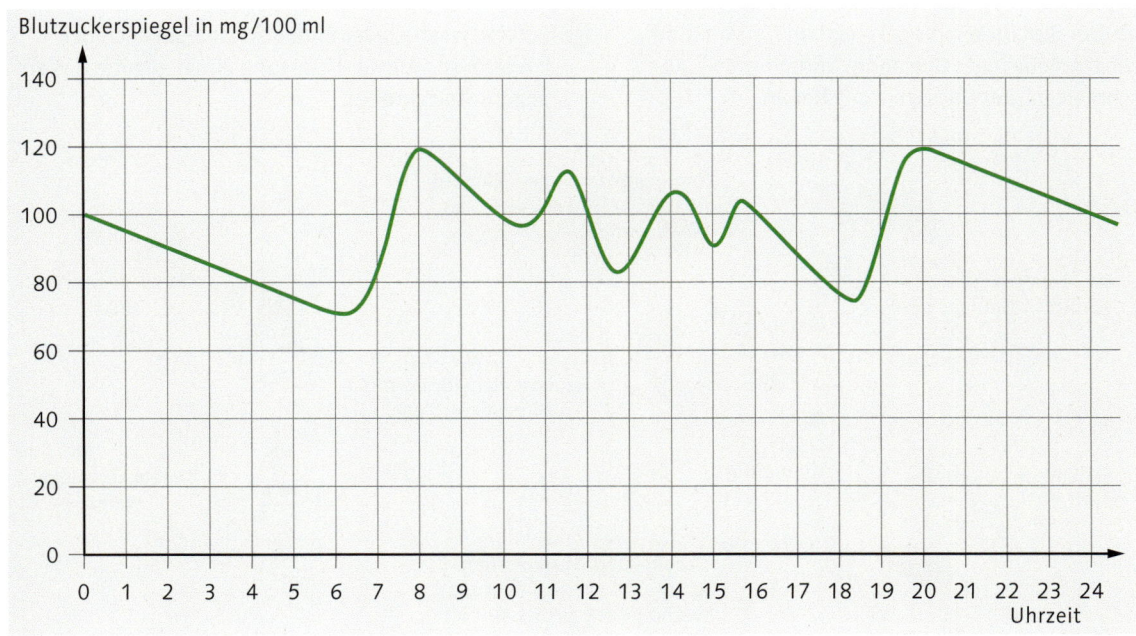

5 Blutzuckerspiegel im Tagesverlauf (Beispiel)

Regulation des Blutzuckerspiegels

Bauchspeicheldrüse Spezialisierte Zellen der Bauchspeicheldrüse messen ständig den Blutzuckerspiegel. Liegt er nicht im Bereich zwischen 80 und 100 mg Glucose pro 100 ml Blut,
5 schüttet die Bauchspeicheldrüse vermehrt eines der beiden Hormone Insulin oder Glukagon aus. Zusammen regulieren sie den Blutzuckerspiegel. Die *Bauchspeicheldrüse* ist eine ca. 15 cm lange Drüse, die im hinteren Oberbauch liegt
10 ▶ Bild 2. Neben Hormonen produziert sie einen Großteil der Verdauungsenzyme, die in den Zwölffingerdarm abgegeben werden.

Insulin und Glucagon Ist der Blutzuckerspiegel im Blut erhöht, produziert die Bauchspeichel-
15 drüse das Hormon *Insulin* und gibt es ins Blut ab. Insulin ermöglicht den Körperzellen, Glucose aus dem Blut aufzunehmen. Dadurch sinkt der Blutzuckerspiegel. In den Leber- und Muskelzellen kann die aufgenommene Glucose in
20 *Glykogen* umgewandelt und gespeichert werden. Glykogen ist ein Vielfachzucker, der aus Glucose aufgebaut ist. Sinkt der Blutzuckerspiegel unter 80 mg Glucose pro 100 ml Blut, produziert die Bauchspeicheldrüse vermehrt das Hor-
25 mon *Glucagon* und gibt es ins Blut ab. Zielzellen, die das Glucagonsignal über ihre Rezeptoren wahrnehmen, geben daraufhin Glucose ins Blut ab. Der Blutzuckerspiegel steigt. In Muskel- und Leberzellen regt Glucagon zudem das „Ab-
30 schmelzen" der Glykogenspeicher an.

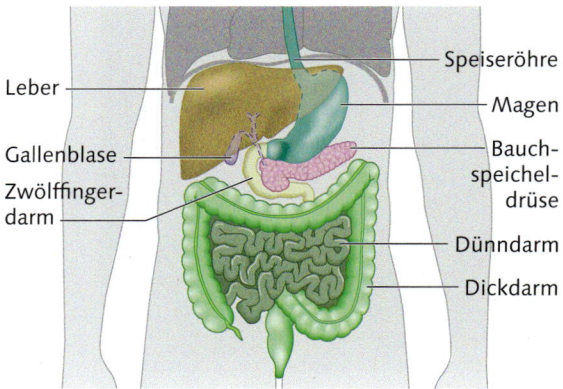

2 Lage der Bauchspeicheldrüse

Gegenspieler Insulin und Glucagon werden als *Gegenspieler* bezeichnet. Sie wirken beide auf den Blutzuckerspiegel, jedoch mit entgegengesetzter Wirkung. Das Zusammenspiel der Blutzuckermessung, der Hormone Insulin und Glu- 35 cagon sowie der Aufnahme und Abgabe von Glucose in die Körperzellen und das Blut kann mit einem Modell erklärt werden ▶ Bild 1.

1 Beschreibe die Funktionen der Hormone Insulin und Glucagon.

2 Erläutere das in ▶ Bild 1 dargestellte Modell.

3 Erkläre, weshalb der Blutzuckerspiegel auch bei längerer sportlicher Belastung einen gewissen Wert nicht unterschreitet.

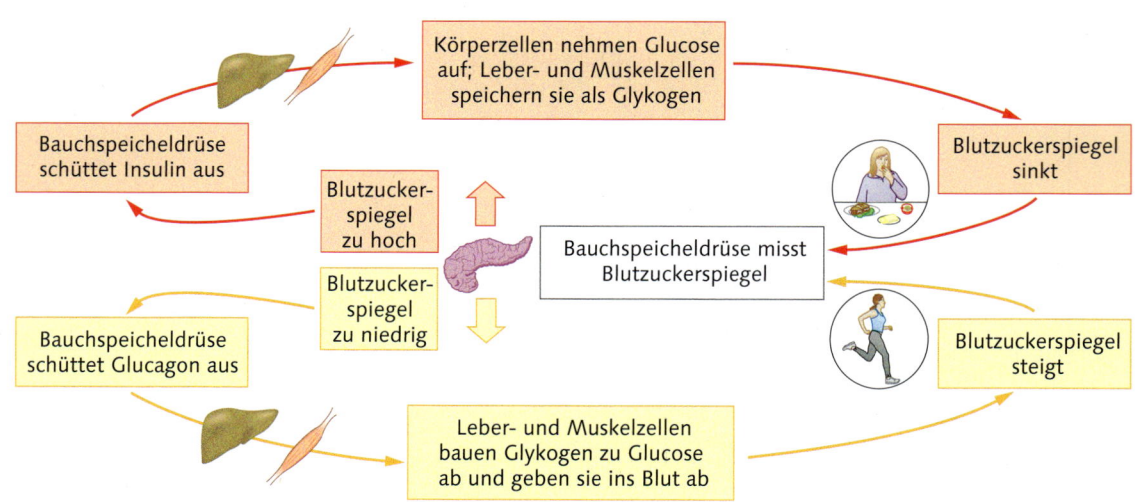

1 Modell zur Regulation des Blutzuckerspiegels

Dynamische Prozesse darstellen

Stoffwechselprozesse im Körper werden reguliert. Ein gutes Beispiel ist die Regulation des Blutzuckerspiegels. Bestimmte Abläufe im Körper bewirken, dass der Blutzuckerspiegel innerhalb bestimmter Grenzen konstant bleibt. Damit ist die Regulation ein dynamischer Prozess. Mit der hier vorgestellten Methode kannst du komplexe Vorgänge modellhaft darstellen und so besser verstehen.

Schritt 1 Strukturen bestimmen

Überlege zuerst, welche Strukturen in dem Prozess eine Rolle spielen. Diese sollten möglichst aussagekräftig sein. Symbole können auf Kärtchen gemalt und beschriftet werden ▶ Bild 3.

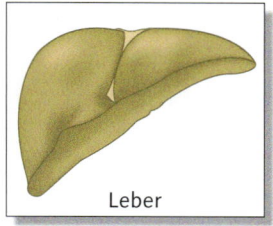
Leber

3

Schritt 2 Zusammenhänge herausstellen

Für ein besseres Verständnis ist es sinnvoll, die wesentlichen Zusammenhänge möglichst präzise zu erklären. Pfeile mit Beschriftungen geben Aufschluss darüber, wie verschiedene Prozesse miteinander in Verbin-

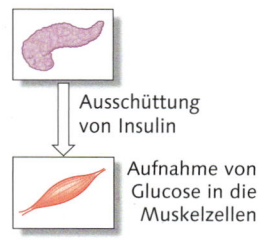
Ausschüttung von Insulin

Aufnahme von Glucose in die Muskelzellen

4

dung stehen. Diese werden dementsprechend verbunden. Schreibe die Begriffe und Pfeile zunächst auf Kärtchen (▶ Bild 4), dann kannst du sie verschieben.

Schritt 3 Räumliche Anordnung

Ordne die Kärtchen übersichtlich an. Sie sollen nach Möglichkeit so zusammenliegen, dass sich später Pfeile oder Beschriftungen nicht überschneiden.

Schritt 4 Optimierung der Darstellung

Es gibt mehrere Möglichkeiten, Prozesse darzustellen. Letztlich ist es wichtig, eine übersichtliche und gut einprägsame Darstellung zu wählen. Unter Umständen ist es sinnvoll, Symbole noch einmal zu verschieben, damit die Abbildung verständlicher wird.

1 Stelle die Regulation des Blutzuckerspiegels in geeigneter Weise dar. Nimm die Informationen aus dem Grundwissen zu Hilfe.

2 Erkläre anhand deines Modells den Einfluss eines 5 000-m-Laufs auf den Blutzuckerspiegel und kennzeichne die beteiligten Prozesse.

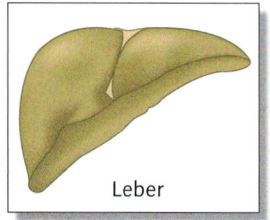
Leber

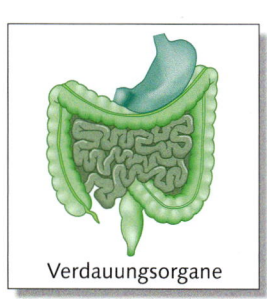
Verdauungsorgane

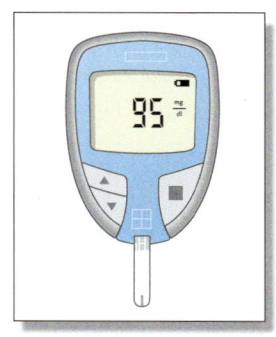

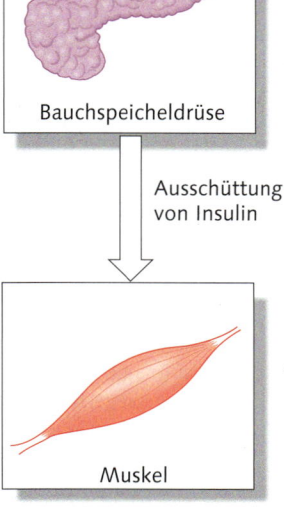
Bauchspeicheldrüse

Ausschüttung von Insulin

Aufnahme von Glucose in die Muskelzellen

Muskel

5 Bei der Regulation des Blutzuckerspiegels wirken mehrere Prozesse zusammen.

Diabetes mellitus – Zuckerkrankheit

Erhöhter Blutzuckerspiegel Im Jahr 2014 waren 246 Millionen Menschen weltweit an Diabetes erkrankt. In Deutschland waren es ca. 7 Millionen, womit etwa jede 11. Person betroffen war
5 ▶ Bild 2. Männer und Frauen sind in etwa gleich häufig erkrankt. Man geht davon aus, dass die Zahl der Diabetespatienten in den nächsten Jahren weiter ansteigen wird.

Hinter dem Namen *Diabetes mellitus* verbergen
10 sich mehrere Stoffwechselkrankheiten, deren Gemeinsamkeit ein zu hoher Blutzuckerspiegel ist. Der Name Diabetes kommt aus dem Griechischen und bedeutet „honigsüßer Durchfluss". Gemeint ist der bei Diabetikern erhöhte
15 Zuckergehalt im Urin. Darum wurde früher auch von Zuckerkrankheit gesprochen.

Von Diabetes spricht man bei einem Blutzuckerspiegel von über 126 mg / 100 ml im nüchternen Zustand, also ohne zuvor gegessen zu haben.
20 Die Symptome sind vielfältig und reichen von häufigem Harndrang über starken Durst, Müdigkeit bis hin zu Übelkeit und Erbrechen.

Diabetes Typ I Etwa 400 000 Deutsche leiden unter dem Diabetes Typ I. Das eigene Immun-
25 system bekämpft bei den Betroffenen die insulinproduzierenden Zellen der Bauchspeicheldrüse. Diese werden nach und nach zerstört. Die Insulinproduktion nimmt ab. Die Körperzellen können die Glucose aus dem Blut nicht mehr
30 aufnehmen und der Blutzuckerspiegel ist dauerhaft erhöht. Personen mit dem Diabetes Typ I erkranken meistens bereits als Kinder oder

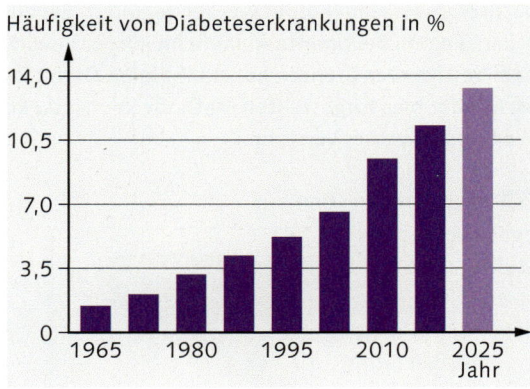

Häufigkeit von Diabeteserkrankungen in %

2 Prozentuale Häufigkeit von Diabeteserkrankungen in Deutschland

Jugendliche. Die Krankheit ist nicht heilbar. Daher müssen die Betroffenen ihr gesamtes Leben lang Insulin spritzen.
35 Die genauen Ursachen für den Diabetes Typ I sind noch nicht geklärt. Häufig sind jedoch bereits die Eltern von der Krankheit betroffen.

Diabetes Typ II Über 90 % der Diabetiker in Deutschland zählen zu den Diabetikern vom
40 Typ II. Im Gegensatz zum Diabetes Typ I mangelt es den Betroffenen zunächst nicht an Insulin. Die Zielzellen zeigen jedoch eine geringere Empfindlichkeit gegenüber dem Hormon Insulin. Dies führt zu einer verminderten Aufnahme
45 von Glucose in die Zellen. Obwohl genug Insulin gebildet wird, bleibt Glucose im Blut und der Blutzuckerspiegel ist dauerhaft erhöht. Im wei-

Laura8

Ich habe, seit ich mich erinnern kann, Diabetes vom Typ I. Für Fremde hört sich das immer schlimm an, aber ich finde das mittlerweile ganz normal. Morgens nach dem Aufwachen messe ich meinen Blutzuckerwert und spritze mir vor dem Frühstück eine bestimmte Menge Insulin. Im Lauf des Tages messe ich regelmäßig alle 3–4 Stunden und spritze je nach Bedarf erneut Insulin.

Mia123

Hallo Laura!
Danke für deine Nachricht, ich habe von Freunden gehört, die total Schwierigkeiten mit ihrem Blutzucker haben.

Laura8

Hi, natürlich gibt es auch Tage, da klappt das nicht so gut. Schwierigkeiten mit dem Blutzuckerspiegel habe ich z. B. beim Sportunterricht oder wenn wir Arbeiten schreiben. Aber auch da gibt es kleine „Tricks", wie man sich helfen kann. So habe ich z. B. gelernt, bei Klassenarbeiten immer ein Packung Traubenzucker mitzunehmen.

1 Diabetes-Chatforum

teren Verlauf fährt der Körper die Insulinpro-
50 duktion immer weiter zurück und Insulin muss
gespritzt werden.
Übergewicht, falsche Ernährung und Bewegungsmangel sind vermutlich die Hauptur-
sachen für Diabetes Typ II ▶ Bild 3. Der häufige
55 Konsum von stark zuckerhaltigen Lebensmitteln bewirkt einen starken Anstieg des Blutzuckerspiegels und damit eine hohe Insulin-
ausschüttung. Dauerhaft führt diese hohe
Insulinbelastung zu einer Unempfindlichkeit
60 der Zielzellen gegenüber dem Hormon.
Früher wurde Diabetes Typ II auch als Alterszu-
cker oder Altersdiabetes bezeichnet, da die
Erkrankung erst bei älteren Menschen auftrat.
Inzwischen steigt die Anzahl junger Menschen,
65 sogar von Kindern und Jugendlichen, die an dieser Form des Diabetes erkranken, deutlich an. Es
handelt sich um eine schleichende Erkrankung,
was auch die hohe Zahl noch nicht erkannter
Diabetes-II-Fälle erklärt. Man schätzt, dass
70 allein in Deutschland Diabetes Typ II bei 4 Millionen Personen noch unentdeckt ist.
Diabetes Typ II lässt sich recht gut behandeln.
Meist reicht es, die Ernährung umzustellen und
sich viel zu bewegen. Zusätzlich werden Tablet-
75 ten verordnet, welche günstig auf den Kohlen-
hydratstoffwechsel einwirken. So kann die Insu-
lintherapie hinausgezögert werden.

Folgekrankheiten und Therapie Bei beiden Dia-
betestypen fördern die dauerhaft erhöhten
80 Blutzuckerwerte die Entstehung von Arterio-
sklerose. Dabei bilden sich Ablagerungen in den
Blutgefäßen. Diese verengen sich und der Blut-
fluss ist verringert. Folgen hiervon können Herzinfarkt, Schlaganfall, Nierenschäden und unter-

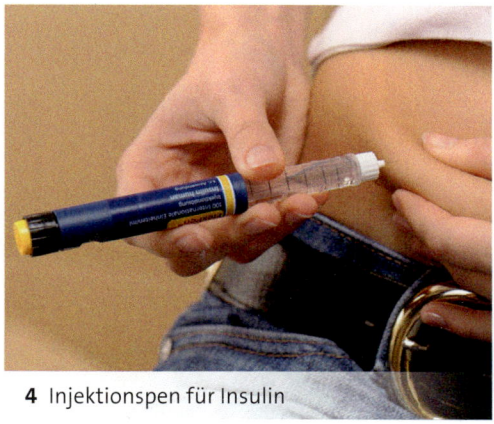

4 Injektionspen für Insulin

schiedliche Formen von Nervenschäden sein. 85
Insulin ist ein Protein und kann nicht in Form
von Tabletten oder Säften eingenommen werden, da die Magensäure es zerstören würde. Insulin wird daher mithilfe einer Spritze oder einem Injektionspen in der zuvor berechneten 90
Menge gespritzt ▶ Bild 4.

1 Vergleiche die beiden Typen des Diabetes in einer
Tabelle.

2 Erläutere den Einfluss der Ernährung auf den
Blutzuckerspiegel und unterscheide dabei zwischen
Diabetikern und Nichtdiabetikern.

3 Formuliere Hypothesen zu den Ursachen der verminderten Insulinempfindlichkeit beim Diabetes Typ II.

4 Erkläre, weshalb Diabetiker mehrmals am Tag den
Blutzuckerwert bestimmen müssen ▶ Bild 5.

5 Diabetiker können heute ein weitgehend normales
Leben führen. Begründe anhand des Forumeintrags
in ▶ Bild 1.

3 Übergewicht und Bewegungsmangel sind
auslösende Faktoren für Diabetes Typ II.

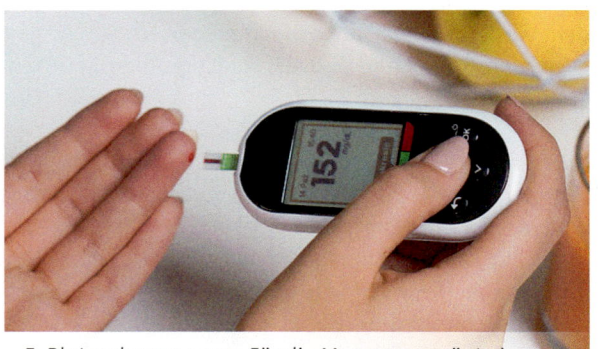

5 Blutzuckermessung: Für die Messung genügt ein
kleiner Blutstropfen, der mithilfe eines Teststreifens in
ein Messgerät eingeführt wird. Dieses bestimmt dann
automatisch den Blutzuckerwert.

Stress

1 Klassenarbeit

2 Gefahrensituation im Straßenverkehr

Stress kennt jeder! Klassenarbeiten, Konflikte in der Familie oder Schule ... Situationen, die man als belastend empfindet, kennen wir alle ▶ Bild 1. Häufig ist dann unser Puls erhöht. Wir
5 atmen schneller und können kaum ruhig bleiben. Die Hände zittern und wir schwitzen. Wir haben den Eindruck, hellwach und hoch konzentriert zu sein. Aber auch ein Angstgefühl kann dabei sein.
10 Reaktionen unseres Körpers zur Bewältigung belastender oder gefährlicher Situationen sowie die dadurch entstehende körperliche und geistige Belastung werden als *Stress* zusammengefasst. Die Ursachen hierfür werden als *Stres-*
15 *soren* bezeichnet. Viele Stressoren wirken aus der Umwelt auf uns ein. Stress kann man sich jedoch auch selbst bereiten, z. B. wenn man stets nur Bestleistungen von sich erwartet. Zudem wird oft nicht sauber zwischen den Ursa-
20 chen, den Stressoren, und der Reaktion, dem Stress, unterschieden.

Lebensretter Stress In Gefahrensituationen kann Stress Leben retten, da man schneller und kraftvoller reagieren kann. So sieht und hört der
25 Junge in ▶ Bild 2 das herannahende Auto. Diese Informationen werden von seinen Sinnesorganen ans Gehirn weitergeleitet ▶ Bild 3. Das Gehirn sendet daraufhin Signale an verschiedene Organe, die auf die Gefahrensituation reagieren
30 sollen. Diese Reaktionen werden nicht nur von Nerven vermittelt.

Durch das Gehirn werden auch die Nebennieren aktiviert, die wie Mützen auf beiden Nieren sitzen ▶ Bild 3. Diese Hormondrüsen schütten da-
35 raufhin die Hormone *Adrenalin* und *Noradrenalin* in die Blutbahn aus. Sie wirken an zahlreichen Stellen des Körpers: Der Puls wird schneller und kräftiger. Die Atmung wird schneller und tiefer, da die Bronchien erweitert werden. In der Leber
40 wird auf das Hormonsignal hin Glykogen in Glucose umgewandelt und ins Blut abgegeben. Die Blutgefäße, die Herz, Lunge, Gehirn und Skelettmuskeln versorgen, werden erweitert. Damit stehen dem Körper, z. B. den Muskeln und dem Gehirn, innerhalb kürzester Zeit mehr Sauer-
45 stoff und Glucose zur Verfügung. Er ist besonders leistungsfähig und kann auf die Gefahr reagieren. Mit kräftigen Sprüngen kann sich der Junge aus der Gefahrensituation retten. Der gestresste Autofahrer kann beispielsweise
50 schneller und stärker bremsen.
Organe, die für die Reaktion nicht benötigt werden, werden gehemmt. So sind der Darm und die Haut weniger durchblutet, da deren Blutgefäße durch das Hormonsignal verengt werden.
55 Das Gehirn sowie die Hormone Adrenalin und Noradrenalin erhöhen die Leistungsfähigkeit des Organismus sehr kurzfristig. Damit kann der Körper auf eine Belastungssituation bestmöglich reagieren. Die Wirkungen klingen rela-
60 tiv rasch ab und der Körper erholt sich wieder. Dieses Phänomen wird daher als *Kurzzeitstress* bezeichnet.

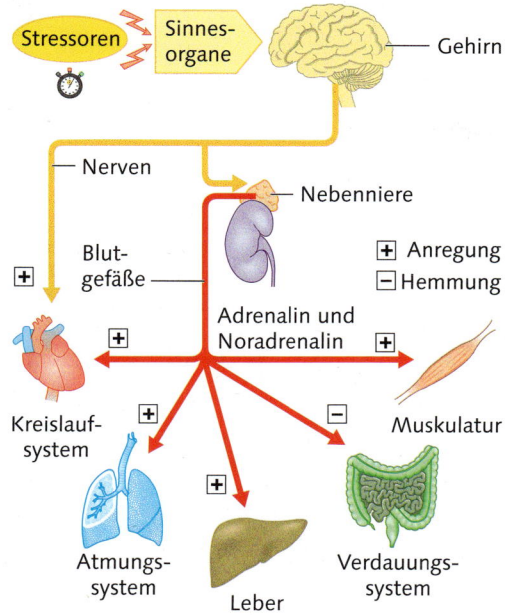

3 Kurzzeitstress

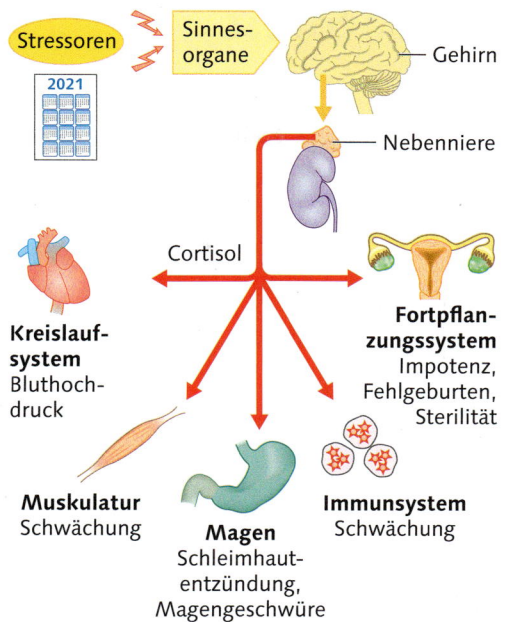

4 Langzeitstress

Stresswahrnehmung Positive Reaktionen des
65 Körpers auf Belastungen, z. B. beim Wiederse-
hen einer geliebten Person oder die Anstrengung beim Lieblingssport, werden als *Eustress*
bezeichnet. Negative Reaktionen auf Belastungen wie in einer Gefahrensituation nennt man
70 *Disstress*. Umgangssprachlich wird der Begriff
Stress häufig nur im Sinn von Disstress gebraucht.
Eustress und Disstress trennt häufig nur ein
schmaler Grat. Stressoren werden individuell
75 und je nach Situation unterschiedlich empfun-
den. Eustress bei einer Prüfung kann bewirken,
dass man sich besser konzentrieren kann und
das Gehirn besser durchblutet und mit Sauerstoff und Nährstoffen versorgt wird. Disstress
80 kann auch dazu führen, dass man mit den
feuchten, zittrigen Händen Probleme hat, leser-
lich zu schreiben, und verursacht das Gefühl,
einen „leeren Kopf" zu haben.

Langzeitstress Wirken Stressoren über einen
85 längeren Zeitraum auf den Körper ein, reagiert
er anders als bei kurzfristiger Belastung. Lang-
zeitstressoren können z. B. häufig zu kurzer oder
unregelmäßiger Schlaf sein, aber auch Armut
oder Verlust eines nahestehenden Menschen.
90 Das Gehirn bewirkt daraufhin, dass die Nebennieren das Hormon *Cortisol* freisetzen. Es entfal-
tet seine Wirkung nicht so unmittelbar wie an-

dere Stresshormone. Cortisol löst zahlreiche
Wirkungen im Körper aus ▶ Bild 4: Das Schmerz-
empfinden ist z. B. vermindert und Entzündun- 95
gen werden gehemmt. So kann der Körper der
Belastung länger standhalten. Cortisol wirkt
länger anhaltend und führt auf die Dauer zu
körperlicher und psychischer Erschöpfung.
Cortisol kann auch zu gesundheitlichen Schä- 100
den führen. So bewirkt es beispielsweise die
Erhöhung des Blutdrucks in den Arterien, was
wiederum das Risiko eines Herzinfarkts oder
Schlaganfalls erhöht.
Die Reaktionen des Körpers auf Cortisol nennt 105
man *Langzeitstress*. Auch auf häufig wiederkehrenden Kurzzeitstress wird vermehrt Cortisol
freigesetzt. Die Folgen sind denen bei Langzeitstress vergleichbar. Man kann jedoch lernen, mit
Stresssituationen besser umzugehen. 110

1 Vergleiche Kurz- und Langzeitstress mithilfe der
▶ Bilder 3 und 4. Erstelle eine Tabelle.

2 Viele Künstler und Sportler berichten über Lampen-
fieber vor einem Auftritt oder Wettkampf. Dieses
Stressphänomen hat positive und negative Seiten.
Erkläre.

3 Erkläre, weshalb bei Stress die Hauttemperatur sinkt.

4 Cortisol wird bei einigen Erkrankungen auch als
Medikament eingesetzt. Nenne und erkläre mögliche
Nebenwirkungen.

Phänomen Stress

Stress hat jeder schon einmal erlebt. Er gehört bis zu einem gewissen Maß zu unserem Leben. Mit einem Stresstest kannst du mehr über deine Stresssituation erfahren.

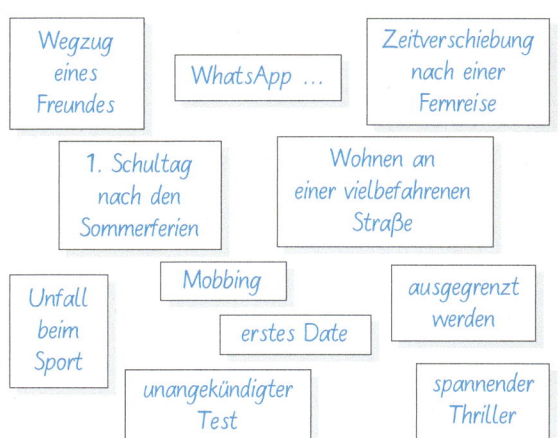

Wegzug eines Freundes

WhatsApp …

Zeitverschiebung nach einer Fernreise

1. Schultag nach den Sommerferien

Wohnen an einer vielbefahrenen Straße

Mobbing

Unfall beim Sport

erstes Date

ausgegrenzt werden

unangekündigter Test

spannender Thriller

1 Beispiele für Stresssituationen

1 Ordne die in den ▶Bildern 1 und 3 dargestellten Situationen nach Eu- bzw. Disstress und Kurz- bzw. Langzeitstress.

2 Bei einem Schüler wurden an einem Tag die Herzfrequenz und die Hauttemperatur erfasst. Die Werte wurden in einem Belastungsdiagramm dargestellt.
  A Beschreibe das Diagramm ▶Bild 2.
  B Vergleiche die Normalbelastungsphasen.
  C Erkläre das Vergleichsergebnis.

3 Führe für dich den Stresstest durch ▶Bild 4.

3 Im Hochseilgarten

Beantworte jede Frage mit nie (a), selten (b) oder häufig (c). Lege dazu eine Strichliste an.
Wie oft hattest du in den letzten zwei Wochen folgende Probleme?

1. Erschöpfung während des Tages
2. Gereiztheit, schlechte Laune
3. Ärger mit anderen
4. Übelkeit
5. Schwindel
6. Appetitlosigkeit
7. Kopfschmerzen
8. Bauchschmerzen
9. zu geschafft, um sich für Dinge aufzuraffen, die Spaß machen
10. Schlafprobleme

Auswertung: Berechne deine Gesamtpunktzahl und werte aus.

Antwort a = 1, Antwort b = 2, Antwort c = 3 Punkte

▶ bis 11 Punkte: Du warst nicht besonders gestresst.

▶ 12–18 Punkte: Du warst ein bisschen gestresst. Nimmt der Stress zu oder dauert er länger an, dann solltest du etwas dagegen unternehmen.

▶ ab 19 Punkte: In den letzten zwei Wochen warst du gestresst. Deine Gesundheit und Lebensqualität leiden darunter. Es ist wichtig, dass du etwas dagegen unternimmst. Hol dir bei einer Vertrauensperson Unterstützung. Hilfe findest du auch anonym und kostenlos unter der *Nummer gegen Kummer:* 116111.

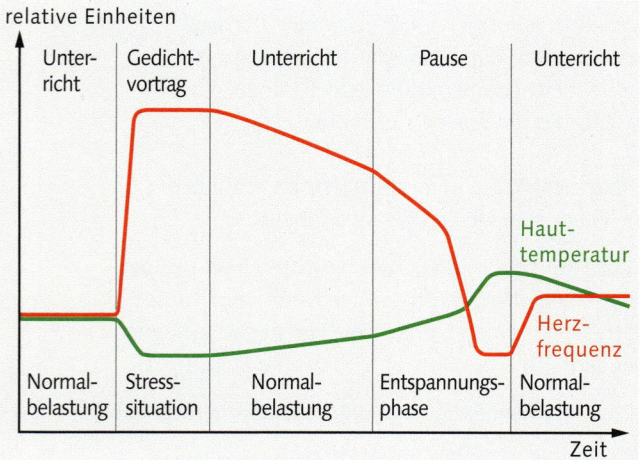

relative Einheiten

Unterricht	Gedichtvortrag	Unterricht	Pause	Unterricht

Hauttemperatur

Herzfrequenz

Normalbelastung	Stresssituation	Normalbelastung	Entspannungsphase	Normalbelastung

Zeit

2 Belastungsdiagramm

4 Stresstest

Stress? Na und!

Stress kann uns helfen, bessere Leistungen zu erbingen. Aber zu viel Stress macht krank. Folgende Tipps können dir helfen, besser mit Stress klarzukommen.

Die Zeit im Griff

Oft müssen und möchten wir viele Dinge erledigen. Wenn du deine Verpflichtungen gut planst, hast du mehr Freizeit.

1. **Wichtiges zuerst!** Weniger Wichtiges kann warten oder muss abgesagt werden.
2. **Tages- und Wochenpläne** helfen, die Zeit sinnvoll einzuteilen. Wichtig ist, dass du die benötigten Zeiträume realistisch einschätzt und nicht zu eng planst. Berücksichtige Pausen und Zeitpuffer für Unvorhergesehenes. Lass Zeit ungeplant. Nimm deine Planung ernst.
3. **Im eigenen Takt** kommt man effektiver voran. Erledige z. B. Aufgaben, bei denen du intensiv nachdenken musst, dann, wenn du besonders wach und konzentriert bist. Lass dich nicht ablenken.
4. **Auszeiten und Belohnungen** für erledigte Aufgaben sind wichtig. Genieße deine freie Zeit! ☺

Uhrzeit	Montag	Dienstag	Mittwoch	
13:00				
14:00	Tischtennis (TTC-Halle)	Geografie	ITG	
15:00				
	Hausaufgaben	Kontrolle Zahnspange	Friseur	
16:00				
	E-Vok. (Test Mi)	Hausaufgaben	Hausaufgaben	
17:00	Mathe mit Lisa (KA Do.)	Mathe (KA Do.)	Mathe (KA Do.)	
18:00				
	Klavier üben	E-Vok. (Test Mi)	Klavier üben	
19:00		Theaterprobe		

5 Wochenplan

Total entspannt!

Jeder entspannt anders: beim Sport, Lesen, Musikhören, mit dem Hund, ...

Spezielle Entspannungsmethoden, z. B. Meditation, Yoga, autogenes Training, kannst du in Kursen oder mit Büchern oder Videos erlernen. Probier einfach mal aus:

Ruhig atmen Atme langsam ein und zähle dabei bis 5. Atme nach einer kurzen Pause aus und zähle dabei auf 8. Wiederhole 5-mal. Durch die langsame, regelmäßige Atmung kommt dein Körper zur Ruhe.

Augenblick der Ruhe Reibe deine Hände, bis sie warm sind. Bedecke nun deine Augen so, dass möglichst wenig Licht einfällt. Warte 3 min und spüre die Wärme deiner Hände.

Muskelentspannung Spanne eine Hand 10 s kräftig zur Faust an. Entspanne dann die Hand wieder und vergleiche mit der anderen Hand (30 s). Wiederhole mit anderen Muskelgruppen, z. B. Oberarm, Gesichtsmuskeln.

Genuss entspannt ...

Materialien zum Riechen: Blumen, Kräuter, Früchte, Seife ...

- Wähle einen Gegenstand aus, der dir besonders angenehm ist.

- Schließe deine Augen.

- Versuche, dich ganz auf den Duft zu konzentrieren und den Gegenstand mit dem Geruchssinn zu erfahren.

- Vielleicht erinnerst du dich an schöne Situationen, die du mit dem Duft verbindest. Genieße die angenehmen Gefühle.

- Wenn du genug geschnuppert hast, verabschiede dich langsam vom Duft und öffne wieder die Augen.

1 Beschreibe, was dir hilft, wenn du Stress hast.

2 Nenne 5 unterschiedliche Möglichkeiten, mit einer Stresssituation deiner Wahl umzugehen.

3 Erstelle einen Wochenplan für die kommende Woche. Teste ihn.

4 Probiere mindestens zwei Entspannungstechniken aus.

Belohnung macht süchtig

1 Achterbahnfahrt

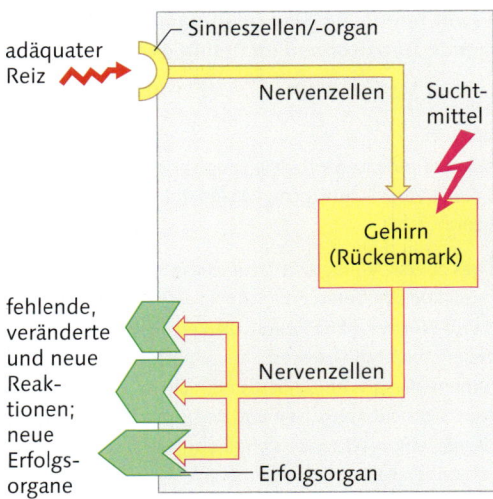

2 Reiz-Reaktions-Schema bei Sucht (vereinfacht)

Stress kann glücklich machen Eine Achterbahnfahrt ist ein extremes Erlebnis ▶ Bild 1. Nach der Fahrt berichten viele von einem tiefen, lang anhaltenden Glücks- und Zufriedenheitsgefühl.
5 Die Angst davor ist vergessen.
Solch eine Fahrt ist ein massives Stressereignis für den Körper. Die Stresshormone, z. B. Adrenalin, führen zu gesteigerter körperlicher und geistiger Aktivität und Anspannung. Sie können
10 aber auch die Ausschüttung von Botenstoffen bewirken, die uns glücklich machen und das Ereignis in einem positiven Licht sehen lassen.

Motivation Alle positiven Erlebnisse werden in einer besonderen Region unseres Gehirns, dem
15 Belohnungszentrum, registriert. Es setzt daraufhin den Botenstoff Dopamin frei, der Zufriedenheit, Freude und Glücksgefühle auslöst. Je größer die Botenstoffmenge ist, desto intensiver sind die positiven Empfindungen.
20 Das Belohnungssystem wird durch zahlreiche Reize aktiviert: leckeres Essen, Sport, Musik oder auch Sex. Es wird jedoch auch aktiv, wenn man eine Stresssituation, z. B. einen Bungee-Jump oder ein Klaviervorspiel, hinter sich hat.
25 So wird man angespornt, bestimmte Dinge – auch Dinge, die man nicht mag – immer wieder zu tun. Ein negatives, anstrengendes Ereignis wird durch die Belohnung und damit einhergehenden Glücksgefühle positiv bewertet und ab-
30 gespeichert.

Sucht – Beeinflussung der Motivation Das Belohnungssystem kann beeinflusst werden, z. B. durch den Konsum von Alkohol, Nikotin oder anderen legalen oder illegalen Suchtmitteln wie Cannabis, Heroin oder Kokain. Der Effekt ist im- 35 mer ähnlich. Es wird sehr viel mehr Dopamin als bei normalen positiven Erlebnissen ausgeschüttet. Das Belohnungsgefühl wird sehr viel intensiver. Dies hat Folgen: Das restliche Gehirn und damit auch der restliche Körper und die Psyche 40 der Suchtmittelkonsumenten ordnen sich mit der Zeit dem veränderten Belohnungssystem unter. Das Gehirn verarbeitet Informationen über Reize anders als vorher ▶ Bild 2. Suchtmittel bewirken z. B., dass Reaktionen auf einen 45 Reiz ausbleiben oder verstärkt werden. Auch neue, untypische Erfolgsorgane werden aktiviert. Die Veränderungen im Gehirn sind dauerhaft und haben lebenslange Folgen.
Experten bezeichnen die körperliche oder geis- 50 tige Bindung an das Suchtmittel als *Gewöhnung*. Aus ihr kann eine *Abhängigkeit* oder *Sucht* entstehen ▶ Bild 3. Dieser Übergang ist meist fließend. Er verläuft bei verschiedenen Personen und Suchtmitteln unterschiedlich rasch. 55
Während zu Beginn häufig noch positive Empfindungen überwiegen, benötigen Abhängige im Lauf der Zeit immer stärkere Suchtmittelreize für ein zufriedenstellendes Wohlbefinden. Bleiben die Reize durch das Suchtmittel aus, re- 60 agiert das Nervensystem, vor allem das Gehirn,

Als süchtig gilt eine Person, bei der mindestens 3 Kriterien im letzten Jahr vorhanden waren:

1. Sie verspürt den starken Wunsch oder eine Art Zwang, das Suchtmittel zu konsumieren.
2. Sie kann Beginn, Ende und Menge des Suchtmittelkonsums schlecht oder gar nicht kontrollieren.
3. Bei Beendigung oder Reduktion des Konsums leidet sie unter körperlichen Entzugserscheinungen.
4. Sie muss die Menge des Suchtmittels steigern, um die ursprüngliche Wirkung einer niedrigeren Dosis zu erzielen (Toleranz).
5. Sie vernachlässigt zunehmend andere Interessen und Vergnügungen zugunsten des Suchtmittelkonsums. Der Zeitaufwand für den Konsum und für die Erholung nach dem Konsum werden stetig größer.
6. Sie konsumiert weiter, obwohl sie über die schädlichen Folgen Bescheid weiß.

3 Suchtdefinition der WHO

anders als bei nicht süchtigen Personen ▶ Bild 5. Dies hat Auswirkungen auf das Wohlbefinden und auf verschiedene Organe des Körpers. Die
65 Personen leiden unter Entzugserscheinungen. Sucht ist eine Krankheit. Nur eine Fachperson kann sie eindeutig erkennen. Diese kann Süchtige zudem kompetent behandeln und auf dem schwierigen Weg aus der Sucht begleiten.

70 **Ursachen und Bedingungen** Es gibt keinen typischen Weg in eine Abhängigkeit. Es gibt jedoch Risikofaktoren, die die Entstehung einer Sucht begünstigen: geringes Selbstwertgefühl, ungünstiger Umgang mit Frust, geringe Konflikt-
75 fähigkeit, starke Leistungsorientierung, häufiger Disstress oder Langzeitstress, negative Zukunftsaussichten, falscher Freundeskreis, Ver-

4 Spielsucht

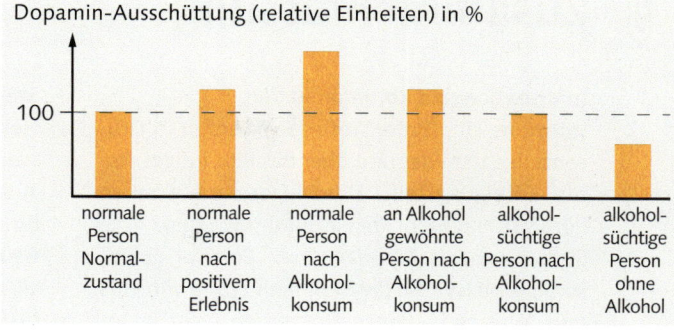

Dopamin-Ausschüttung (relative Einheiten) in %

5 Dopamin-Ausschüttung bei unterschiedlichen Personen

fügbarkeit des Suchtmittels, dessen gesellschaftliche Bewertung und Billigung …

Folgen einer Abhängigkeit Die Folgen sind indi- 80
viduell und können sehr unterschiedlich sein. Meist treten Probleme in allen Lebensbereichen auf. Süchtige sind oft körperlich beeinträchtigt, da die Suchtmittel Organe schädigen. Viele Süchtige haben soziale Probleme. Es kommt zu 85 Konflikten mit Familie und Freunden. Verlieren sie ihre Arbeit, kommt finanzielle Not hinzu. Schwer abhängige Personen vernachlässigen sich häufig, leiden unter großen seelischen Problemen und sozialer Isolation. Meist leiden 90 jedoch auch die Familie und Freunde des Abhängigen unter der Sucht.

1 Nenne Stresssituationen, die du mit einem Glücksgefühl verbindest.

2 **A** Beschreibe die Aufgabe von Dopamin im menschlichen Körper.
B Werte das Diagramm in ▶ Bild 5 aus.

3 Beschreibe die Entstehung von Sucht.

4 **A** Nenne Bedingungen, die die Entstehung einer Abhängigkeit begünstigen.
B Nenne Folgen einer Abhängigkeit.

5 Max verbringt fast jede freie Minute vor dem PC und spielt online mit anderen Gamern. Als Noah ihn ins Kino abholen möchte, lehnt er ab. Noah: „Mensch Max, du bist ja total spielsüchtig!" ▶ Bild 4.
A Bewerte die Situation.
B Formuliere Handlungsalternativen für Max und Noah.
C Alkoholiker sind stoffgebundene Süchtige. Nenne weitere Suchtmittel, die wie die Spielsucht nicht an einen chemischen Stoff gebunden sind.

Zusammenfassung

Information und Kommunikation

Hormone sind Botenstoffe. Sie werden in Drüsenzellen gebildet und über das Blut im gesamten Körper verteilt. Durch Hormone können
5 Körperfunktionen beeinflusst werden. Die Stresshormone Adrenalin und Cortisol bewirken beispielsweise die Beschleunigung von Puls und Atmung. Gleichzeitig werden nicht benötigte Körperfunktionen wie die Darmbewegung
10 zurückgefahren. So ist es für den Menschen möglich, in einer Gefahren- oder anderen Stresssituation bestmöglich zu reagieren ▶ Bild 1. Bei einer Prüfung z.B. ist man besonders aufmerksam und kann sich besser konzen-
15 trieren. Positiven Stress nennt man Eustress. Häufiger Kurzzeitstress und Langzeitstress haben jedoch auch negative Folgen und können krank machen. Die negativen Facetten von Stress werden als Disstress zusammengefasst.
20 Durch den Missbrauch von legalen oder illegalen Suchtmitteln kann die Kommunikation im Körper dauerhaft gestört werden. Der Konsum von Drogen wie Alkohol, Nikotin und Heroin, aber auch nicht stoffgebundene Süchte wie
25 Computer- oder Spielsucht können eine dauerhafte Veränderung des Gehirns zur Folge haben. Arbeitet das Gehirn als oberste Steuerzentrale des Körpers anders, hat dies Auswirkungen auf den gesamten Körper. Abhängigkeit ist eine
30 sehr ernst zu nehmende Erkrankung, die professionelle Hilfe benötigt.
Das biologische Prinzip *Information und Kommunikation* beschreibt diese Zusammenhänge.

Steuerung und Regelung

Hormone wirken bei der Regulation von Stoff- 35 wechselprozessen mit. Die Regulation des Blutzuckerspiegels erfolgt durch die Hormone Insulin und Glucagon. Beide werden in der Bauchspeicheldrüse gebildet. Steigt der Blutzuckerspiegel über 110 mg/100 ml, wird vermehrt 40 Insulin ausgeschüttet. Daraufhin wird Glucose aus dem Blut in die Zielzellen aufgenommen. Der Blutzuckerspiegel sinkt. Glucagon ist der Gegenspieler von Insulin und bewirkt bei zu niedrigem Blutzuckerspiegel dessen Ansteigen. 45 Mit dem biologischen Prinzip *Steuerung und Regelung* werden solche Vorgänge beschrieben.

Struktur und Funktion

Hormone sind Proteine mit einer spezifischen Struktur, die in verschiedenen Körperdrüsen ge- 50 bildet und über das Blut im gesamten Körper verteilt werden. Ausschließlich an Zellen mit passendem Rezeptor, den Zielzellen, können die Hormone binden ▶ Bild 2. Hormon und Rezeptor passen zusammen wie ein Schlüssel in sein 55 Schloss. Die Zielzellen reagieren auf das Hormonsignal auf eine spezifische Weise. Hormone wirken bereits in kleinen Mengen. Bei Diabetikern vom Typ I ist die Regelung des Blutzuckerspiegels dauerhaft gestört, da z.B. die Insulin- 60 rezeptoren der Zielzellen verändert sind. Das Insulinsignal kann nicht mehr registriert werden.
Das Schlüssel-Schloss-Prinzip ist ein Beispiel für das biologische Prinzip *Struktur und Funktion*. 65

1 Stresssituation

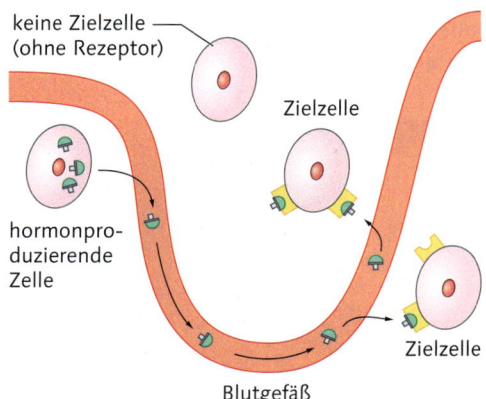

2 Hormone wirken spezifisch auf Zielzellen.

Teste dich!

1 Beschreibe die Informationsübertragung durch Hormone ▶ Bild 2.

2 Erläutere das Gegenspielerprinzip am Beispiel der Blutzuckerregulation.

3 Bei einem Verdacht auf Diabetes wird als Diagnoseverfahren ein Glucosetoleranztest durchgeführt. Der Patient, der zuvor nichts gegessen hat, trinkt eine hoch konzentrierte Glucoselösung. Davor und danach wird in 30-minütigem Rhythmus der Blutzuckerspiegel bestimmt ▶ Bild 3.

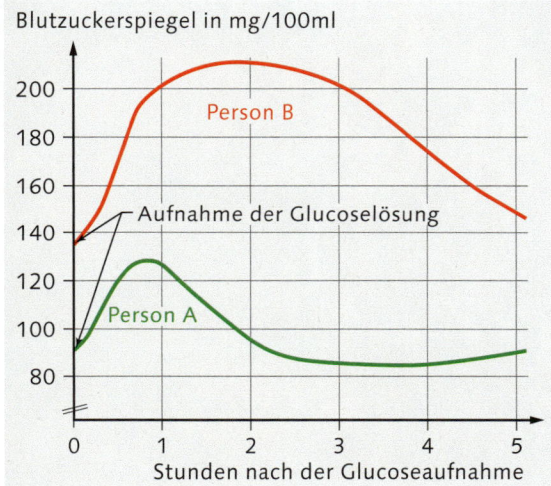

3 Glucosetoleranztest

A Vergleiche die Testergebnisse der Personen A und B.

B Werte das Testergebnis für beide Personen aus.

C Formuliere Hypothesen für die Konzentrationen von Insulin bzw. Glucagon für die Personen A und B nach 1 Stunde bzw. 4 Stunden nach der Glucoseaufnahme.

D Erkläre, was passiert, wenn sich ein Diabetiker zu viel Insulin spritzt. Nenne mögliche Sofortmaßnahmen, um eine lebensbedrohliche Situation zu verhindern.

E Diabetiker sollen statt 3 großen Mahlzeiten pro Tag mehrere kleinere zu sich nehmen. Erkläre diese Ernährungsempfehlung.

F Insulin muss gespritzt werden. Erkläre, weshalb Insulintabletten oder -tropfen nicht sinnvoll wären.

4 Warten auf den Auftritt

4 Stress gibt es in unserem Alltag immer wieder.

A Erkläre, weshalb Stress Lebensretter, aber auch Ursache von Krankheiten sein kann.

B Bewerte die Situation in ▶ Bild 4.

C Ordne begründet verschiedene Beispiele für Kurz- und Langzeitstress den Kategorien Eu- und Disstress zu.

D Beschreibe mindestens drei Möglichkeiten, die helfen, mit Stress besser klarzukommen.

5 Schrecksituationen können für Diabetiker gefährlich sein. Erkläre.

6 Viele Menschen haben immer ihr Mobiltelefon griffbereit. Manche von ihnen sind handysüchtig.

A Beschreibe die Entstehung von Sucht.

B Nenne Kriterien, mit deren Hilfe man entscheiden könnte, ob die Personen in ▶ Bild 5 süchtig sind.

5 Süchtig?

▶ Die Lösungen zu den Aufgaben findest du im Anhang.

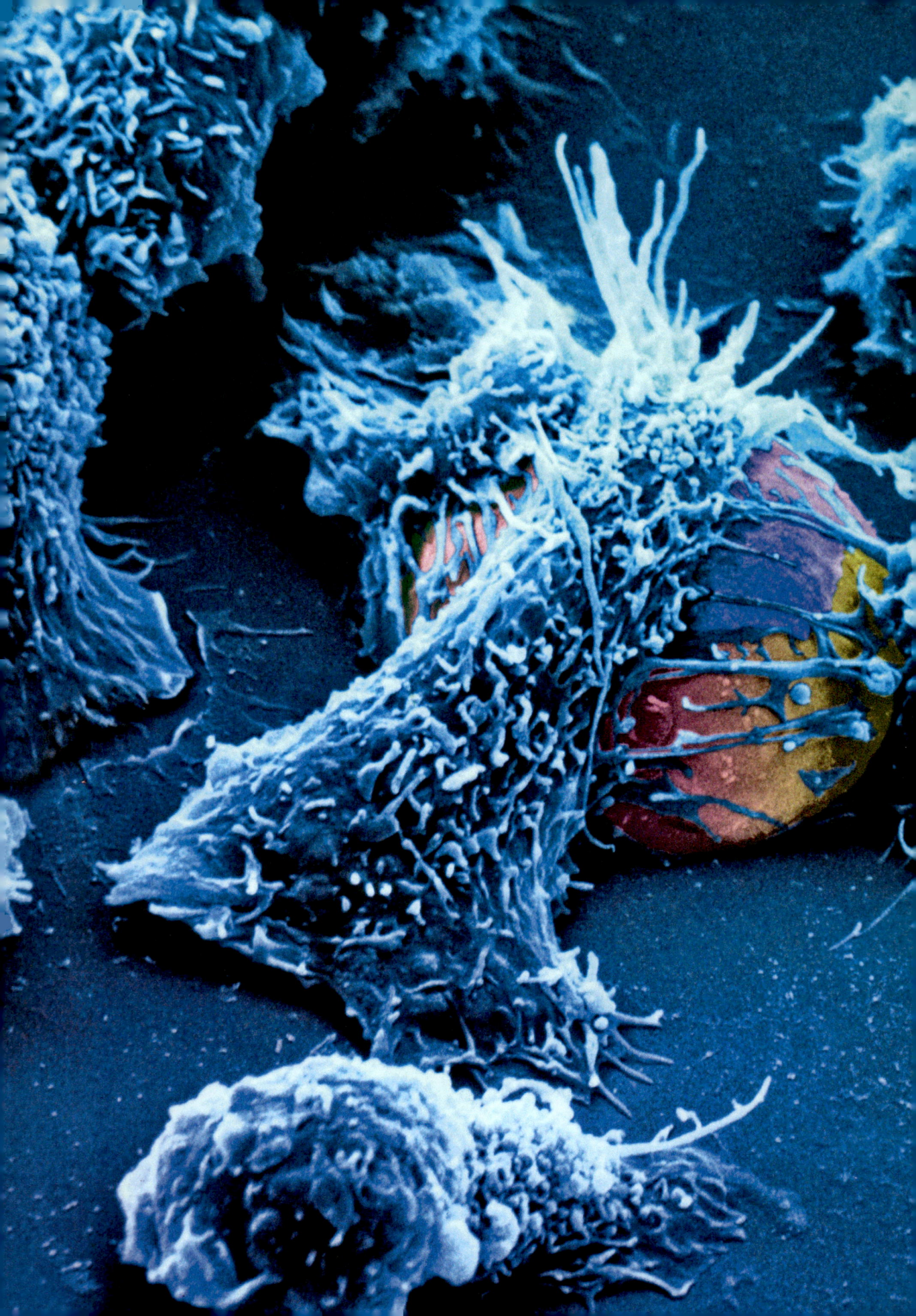

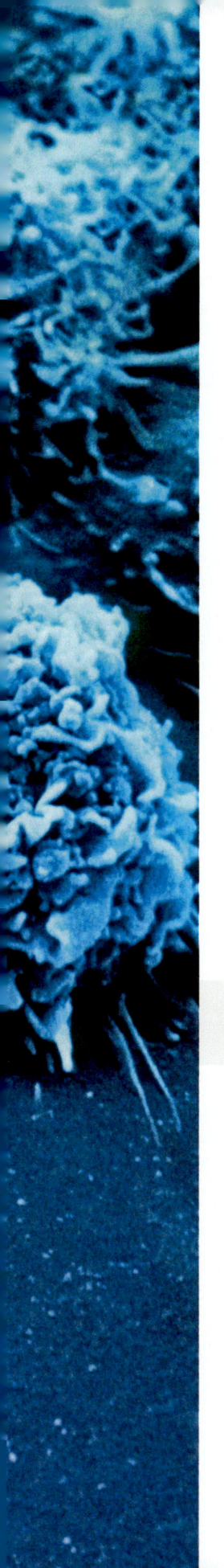

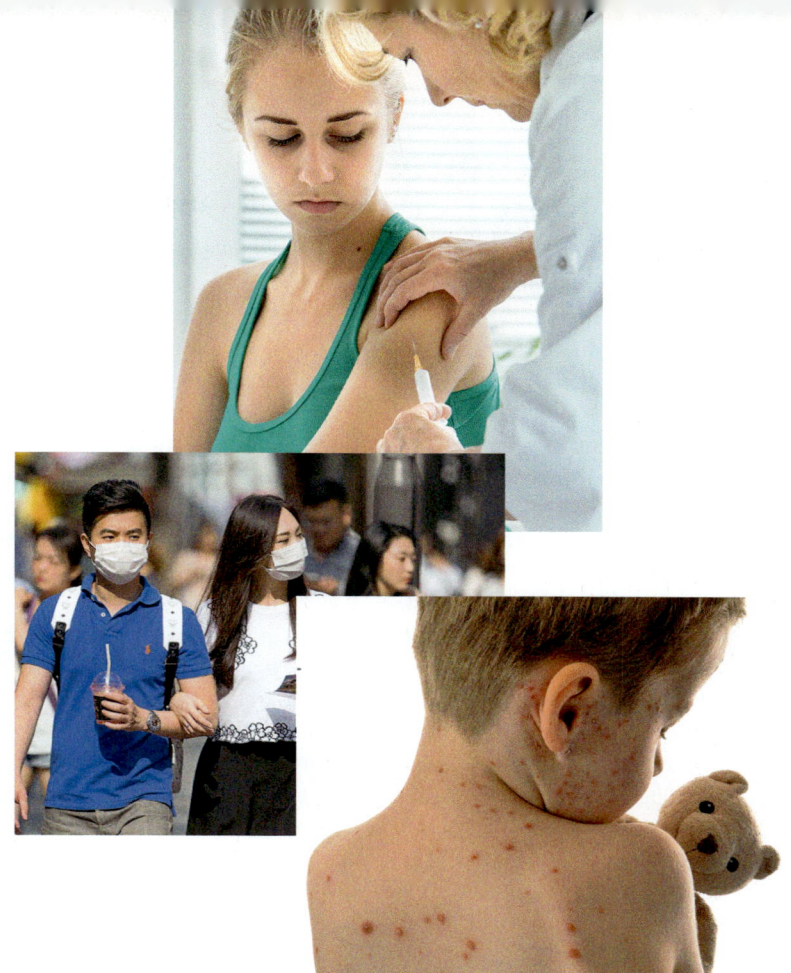

Immunsystem ▶▶

Krankheitserreger sind überall um uns herum: in der Luft, im Boden, auf allen Gegenständen und in der Nahrung. Dennoch werden wir nur manchmal krank, weil unser Körper ein hervorragendes Abwehrsystem besitzt. Dieses Immunsystem ist ständig aktiv und schützt uns vor vielen Erregern. Durch Medikamente wie Antibiotika können wir unserem Körper bei einer Erkrankung helfen. Schutzimpfungen können unser Immunsystem vorbereiten, bevor es mit einem bestimmten Erreger in Kontakt kommt.

Infektionskrankheiten

Krank ist jeder einmal Die Krankheitszeichen, die *Symptome*, sind vielfältig und für jede Erkrankung typisch. Menschen mit einer Erkältung fühlen sich z. B. häufig matt und kraftlos,
5 haben Kopf- und Gliederschmerzen und die Körpertemperatur ist erhöht ▶ Bild 2. Die Nasen- und Rachenschleimhäute sind entzündet, also gerötet und geschwollen. Hinzu kommen Husten, Heiserkeit, vermehrte Schleimbildung,
10 Schluckbeschwerden usw. Solch eine Erkältung, häufig auch als „grippaler Infekt" bezeichnet, ist in der Regel nach wenigen Tagen überstanden. Der Körper hat sich erfolgreich gewehrt.
Die meisten Erkältungen treten im Winter auf.
15 Meist erfolgt die Ansteckung über die Hände, auf die beim Berühren von Türklinken, Telefonhörern, Computertastaturen oder beim Händeschütteln Erreger übertragen werden.

Infektionskrankheiten Zu den häufigsten Er-
20 krankungen zählen die Infektionskrankheiten wie Erkältungen. Sie werden von Krankheitserregern ausgelöst, z. B. von Bakterien, Pilzen oder Viren, aber auch durch Würmer, Läuse und Einzeller. Unter einer *Infektion* versteht man das
25 Übertragen eines Erregers auf den Körper und dessen Eindringen. Dort vermehrt er sich. Die bedeutendsten Infektionswege sind:

1. Tröpfcheninfektion: Die Krankheitserreger werden mit der Luft eingeatmet.
2. Schmierinfektion: Beim Anfassen von Ge-
30 genständen, auf deren Oberfläche sich die Krankheitserreger befinden, werden diese übertragen. Die Erreger gelangen dann durch unbewusste Berührung von Nase, Mund oder Augen über die Schleimhäute in den
35 Körper. Ein Sonderfall ist der Verzehr von mit Erregern belasteten Nahrungsmitteln.
3. Infektion über den Austausch von Körperflüssigkeiten
4. Infektion über das Blut durch Zecken und
40 blutsaugende Insekten
Zahlreiche Barrieren verhindern bereits das Eindringen von Krankheitserregern ▶ Bild 1. Auf der Haut, im Mund-Rachen-Raum und Darm leben zudem harmlose Bakterien, sodass sich krank
45 machende Bakterien nicht so leicht ansiedeln.

Verlauf einer Infektionskrankheit In den meisten Fällen bemerkt man die Infektion selbst nicht ▶ Bild 2. Selbst noch einige Zeit danach fühlt man sich noch gesund und ist symptom-
50 frei, obwohl man die Krankheitserreger bereits in sich trägt und diese sich im Körper vermehren. Die Phase zwischen Infektion und dem Auftreten der ersten Symptome ist die *Inkubationszeit*.

- Augenlid-Wischeffekt
- Spülung durch Tränenflüssigkeit
- Tränenflüssigkeit mit Enzym, das Bakterien zerstört

- Nasenhaare
- Niesen
- feuchter, klebriger Schleim und Speichel
- Schleim und Speichel mit Enzym, das Bakterien zerstört
- verschließbare Öffnung

- Magensaft mit starker Säure

- feuchter, klebriger, saurer Schleim

- Trommelfell
- Ohrenhaare
- klebriger Talg
- Talg mit Enzym, das Bakterien zerstört

- feuchter, klebriger Schleim
- Schleim mit Enzym, das Bakterien zerstört
- Schleimabtransport durch Flimmerhärchen und Husten

- wasserdicht, verhornt
- Säuren in Schweiß und Talg

- verschließbare Öffnungen
- Ausscheidung

Auge — Ohr — Atemwege — Nase und Mund — Magen — Scheide — Haut — Darm

1 Barrieren des Körpers gegen Infektionen

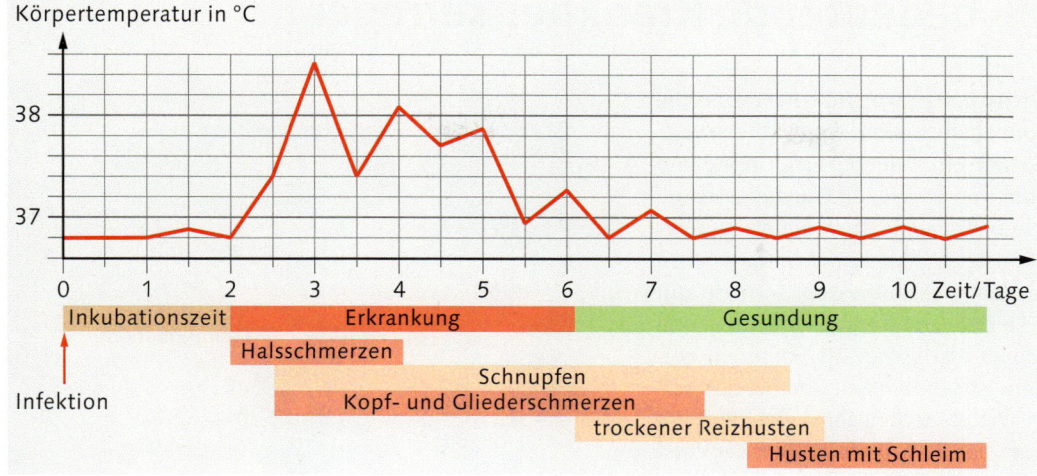

2 Typischer Verlauf einer Erkältung

55 Man ist bereits ansteckend. Das heißt, man kann die Erreger an andere weitergeben.
In der *Phase der Erkrankung* treten die Symptome deutlich zutage und klingen erst in der *Gesundungsphase* wieder ab. Sobald der Körper 60 den eingedrungenen Krankheitserreger wahrgenommen und erkannt hat, wehrt er sich. Bis die körpereigene Abwehr wirken kann, vermehren sich die Erreger im Körper weiter. Der Erkrankte kann, unter Umständen mit dem Rat 65 eines Arztes, die Heilung des Körpers durch geeignete Maßnahmen wie viel Ruhe, Schlaf, und Medikamente unterstützen.

Fieber Bei zahlreichen Infektionskrankheiten ist die Körpertemperatur, die normalerweise bei 70 ca. 37 °C liegt, erhöht. Von Fieber spricht man bei einer Temperatur von über 38,5 °C. Bei höherer Temperatur können zahlreiche Abwehrreaktionen des Körpers schneller ablaufen. Der Körper läuft auf „Hochtouren". Die erhöhte Temperatur 75 tötet jedoch keine Krankheitserreger, wie es häufig fälschlicherweise vermutet wird.
Sehr hohes Fieber, das heißt über 41 °C, kann dem Körper schaden, da körpereigene Proteine zerstört werden. Das Schwitzen verhindert auf 80 natürliche Weise einen zu hohen Temperaturanstieg: Der Schweiß auf der Haut verdunstet und kühlt den Körper. Wadenwickel mit feuchten Tüchern können dies unterstützen.

Krankheit und Gesundheit Krankheit wird häu- 85 fig als Gegensatz zu Gesundheit definiert. Die Übergänge sind jedoch fließend. Neben den Infektionskrankheiten gibt es weitere Krankheitsformen, z.B. Folgen von Unfällen und Verletzungen, Vergiftungen, Verbrennungen, Abnutzung von Organen, psychische Erkran- 90 kungen und Krebserkrankungen.

1 **A** Erkläre in eigenen Worten, was für dich die Begriffe „gesund" bzw. „krank" bedeuten.
B Erläutere die Definition von Gesundheit der WHO ▶ Bild 3.

2 **A** Nenne typische Infektionswege bei einer Erkältung.
B Beschreibe den Krankheitsverlauf bei einer Erkältung ▶ Bild 2.

3 Erläutere vorbeugende Maßnahmen, die Gesunde vor Ansteckung mit einer Erkältung schützen können.

4 **A** An seinen Eintrittspforten besitzt der Körper Barrieren gegen Infektionen ▶ Bild 1. Erkläre deren Funktion an zwei Beispielen.
B Begründe, weshalb übermäßiges Duschen auch nachteilig sein kann.

5 **A** Erkläre die Funktion von Fieber bei einer Infektion.
B Bei Fieber soll man vermehrt trinken. Begründe.

„Gesundheit ist der Zustand völligen körperlichen, seelischen und sozialen Wohlbefindens, der nicht lediglich durch Abwesenheit von Krankheit und Schwäche zu erreichen ist. Das für jeden Menschen erreichbare Höchstmaß an Gesundheit ist eines seiner Grundrechte."
(WHO – World Health Organization, 1954)

3 Definition des Begriffs Gesundheit der WHO

Viren – bedeutende Krankheitserreger

Bau und Eigenschaften von Viren Für zahlreiche Infektionskrankheiten sind Viren verantwortlich, z. B. für Masern, Windpocken, Grippe und Tollwut. Viren sind winzig, ihr Durchmesser beträgt zwischen 20 und 400 nm. Ein Nanometer ist ein millionstel Millimeter. Man kann Viren nicht unter dem Lichtmikroskop, sondern nur unter dem Elektronenmikroskop erkennen und hat sie deshalb erst später als Bakterien entdeckt. Ihr Bau ist sehr einfach und bei den verschiedenen Vertretern ähnlich: In einer Proteinhülle befindet sich die Erbinformation der Viren ▶ Bild 2. Auf der Oberfläche findet man ganz spezielle räumliche Strukturen, in denen sich die verschiedenen Viren unterscheiden. Viren haben keinen eigenen Stoffwechsel, sie bewegen sich nicht aktiv und haben keine eigenständige Fortpflanzung. Ebenso sind sie nicht aus Zellen aufgebaut. Daher zählt man Viren nicht zu den Lebewesen.

Vermehrung von Viren Für ihre Vermehrung sind Viren auf lebende Zellen angewiesen ▶ Bild 1. Jeder Virustyp benötigt ganz bestimmte Zellen für seine Vermehrung, die *Wirtszellen*. So nutzt das Grippevirus die Schleimhautzellen der Nase als Wirtszellen. Viren können Bakterien-, Pilz-, Pflanzen- oder Tierzellen befallen. Dabei injizieren sie ihre Erbinformation in die Zellen oder dringen vollständig in sie ein. Die Strukturen an der Oberfläche der Viren helfen beim Anheften oder Eindringen.

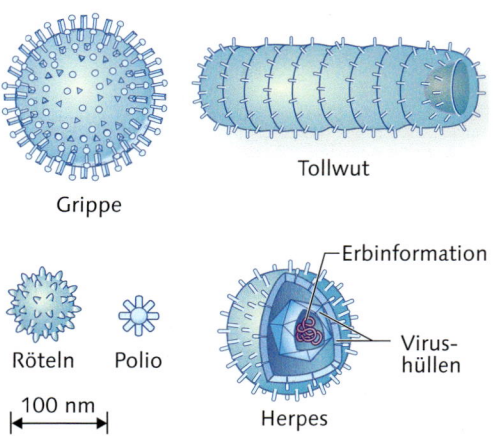

Grippe

Tollwut

Rötln   Polio

100 nm

Erbinformation

Virus-hüllen

Herpes

2 Verschiedene Formen von Viren

Mithilfe seiner Erbinformation übernimmt das Virus die Steuerung der Wirtszelle. Daraufhin produziert diese die Bestandteile des Virus und setzt daraus neue Viren zusammen. So entstehen in jeder befallenen Zelle viele Tausend Viren. Wenn die Viren freigesetzt werden, geht die Wirtszelle meist zugrunde. Die neuen Viren können nun weitere Zellen befallen und sich weiter vermehren.

1 Nenne typische Eigenschaften von Viren.

2 Beschreibe die Vermehrung von Viren ▶ Bild 1.

3 Bei Viren spricht man auch von „geborgtem Leben". Erkläre.

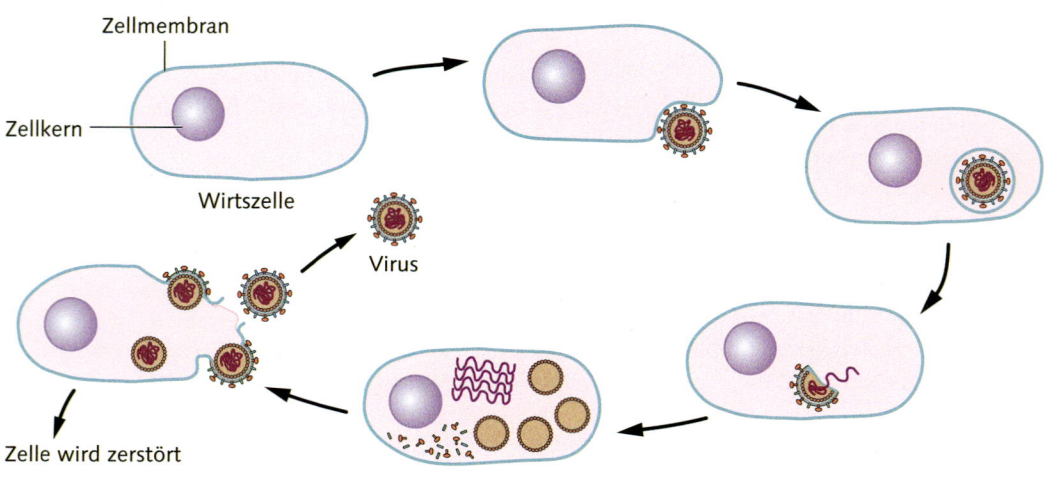

Zellmembran

Zellkern

Wirtszelle

Virus

Zelle wird zerstört

1 Vermehrung von Viren

Bakterien – nicht nur Krankheitserreger

Bau und Eigenschaften von Bakterien Bakterien sind einzellige Lebewesen. Ihre Zellen sind zwischen 0,1 und 5 µm groß. Ein Mikrometer entspricht einem tausendstel Millimeter. Bakte-
5 rien können mit dem Lichtmikroskop betrachtet werden. Sie haben ganz unterschiedliche Formen ▶ Bild 3. Ihr Grundbauplan ist aber gleich ▶ Bild 4.

Auf der Zellmembran liegt eine Zellwand auf.
10 Das Innere der Bakterienzelle wird vom Zellplasma ausgefüllt. Hier finden die Stoffwechselvorgänge statt. Die Erbinformation der Bakterien ist nicht von einer Kernhülle umgeben, sondern liegt frei im Zellplasma. Manche Bak-
15 terien können sich mit Geißeln aktiv fortbewegen.

Bakterien vermehren sich durch Zellteilung. Dabei verdoppelt sich zunächst die Erbinformation. Dann schnürt sich das Bakterium ein, so-
20 dass zwei *Tochterzellen* entstehen. Diese wachsen heran und der Teilungsvorgang beginnt von Neuem. Bei optimalen Bedingungen können sich Bakterien etwa jede halbe Stunde teilen. Die nach vielen Teilungen entstandene Bakteri-
25 enansammlung bezeichnet man als Bakterienkolonie.

Nützliche Bakterien Bakterien sind allgegenwärtig. Die meisten sind für uns nützlich. Im Darm helfen Darmbakterien bei der Verdauung.
30 Auf der Haut schützen sie vor Krankheitserregern. Im Boden zersetzen sie abgestorbene

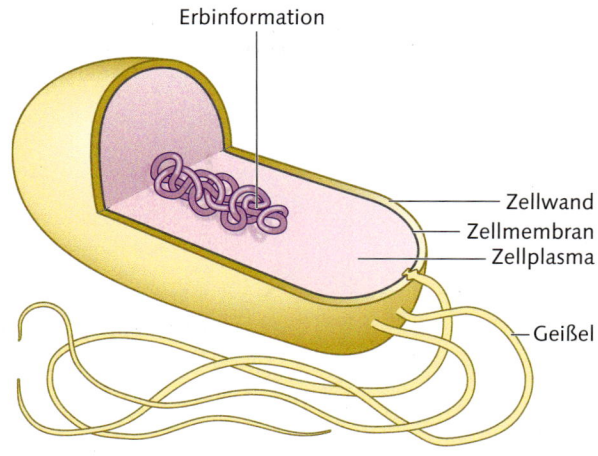

4 Grundbauplan eines Bakteriums

Erbinformation — Zellwand — Zellmembran — Zellplasma — Geißel

Lebewesen. Bei der Herstellung von Lebensmitteln wie Sauerkraut, Joghurt oder Käse nutzen wir Milchsäurebakterien.
Auch bei der Medikamentenherstellung, in 35 Kläranlagen und zur Zersetzung von Ölteppichen nach Schiffsunglücken werden Bakterien eingesetzt.

Schädliche Bakterien Nur ein kleiner Anteil der Bakterien ist schädlich. Sie können beispiels- 40 weise Nahrungsmittel verderben und dadurch Vergiftungen hervorrufen. Als Krankheitserreger setzen sie im Körper des Menschen Stoffwechselprodukte frei, die als Giftstoffe wirken. Von Bakterien ausgelöste Krankheiten sind z. B. 45 Karies, Scharlach, Salmonellose, Tetanus und Borreliose.

❶ Vergleiche die Bakterienzelle mit einer Tierzelle.

❷ **A** Berechne ausgehend von einem einzigen Bakterium, wie viele Zellen bei optimalen Bedingungen nach 2, 4 und 6 Stunden vorhanden sind.
B Stelle deine Ergebnisse in einem geeigneten Diagramm dar.

❸ Vergleiche Bakterien und Viren anhand folgender Kriterien: Bau, Größe, Vorhandensein von Erbinformation, Schädlichkeit, Nutzen, Zugehörigkeit zu Lebewesen. Lege dazu eine Tabelle an.

❹ „Vor Bakterien muss man sich schützen."
Nimm Stellung zu dieser Aussage.

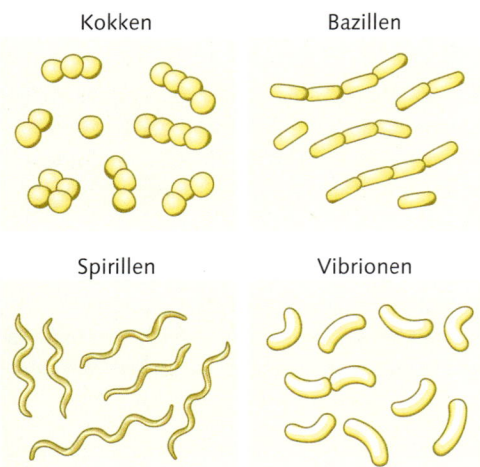

Kokken — Bazillen — Spirillen — Vibrionen

3 Verschiedene Bakterienformen

Antibiotika

Antibiotika sind wichtige Medikamente zur Behandlung bakterieller Infektionskrankheiten. Sie verhindern die Vermehrung von Bakterien oder töten sie ab. Im Jahr 1926 entdeckte der schottische Forscher ALEXANDER FLEMING Penicillin, das erste Antibiotikum.

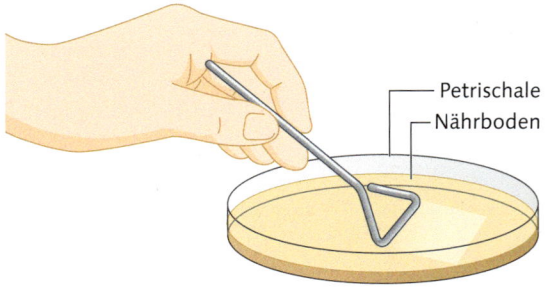

Petrischale
Nährboden

1 Beimpfen (Tag 1)

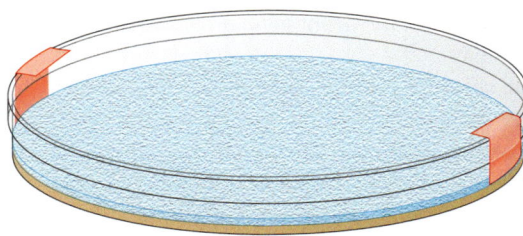

3 Bakterienrasen (Tag 15)

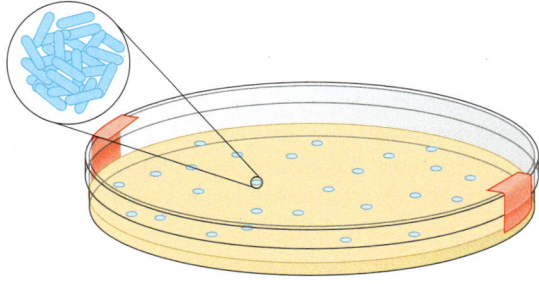

2 Bakterienkolonien (Tag 3)

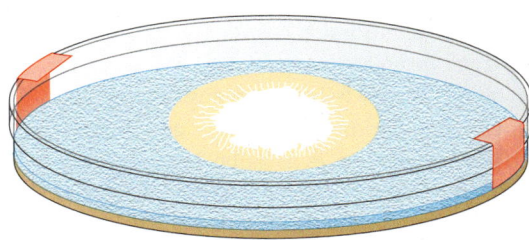

4 Verschimmelte Bakterienkultur (Tag 15)

Untersuchung der Vermehrung von Bakterien

1. Tag: Ich beimpfe die Nährböden mit Bakterien.
3. Tag: Die Bakterien haben sich vermehrt. Die verschiedenen Bakterienkolonien sind als kleine Pünktchen sichtbar.
Ich lasse die Bakterienkulturen stehen, damit sich durch weitere Teilungen ein gleichmäßiger Bakterienrasen entwickelt.
15. Tag: Einige Bakterienkulturen sind während meiner Abwesenheit leider verschimmelt. Morgen muss ich die alten Kulturen entsorgen und neue Kulturen ansetzen.
16. Tag: Beim Aufräumen mache ich eine auffallende Beobachtung an den verschimmelten Nährböden.
Dies muss genauer untersucht werden. Es könnte eine wichtige Entdeckung sein.

5 So könnten die Einträge in FLEMINGS Laborbuch ausgesehen haben.

1 **A** Beschreibe die ▶ Bilder 2 und 3.
   B Vergleiche ▶ Bild 3 mit ▶ Bild 4.
   C FLEMING vermutete, eine wichtige Entdeckung gemacht zu haben. Stelle selbst Hypothesen auf, die die Beobachtungen bei der Petrischale in ▶ Bild 4 erklären.

2 Schon vor 3500 Jahren bedeckten ägyptische Mediziner Wunden mit Umschlägen aus verschimmeltem Brot. Erkläre diese Behandlungsmethode mit den Erkenntnissen von FLEMING.

3 Heute kennt man eine große Anzahl von Antibiotika, die auf unterschiedliche Weise Bakterien bekämpfen. Entwickle ein Testverfahren, mit dem man herausfinden kann, welche Antibiotika gegen bestimmte Bakterien besonders wirksam sind.

4 Antibiotika wirken gegen viele Bakterien. Erkläre, weshalb es nach der Einnahme von Antibiotika häufig zu Verdauungsproblemen kommt.

Würmer als Krankheitserreger

Parasiten Auch bestimmte Tiere können Krankheiten hervorrufen. Sie befinden sich entweder für eine kurze Zeit oder dauerhaft in oder auf einem anderen Lebewesen und leben auf seine
5 Kosten. Man bezeichnet solche Tiere als *Parasiten*. Die Lebewesen, in oder auf denen solche Parasiten leben, heißen *Wirte*. Viele Parasiten werden aufgrund ihrer Körperform als Würmer bezeichnet, gehören aber zu verschiedenen
10 Gruppen der Wirbellosen.

6 Spulwurm

Spulwürmer Die häufigsten Wurmerkrankungen des Menschen werden durch Spulwürmer hervorgerufen ▶ Bild 6. Die Eier der Spulwürmer gelangen meist durch ungewaschenes
15 Obst und Gemüse oder verunreinigtes Trinkwasser in den Verdauungstrakt. Vom Darm aus können die Larven in verschiedene Organe wie die Lunge eindringen. Der adulte Wurm findet sich im Darm wieder. Mit dem Kot werden
20 Wurmeier ausgeschieden. Die Symptome sind abhängig von der Anzahl der im Körper vorhandenen Spulwürmer. Typisch sind Bauchschmerzen und Fieber. In schlimmen Fällen kann es zu einem Darmdurchbruch kommen. Mit Medika-
25 menten kann der Befall behandelt werden.

Hundebandwurm Der Entwicklungszyklus des Hundebandwurms ist kompliziert ▶ Bild 8. Er lebt als adultes Tier im Darm von Hunden. Am Vorderende besitzt der Hundebandwurm zur
30 Anheftung an die Darmwand Haken und Saugnäpfe ▶ Bild 7. Seine Eier werden mit dem Kot ausgeschieden. Pflanzenfressende Tiere wie Schafe oder Rinder nehmen die Eier auf. Solche Tiere werden als *Zwischenwirte* bezeichnet. Aus
35 den Eiern schlüpft eine Larve, die die Darmwand des Zwischenwirts durchdringt und in

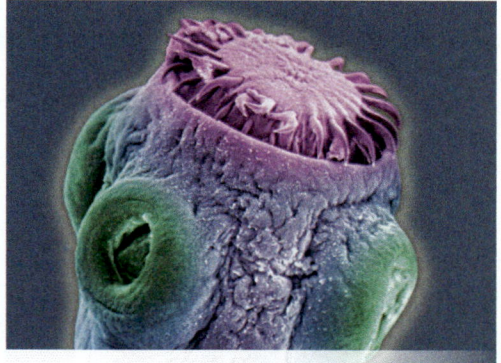

7 Vorderende des Hundebandwurms

dessen Muskeln oder Lunge wandert. Dort kapselt sie sich ein und bildet ein flüssigkeitsgefülltes Bläschen. Frisst nun ein Hund infiziertes Fleisch, so entwickelt sich die Larve in seinem 40 Darm wieder zum adulten Wurm. Auch der Mensch kann befallen werden. Die Bläschen können schmerzhaft sein und die Organe schädigen. Man kann sie auf Röntgenbildern erkennen und unter Umständen operativ entfernen. 45

1 Nenne vorbeugende Maßnahmen gegen Infektionen mit dem Spulwurm und Hundebandwurm.

2 Erkläre die Begriffe Parasit und Wirt.

3 **A** Beschreibe den Entwicklungszyklus des Hundebandwurms mithilfe von ▶ Bild 8.
B Vergleiche die Rolle des Schafs und des Menschen im Entwicklungszyklus.

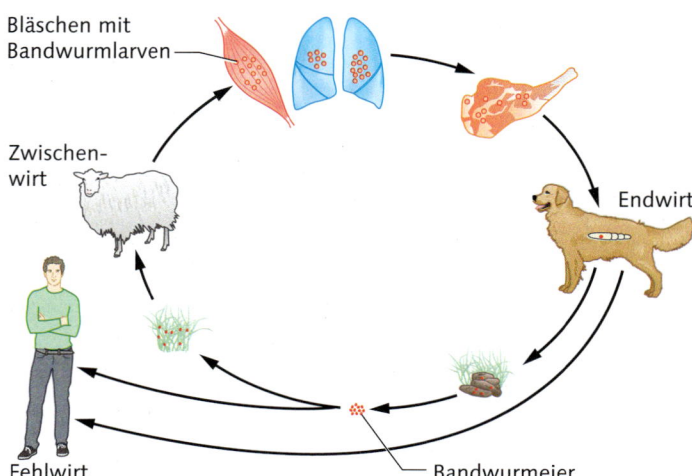

Bläschen mit Bandwurmlarven

Zwischenwirt

Endwirt

Fehlwirt

Bandwurmeier

8 Entwicklungszyklus des Hundebandwurms

METHODE

Internetrecherche

Für Referate und Hausaufgaben recherchierst du hin und wieder im Internet, um an Informationen zu kommen. Dabei helfen dir Suchmaschinen, mit denen du die Fülle an Quellen filtern kannst. Die gefundenen Inhalte musst du einer Prüfung unterziehen, bevor du sie in deiner Ausarbeitung verwenden kannst. Zudem sollte die Quelle benannt werden.

Das Internet bietet hervorragende Möglichkeiten für die Recherche, doch sind die Quellen von unterschiedlicher Qualität. Man muss wissen, wie man an die wesentlichen Informationen kommt und worauf man
5 achten muss, um seriöse Quellen von unseriösen zu unterscheiden.
Eine Internetrecherche umfasst folgende Schritte:

Schritt 1 Quellen suchen

Es gibt viele Suchmaschinen im Internet, z. B. Google,
10 Bing, Yahoo, Duckduckgo, Metager oder Ixquick
▶ Bild 1. Metasuchmaschinen wie Metager leiten die Anfrage an mehrere andere Suchmaschinen weiter und bereiten die gefundenen Ergebnisse auf.
Wenn man nur ein einzelnes Wort bei einer Suchma-
15 schine eingibt, erhält man oft eine unüberschaubare Anzahl an Internetseiten. Deswegen ist es hilfreich, eine genaue Fragestellung zu kennen. Mit einer erweiterten Suche oder der Angabe von mehreren Suchwörtern kann man die Auswahl filtern ▶ Bild 3.
20 Bei vielen Suchmaschinen helfen auch Operatoren ▶ Bild 2, um die Suche zu verfeinern. So kann man Begriffe von der Suche ausschließen oder nur bestimmte Dateiformate finden lassen.
Der Aufbau der Ergebnislisten bei den verschiedenen
25 Suchmaschinen ist sehr ähnlich. Eine Überschrift zeigt einen Teil des Titels der Seite, darunter stehen

Operator	Funktion	Beispiel
„ "	Exakten Ausdruck finden	„Masernerkrankung in Deutschland"
+	Beide Wörter müssen vorkommen	Masern + Kinderkrankheiten
ODER	Mindestens eines der Wörter muss vorkommen	Masern ODER Mumps
–	Dieses Wort darf nicht vorkommen	Masern –Epidemie
* oder **	Platzhalter für unbekannte Wörter oder Zeichen	Peni*illin
~	Auch Synonyme suchen	~ Krankheitserreger
title:	Das Wort muss im Titel der Internetseite auftauchen	title: Masern
allintitle:	Alle Wörter müssen im Titel der Seite auftauchen	allintitle: Masern Kinderkrankheit
filetype:	Nur bestimmte Dateiformate sollen gesucht werden, z. B. pdf, doc	Masern filetype: pdf

2 Einige Operatoren für die Internetsuche mit Google

die vollständige Webadresse und dann ein kurzer Auszug aus dem Text der Seite, in dem die Suchbegriffe fett gedruckt hervorgehoben sind. Auch ein Datum des Artikels ist meist angegeben. Da oft kommerzielle 30 Anzeigen oben erscheinen, kann die Reihenfolge der Suchergebnisse nicht mit der Relevanz gleichgesetzt werden.

Schritt 2 Quellen beurteilen

Auch wenn man durch eine ausführliche Suche die Er- 35 gebnisliste eingeschränkt hat, ist nicht jede Quelle brauchbar. Für ein Biologiereferat müssen die Quellen

1 Verschiedene Suchmaschinen

3 Gute Anfragen verringern die Anzahl der Suchergebnisse.

vertrauenswürdig sein, damit der Inhalt mit hoher Wahrscheinlichkeit sachlich richtig und damit ver-
40 wendbar ist.

Zunächst sollte man herausfinden, wer den Text verfasst hat. Wissenschaftliche Seiten, z.B. von Universitäten und Forschungszentren, zeigen vermutlich gesicherte Inhalte. Bei Verbänden, Vereinen und kom-
45 merziellen Seiten muss man damit rechnen, dass Sachverhalte einseitig dargestellt oder Produkte beworben werden. Deshalb muss man prüfen, ob die angegebenen Informationen richtig und ausreichend für die eigene Fragestellung sind. Jede Internetseite
50 sollte ein Impressum haben, aus dem der Verfasser deutlich hervorgeht – aber nicht immer ist dies der Fall. Fehlt ein Impressum, sollte man die Seite nicht verwenden.

Wikipedia ist ein digitales Nachschlagewerk. Jeder
55 darf auf dieser Plattform veröffentlichen, Artikel ergänzen oder neu schreiben. Die Inhalte werden von der Gemeinschaft der Wiki-Autoren zwar überprüft, sie sind aber nicht unbedingt wissenschaftlich abgesichert. Wikibu ist ein hilfreiches Werkzeug, das über
60 eine Punktevergabe die Qualität eines Artikels aus Wikipedia anzeigt, eine kritische Prüfung aber nicht ersetzt.

Man muss die Inhalte der verwendeten Seiten vergleichen und beurteilen, ob sie wirklich für die eigene
65 Fragestellung relevant sind.

Schritt 3 **Informationen verarbeiten und dokumentieren**

Auch von einer Internetseite darf man nicht einfach abschreiben. Das Copyright, also das Urheberrecht des Verfassers, muss gewahrt werden. Deswegen 70 müssen Zitate immer kenntlich gemacht werden. Die Quelle muss in einem Quellenverzeichnis angegeben werden, aus dem der Verfasser und die genaue Internetadresse hervorgehen. Das Abrufdatum der Internetseite ist dabei sehr wichtig, da die Inhalte im 75 Internet schnell verändert werden.

Bei Bildrechten verhält es sich genauso. Die Bilder aus dem Internet dürfen nicht einfach verwendet werden. Es gibt aber Onlinedatenbanken, die auch kostenfreie Bilder anbieten. Auch für Bilder muss eine Quellen- 80 angabe aufgeführt werden.

Sicherheit und Datenschutz im Internet

Suchmaschinen finanzieren sich oft über Werbung. Deswegen speichert z.B. Google die Suchanfragen und erstellt ein Benutzerprofil. Ausgewählte Werbe- 85 anzeigen werden dann geschaltet. Bei einigen Suchmaschinen wie Ixquick bleibt man anonym und bekommt keine Werbung, die zu vorangegangenen Suchanfragen passt. Die Suchanfragen sind dann bei öffentlichen Computern für andere nicht einsehbar. 90

1 **A** Informiere dich mithilfe der Methode Internetrecherche über eine der folgenden Krankheiten: Windpocken, Masern, Tollwut, Vogelgrippe, Pest, Botulismus, Salmonellen. Verwende verschiedene Quellen. Protokolliere deine Vorgehensweise.
B Erstelle einen Kurzvortrag.

4 Schüler beim Kurzvortrag

Unspezifische Abwehr

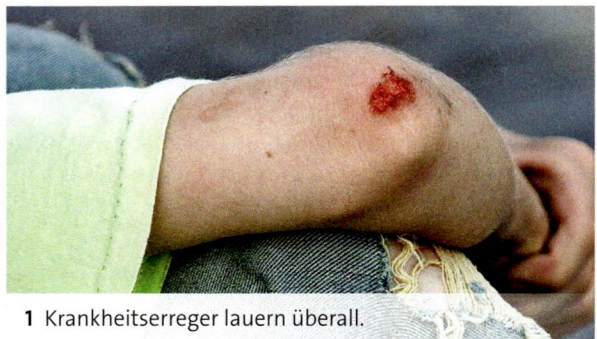

1 Krankheitserreger lauern überall.

Infektion Krankheitserreger sind überall, man kann ihnen nicht ausweichen. Sind die Barrieren des Körpers gestört oder ist die Zahl der Viren, Bakterien, Pilze usw. sehr hoch, können
5 die Barrieren überwunden werden und Krankheitserreger infizieren den Körper.
Bei einer Schnitt- oder Schürfwunde ist beispielsweise die Barriere Haut durchbrochen. Krankheitserreger wie Tetanusbakterien kön-
10 nen in den Körper eindringen.

Blutung und Wundverschluss Sind Blutgefäße verletzt, blutet die Wunde. Damit wird bereits auf einfache Art ein Teil der eingedrungenen Krankheitserreger wieder herausgespült. Nach
15 einigen Minuten bildet der Körper an der Wundoberfläche aus dem fadenförmigen, klebrigen

Eiweiß Fibrin ein Geflecht, in dem zerstörte Zellen und Blutzellen hängen bleiben. Dieser *Wundschorf* verschließt wie ein natürliches Pflaster die Wunde vorläufig. Die verletzten 20 Blutgefäße werden von Blutplättchen verschlossen. Die Blutung ist gestoppt.

Entzündung Bei der Verletzung wurden zahlreiche Hautzellen zerstört. Andere wurden von eingedrungenen Krankheitserregern gekapert. 25 Verletzte und befallene Körperzellen senden Signalstoffe aus, die den Körper alarmieren: So weiten sich daraufhin die feinen Blutgefäße der Region und führen zu einer intensiveren Durchblutung ▶ Bild 2. Der Hautbezirk rötet sich und 30 die Temperatur steigt. Die Blutgefäßwände werden für weiße Blutzellen sowie Blutflüssigkeit durchlässiger. Das infizierte Gewebe schwillt daher an. Gereizte Nervenzellen der Region leiten ein Schmerzsignal ans Gehirn. 35 Den gesamten Vorgang bezeichnet man als *Entzündung*.

Fresszellen und Eiter Die *Fresszellen*, ein besonderer Typ der weißen Blutzellen, „patrouillieren" durch das Gewebe, erkennen Krankheits- 40 erreger und nehmen diese und Zellreste auf ▶ Bild 3. Zudem geben sie weitere Signalstoffe ab. Im Lauf einer Entzündung gehen zahlreiche

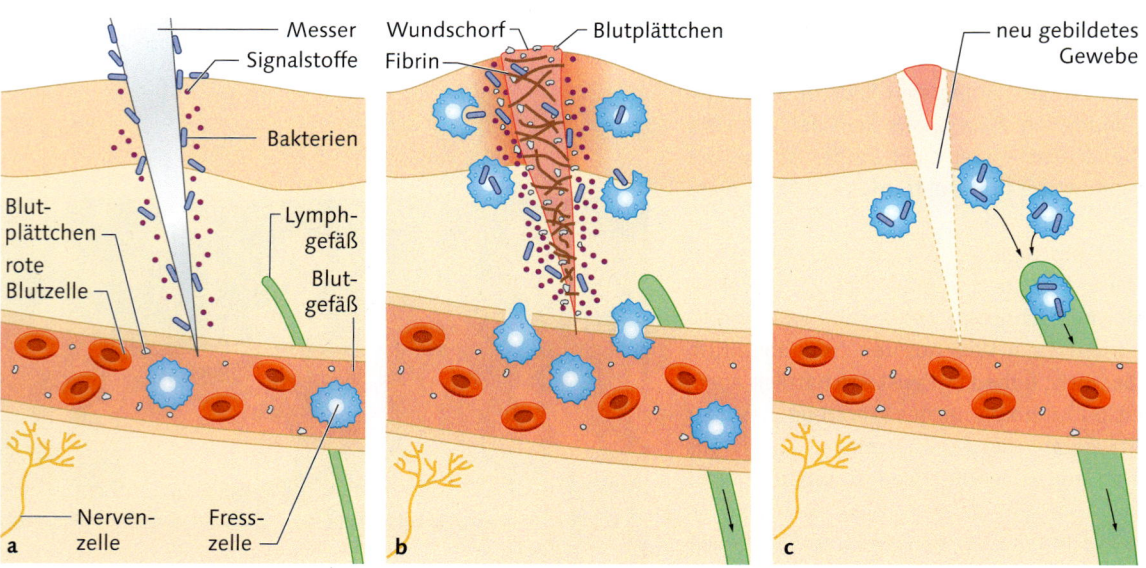

2 Entzündung bei einer Hautverletzung

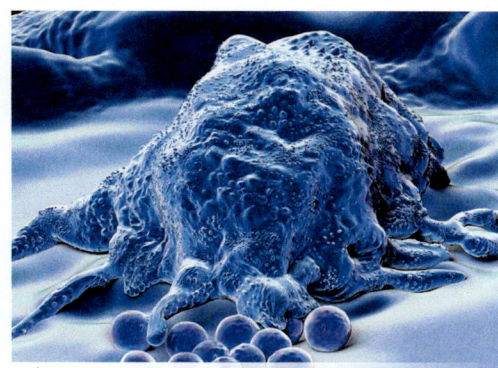

3 Fresszelle nimmt Fremdkörper auf.

Fresszellen zugrunde. Aus abgestorbenen Fress-
45 zellen und Resten von Bakterien entsteht gelb-
licher *Eiter*. Er wird nach und nach von anderen
Fresszellen beseitigt. Wenn alle Krankheitserreger und Zellreste entfernt sind, klingt die
Entzündung langsam ab. Parallel zur Entzün-
50 dung werden neue Zellen gebildet, die die Wunde dauerhaft reparieren.

Unspezifische Abwehr und Resistenz Wenn bei
einer Schnittwunde Bakterien oder bei einer
Erkältung Viren den Körper infizieren, sind die
55 Abläufe immer sehr ähnlich: Fresszellen prüfen
ihr Gegenüber und unterscheiden zwischen
„gehört zum Körper" und „gehört nicht zum
Körper". Alle Zellen tragen auf ihrer Oberfläche
„Ausweisproteine", die für den jeweiligen Orga-
60 nismus typisch sind. Alles, was körperfremd ist,
wird von den Fresszellen aufgenommen, verdaut und damit unschädlich gemacht.
Da sie sich gegen alles Körperfremde richten,
zählen die Fresszellen zusammen mit den
65 Schutzbarrieren zur *unspezifischen Abwehr*.
Diese Abwehreinrichtungen sind angeboren.
Die unspezifische Abwehr macht uns *resistent*,
das heißt widerstandsfähig gegen Krankheitserreger.

70 **Lymphsystem** Bei der Entzündungsreaktion tritt
neben den weißen Blutzellen auch Blutflüssigkeit aus den Gefäßen aus. Die zusätzliche Flüssigkeit zwischen den Gewebezellen lässt es
anschwellen.
75 Neben dem Blutgefäßsystem gibt es im Körper
ein weiteres Gefäßsystem, das Lymphsystem
▶ Bild 4. Die feinen Lymphgefäße beginnen
„blind" im Gewebe und vereinigen sich zu immer größeren Gefäßen. Sie nehmen die über-

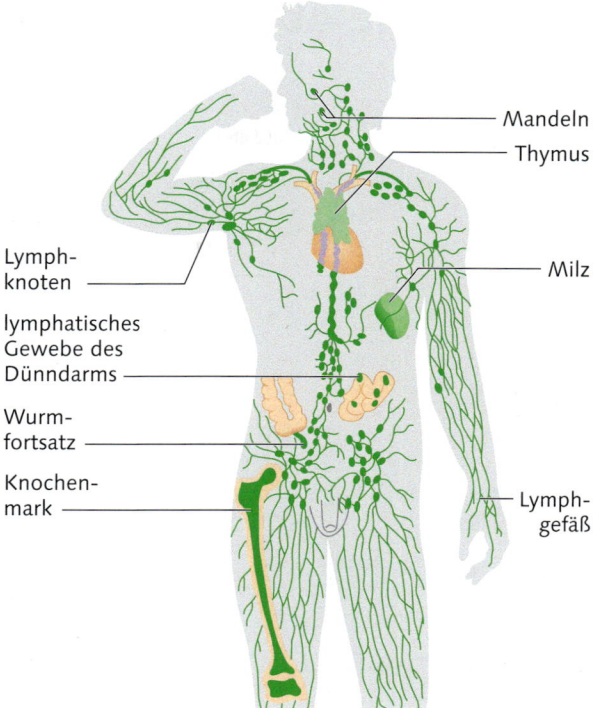

Mandeln
Thymus
Lymph-
knoten
Milz
lymphatisches
Gewebe des
Dünndarms
Wurm-
fortsatz
Knochen-
mark
Lymph-
gefäß

4 Lymphsystem

schüssige Flüssigkeit zwischen den Zellen auf 80
und leiten sie über die Venen in der Nähe des
Herzens zurück ins Blutgefäßsystem.
Mit der Gewebeflüssigkeit werden bei einer
Infektion auch Krankheitserreger wegge-
schwemmt. Die Lymphflüssigkeit fließt durch 85
Lymphknoten und zahlreiche lymphatische
Organe wie Mandeln und Milz. Hier wird die
Lymphflüssigkeit durch dort gespeicherte Fress-
zellen und andere weiße Blutzellen gereinigt.
Während einer Infektion können die Lymph- 90
knoten angeschwollen sein.

1 **A** Beschreibe den Ablauf einer Entzündungsreaktion
bei einer Hautverletzung ▶ Bild 2.
B Erkläre das Zustandekommen der Symptome
einer Entzündung.

2 Vergleiche die beiden Begriffe „unspezifische" und
„angeborene" Abwehr, die häufig gleichbedeutend
verwendet werden.

3 Erkläre, warum Fresszellen als „Zöllner" und
„Reinigungsspezialisten" bezeichnet werden.

4 Beschreibe den Bau und die Funktion des Lymph-
systems ▶ Bild 4.

Spezifische Abwehr

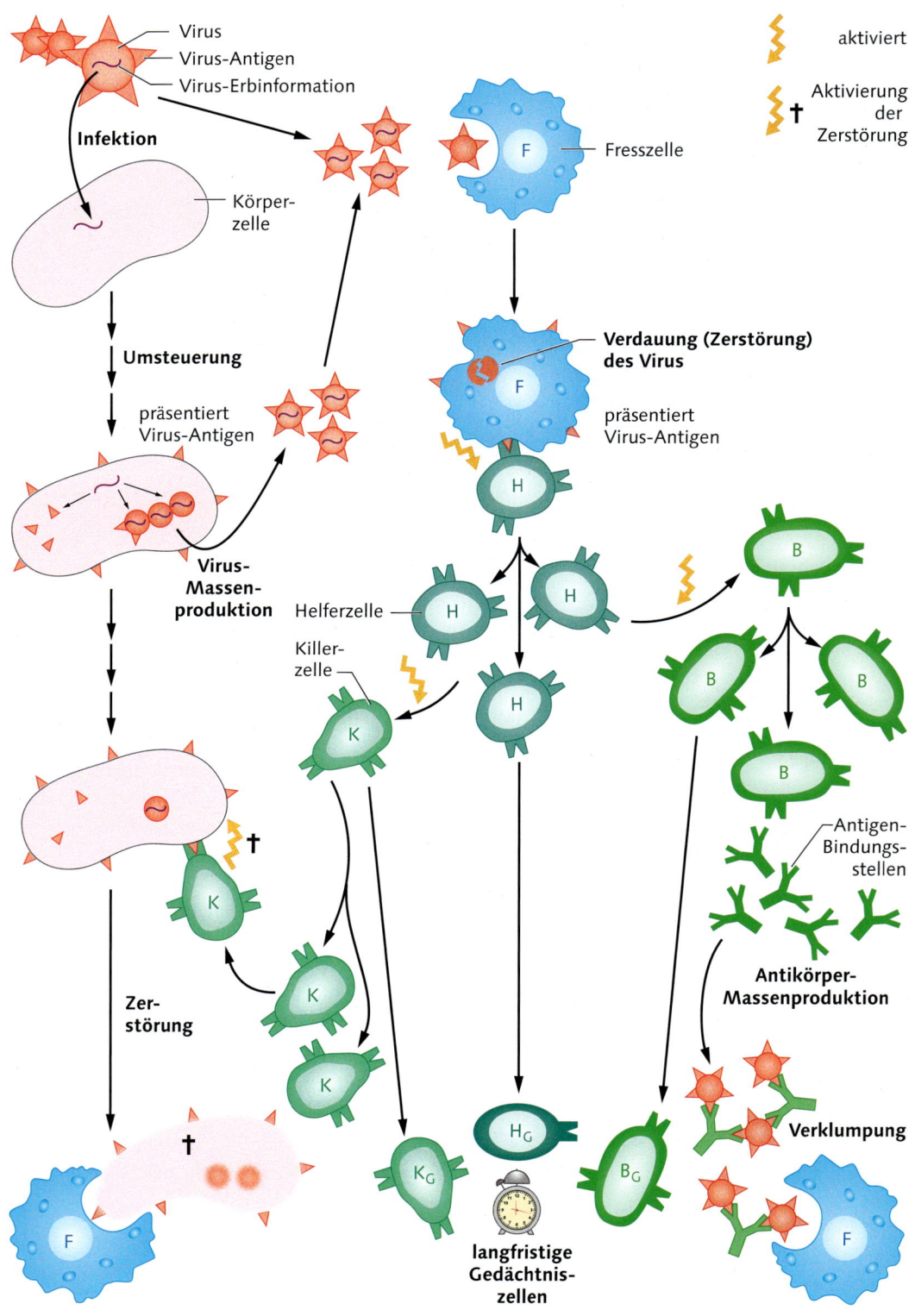

- Virus
- Virus-Antigen
- Virus-Erbinformation

Infektion

Körper-
zelle

Umsteuerung

präsentiert
Virus-Antigen

**Virus-
Massen-
produktion**

Helferzelle

Killer-
zelle

**Zer-
störung**

aktiviert

Aktivierung
der
Zerstörung

Fresszelle

**Verdauung (Zerstörung)
des Virus**

präsentiert
Virus-Antigen

Antigen-
Bindungs-
stellen

**Antikörper-
Massenproduktion**

Verklumpung

**langfristige
Gedächtnis-
zellen**

1 Spezifische Abwehr bei einer Virusinfektion

Überforderte unspezifische Abwehr Erkrankt man an einer Erkältung, konnten sehr viele Erkältungsviren die Infektionsbarrieren überwinden. Die Viren kapern zahlreiche Körperzellen,
5 die dann viele neue Viren herstellen. Befallene Körperzellen signalisieren dies, indem sie Teile des Virus auf ihrer Zelloberfläche zeigen, man nennt dies „präsentieren". Die körperfremden Teile bezeichnet man als *Antigene*.

10 **Aktivierung der spezifischen Abwehr** Auch Fresszellen, die Viren aufgenommen und verdaut haben, präsentieren die Virus-Antigene auf ihrer Zelloberfläche. Zudem aktivieren sie die spezifische Abwehr. Dabei gehen weiße
15 Blutzellen, wie Helfer-, Killer- und B-Zellen, ganz gezielt gegen das Virus und gegen befallene Körperzellen vor ▶ Bild 1. Während dieser Abwehrreaktion ist man krank.
Die spezifischen *Helferzellen* binden an die prä-
20 sentierten Virus-Antigene auf den Fresszellen. Die Helferzellen werden so aktiviert und teilen sich mehrfach. Zudem aktivieren sie die B-Zellen und Killerzellen. Beide sind auf die Bekämpfung des erkannten Erregertyps spezialisiert.

25 **Bildung von Antikörpern** Aktivierte *B-Zellen* stellen Y-förmige Proteine, die *Antikörper*, in großen Mengen her. Diese besitzen zwei passgenaue Bindungsstellen für die Virus-Antigene. Die Antikörper werden mit dem Blut und ande-
30 ren Körperflüssigkeiten im gesamten Körper verteilt und heften sich an die Viren. Haben mehrere Antikörper gebunden, verlieren Viren die Fähigkeit, Körperzellen zu infizieren.
Zudem können Klumpen aus Viren und Antikör-
35 pern von den Fresszellen leichter gefunden und aufgenommen werden.

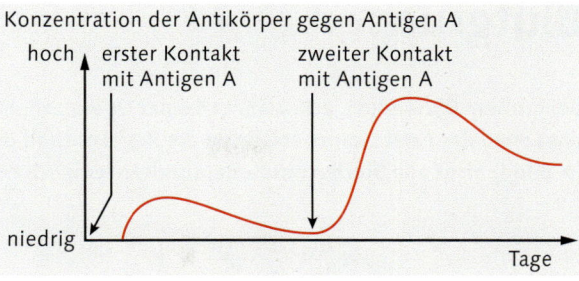

Konzentration der Antikörper gegen Antigen A

hoch — erster Kontakt mit Antigen A — zweiter Kontakt mit Antigen A

niedrig — Tage

3 Erst- und Zweitinfektion

Aktivierung von Killerzellen Aktivierte *Killerzellen* erkennen infizierte Körperzellen an den präsentierten Virus-Antigenen. Killerzellen lösen die Zerstörung dieser gekaperten Zellen aus. So 40 wird die weitere Produktion und Ausbreitung von neuen Viren verhindert. Fresszellen nehmen die Zellbruchstücke auf. Der Körper ersetzt die zerstörten Zellen mit der Zeit.

Immunität Nach einigen Tagen sind alle Erkäl- 45 tungsviren und infizierten Zellen beseitigt. Die an dieser spezifischen Abwehr beteiligten Zellen und Antikörper gehen zugrunde.
Einige spezifische Helferzellen, B-Zellen und Killerzellen bleiben jedoch als *Gedächtniszellen* im 50 Körper über Jahre hinweg erhalten. Wird der Körper ein zweites Mal vom gleichen Virus infiziert, sorgen sie dafür, dass die spezifische Abwehr sofort starten kann ▶ Bild 3. Meist bleibt die Zweitinfektion so unbemerkt. Man sagt, der 55 Körper ist *immun* gegen diesen Erreger.

1 Beschreibe die spezifische Abwehr ▶ Bild 1.

2 „Erworbene" und „spezifische" Abwehr werden häufig synonym gebraucht. Erkläre die Unterschiede der beiden Begriffe.

3 Antikörper allein sind gegen eine Infektion nicht ausreichend. Erkläre.

4 **A** Beschreibe die Antikörperkonzentration bei Erst- und Zweitinfektion mit dem gleichen Erreger ▶ Bild 3.
B Erkläre den Unterschied.

5 **A** Ordne die Antikörper den Erregern zu ▶ Bild 2.
B Begründe deine Zuordnung.
C Skizziere einen Vorschlag für das Aussehen des passenden Antikörpers für Erreger 4.

6 Erkläre die zentrale Aufgabe der Helferzellen bei der spezifischen Abwehr.

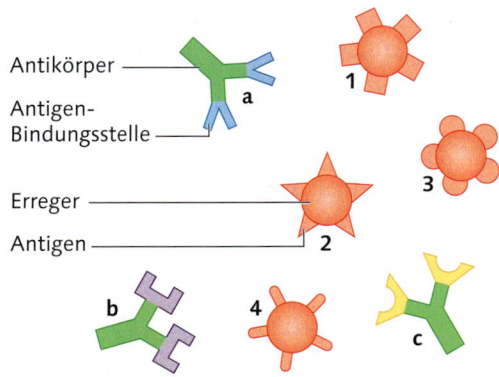

Antikörper
Antigen-Bindungsstelle
a
1
3
Erreger
Antigen
2
b
4
c

2 Spezifität der Antikörper

Blutgruppen

Bei großem Blutverlust, z. B. während einer Operation, hilft häufig eine Blutübertragung, das Leben des Patienten zu retten. In der Regel enthält die verabreichte Blutkonserve (▶ Bild 1) nicht alle Blutbestandteile, sondern lediglich die roten Blutzellen des Spenders.

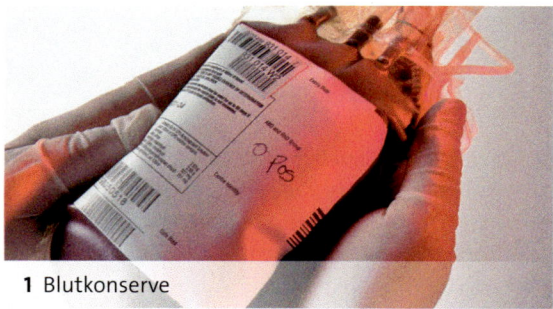

1 Blutkonserve

Die roten Blutzellen und das Blutplasma sind nicht bei allen Menschen gleich. Bei falscher Auswahl des Spenders kann dies für den Empfänger tödlich enden, da das Blut verklumpen und die Blutgefäße verstopfen würde. Man unterscheidet die Blutgruppen A, B, AB und 0. Die Blutgruppe ist ein unveränderliches Merkmal, das durch die Erbinformation festgelegt wird.

Rote Blutzellen können sich in bestimmten Oberflächenstrukturen unterscheiden. Sie werden als Antigene bezeichnet. So besitzen rote Blutzellen der Blutgruppe A das Antigen A auf ihrer Oberfläche ▶ Bild 2. Das Blutplasma enthält zudem Antikörper gegen die Blutgruppenantigene, die auf den eigenen roten Blutzellen nicht vorkommen. Das Blutplasma der Blutgruppe A enthält Antikörper gegen das Antigen B, häufig als Anti-B-Antikörper bezeichnet.

Blutgruppe	rote Blutzellen (Antigene)	Blutplasma (Antikörper)
A		Y
B		Y
AB		keine
0		Y + Y

2 Blutgruppen A, B, AB und 0

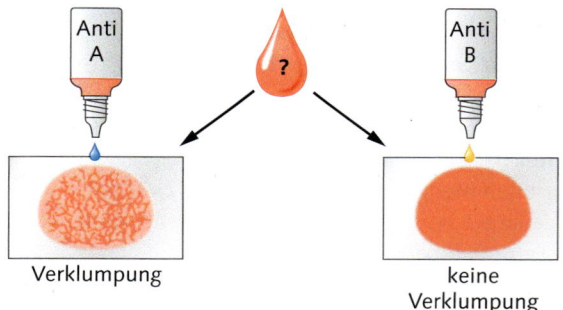

3 Blutgruppenbestimmung

1. Vergleiche das Blut der Blutgruppen A, B, AB und 0 ▶ Bild 2.

2. Erkläre beide Aussagen:
   A Personen mit Blutgruppe AB können von allen Spendern rote Blutzellen erhalten.
   B Personen mit der Blutgruppe 0 können allen Empfängern rote Blutzellen spenden.

3. Erkläre, wie man die Blutgruppe eines Menschen bestimmt ▶ Bild 3.

4. Zeichne die Verklumpung auf zellulärer Ebene.

5. Thilo besitzt die Blutgruppe B. Er benötigt nach einem Unfall eine Blutspende. Es stehen von vier Spendern Konserven mit roten Blutzellen zur Verfügung. Ermittle die zur Übertragung geeigneten Spender für Thilo mithilfe von ▶ Bild 4.

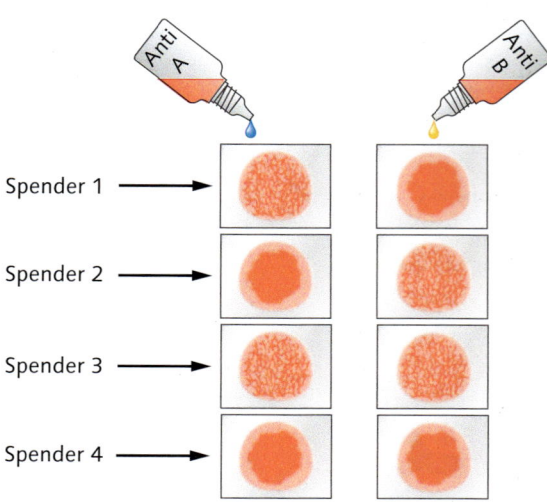

4 Blutgruppenbestimmung der Spender

Aktive Immunisierung

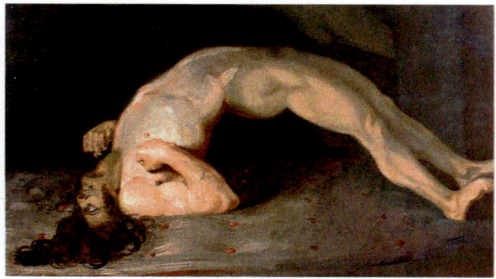

5 Tetanuspatient im Gemälde von Charles Bell, 1809

Tetanus Wundstarrkrampf ist eine tödliche Infektionskrankheit, die durch das Bakterium *Clostridium tetani* ausgelöst wird. Diese Bakterien kommen nahezu überall vor, auch in Stra-
5 ßenstaub und Gartenerde. Nach einer Inkubationszeit von 3 bis 21 Tagen bewirken ihre Gifte die Zerstörung von Blutzellen und extreme, sehr schmerzhafte Muskelkrämpfe, auch des Herzmuskels. Die Verkrampfung der Rückenmuskeln
10 beginnt häufig im Nacken und führt zu einer so starken Überstreckung des Rückens, dass sogar Wirbelbrüche auftreten können. Unbehandelt erfolgt der Tod durch Ersticken. Eine Ansteckung von Mensch zu Mensch ist nicht möglich.

15 **Schutzimpfung** In Deutschland tritt Tetanus dank der vorbeugenden *Schutzimpfung* nur noch sehr selten auf. Dabei wird künstlich eine spezifische Immunität gegen bestimmte Erre-

ger erzeugt. Bei dieser Schutzimpfung werden Tetanus-Antigene injiziert. Sie selbst können 20 die Krankheit nicht auslösen. Dennoch werden die Antigene vom Körper erkannt und eine spezifische Abwehrreaktion wird ausgelöst. So erklärt sich auch der Begriff *aktive Immunisierung* für die Schutzimpfung. Wie bei einer Infektion 25 werden spezifische Antikörper und Gedächtniszellen gegen Tetanus-Antigene gebildet.
Damit ein vollständiger Impfschutz entsteht, muss die Impfung nach 3 und 12 Monaten wiederholt werden. Auf diese Grundimmunisie- 30 rung sollten regelmäßige Auffrischungsimpfungen erfolgen. Nur so sind immer ausreichend Gedächtniszellen vorhanden.

Nebenwirkungen In sehr seltenen Fällen kommt es zu Nebenwirkungen der Impfung. Im Ver- 35 gleich zur Krankheit selbst, der mit der Impfung vorgebeugt werden kann, sind sie jedoch meist gering ausgeprägt.

1 Beschreibe die aktive Immunisierung ▶ Bild 6.

2 Vergleiche aktive Immunisierung mit der spezifischen Abwehr bei einer Infektion.

3 Erkläre den Begriff aktive Immunisierung.

4 Erkläre die Notwendigkeit von Auffrischungsimpfungen.

5 Begründe die Wichtigkeit von Schutzimpfungen.

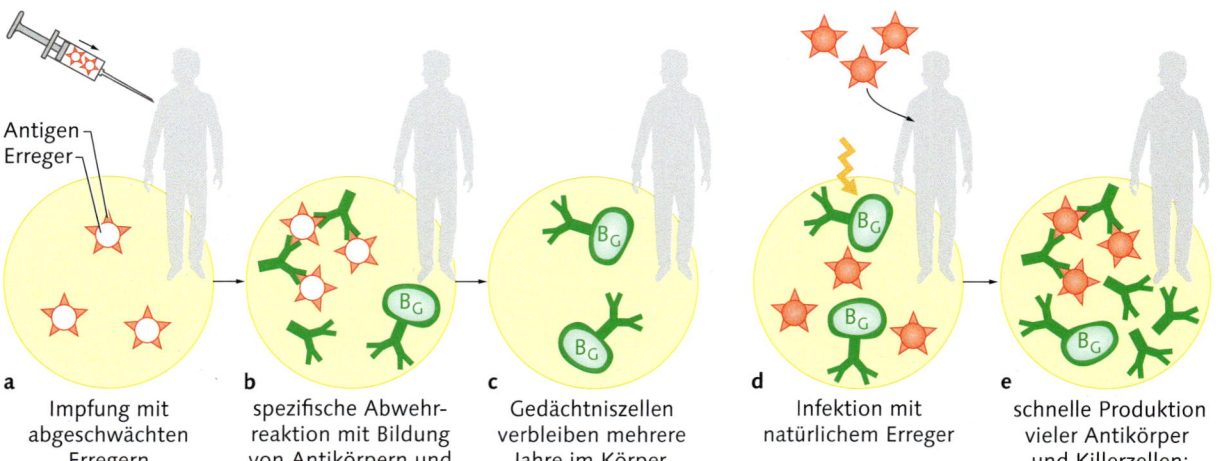

Antigen
Erreger

a Impfung mit abgeschwächten Erregern

b spezifische Abwehrreaktion mit Bildung von Antikörpern und Gedächtniszellen

c Gedächtniszellen verbleiben mehrere Jahre im Körper.

d Infektion mit natürlichem Erreger

e schnelle Produktion vieler Antikörper und Killerzellen; Infizierter bleibt gesund

6 Aktive Immunisierung

Passive Immunisierung

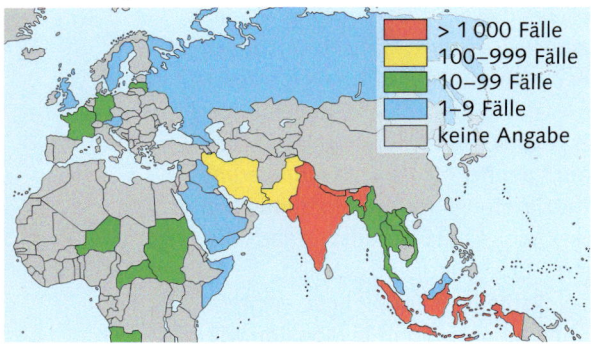

1 Verbreitung der Diphtherie 2013/14 (WHO)

> 1 000 Fälle
100–999 Fälle
10–99 Fälle
1–9 Fälle
keine Angabe

Diphtherie Bei der Infektionskrankheit Diphtherie werden die oberen Atemwege vom *Corynebacterium diphtheriae* befallen. Das von den Bakterien abgesonderte Gift kann lebensbedroh-
5 liche Folgen haben. Typisch sind hohes Fieber und Eiterbelag auf den Schleimhäuten von Nase, Mandeln und Rachen, der einen faulig-süßlichen Geruch verbreitet. Hinzu kommt ein heftiger bellender Husten mit starker Heiserkeit und
10 erschwertem Einatmen mit Pfeifgeräuschen. Häufig treten auch Herzmuskel- und Lungenentzündungen sowie Nervenlähmungen auf. Diphtherie ist in Deutschland dank der Schutzimpfung selten, kommt in Ländern mit geringer
15 Schutzimpfungsrate jedoch häufiger vor ▶ Bild 1.

Heilimpfung Infiziert sich eine Person erstmalig mit einem Erreger, gegen den sie keinen oder keinen ausreichenden Impfschutz besitzt, kann sie erkranken. Bei Erkrankungen, die schnell lebensbedrohlich werden können, wird im Rah-
20 men der Behandlung häufig die *Heilimpfung* eingesetzt. Das Heilserum enthält Antikörper, die spezifisch gegen den betreffenden Erreger wirken. Die körpereigene Abwehr des Patienten wird unterstützt. Da der Körper die Antikörper
25 nicht selbst herstellt, spricht man von *passiver Immunisierung*.
Die Antikörper werden aus Tierblut gewonnen, z. B. von Pferden, die zuvor mit dem abgeschwächten Antigen des Erregers geimpft wur-
30 den. Im Körper der Tiere läuft eine spezifische Abwehrreaktion ab, bei der auch Antikörper gebildet werden.

Nachteile Durch die passive Immunisierung werden keine Gedächtniszellen gebildet und
35 der Körper ist daher nicht immun. Die tierlichen Antikörper werden vom menschlichen Immunsystem als körperfremd erkannt. Es findet eine spezifische Abwehrreaktion gegen sie statt. Die Antikörper aus dem Heilserum sind daher nur
40 wenige Tage bis Wochen wirksam.

1 Beschreibe die passive Immunisierung ▶ Bild 2.

2 Erkläre, weshalb der Impfschutz durch passive Immunisierung nur kurze Zeit anhält.

3 Erkläre den Begriff passive Immunisierung.

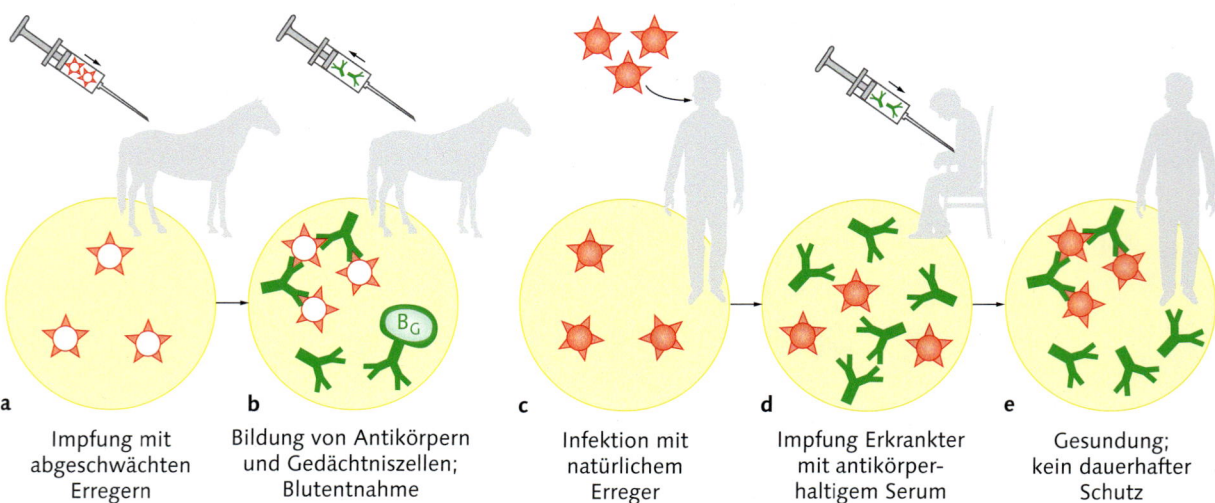

a Impfung mit abgeschwächten Erregern
b Bildung von Antikörpern und Gedächtniszellen; Blutentnahme
c Infektion mit natürlichem Erreger
d Impfung Erkrankter mit antikörperhaltigem Serum
e Gesundung; kein dauerhafter Schutz

2 Passive Immunisierung

Impfschutz und Impfmüdigkeit

Ärzte beklagen immer wieder, dass viele Deutsche ihren Impfschutz zu wenig kontrollieren und impfmüde seien. So kommt es beispielsweise immer wieder zu Masernausbrüchen. Masernviren sind hoch ansteckend und können noch Jahre nach der eigentlichen Erkrankung zu drastischen, teilweise lebensgefährlichen Spätfolgen führen. Durch Impfungen ausreichend vieler Menschen könnten die Masern in Deutschland jedoch leicht ausgerottet werden.

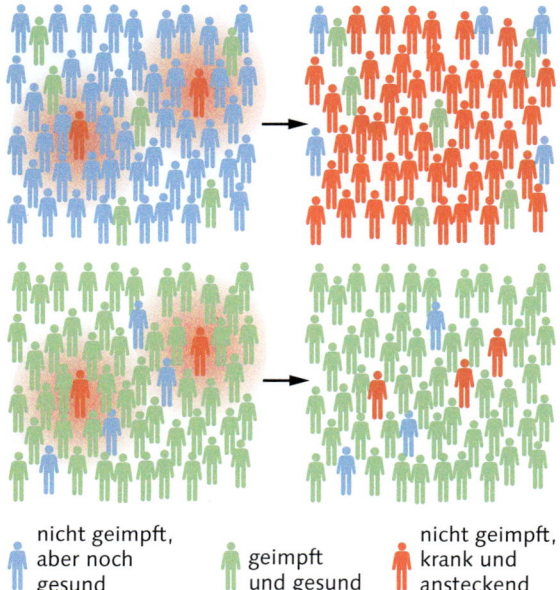

nicht geimpft, aber noch gesund

geimpft und gesund

nicht geimpft, krank und ansteckend

3 Ausbreitung der Masern

Alter in ...		Monaten					Jahren			
Impfung gegen ...	<2	2	3	4	11–14	15–23	5–6	9–14	15–17	>18
Tetanus		X	X	X	X		X	X		X
Diphtherie		X	X	X	X		X	X		X
Keuchhusten		X	X	X	X		X	X		X
Hib (Haemophilus influenzae Typ b)		X	X	X	X					
Polio (Kinderlähmung)		X	X	X	X			X		
Hepatitis B		X	X	X	X					
Pneumokokken		X		X	X					
Rotaviren	X	X		X						
Meningokokken C						X				
Masern					X	X				X
Mumps					X	X				
Röteln					X	X				
Windpocken (Varizellen)					X	X				
HPV (Humane Papillomviren)								♀		

4 Empfohlene Schutzimpfungen

1 Es gibt eine Impfkommission, die Impfempfehlungen ausspricht ▶ Bild 4. Nenne mindestens drei Krankheitserreger, gegen die ein einjähriges Kind bereits geimpft sein sollte.

2 **A** Beschreibe die Ausbreitung der Masern in beiden dargestellten Situationen ▶ Bild 3.
　B „Geimpfte Personen schützen auch die Nichtgeimpften!" Erkläre das Zitat.

3 Werte den Impfbuchausschnitt von Patrick vom 14.01.2005 im ▶ Bild 5 mithilfe der Empfehlungen von ▶ Bild 4 aus. Er wurde am 26.01.2003 geboren.
　A Nenne die Krankheiten, gegen die Patrick am 17.04.2003 bzw. 16.12.2004 geimpft wurde.
　B Werte aus, ob Patrick alle empfohlenen Impfungen korrekt erhalten hat.
　C Formuliere Impfempfehlungen für Patrick.

4 Prüfe deinen Impfschutz mithilfe von ▶ Bild 4.

Datum	Tetanus	Diphtherie	Pertussis	Poliomyelitis	Hib (Haemophilus influenza Typ b)	Hepatitis B	Masern	Mumps	Röteln	Varizellen	Meningokokken	Pneumokokken	Influenza
06.03.03	X	X	X	X	X	X							
17.04.03	X	X	X	X	X	X							
23.07.03	X	X	X	X	X	X							
22.05.04							X						
17.08.2004	X	X	X	X	X	X							
16.12.04										X			

5 Impfbuchausschnitt von Patrick am 14.01.2005

Zecken – eine Gefahr im Grünen?

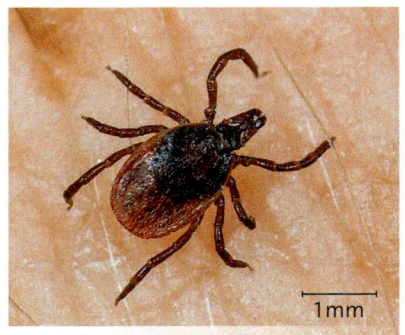

1 Adulte weibliche Zecke

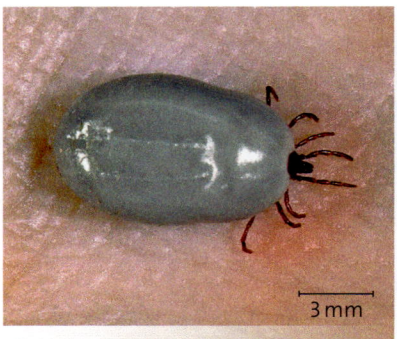

2 Vollgesaugte weibliche Zecke

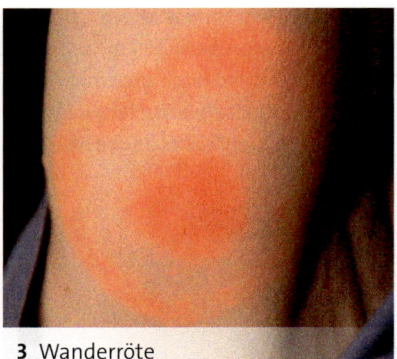

3 Wanderröte

Zecken als Krankheitsüberträger Die häufigste Zeckenart in Deutschland ist der Holzbock ▶ Bild 1. Er lebt in Gebüschen und Grasflächen und wird von Menschen oder Tieren beim Vor-
5 beigehen abgestreift. Zecken sind bei Temperaturen ab 7 °C aktiv.
Am vorderen Beinpaar der Zecken sitzen Sinnesorgane und kräftige Klauen. Mit dem Geruchssinn nehmen sie mögliche Wirtstiere wahr, mit
10 den Klauen können sich Zecken an ihren Wirtstieren festhalten. Unerkannt bleiben sie mehrere Tage auf ihren Wirten. Am Kopf befindet sich der kompliziert gebaute Stechapparat. Damit bohren die Tiere eine Öffnung in die Haut ihres
15 Wirts und saugen Blut. Die Widerhaken der Mundwerkzeuge verhindern ein leichtes Ablösen der Zecke. Als Parasiten leben Zecken nur vorübergehend auf Säugetieren oder Vögeln. Mit einer Blutmahlzeit können Zecken lange
20 überdauern ▶ Bild 2. Erwachsene Weibchen benötigen besonders viel Blut, um bis zu 2 000 Eier bilden zu können.

Übertragung von Krankheitserregern Beim Blutsaugen können Erreger, z. B. Viren oder Bak-
25 terien, auf den Wirt übertragen werden. Die am häufigsten auftretenden Krankheiten sind die durch ein Virus verursachte Hirnhautentzündung FSME (Frühsommer-Meningoenzephalitis) und die durch Bakterien verursachte Borreliose.
30 Bereits beim Eindringen des Stechapparats können die FSME-Viren durch den Speichel der Zecke ins Blut des Wirts gelangen. Die Borreliose-Erreger leben im Darm der Zecke und können erst nach mehrstündigem Saugen in das Blut
35 des Wirts gelangen.

Borreliose Borrelien sind für Wildtiere harmlose Bakterien. Der Körper des Menschen dagegen reagiert auf eine Borrelieninfektion mit den unterschiedlichsten Symptomen. Nur bei sehr wenigen der infizierten Personen treten nach 40 einigen Tagen erste Symptome auf: Um die Einstichstelle breitet sich kreisförmig eine Rötung aus, die Wanderröte ▶ Bild 3. Da die Bakterien in alle Organe einwandern können, lösen sie bei einem Teil der infizierten Personen nach einigen 45 Monaten oder Jahren weitere Symptome wie Gelenkschmerzen, Hautveränderungen, Kopfschmerzen oder Erschöpfungszustände aus. Bei sofortiger Behandlung mit Antibiotika kann die Erkrankung geheilt werden. Da die Symptome 50 häufig erst später auftreten, werden sie aber oft nicht mit einem Zeckenbiss in Verbindung gebracht und nicht entsprechend behandelt.

FSME Zunächst kann es zu grippeartigen Beschwerden kommen. Bei manchen Betroffenen 55 entzünden sich die Gehirnhäute oder das Gehirn selbst. Da es sich bei FSME um eine virale Erkrankung handelt, ist die Behandlung schwierig. Es gibt eine Schutzimpfung, die besonders Personen zu empfehlen ist, die in Risikogebie- 60 ten leben und sich häufig im Freien aufhalten.

1 Ordne die Zecken begründet einer Tiergruppe zu ▶ Bild 1.

2 Beschreibe die Angepasstheiten der Zecken an ihre Lebensweise als Parasit.

3 Nenne Maßnahmen, die einen Zeckenbefall verhindern oder verkürzen können.

Borreliose und FSME

Immer wieder werden die Menschen aufgefordert, sich bei Aufenthalten in der Natur vor Zeckenbissen zu schützen. Weshalb und wo Zecken besonders gefährlich sind, kannst du mit der Tabelle und der Karte herausfinden.

	Borreliose	FSME
Erreger	Bakterien	Viren
Vorkommen des Erregers in der Zecke	Darm	Speichel
Zeitpunkt des Eindringens der Erreger in den Wirt	nach mehrstündigem Blutsaugen	sofort beim Eindringen des Stechapparats
Anzahl der Erkrankten pro Jahr in Deutschland	80 000–100 000 (geschätzt)	220
Anteil der infizierten Zecken in Deutschland (regionale Unterschiede)	10–35 %	0,1–5 %
Antikörper im Blut nachweisbar?	ja, auch viele Jahre nach einer Infektion ohne Krankheitsausbruch	ja, auch wenn die Krankheit nicht ausbricht
Mögliche Erstsymptome	sich ringförmig vergrößernde Rötung um die Einstichstelle (Wanderröte)	Schwindel, Fieber, Kopfschmerzen, Abgeschlagenheit
Mögliche Spätsymptome	Gelenkschmerzen, Hautveränderungen, Kopfschmerzen, Schädigung des Gehirns	Gehirn- und Hirnhautentzündung, Schädigung des Nervensystems
Behandlung	Antibiotika	nur Linderung der Symptome
Vorbeugung durch Schutzimpfung	nicht möglich	möglich

4 Vergleich der Krankheiten Borreliose und FSME

❶ Erkläre, weshalb das rasche Entfernen einer Zecke wichtig ist.

❷ Erkläre, warum eine eindeutige Diagnose bei beiden Krankheiten so schwierig ist.

❸ Begründe, weshalb Antibiotika nur bei Borreliose eingesetzt werden.

❹ **A** Bewerte anhand der Karte (▶ Bild 5) das jeweilige Infektionsrisiko bei einer Wanderung im Schwarzwald oder in der Lüneburger Heide.

   B Begründe sinnvolle Vorbeugungsmaßnahmen für die beiden Gebiete.

❺ Bewerte die Wichtigkeit einer Schutzimpfung gegen FSME.

5 Deutschlandkarte mit Verbreitung von Borreliose und FSME

Allergien – das Immunsystem spielt verrückt

Bei einer *Allergie* bekämpft das körpereigene Abwehrsystem Stoffe aus der Umwelt, die eigentlich ungefährlich sind ▶ Bild 1. Allergien nehmen immer mehr zu, so hat jeder Dritte in
5 Deutschland eine oder mehrere Allergien. Gerade bei Kindern und Jugendlichen ist die Zahl der Allergiker deutlich gewachsen.

Unverträglichkeiten wie die Laktoseintoleranz gehören nicht zu den Allergien, weil sie Ursa-
10 chen im Stoffwechsel des Körpers haben.

2 Ambrosiapollen im Elektronenmikroskop

Reaktionen auf körperfremde Stoffe *Histamin* ist ein wichtiger Signalstoff im Körper. Er bewirkt eine Entzündungsreaktion des umliegenden Gewebes: Die Kapillaren werden erweitert
15 und das Gewebe wird besser durchblutet, rötet sich und schwillt an. Zudem erhöht Histamin den Herzschlag, regt die Darmbewegung an und kann Erbrechen auslösen. Dies sind alles Reaktionen, die dem Körper helfen, mit einer
20 Gefahr im Körperinneren umzugehen.

Reaktionen auf Allergene Allergien werden von *Allergenen* ausgelöst, so nennt man bestimmte Oberflächenstrukturen von Pollen, aber auch chemische Substanzen an Tierhaaren oder in
25 Lebensmitteln. Allergene können über die Nahrung aufgenommen, über die Luft eingeatmet werden oder bei Hautkontakt zu Reaktionen führen.

Bei einer allergischen Reaktion unterscheidet
30 man zwei Phasen ▶ Bild 3: Bei der Sensibilisierung bilden die B-Zellen der spezifischen Abwehr Antikörper gegen die Allergene. Diese werden dann an die Zelloberfläche von Mastzellen gebunden. Bei einem erneuten Kontakt mit dem Allergen beginnt die zweite Phase. Die 35 Allergene binden sich an die Antikörper der Mastzellen, woraufhin die Mastzellen Histamin ausschütten.

Bei der allergischen Reaktion wird sehr viel Histamin auf einmal freigesetzt. Alle beschriebe- 40 nen Körperreaktionen treten nun verstärkt auf: Es kommt zu Schwellungen des Gewebes bis hin zu juckendem Hautausschlag am ganzen Körper. Oft schwellen dem Betroffenen die Augen zu. Aber auch die Schleimhäute schwellen 45 an, sodass das Atmen schwerfällt und es zum Tod durch Ersticken kommen kann. Eine ständige Reizung der Schleimhäute der Atemwege durch Allergene kann zu deren chronischen Entzündung führen. Sind die Bronchien des Allergi- 50 kers betroffen, leidet er unter Asthma.

Allergieform	Allergene
Pollenallergie	Pollen von Windbestäubern wie Hasel, Birke, Ambrosia (▶ Bild 2) oder Gräsern. Da im Heu viele Gräserpollen vorhanden sind, spricht man auch von Heuschnupfen.
Tierallergien	Allergene auf Tierhaaren, z. B. Katzen-, Hunde- oder Pferdehaaren
Lebensmittelallergien	Allergene in Lebensmitteln; besonders häufig ist die Erdnussallergie
Kontaktallergie	Hautkontakt mit dem allergenen Stoff löst Allergie aus, z. B. Nickel in Schmuck.
Hausstauballergie	Allergene in den Ausscheidungen der mikroskopisch kleinen Hausstaubmilben, die vor allem in Textilien (Kleidung, Bettwäsche, Teppichen, Polstern) leben
Insektengiftallergie	Allergene in Insektengiften; viele Allergiker reagieren auf Bienen- oder Wespenstiche. Aber auch gegen Mücken- oder Bremsenstiche sind Allergien bekannt.
Medikamentenallergie	Allergie gegen bestimmte Medikamente, besonders häufig gegen Penicillin

1 Allergieformen

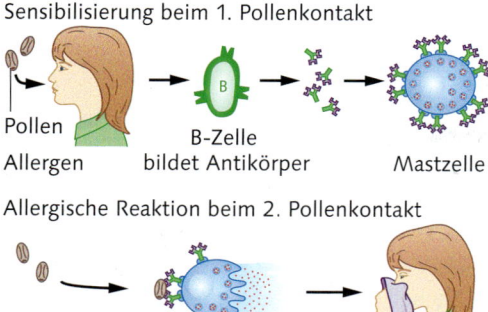

Sensibilisierung beim 1. Pollenkontakt

Pollen

Allergen

B-Zelle
bildet Antikörper

Mastzelle

Allergische Reaktion beim 2. Pollenkontakt

Allergen

Mastzelle setzt
Histamin frei

Heuschnupfen

3 Allergische Reaktion auf Pollen bei
Heuschnupfen

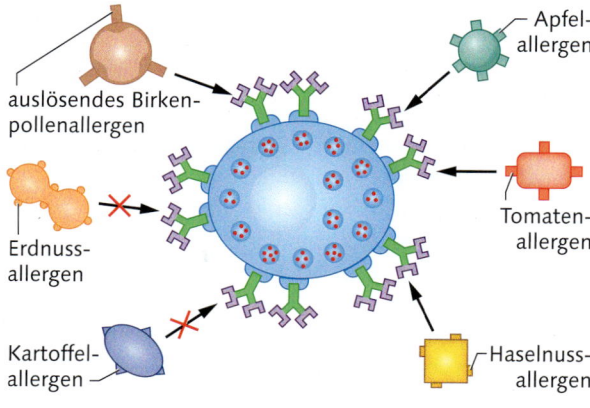

auslösendes Birken-
pollenallergen

Apfel-
allergen

Erdnuss-
allergen

Tomaten-
allergen

Kartoffel-
allergen

Haselnuss-
allergen

4 Kreuzallergie

Kreuzallergien Oft ist ein Allergiker nicht nur
gegen einen Stoff allergisch. Durch Kreuzallergi-
en reagiert sein Immunsystem auf viele weitere
55 Stoffe, die ähnliche Allergene tragen ▸ Bild 4. So
kann z. B. ein Birkenpollenallergiker im Lauf der
Jahre Lebensmittelallergien gegen Nüsse, Äpfel
und andere Obstsorten entwickeln.

Nachweis und Behandlung Ärzte führen Aller-
60 gietests durch. Beim Pricktest werden an verschiedenen Stellen der Haut unterschiedliche
Allergene aufgetragen und die Haut an diesen
Stellen mit einer Nadel angeritzt ▸ Bild 5. Tritt
nach etwa 30 min eine Rötung oder eine Schwel-
65 lung auf, ist dies der Nachweis einer Allergie auf
das besagte Allergen. Auch über Blutproben
kann im Labor eine Allergie nachgewiesen
werden.
Allergiereaktionen verhindert man, indem man
70 versucht, die auslösenden Allergene zu meiden.
Medikamente können akute Symptome einer
Allergie lindern oder unterbinden, indem sie
z. B. die Effekte des körpereigenen Histamins
unterdrücken. Viele Allergiker tragen ein Not-
75 fallset mit den speziellen Medikamenten bei
sich.
Mit einer Hyposensibilisierung kann versucht
werden, dem Immunsystem seine Überreaktion
auf ein Allergen abzutrainieren. Dabei werden
80 über mehrere Monate oder Jahre langsam gesteigerte Mengen des Allergens verabreicht.
Dadurch soll sich der Körper an die Allergene
gewöhnen und sie nicht mehr als gefährlich
einstufen. Gerade bei Pollen- und Lebensmit-
85 telallergien zeigen Hyposensibilisierungen Er-
folge.

1 **A** Beschreibe die Wirkung von Histamin auf den
Körper.
B Erkläre die Bedeutung von Histamin für den
Körper.
C Erkläre, warum es bei allergischen Reaktionen
eine wichtige Rolle spielt.

2 Vergleiche die allergische Reaktion mit der spezifischen Abwehr.

3 Erkläre mithilfe von ▸ Bild 4, was unter Kreuzallergien zu verstehen ist und was das für den Betroffenen bedeutet.

4 Beschreibe die Einschränkungen, mit denen ein
Allergiker leben muss.

5 „Kann Spuren von Erdnüssen enthalten" – Beurteile
die Wichtigkeit solcher Angaben auf Lebensmittelverpackungen.

6 Erkläre, warum eine Tierhaarallergie meist erst nach
der Anschaffung eines Haustiers bemerkt wird.

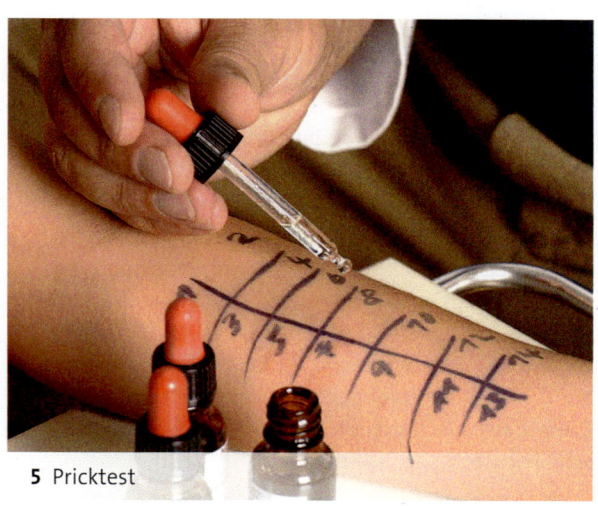

5 Pricktest

Zusammenfassung

Struktur und Funktion

Das Eindringen von Krankheitserregern in den menschlichen Körper wird zunächst durch die äußeren Barrieren Haut, Schleimhäute und
5 Körperflüssigkeiten, z. B. Tränenflüssigkeit, erschwert. So macht zäher Schleim, der von den Schleimhäuten abgesondert wird, die Erreger weniger beweglich und verhindert ein weiteres Eindringen in den Körper. Bei der unspezifischen
10 Immunabwehr werden Eindringlinge an ihren „Ausweisproteinen" von den Fresszellen als körperfremd erkannt und unschädlich gemacht. Reicht die unspezifische Abwehr nicht aus, werden bei der spezifischen Abwehr Antikörper ge-
15 bildet. Diese besitzen passgenaue Bindungsstellen für die Antigene des Erregers ▶ Bild 1. Durch dieses Schlüssel-Schloss-Prinzip können Viren und andere Erreger markiert und unschädlich gemacht werden.
20 Das biologische Prinzip *Struktur und Funktion* beschreibt diese Zusammenhänge.

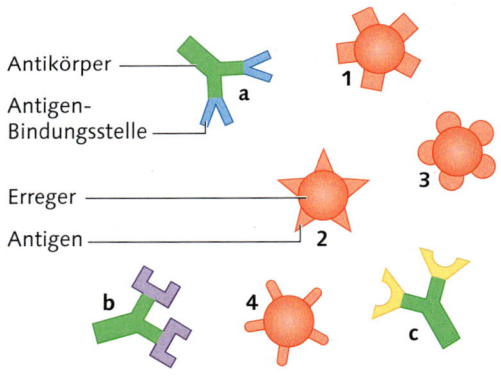

1 Spezifität der Antikörper

Angepasstheit

Krankheitserreger sind an ihre Wirte angepasst und können nur in ganz bestimmten Wirten
25 überleben. Parasiten besitzen darüber hinaus spezielle Merkmale, die es ihnen ermöglichen, ihre Wirte zu finden. Zudem weisen Parasiten Strukturen auf, um im oder auf dem Körper des Wirts zu verbleiben. Dazu gehören z. B. die Haft-
30 organe des Bandwurms, die das Anheften an der Darmschleimhaut des Wirts ermöglichen. Diese Beispiele beziehen sich auf das biologische Prinzip *Angepasstheit*.

Information und Kommunikation

Bei einer Verletzung setzen zerstörte Körper- 35
zellen Signalstoffe frei, die zu einer Entzündung führen. Fresszellen werden durch diese Signalstoffe angelockt und können eingedrungene Krankheitserreger aufnehmen ▶ Bild 2. Auch bei der spezifischen Abwehr findet ein Informa- 40
tionsaustausch zwischen verschiedenen beteiligten Zellen statt. So senden aktivierte Helferzellen Signalstoffe aus, die andere Zellen des Immunsystems aktivieren.
Bei der spezifischen Abwehr wird die Informati- 45
on über die beteiligten Erreger in Gedächtniszellen gespeichert. Dies verkürzt die Reaktionszeit gegen den Erreger bei einer Folgeinfektion. Eine Impfung kann die Immunreaktion unterstützen. Bei der passiven Immunisierung helfen 50
im Impfstoff enthaltene Antikörper bei der Bekämpfung einer bereits ausgebrochenen Krankheit. Bei der aktiven Immunisierung wird durch abgeschwächte Erreger die spezifische Abwehr in Gang gesetzt. So entstehen Gedächtniszel- 55
len, die vor zukünftigen Infektionen schützen. Man spricht hier vom biologischen Prinzip *Information und Kommunikation*.

Variabilität

Die Antigene sind bei verschiedenen Erregern 60
unterschiedlich. Der Körper muss deshalb mit einer Vielzahl verschiedener Antikörper auf Antigene reagieren können.
Bei Erregern wie dem Grippevirus verändern sich Antigene sehr häufig. Daraus ergibt sich, 65
dass Gedächtniszellen einer früheren Grippeerkrankung bei einer erneuten Infektion keine Wirkung mehr zeigen.
Anhand dieser Beispiele lässt sich das biologische Prinzip der *Variabilität* aufzeigen. 70

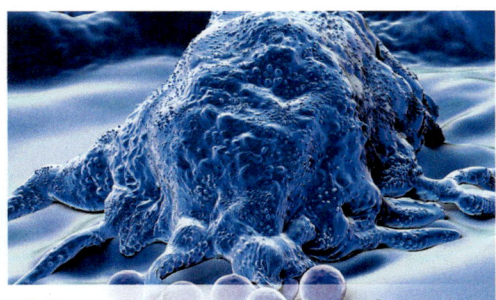

2 Fresszelle nimmt Fremdkörper auf.

Teste dich!

1 **A** Beschreibe die Wege, über die Krankheitserreger in den Körper des Menschen gelangen.
B Nenne je 2 Beispiele für Krankheiten, die von Viren, Bakterien und Parasiten ausgelöst werden.
C Nenne mindestens 5 Barrieren des Körpers gegen Krankheitserreger.

2 Bewerte die Empfehlung, in der Erkältungshauptsaison häufig die Hände zu waschen.

3 Bei der Vermehrung von Viren können sich die Antigene auf der Oberfläche der Viren verändern. Erkläre, warum dies die Immunabwehr erschwert.

4 Skizziere und beschrifte den Bau eines Bakteriums.

5 Vergleiche unspezifische und spezifische Abwehr.

6 Beschreibe die Aufgaben von Fresszellen.

7 Diese Zellen und Strukturen der Abbildung sind an der spezifischen Immunabwehr beteiligt ▶ Bild 3.
A Benenne die in ▶ Bild 3 abgebildeten Zellen und Strukturen.
B Ordne ihnen ihre Funktionen in der spezifischen Immunantwort zu.
C Erstelle eine Concept-Map, mit deren Hilfe man die Wechselwirkungen dieser Zellen und Strukturen untereinander erkennen kann. Verwende dabei die Symbole aus ▶ Bild 4.

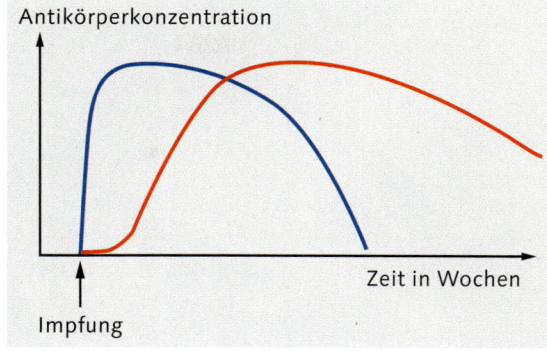

5 Antikörperkonzentration im Krankheitsverlauf

D Nenne weitere beteiligte Zellen oder Strukturen sowie Wechselwirkungen.

8 Erkläre, weshalb bei Infektionen die Lymphknoten manchmal anschwellen.

9 **A** Vergleiche die aktive und passive Immunisierung. Erstelle dazu eine Tabelle mit 5 Kriterien.
B Ordne die beiden Kurven in ▶ Bild 5 begründet der aktiven bzw. der passiven Immunisierung zu.

10 **A** Erkläre den Begriff Impfmüdigkeit.
B Beschreibe mögliche Folgen dieses Verhaltens.

11 Vor einer Blutübertragung muss die Blutgruppe des Patienten bestimmt werden.
A Begründe diese Notwendigkeit.
B Erläutere, welche Blutgruppe in ▶ Bild 6 getestet wurde.
C Der Patient der getesteten Blutgruppe soll rote Blutzellen erhalten. Erkläre, welche Spenderblutgruppe in Frage kommt.

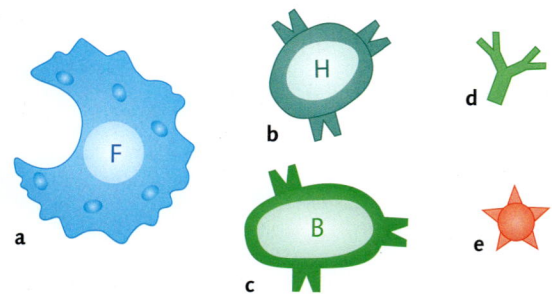

3 Zellen der spezifischen Immunabwehr

4 Symbole für die Concept-Map

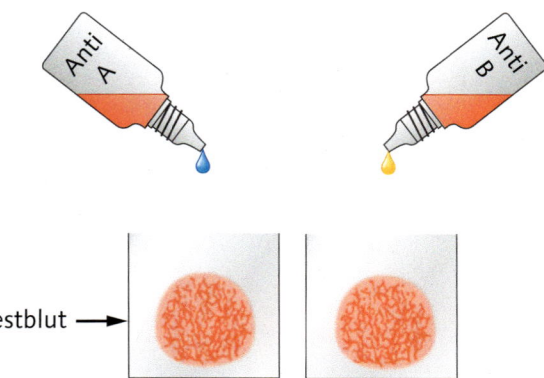

6 Blutgruppenbestimmung

▶ Die Lösungen zu den Aufgaben findest du im Anhang.

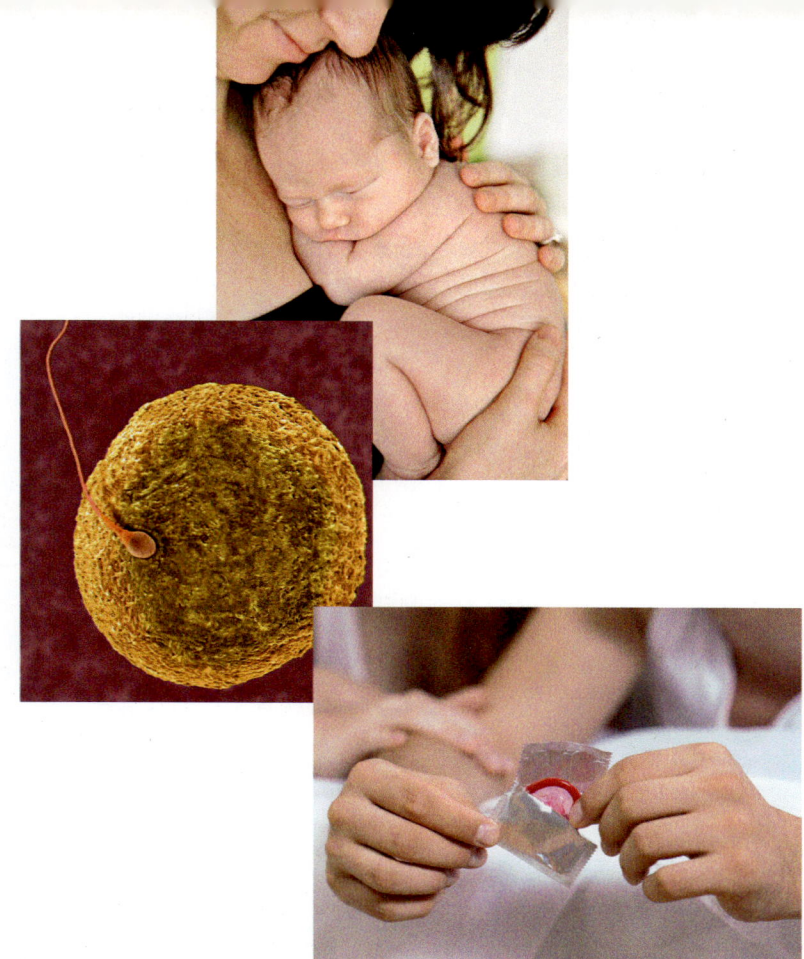

Fortpflanzung und Entwicklung ▶▶

In der Pubertät verändert sich der Körper von Mädchen und Jungen durch den Einfluss von Hormonen. Viele Jugendliche erfahren zum ersten Mal das Gefühl der Verliebtheit und fühlen sich zu einem anderen Menschen körperlich hingezogen. Vor dem ersten Geschlechtsverkehr müssen die Partner über Verhütung reden. Im Erwachsenenalter wächst bei festen Partnern oft der Wunsch, Verantwortung für ein Kind zu übernehmen. Aus einer durch ein Spermium befruchteten Eizelle kann sich im Körper der Frau ein neuer Mensch entwickeln.

Liebe und Sexualität

1 … liebt mich … liebt mich nicht …

Sich verlieben Max weiß gar nicht, was los ist. Mädchen haben ihn bisher nicht interessiert, aber seit Leyla in die Nachbarschaft gezogen ist, muss er ständig an sie denken. Wenn er sie
5 sieht, bekommt er Herzklopfen, im Bauch kribbelt es und er traut sich nicht, sie anzusprechen. Das kennt er von sich gar nicht. Ja, Max ist in Leyla verliebt. Er liebt auch seine Eltern, Geschwister und Großeltern, aber jetzt fühlt es
10 sich anders an. Was in der Pubertät neu hinzukommt, ist, dass die Liebe etwas mit dem Geschlecht zu tun hat. Max träumt davon, mit Leyla alleine zu sein, ihren Körper zu spüren, sie zu berühren und Zärtlichkeiten auszutauschen.
15 Aber davon würde Max – im Moment zumindest – niemandem erzählen.

Sich kennenlernen Bei jemandem, der verliebt ist, werden im Gehirn Botenstoffe freigesetzt, die einerseits glücklich machen, andererseits
20 aber auch anfällig für Enttäuschungen und Verletzungen werden lassen. Sowohl Jungen wie auch Mädchen fällt es deshalb oft schwer, ihren „Schwarm" anzusprechen. Sie haben Angst davor, abgelehnt zu werden, nicht „anzukommen".
25 Hat man diese Hürde überwunden, gibt es oft sehr unterschiedliche Erwartungen, wie es weitergehen könnte. Deshalb ist es wichtig, viel miteinander zu sprechen und gemeinsam zu unternehmen, um den anderen besser kennen-
30 zulernen.

Beziehungswünsche Was Verliebte im Einzelnen miteinander verbindet, ist sicher jeweils verschieden, beruht aber immer darauf, sich zu mögen, gemeinsame Interessen zu finden und
35 vor allem sich vom anderen verstanden zu

2 Sich kennenlernen

fühlen. Voraussetzung hierfür ist aber, sich selbst und auch seine eigenen Wünsche und Bedürfnisse zu kennen.

Liebe und Partnerschaft Verliebte möchten viel Zeit miteinander verbringen, sich seelisch und 40 körperlich nahe sein. Sie lernen sich im Lauf der Zeit in ihren Eigenarten und Wünschen gegenseitig kennen. Sie verstehen einander. Wenn die Partner sich vertrauen und respektieren, kann aus dem Verliebtsein eine dauerhafte Partner- 45 schaft entstehen. Beide sind gleichwertig und gleichberechtigt und entscheiden vieles gemeinsam. Deshalb ist es wichtig, viel miteinander zu sprechen und dem anderen seine Vorstellungen und Sichtweisen mitzuteilen. Die 50

Partner wachsen so zusammen und fühlen sich einander nah. Sie teilen schöne wie traurige Erlebnisse.

Sexualität Die menschliche Sexualität dient
55 nicht nur der Fortpflanzung, sondern auch der Bindung zwischen den Partnern über das Erleben von Zärtlichkeit und Lust. Wann die Partner für den ersten Kuss bereit sind oder dazu, zum ersten Mal miteinander zu schlafen, ist ganz
60 unterschiedlich. Jeder hat das Recht, selbst über den Zeitpunkt zu bestimmen. Man sollte deshalb offen darüber sprechen können, was man mag und was nicht, Grenzen klar formulieren und die Grenzen des Anderen akzeptieren.
65 Haben beide Partner den Wunsch, miteinander zu schlafen, müssen sie vorher unbedingt über Verhütung sprechen.

Kommunikation und Respekt Verantwortlich handeln bedeutet auch, die Wünsche und Gren-
70 zen des Anderen zu respektieren. Voraussetzung ist, dass diese Grenzen klar formuliert sind. Seine Gefühle deutlich zu spüren und seine Wünsche zu äußern, ist nicht immer einfach. Je älter man wird, umso bewusster kann man
75 damit umgehen. Ein klares Nein klärt die Situation und gibt dem anderen die Chance, die Bedürfnisse des Partners zu erkennen und auf ihn einzugehen.

Verantwortung übernehmen Wenn sich die
80 Partnerschaft bewährt, beschließen viele Paare dies nach außen z. B. durch eine Heirat sichtbar zu machen. Egal aber, in welcher Partnerschaftsform man lebt, es ist immer wichtig, Sorge füreinander zu tragen und Verantwortung für sich

und den Anderen zu übernehmen. Erweitert 85 sich die Partnerschaft um ein Kind, wird die gemeinsame Verantwortung noch größer.

1 Beschreibe die möglichen Gefühle der Person in ▶ Bild 1.

2 **A** Beschreibe, was die beiden Personen in ▶ Bild 2 jeweils davon abhalten könnte, sich gegenseitig anzusprechen.
B Sammelt in Kleingruppen Tipps zum Kennenlernen.
C Präsentiert eure Tipps und diskutiert die Umsetzbarkeit.

3 Erläutere den Begriff Sexualität.

4 Beschreibe, was für dich die Begriffe Verliebtsein, Liebe und Partnerschaft bedeuten.

5 Beschreibe Situationen, in denen Partner füreinander Verantwortung übernehmen.

6 **A** Beschreibe ▶ Bild 3 von Bild zu Bild.
B Begründe, ob die Sprechblasen einem Geschlecht zuzuordnen sind.
C Nenne Gründe, die der eine Partner haben könnte, Nein zu sagen.
D Beschreibe, wie sich ein verschämtes Nein von einem klaren Nein unterscheidet.
E Darf ein Partner noch Nein sagen, wenn man schon geschmust und Zärtlichkeiten ausgetauscht hat? Diskutiere.
F Beschreibe Aussagen und Handlungen, die dazu führen, dass sich ein Partner ausgenutzt fühlt.
G Entwickle einen möglichen Fortgang der Situation in ▶ Bild 3.

7 „Liebende verstehen sich ohne Worte." Bewerte diese Aussage.

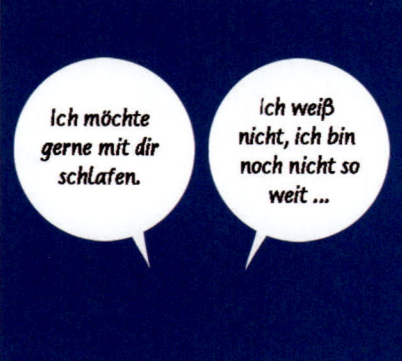

3 Nein sagen

Traumpartner

Die meisten von uns haben sich schon einmal den Traumprinzen oder die Traumprinzessin in der Fantasie ausgemalt. Dabei werden wir unbewusst auch von Meinungen und Vorstellungen anderer beeinflusst, wie Mädchen und Frauen oder Jungs und Männer zu sein oder auszusehen haben. So können Unsicherheiten entstehen, ob man selbst diesem Bild genügt. Mit der Wirklichkeit haben diese Bilder allerdings oft wenig zu tun.

1 Mädchen träumt von Traumprinzessin.

2 Junge träumt von Traumprinzessin.

1
A Nenne deine Idealvorstellungen zum Bild Mädchen und Frau bzw. Junge und Mann.
B Sammle in Zeitschriften, Werbung, Musik und Film Figuren, die diesen Idealbildern entsprechen.
C Nenne Gefahren, die diese idealisierten Bilder in sich bergen.
D Beschreibe, was für dich „schön" und was für dich „liebenswert" bedeutet.

2 Die Tabelle zeigt mögliche Eigenschaften eines Partners oder einer Partnerin ▶ Bild 3.
A Ergänze die Tabelle mit Eigenschaften aus Aufgabe 1 D.
B Nenne 10 Eigenschaften aus der Tabelle, die deine Partnerin oder dein Partner besitzen sollte.
C Erstelle eine Rangfolge der Eigenschaften nach Wichtigkeit.
D Notiere, welche 10 Eigenschaften der Tabelle auf dich selbst zutreffen.
E Lass einen Menschen, der dich gut kennt, ebenfalls 10 Merkmale zu dir heraussuchen. Stimmt dein Selbstbild mit dem Bild, das der Andere von dir hat, überein?

3
A Nenne Regeln, die für eine gut funktionierende gleichberechtigte Partnerschaft wichtig sind.
B Tauscht euch in Gruppen aus.
C Ergänze deine Liste.

treu	sportlich
ehrlich	fair
schlank	dunkelhaarig
verlässlich	tierlieb
erfahren	reich
witzig	ordentlich
intelligent	älter als ich
zielstrebig	liebevoll

3 Kriterien zur Partnerwahl

Sexualität ist vielseitig

Heterosexualität Frauen, die sich von Männern, und Männer, die sich von Frauen angezogen fühlen, schließen eine Partnerschaft mit dem jeweils anderen Geschlecht. Sie sind *hetero-*
5 *sexuell* (griech. *heteros:* verschieden).

Homosexualität Männer, die sich zu Männern, und Frauen, die sich zu Frauen hingezogen füh-len, nennt man *homosexuell* (griech. *homos:* gleich). Homosexuelle Frauen werden auch als
10 lesbisch, homosexuelle Männer als schwul be-zeichnet. Ist jemand von beiden Geschlechtern angezogen, spricht man von *Bisexualität* (lat. *bi:* zwei). Homosexuelle kennen die gleichen Glücksgefühle und Ängste des Verliebens und
15 der Sexualität. Sie führen Beziehungen wie Heterosexuelle. Dennoch sind Schwule und Les-ben häufig Diskriminierungen ausgesetzt. Ob-wohl in den letzten Jahren schon viel für ihre Gleichstellung erreicht wurde, gibt es noch
20 Menschen, die diese sexuelle Orientierung ver-urteilen. Sich das erste Mal öffentlich zur Ho-mosexualität zu bekennen, das *Coming-Out,* fällt daher noch immer vielen schwer.

Transsexualität Das Erleben des eigenen Ge-
25 schlechts nennt man *Geschlechtsidentität.* Man-che Menschen, haben das Gefühl, im falschen Körper geboren worden zu sein. Biologisches Geschlecht und Geschlechtsidentität stimmen dann nicht überein. Diese Menschen sind *trans-*
30 *sexuell.* Oft leiden sie darunter und wünschen sich, das gefühlte Geschlecht auch körperlich, nach außen sichtbar, anzunehmen. Manche nehmen Operationen und Hormonbehandlun-gen auf sich, um das Geschlecht auch körperlich
35 anzugleichen. Allerdings führen diese Eingriffe zur Unfruchtbarkeit.

Respekt und Einvernehmen Die Sexualität des Menschen ist vielfältig. Ganz gleich, welche Form der Sexualität Menschen leben – die Part-
40 ner sollten stets respektvoll und verantwor-tungsbewusst miteinander umgehen. Bezieh-ungen und Sexualität müssen immer einvernehmlich und rücksichtsvoll gestaltet sein. Solange dies der Fall ist, gibt es keinen
45 Grund, andere wegen ihrer sexuellen Orientie-rung zu verurteilen.

4 Schwules Paar

5 Lesbisches Paar

6 Heterosexuelles Paar

1 Stell dir vor, ein guter Freund oder eine gute Freundin von dir vertraut dir an, dass er oder sie homosexuell ist. Wie gehst du damit um?

2 Erläutere die Begriffe Geschlechtsidentität und biologisches Geschlecht.

METHODE

Methoden zum Wiederholen

Bereits in den vergangenen Schuljahren waren die weiblichen und männlichen Geschlechtsorgane Thema im Unterricht. Die folgenden Techniken helfen dir, bereits bekannte Inhalte zu wiederholen.

Begriffe ordnen
Um dir Begriffe besonders gut einzuprägen, kann es dir helfen, Begriffe nach Kategorien zu ordnen.

Schritt 1 Lies die Begriffe aus ▶Bild 1. Überlege, nach welchen Kategorien du die Begriffe sortieren kannst. Es gibt verschiedene Möglichkeiten. Eine Möglichkeit siehst du in ▶Bild 3.

Schritt 2 Ordne die Begriffe deinen Kategorien zu.

Schritt 3 Ergänze die Begriffssammlung mit weiteren Begriffen und gegebenenfalls auch Kategorien. Du kannst die ▶Bilder 2 und 4 zu Hilfe nehmen.

Eierstöcke, Schamlippen, Eichel, Scheide, Hoden, Schwellkörper, Kitzler, Spermienleiter, Spermien, Gebärmutter, Vorhaut, Harnspermienröhre

Weibliche Geschlechtsorgane	Männliche Geschlechtsorgane
Eierstöcke	Hoden
Scheide	Schwellkörper
...	...

1 Liste von Begriffen

3 Zuordnung zu Kategorien

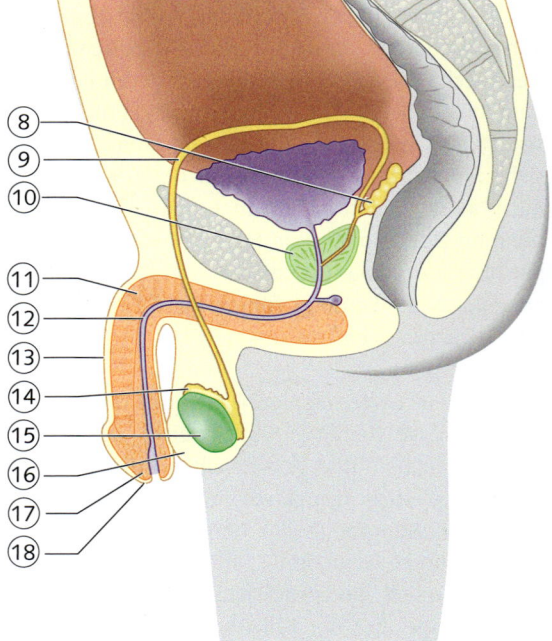

2 Weibliche und männliche Geschlechtsorgane

Struktur-Lege-Technik

Diese Technik hilft dir, Zusammenhänge herzustellen, indem du wichtige Begriffe verknüpfst.

Schritt 1 Schreibe einen zentralen Begriff zum Thema auf ein Kärtchen.

Schritt 2 Notiere auf weiteren Kärtchen Begriffe, die dir in diesem Zusammenhang einfallen.

Schritt 3 Lege diese Kärtchen in eine für dich sinnvolle Struktur. Ein Beispiel siehst du in ▶ Bild 5.

Schritt 4 Erkläre einem Partner die gelegten Strukturen.

Schritt 5 Erweitere deine Kärtchensammlung durch weitere Begriffe.

Schritt 6 Du kannst deine gelegte Struktur zu einer Concept-Map erweitern (siehe S. 82) und in dein Heft übernehmen.

1 Benenne die mit Ziffern beschrifteten Organe in ▶ Bild 2.

2 Erkläre die Begriffe aus ▶ Bild 1.

3 Ei- und Spermienzellen sind so gebaut, dass die Befruchtung ermöglicht wird.

   A Beschreibe den Bau eines Spermiums. Nimm ▶ Bild 5 zu Hilfe.

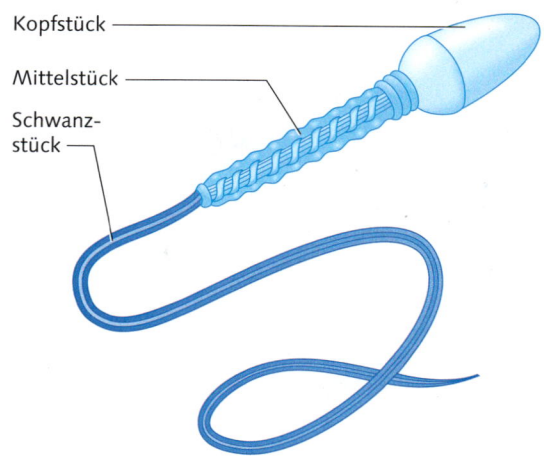

Kopfstück
Mittelstück
Schwanzstück

5 Bau des Spermiums

   B Erkläre die Funktion der Bestandteile des Spermiums bei der Befruchtung.

   C Vergleiche den Aufbau eines Spermiums mit dem einer Eizelle.

   D Die Funktion der Eizelle lässt sich aus ihrem Bau erschließen. Erkläre.

4 Beschreibe den Weg eines Spermiums vom Bildungsort bis zum Spermienerguss.

5 Beschreibe den Weg einer Eizelle vom Bildungsort bis zur Gebärmutter.

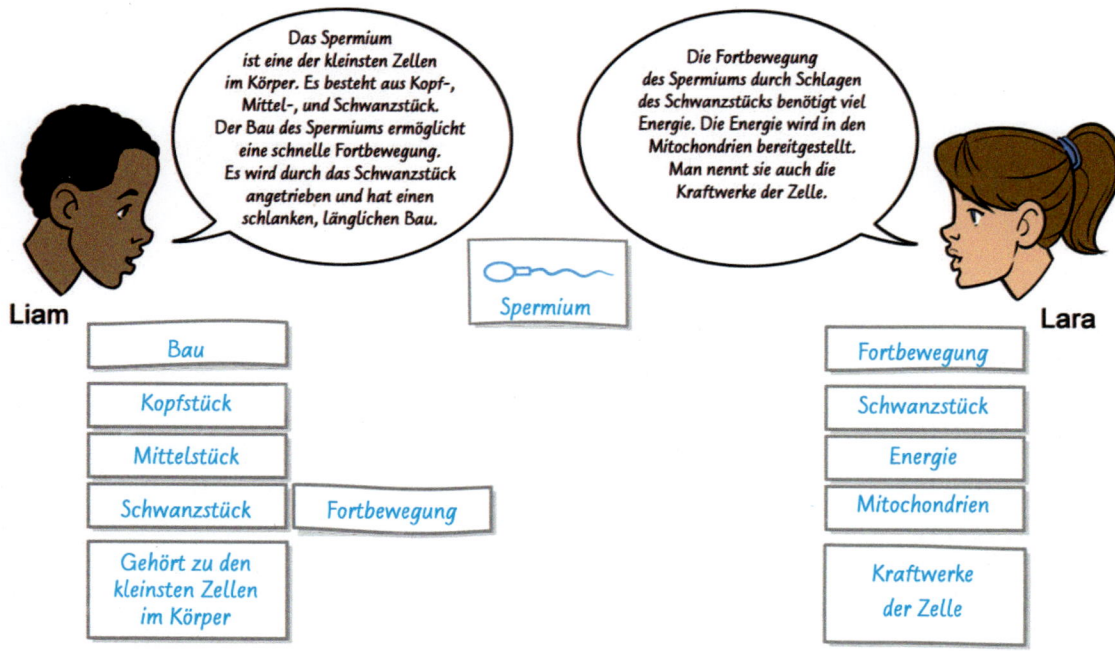

4 Struktur-Lege-Technik

Sexualhormone

Pubertät Beim Erwachsenwerden verändert sich der menschliche Körper nicht nur durch Wachstum und Gewichtszunahme. In der Pubertät gelangt er zur Geschlechtsreife. Bei
5 Mädchen setzt die erste Menstruation ein und Jungen haben ihren ersten Spermienerguss. Wann die Pubertät beginnt, kann sehr unterschiedlich sein. Sie wird durch Hormone ausgelöst. Hormone sind Botenstoffe, die in den
10 Hormondrüsen des Körpers produziert werden.

Sexualhormone Das Gehirn gibt das follikelstimulierende Hormon (FSH) und das luteinisierende Hormon (LH) ab ▶ Bild 1. Dieses Signal löst die Produktion von Sexualhormonen aus.
15 *Sexualhormone* sind die Hormone, die in den Eierstöcken der Frau und den Hoden des Mannes gebildet werden. Während der Pubertät erhöht sich die Konzentration der Sexualhormone deutlich. Sie bewirken eine vollständige Ausprä-
20 gung der Geschlechtsmerkmale.

Östrogene Östrogene sind diejenigen Sexualhormone, die den größten Beitrag zur körperlichen und psychischen Entwicklung der Frau leisten. Östrogene regen das Wachstum der
25 Scham- und Achselbehaarung der Frau an und fördern die Entwicklung der Brüste und den Aufbau der Milchdrüsen. Sie bewirken eine Ver-

breiterung des Beckens der Frau und sind an der Steuerung des Menstruationszyklus beteiligt. Außerdem sind sie bei beiden Geschlechtern 30 am Knochenaufbau und Fettstoffwechsel beteiligt und sorgen für die Elastizität der Haut.

Testosteron Die ab der Pubertät erhöhte Konzentration von Testosteron im Blut bei Jungen bewirkt die Entwicklung von Penis, Prostata und 35 Hoden. Sie bedingt die tiefere Stimme und löst den Bartwuchs und das Wachstum der weiteren geschlechtsspezifischen Körperbehaarung aus. Testosteron beeinflusst die Erektion und bei Mann und Frau die Lust auf Sex. Außerdem ist 40 es bei beiden Geschlechtern am Muskelwachstum und der Fettverteilung im Körper beteiligt und fördert das Knochenwachstum.

1 Erkläre, was Sexualhormone sind.

2 Ordne den Sexualhormonen in einer Tabelle ihre Bildungsorte, Wirkungsorte und Wirkungen zu.

3 Auch in den Eierstöcken der Mädchen werden kleine Mengen Testosteron und in den Hoden der Jungen kleine Mengen Östrogene gebildet.
  A Beschreibe die Wirkung von Testosteron im weiblichen Körper.
  B Beschreibe, was die Östrogene im männlichen Körper auslösen.

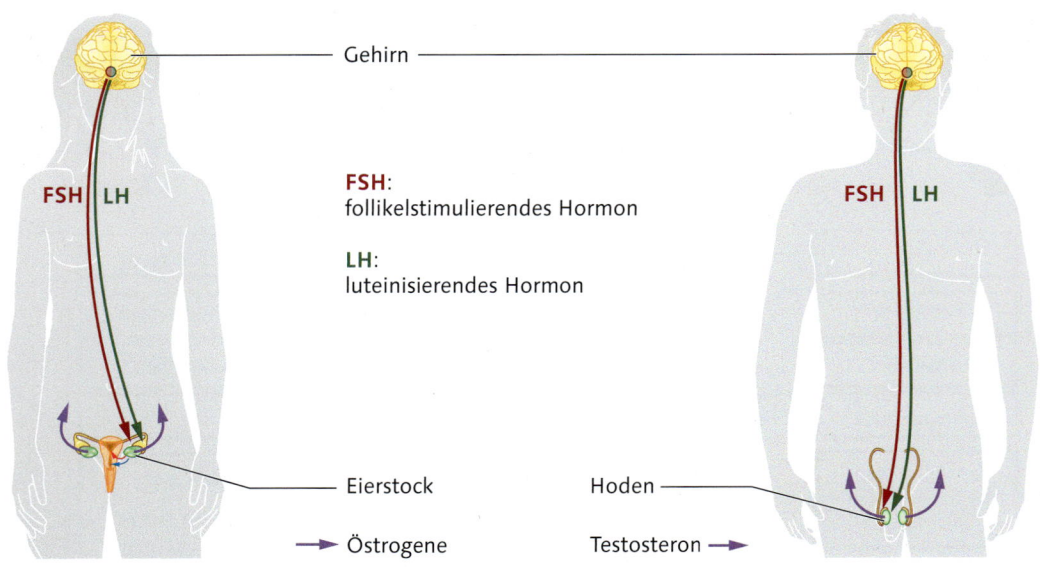

Gehirn

FSH LH

FSH: follikelstimulierendes Hormon

LH: luteinisierendes Hormon

Eierstock

→ Östrogene

Hoden

Testosteron →

1 Sexualhormone

Der weibliche Zyklus

Zyklus und Fruchtbarkeit Das Wort Zyklus beschreibt eine regelmäßige Wiederkehr von Vorgängen. Mit dem *Menstruationszyklus* wird der weibliche Körper in einem wiederkehrenden
5 Rhythmus von etwa 28 Tagen auf eine mögliche Schwangerschaft vorbereitet. Der Menstruationszyklus wird von Hormonen gesteuert.

Gebärmutterschleimhaut und Menstruation
Während des Menstruationszyklus baut sich die
10 Gebärmutterschleimhaut auf. Sofern es nicht zur Befruchtung einer Eizelle gekommen ist, wird die Gebärmutterschleimhaut abgestoßen. Sie wird dann zusammen mit einer kleinen Menge Blut ausgeschieden. Der Beginn dieser
15 Regelblutung oder *Menstruation* markiert den ersten Tag des Menstruationszyklus.

Beteiligte Hormone Die Konzentrationsverhältnisse verschiedener Hormone des Gehirns und der Eierstöcke regeln den Menstruationszyklus.
20 Bei Frauen sind bereits von Geburt an alle Eizellen angelegt. Die unreifen Eizellen sind von einem schützenden Eibläschen, dem *Follikel*, umgeben. Das Hormon FSH sorgt zu Beginn des Zyklus dafür, dass ein Follikel wächst und die
25 Eizelle darin heranreift. Gleichzeitig regt FSH den Eierstock zur Bildung von Östrogenen an
▶ Bild 2. Die steigende Östrogenkonzentration sorgt dafür, dass die Gebärmutterschleimhaut wächst, besser durchblutet wird und ausreichend Nährstoffe enthält. Um den 14. Tag des 30 Zyklus schüttet das Gehirn vermehrt LH aus. Durch dessen erhöhte Konzentration kommt es zum *Eisprung*, das heißt, die reife Eizelle verlässt den Follikel und gelangt zum Eileiter. Hier kann sie befruchtet werden. Nach dem Eisprung 35 bleibt die Eizelle für etwa 24 Stunden befruchtungsfähig. Aus den Resten des Follikels entsteht der Gelbkörper, der das Hormon Progesteron freisetzt. Eine hohe Konzentration von Progesteron erhält die Gebärmutterschleim- 40 haut, damit sich eine befruchtete Eizelle einnisten kann.

1. Beschreibe die Abläufe im Eierstock und der Gebärmutter während des Menstruationszyklus.

2. Beschreibe die Konzentration der Hormone während des Menstruationszyklus.

3. Erkläre, wie es zum Eisprung kommt.

4. Spermien sind bis zu 5 Tage lebensfähig. Bestimme die fruchtbaren Tage im Menstruationszyklus.

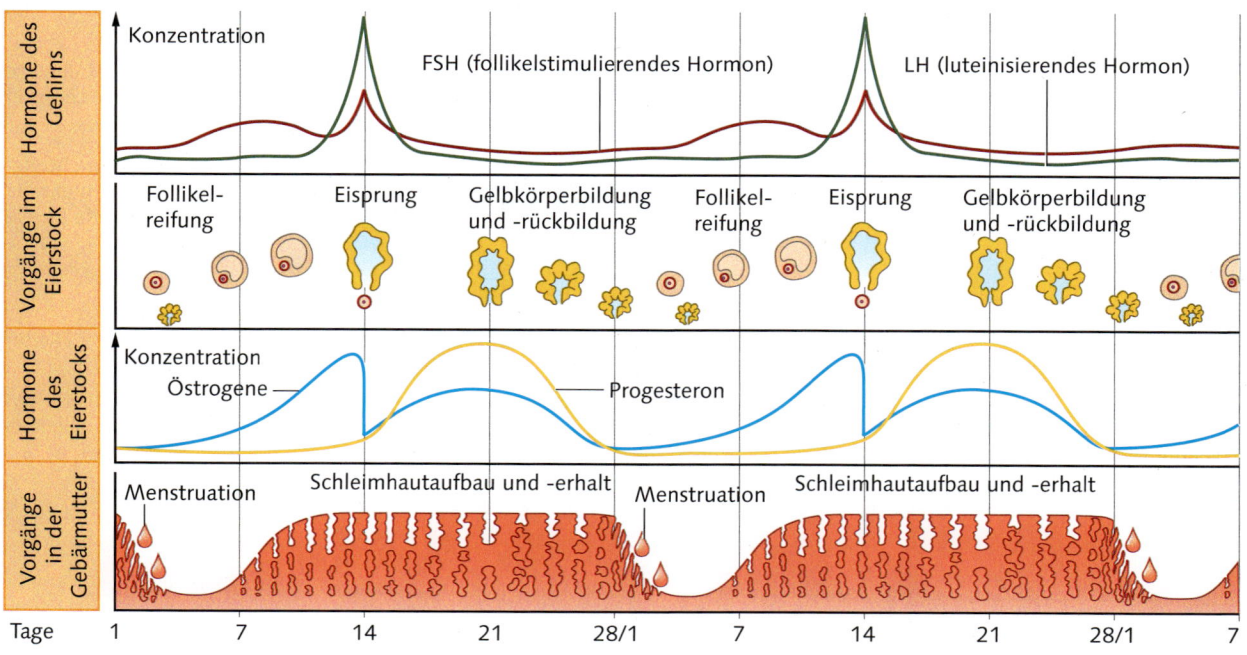

2 Menstruationszyklus

Befruchtung und Embryonalentwicklung

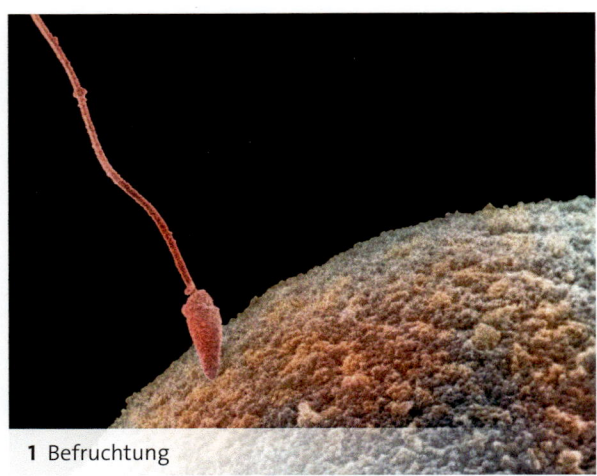

1 Befruchtung

Befruchtung und Einnistung Trifft eine Spermienzelle im Eileiter auf eine Eizelle, so kann diese befruchtet werden. Der Spermienkopf einer Spermienzelle dringt in die Eizelle ein. Dabei
5 verändert sich die Struktur der Zellmembran der Eizelle so, dass der Weg für weitere Spermienzellen versperrt ist. Die Zellkerne von Ei- und Spermienzelle verschmelzen. Diesen Vorgang nennt man *Befruchtung* ▶ Bild 1. Die befruch-
10 tete Eizelle wird *Zygote* genannt.

24 Stunden nach der Befruchtung beginnt sich die Zygote zu teilen. Während des Transports durch den Eileiter verdoppelt sich mit jeder Teilung die Anzahl ihrer Zellen. Etwa 6 Tage nach der Befruchtung hat sich eine mit Flüssig- 15 keit gefüllte Hohlkugel gebildet, der Blasenkeim. Der *Embryo* – so nennt man den kindlichen Organismus zu Beginn – entwickelt sich aus den inneren Zellen des Blasenkeims. Ein Teil der übrigen Zellen bildet später die mit Frucht- 20 wasser gefüllte *Fruchtblase,* in der sich der Embryo geschützt entwickeln kann. Die äußeren Zellen des Blasenkeims bilden wurzelähnliche Ausstülpungen aus, die Zotten. Diese wachsen in die Gebärmutterschleimhaut ein. Mit dieser 25 *Einnistung* beginnt die Schwangerschaft.

Versorgung des Embryos Dort, wo die Zotten in der mütterlichen Schleimhaut auf Blutgefäße treffen, lösen diese sich auf. Es bilden sich blutgefüllte Räume, in denen die Zotten vom müt- 30 terlichen Blut umspült werden. Über die Zotten erfolgt der Stoffaustausch und somit die Ernährung des Embryos. Später bildet sich daraus der Mutterkuchen, die *Plazenta.* Sie ist über die Nabelschnur mit dem Kind verbunden. 35

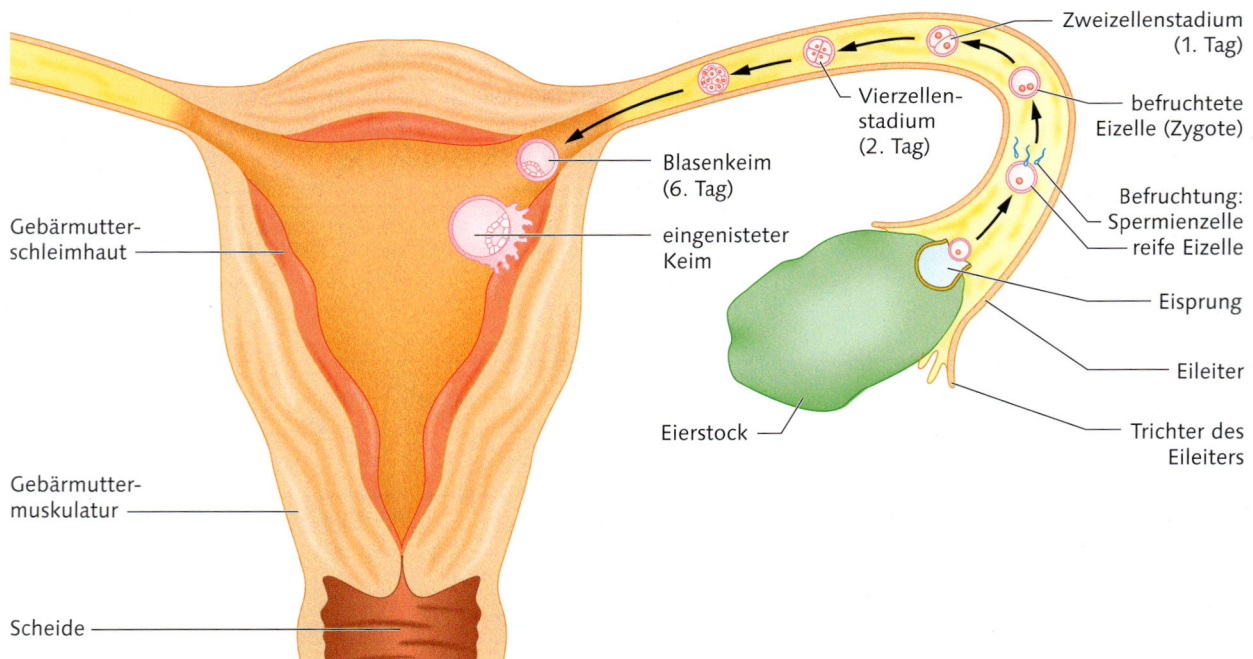

2 Von der Befruchtung der Eizelle bis zur Einnistung

Entwicklung von Embryo und Fetus Durch fortlaufende Zellteilungen wächst das Kind innerhalb der 40 Wochen dauernden Schwangerschaft heran.

40 Durch Differenzierung der Zellen im ersten Drittel der Schwangerschaft werden alle Organe angelegt ▶ Bild 3. Bereits in der 6. Schwangerschaftswoche schlägt das Herz des Embryos. Gegen Ende der 10. Schwangerschaftswoche

45 sind die Gliedmaßen deutlich erkennbar und die Leber, die Lunge, der Darm sowie Anlagen für die Sinnesorgane bilden sich. Am Ende des ersten Schwangerschaftsdrittels ist der Embryo etwa 9 cm lang und wiegt ungefähr 45 g. Der

50 Embryo wird als *Fetus* bezeichnet, wenn alle Organe angelegt sind.

Der Fetus nimmt im zweiten Drittel der Schwangerschaft schnell an Gewicht und Größe zu. Die Gliedmaßen verlängern sich, Zehen, Finger und

55 Gesichtszüge bilden sich deutlich aus ▶ Bild 4. Augenbrauen und Fingernägel wachsen und das Nervensystem entwickelt sich. Der Fetus ist jetzt sehr aktiv. Die Schwangere kann ungefähr von der 20. Schwangerschaftswoche an die

60 Bewegungen des Kindes spüren.

Im letzten Drittel der Schwangerschaft wächst der Fetus weiter. Alle Organe reifen heran und werden funktionstüchtig. Das Verdauungssystem beginnt zu arbeiten, die Nieren produzie-

65 ren Urin. Der Fetus reagiert mit Bewegungen auf Reize von außen, z.B. auf Musik. Schlafphasen und aktive Phasen wechseln sich ab. Gegen Ende der Schwangerschaft füllt der Fetus die Fruchtblase nahezu vollständig aus und kann

70 sich daher nicht mehr so gut bewegen. Die Organe in der Bauchhöhle der Schwangeren werden stark zusammengepresst und verlagert. So können sich bei ihr Atembeschwerden einstellen, weil sich ihre Lungen nicht mehr voll

75 ausdehnen können. Außerdem verspürt die Schwangere einen starken Druck auf die Harnblase. Es kann bei ihr auch zu Verstopfungen und Verspannungen der Rückenmuskulatur kommen.

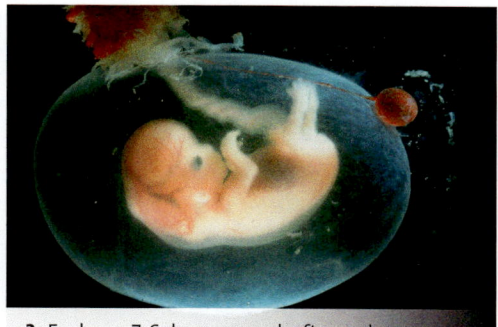

3 Embryo, 7. Schwangerschaftswoche

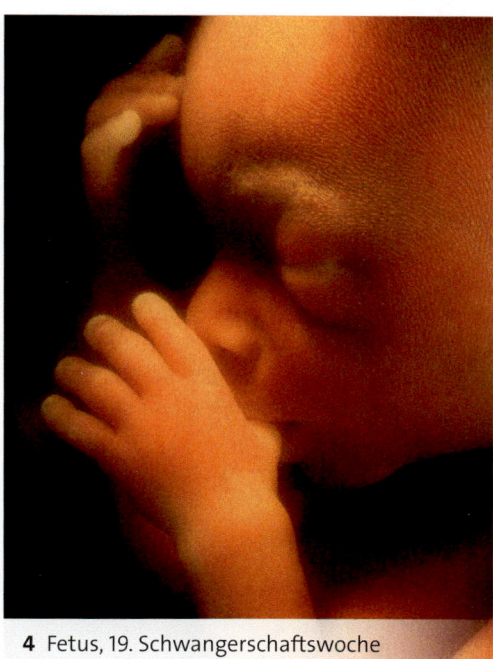

4 Fetus, 19. Schwangerschaftswoche

1 Beschreibe den Weg und die Entwicklung einer Eizelle von der Befruchtung bis zur Einnistung anhand von ▶ Bild 2.

2 Erkläre die Begriffe Einnistung, Blasenkeim, Embryo und Fetus.

3 **A** Stelle die Gewichtszunahme eines Embryos und Fetus in einem Diagramm dar. Verwende dazu die Informationen aus ▶ Bild 5.
B Beschreibe das Diagramm.

Schwangerschaftswoche	4	8	12	16	20	24	28	32	36	40
Größe in cm	0,3	3	9	10	20	28	34	40	45	50
Masse in g	< 1	3	45	80	300	530	1100	1800	2750	3 500

5 Durchschnittliche Gewichts- und Größenzunahme von Embryo und Fetus

Gefahren in der Schwangerschaft

Gefahren für Embryo und Fetus Besonders in der frühen Entwicklungsphase ist das ungeborene Kind sehr empfindlich. Medikamente, Drogen sowie legale Suchtmittel wie Alkohol
5 und Nikotin gelangen über die Plazenta zum Kind. Sie können die normale Entwicklung des ungeborenen Kindes gefährden und sollten daher gemieden werden. Infektionskrankheiten oder Röntgenstrahlung, aber auch Stress der
10 Schwangeren können das Ungeborene negativ beeinflussen.

Alkohol und Rauchen Der Konsum von Alkohol hemmt die embryonale Zellteilung sowie das Zellwachstum. Folgen können unter anderen
15 Fehlfunktionen der Augen, der Ohren, des Herzens, aber auch Fehler in der Gehirnentwicklung des Kindes sein.
Auch aktives und passives Rauchen beeinflussen die Embryonalentwicklung. Die Sauerstoffver-
20 sorgung von Embryo und Fetus ist eingeschränkt, weil das im Zigarettenrauch enthaltene Kohlen-

stoffmonooxid anstelle von Sauerstoff an die roten Blutzellen bindet. Zudem führt Nikotin zu einer Mangeldurchblutung der Plazenta. Dies verstärkt den Sauerstoffmangel für das unge- 25 borene Kind. Folgen des Zigarettenkonsums in der Schwangerschaft können ein geringeres Geburtsgewicht, aber auch ein erhöhtes Risiko für eine Frühgeburt sein. Bei Kindern von Raucherinnen zeigen sich Langzeitfolgen wie Aller- 30 gien oder Asthma, aber auch Herz-Kreislauf-Erkrankungen oder Diabetes Typ II häufiger als bei Kindern von Nichtraucherinnen.

1 Begründe unter Bezug auf ▶ Bild 1, warum eine Schwangere während der gesamten Schwangerschaft auf den Konsum von Alkohol und Zigaretten verzichten sollte.

2 **A** Beschreibe den Weg, den der von einer Schwangeren aufgenommene Alkohol bis zum Fetus nimmt.
B Erkläre, warum so zahlreiche Organe des Kindes geschädigt werden können.

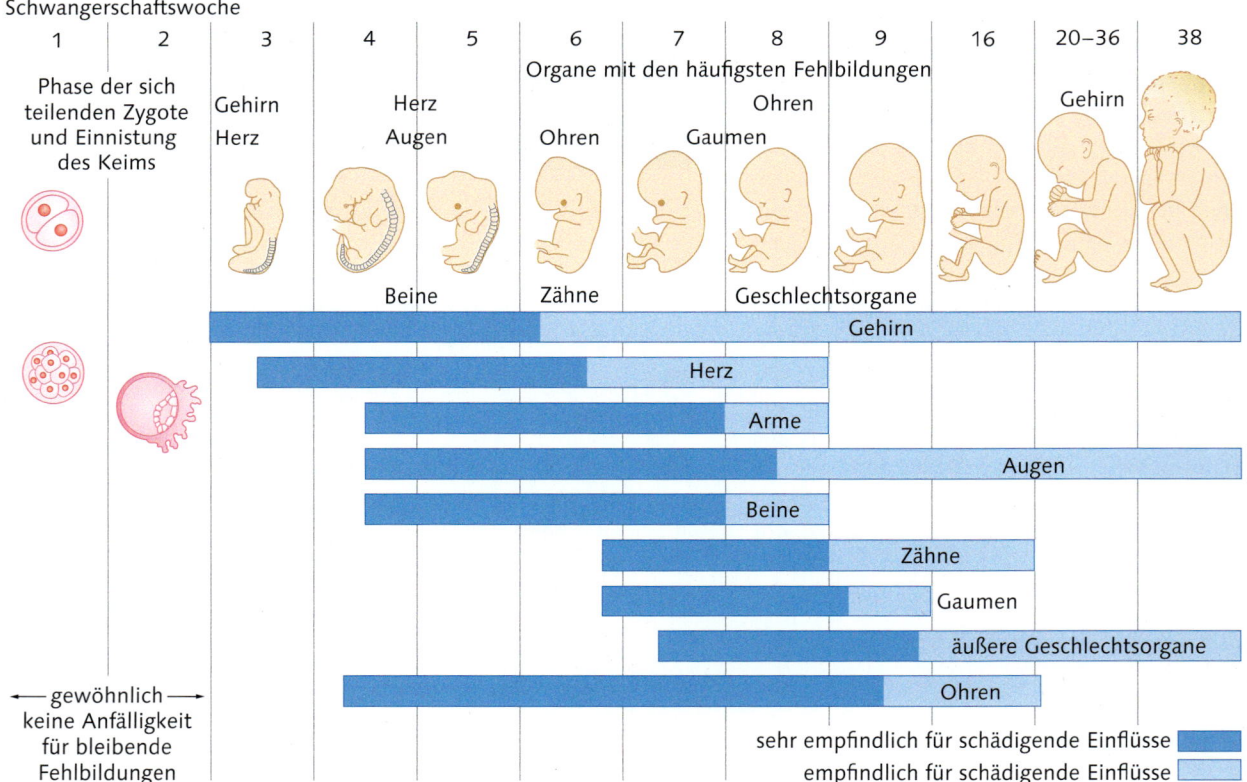

1 Auswirkungen schädigender Einflüsse auf die Entwicklung von Embryo und Fetus

Die Plazenta

Beim Stoffaustausch in der Plazenta spielt das Prinzip der Oberflächenvergrößerung eine große Rolle.

In der Schwangerschaft übernimmt die Plazenta für den Embryo bzw. den Fetus die Aufgaben der Atmung, der Ernährung und der Ausscheidung. Aus dem mütterlichen Blut gelangen Sauerstoff, Wasser, Nährstoffe, Vitamine, Hormone und Antikörper sowie schädigende Stoffe in das kindliche Blut. Umgekehrt werden Abfallprodukte des kindlichen Stoffwechsels wie Harnstoff und Kohlenstoffdioxid in das mütterliche Blut abgegeben. Die kindlichen Zotten sind von einer hauchdünnen hautähnlichen Zellschicht umgeben, der Planzentaschranke ▶ Bild 2. Sie ermöglicht den Stoffaustausch zwischen kindlichem und mütterlichem Blutkreislauf, ohne dass das Blut von Mutter und Kind direkt miteinander in Kontakt treten ▶ Bild 3. Manche Stoffe können die Plazentaschranke überwinden, andere werden zurückgehalten. Am Ende der Schwangerschaft ist die Plazenta etwa 22 cm lang, 2–2,5 cm dick und 500 g schwer. Die Plazentaschranke hat eine Oberfläche von etwa 15 m².

1 Beschreibe unter Bezug auf ▶ Bild 3 den Austausch von Sauerstoff und Kohlenstoffdioxid zwischen Mutter und Kind.

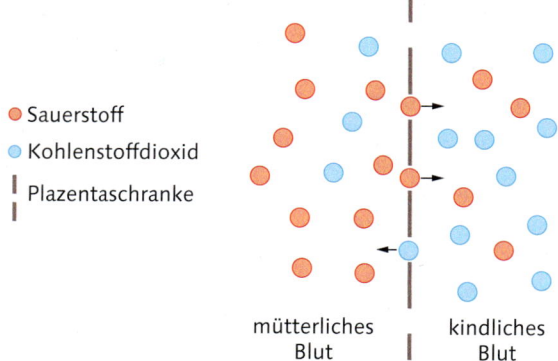

● Sauerstoff
● Kohlenstoffdioxid
┃ Plazentaschranke

mütterliches Blut   kindliches Blut

3 Stoffaustausch über die Plazentaschranke

2 Erläutere am Beispiel der Plazenta das Prinzip der Oberflächenvergrößerung.

3 Das Blut von Mutter und Kind durchmischt sich nicht.
  A Begründe anhand von ▶ Bild 2.
  B Begründe, warum es wichtig ist, dass das Blut von Mutter und Kind nicht in direkten Kontakt tritt.

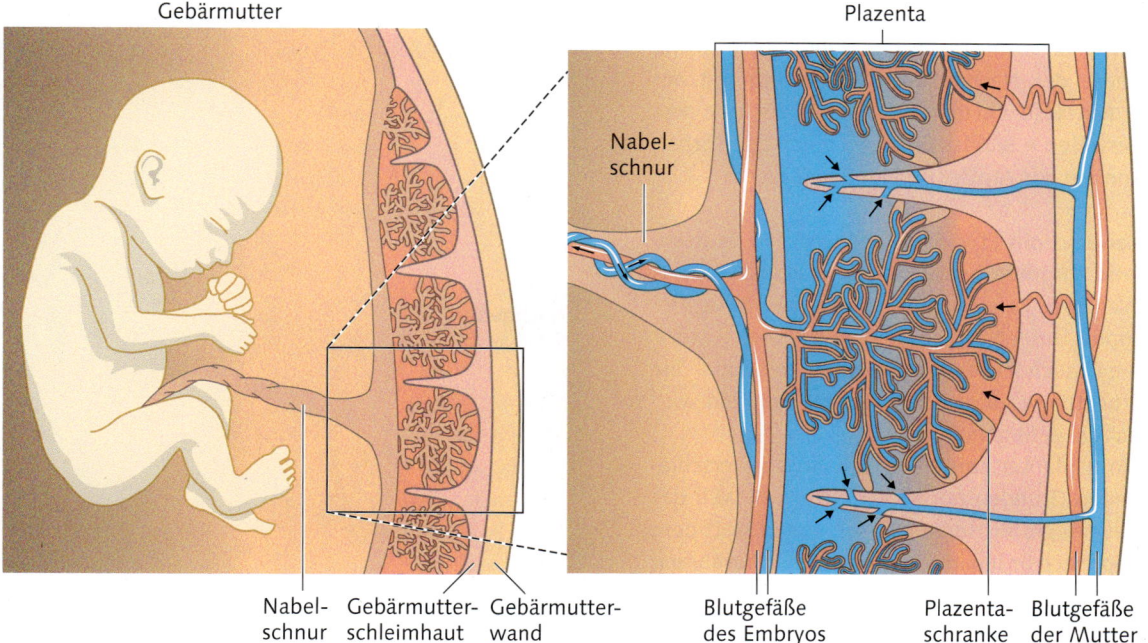

Gebärmutter

Plazenta

Nabel-schnur

Nabel-schnur   Gebärmutter-schleimhaut   Gebärmutter-wand

Blutgefäße des Embryos   Plazenta-schranke   Blutgefäße der Mutter

2 Versorgung des ungeborenen Kindes über die Plazenta

Die Geburt

Geburt Die Geburt wird durch Hormonsignale gestartet. Bei der Schwangeren werden kräftige Kontraktionen der Gebärmuttermuskulatur, die *Wehen*, ausgelöst. Während der Eröffnungs-
5 phase (▶ Bild 1a), die 6–12 Stunden dauert, erfolgen diese Wehen in Abständen von 15–20 min. Jede einzelne Wehe ist 45–60 s lang. Der Eingang zur Gebärmutter und das Becken der Gebärenden öffnen sich so weit, dass der Kopf
10 des Kindes hindurchpasst.

In der Austreibungsphase platzt die Fruchtblase und das Kind rutscht in den Geburtskanal ▶ Bild 1b. Dieser ist durch das ausgetretene Fruchtwasser gleitfähig. Presswehen der Gebär-
15 muttermuskulatur, die durch Kontraktionen der Muskulatur der Bauchdecke der Mutter unterstützt werden, schieben den Kopf des Kindes voran. Sobald der Kopf und die Schultern die Gebärmutter verlassen haben, rutscht der rest-
20 liche Körper des Kindes nach ▶ Bild 1c. Das Kind atmet, sobald es den Geburtskanal passiert hat. Es ist jetzt unabhängig vom mütterlichen Blutkreislauf. Die Nabelschnur wird durchtrennt. Nach dem Abnabeln, der Entbindung, gilt das
25 Kind als geboren. Der Säugling wird auf Brust und Bauch der Mutter gelegt. Das soll die Mutter-Kind-Bindung festigen und das erste Stillen ermöglichen.

Etwa 10–30 min nach der Geburt wird in der
30 Phase der Nachgeburt die Plazenta mit der Fruchtblase und dem Rest der Nabelschnur ausgestoßen ▶ Bild 1d. Dies wird durch den Körperkontakt von Mutter und Kind befördert.

Kaiserschnitt Etwa 30 % der Kinder in Deutsch-
35 land kommen heute per Kaiserschnitt auf die Welt. Der Kaiserschnitt ist eine operative Methode. Unter Narkose der Schwangeren werden die Bauchdecke, die Gebärmutter und die Fruchtblase aufgeschnitten und das Kind wird
40 auf die Welt geholt.

Ein geplanter Kaiserschnitt kann aus verschiedenen Gründen notwendig sein, z. B. weil das Kind zu groß ist oder mit den Füßen statt dem Kopf nach unten im Becken liegt. Auch während
45 der natürlichen Geburt kann ein ungeplanter Kaiserschnitt notwendig werden, z. B. wenn ein Sauerstoffmangel beim Kind festgestellt wird oder die natürliche Geburt zu lange dauert.

a Eröffnungsphase

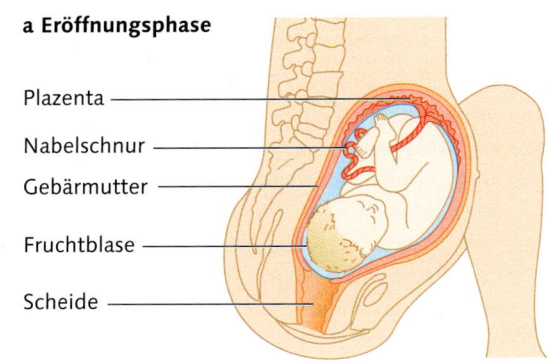

Plazenta ———
Nabelschnur ———
Gebärmutter ———
Fruchtblase ———
Scheide ———

b Austreibungsphase

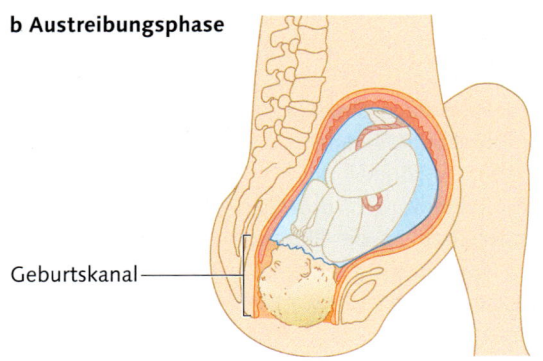

Geburtskanal ———

c Geburt

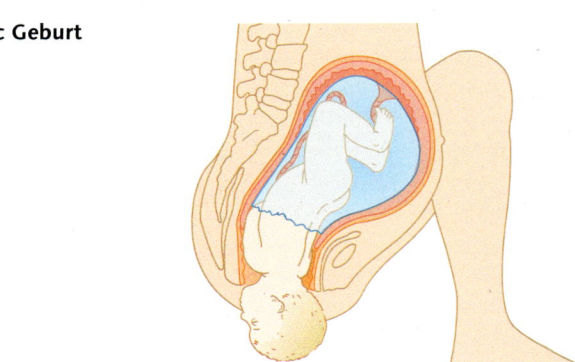

d Nachgeburt

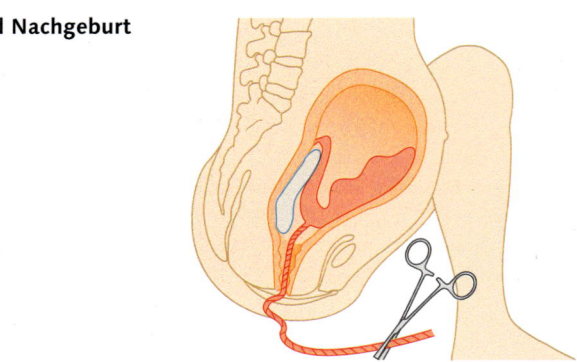

1 Phasen der Geburt

Nach der Geburt Nach der Geburt wird der kör-
50 perliche Zustand des Neugeborenen von der
Hebamme, einem Arzt oder einer Ärztin beurteilt. Dabei wird untersucht, ob die Atmung
regelmäßig ist und die Pulsfrequenz des Kindes
bei etwa 100 Schlägen pro Minute liegt. Auch
55 die Hüftgelenke, die Wirbelsäule sowie Füße
und Hände werden untersucht und es wird kon-
trolliert, ob das Kind aktive Bewegungen zeigt.
Die Reflexe des Kindes werden beurteilt. Zu den
angeborenen Reflexen, also Verhaltensweisen
60 auf Reize hin, die nicht gelernt werden müssen,
gehören der Saugreflex, der Greifreflex und das
kräftige Schreien des Neugeborenen.

Gesunde Entwicklung Besonders wichtig für die
gesunde Entwicklung des Neugeborenen ist der
65 enge Kontakt zu festen Bezugspersonen. Der
Körperkontakt beim Fühlen der warmen Haut
der Mutter beim Stillen oder beim Baden und
Wickeln, der Klang gewohnter Stimmen und der
vertraute Geruch der Eltern oder anderer Be-
70 zugspersonen vermitteln dem Säugling Sicherheit und Geborgenheit ▶ Bild 2.
Für die Entwicklung des Gehirns sind Sinneser-
fahrungen wichtig. Die Entwicklung wird durch
alles, was das Kind sieht, hört, riecht, schmeckt
75 und tastet, gefördert. Deshalb ist es wichtig,
dass die Eltern mit dem Säugling sprechen und
ihm viel Zuwendung zuteil werden lassen.
Während der ersten 3 Monate schläft ein Säugling 14–18 Stunden am Tag, später werden die
80 Wachphasen länger. Wenn das Baby wach ist,
benötigt es Nahrung. Muttermilch enthält alle
Nährstoffe, Vitamine und Mineralstoffe für eine
gesunde Entwicklung, aber auch Antikörper, die
die körpereigene Abwehr stärken.

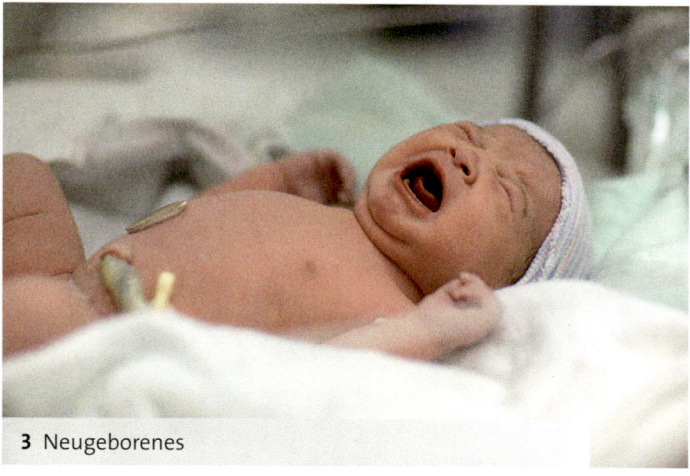

3 Neugeborenes

Besonders auffallend während der Entwicklung 85
des Kindes ist die zunehmende Kontrolle der
Körperbewegungen ▶ Bild 4. Zuerst kann der
Säugling nur den Kopf in Bauchlage anheben,
später auch den Oberkörper. Mit etwa einem
halben Jahr sitzt das Kind ohne Hilfe. Später 90
zieht es sich an Möbeln hoch und steht oder
geht wenige Schritte, wenn es festgehalten
wird. Nach einer kurzen Krabbelphase können
viele Kinder schon mit einem Jahr ohne Hilfe
laufen. Sie sprechen erste Wörter. 95
Im Verlauf des zweiten Lebensjahrs bilden
Kleinkinder einfache Sätze und lernen viele
neue Wörter. Mit Ende des dritten Lebensjahrs
sind alle Milchzähne vorhanden. Die Kinder
können sicher laufen und spielen viel. So lernen 100
sie ihre Umwelt kennen.

① Beschreibe die Phasen der Geburt.

② Erkläre, warum feste Bezugspersonen für die
gesunde Entwicklung eines Kindes wichtig sind.

2 Vater mit Säugling

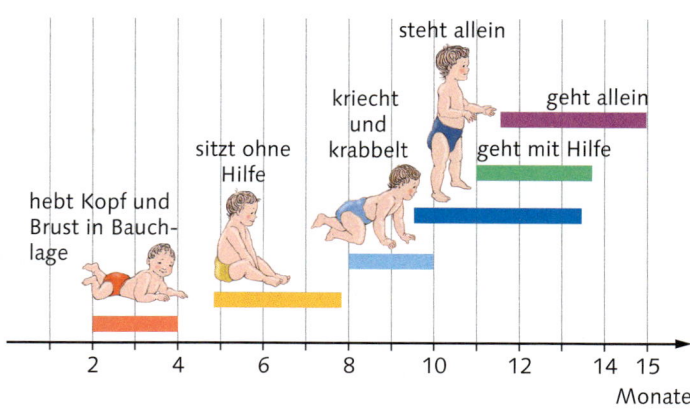

4 Entwicklung der Körperbewegungen

steht allein

kriecht
und
krabbelt   geht allein

sitzt ohne
Hilfe   geht mit Hilfe

hebt Kopf und
Brust in Bauch-
lage

2   4   6   8   10   12   14 15
Monate

Methoden der Empfängnisverhütung

1 Verliebtes Paar

Verliebtsein Schmetterlinge im Bauch, Herzklopfen, Arm in Arm durch die Stadt gehen, Lust aufeinander haben – Menschen, die verliebt sind, wollen viel Zeit miteinander verbringen,
5 sich nahe sein und Zärtlichkeiten austauschen ▶ Bild 1.
Dabei kann der Wunsch entstehen, miteinander zu schlafen. In dieser Situation sind beide Partner für die Verhütung einer Schwangerschaft
10 zuständig und sollten auch darüber sprechen.

Empfängnisverhütung Es gibt unterschiedliche Methoden, eine ungewollte Schwangerschaft zu vermeiden. Mechanische Verhütungsmittel verhindern das Eindringen der Spermien in die
15 Gebärmutter. Chemische Verhütungsmittel enthalten Spermien abtötende Substanzen. Sie werden oft in Verbindung mit mechanischen Verhütungsmitteln verwendet. Die Pille ist ein häufig angewandtes hormonelles Verhütungs-
20 mittel. Sie muss sehr gewissenhaft und regelmäßig von der Frau eingenommen werden. Die Hormone greifen in die Regulation der Hormonkonzentration im Körper der Frau ein.
Das ideale Verhütungsmittel für Jugendliche ist
25 das Kondom. Es schützt bei richtiger Anwendung nicht nur vor ungewollter Schwangerschaft, sondern auch vor sexuell übertragbaren Krankheiten.

Pearl-Index Um die Sicherheit einer Verhütungs-
30 methode zu beurteilen, wird der *Pearl-Index* verwendet. Er gibt an, wie viele Frauen von 100 Paaren, die ein Jahr lang mit einer bestimmten Methode verhütet haben, trotzdem schwanger werden. Je niedriger der Wert, desto sicherer ist das Verhütungsmittel. 35

Ungeeignete Methode Der Coitus interruptus, also das Herausziehen des Penis aus der Scheide vor dem Spermienerguss, ist keine Verhütungsmethode. Zum einen kann der Partner zu erregt sein, um den Penis rechtzeitig zurückzuziehen. 40 Zum anderen tritt bereits vor dem Spermienerguss eine Flüssigkeit an der Penisspitze aus, die Spermienzellen enthalten kann. Diese können dann in die Scheide und die Eileiter der Frau gelangen und dort bis zu 5 Tage überleben. 45 Deshalb kann ein Geschlechtsverkehr auch vor dem Eisprung der Frau zu einer Befruchtung führen, obwohl sich die Eizelle zum Zeitpunkt des Geschlechtsverkehrs noch nicht im Eileiter befindet. 50

Familienplanung Mit der Temperaturmethode können Frauen den Zeitpunkt ihres Eisprungs ermitteln. Dazu misst die Frau täglich zur selben Zeit nach dem Aufwachen ihre Körpertemperatur. Etwa einen Tag nach dem Eisprung 55 steigt die Körpertemperatur um 0,4–0,6 °C. Diese Methode eignet sich zur Bestimmung der fruchtbaren Tage einer Frau und dient der natürlichen Familienplanung bei einem Kinderwunsch. Als Verhütungsmethode ist die Tem- 60 peraturmethode für Menschen ohne Kinderwunsch nicht geeignet, weil die Körpertemperatur und der Zeitpunkt des Eisprungs von äußeren Faktoren beeinflusst werden können.

1 Nenne unter Bezug auf die Tabelle (▶ Bild 2) mechanische, chemische und hormonelle Verhütungsmittel.

2 Erkläre, warum eine Schwangerschaft mit der Pille nicht sicher verhindert werden kann, wenn die Frau während der Einnahme unter Durchfall oder Erbrechen leidet.

3 Begründe, warum Pille und Kondom beliebte Verhütungsmittel sind.

4 Beurteile die Eignung verschiedener Verhütungsmittel für Jugendliche. Nutze dazu die Informationen in der Tabelle ▶ Bild 2.

Verhütungsmittel	Wirkungsweise	Vorteil	Nachteil	Pearl-Index
Pille verschreibungspflichtig, orale Einnahme	weibliche Sexualhormone verhindern bei regelmäßiger Einnahme den Eisprung und die Einnistung einer befruchteten Eizelle; sie machen den Schleim in der Scheide zäher, sodass Spermien nicht in die Gebärmutter und die Eileiter vordringen können	Blutungen und Schmerzen bei der Periode schwächer, Hautprobleme (Akne) verbessern sich	Erbrechen, Durchfall und Medikamente (z. B. Antibiotika) beeinflussen die Wirksamkeit negativ; erhöhtes Thromboserisiko für Raucherinnen; Einnahme täglich zur gleichen Zeit, da sonst kein sicherer Verhütungsschutz; Nebenwirkungen: Spannungsgefühle in der Brust, Übelkeit, Zwischenblutungen, Stimmungsschwankungen, Gewichtszunahme, erhöhtes Risiko für Herz-Kreislauf-Erkrankungen	0,1–0,9
Kupferspirale wird vom Arzt in die Gebärmutter eingesetzt	Kupfer lähmt Spermienzellen, kann diese abtöten; es stört Aufbau der Gebärmutterschleimhaut und verhindert Einnistung einer befruchteten Eizelle	hält 3–10 Jahre	nicht geeignet für Mädchen unter 16 und Frauen, die noch nicht geboren haben; Nebenwirkungen: stärkere Blutungen, Schmerzen, Risiko von Eileiterentzündungen	0,5–2,7
Diaphragma (Scheidenpessar)	schalenförmige Kappe aus Silikon, die den Eingang zur Gebärmutter bedeckt, sodass Spermien nicht in Gebärmutter und Eileiter vordringen können; muss zusammen mit Spermizid angewendet werden	muss 2 Stunden vor Geschlechtsverkehr eingesetzt werden	für Mädchen und Jungen gewöhnungsbedürftig, Einsetzen muss geübt werden	1–20
Spermizide (Scheidenzäpfchen, Schaumspray, Gel, Creme)	chemische Wirkstoffe, machen Spermienzellen befruchtungsunfähig oder unbeweglich	müssen 10 min vor Geschlechtsverkehr in Scheide eingeführt werden	relativ sicher nur in Verbindung mit Diaphragma; Nebenwirkungen: Jucken, Brennen in der Scheide oder am Penis; starkes Wärmegefühl in der Scheide	3–25
Kondom	Gummihülle aus Latex oder Polyurethan, die über das steife Glied gerollt wird; Spermienflüssigkeit wird im Reservoir aufgefangen	keine Nebenwirkungen, fast überall erhältlich, Anwendung direkt vor dem Geschlechtsverkehr; schützt vor Schwangerschaft und vor sexuell übertragbaren Krankheiten	keine Anwendung mit fetthaltigen Gleitmitteln, Cremes, Gels, da Fett Kondome undicht werden lässt	0,2–4

2 Einige Verhütungsmittel

Über Verhütung reden

Das „erste Mal" kann sich spontan und ungeplant ergeben. In einer solchen Situation ist eine Diskussion über Verhütung schwierig. Deshalb sollten Paare vorher darüber reden, welche Verhütungsmittel sie verwenden wollen.

1 Nimm Stellung zu den Aussagen in ► Bild 1. Berücksichtige dabei die Informationen auf den Grundwissensseiten sowie aus der Tabelle Verhütungsmittel.

1 Unterhaltung

Lea hatte noch keinen Sex. Sie spricht mit ihrer besten Freundin Tinka, die seit einigen Monaten fest mit Milan zusammen ist.

Lea: Tobi und ich sind, glaube ich, so weit. Wir wollen miteinander schlafen. Wie hast du bei deinem ersten Mal verhütet?

Tinka: Milan und ich haben ein Kondom benutzt. Wir haben viel gelacht, da wir beide noch keine Ahnung hatten. Den Umgang mit dem Kondom haben wir erst mal geübt. Das war lustig.
Ich hatte aber keine Sorge, denn ich nehme ja auch schon die Pille.

Lea: Und trotzdem habt ihr ein Kondom benutzt?

Tinka: Ja, weil ...

3   Lea und Tinka über das erste Mal

2 Lies die Unterhaltung zwischen Lea und Tinka ► Bild 3.
   A Beende Tinkas Antwort.
   B Stelle begründete Vermutungen auf, für welches Verhütungsmittel sich Lea entscheiden wird.

3 Versetze dich in die Rolle einer Person in ► Bild 2. Mache in einem Rollenspiel deine Position deutlich und behaupte sie gegenüber deinem Gesprächspartner.

Du bist Yasmin.

Du hast mit Tarek geschlafen. Es war toll, aber es passierte völlig unvorbereitet. Jetzt befürchtest du, schwanger zu sein.

Du bist Tarek.

Du hast mit Yasmin geschlafen. Die Situation war plötzlich da und du hast es ihr überlassen. Verhütung ist für dich schließlich Frauensache.

Du bist Christina.

Du würdest gerne mit Adrian schlafen – aber nicht ohne Kondom. Das findest du einfach sicherer.

Du bist Adrian.

Du möchtest mit Christina schlafen, aber ohne Kondom. Die kommen für dich nicht in Frage.

2   Über Verhütung reden

Kondome schützen

Kondome schützen nicht nur vor ungewollter Schwangerschaft, sondern auch vor HIV und anderen Krankheitserregern, mit denen man sich beim Geschlechtsverkehr infizieren kann. Die richtige Anwendung von Kondomen solltest du üben!

Kondome gibt es in verschiedenen Farben, Formen, Geschmacksrichtungen und – wichtig – in verschiedenen Größen. Beim Gebrauch von Kondomen sollte man Folgendes beachten ▶ Bild 5:

- Das CE-Prüfzeichen bürgt für geprüfte Schutzqualität.
- Man sollte nur Kondome vor Ablauf der angegebenen Haltbarkeit benutzen.
- Die Verpackung sollte unbeschädigt sein.
- Für Latex-Allergiker gibt es auch latexfreie Kondome.
- Nur passende Kondome gewährleisten Schutz.
- Man sollte Kondome vor Hitze schützen.
- Längere Druckbelastung wie in Geldbeutel oder Hosentasche sollte man vermeiden.

Viele Jungs probieren Kondome zuerst einmal aus, wenn sie allein sind.

5 Kondome und Kondomverpackung

1 Nenne Größe, maximale Haltbarkeit und Material des Kondoms in ▶ Bild 5.

2 Übe den Kondomeinsatz mit einem Penismodell.

3 Nenne mögliche Fehler beim Gebrauch von Kondomen.

4 Dein Partner oder deine Partnerin möchte kein Kondom benutzen. Wie reagierst du?

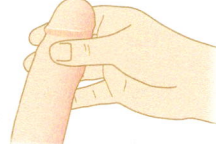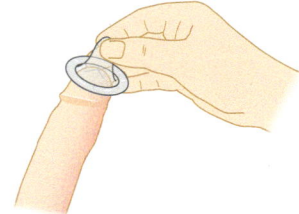

a
Reiße die Kondomverpackung mit den Händen vorsichtig auf, ohne das Kondom zu beschädigen. Scheren, Messer und scharfe Fingernägel sind tabu!

b
Achte darauf, dass der Penis vor dem Überziehen des Kondoms steif ist. Ziehe die Vorhaut zurück, sodass die Eichel nicht bedeckt ist.

c
Setze das Kondom mit dem Rollrand nach außen auf. Drücke dabei die Spitze des Kondoms, das Reservoir, mit Daumen und Zeigefinger zusammen, um keine Luft einzuschließen.

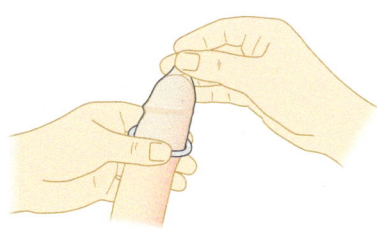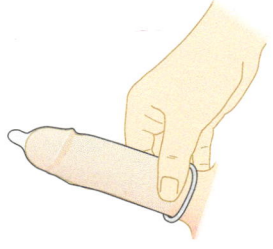

d
Halte mit der einen Hand das Reservoir fest und rolle mit der anderen Hand das Kondom so weit wie möglich über den steifen Penis ab. Achte darauf, dass während des Geschlechtverkehrs das Kondom immer abgerollt bleibt. Verrutscht das Kondom stark, verwende ein neues.

e
Nach dem Spermienerguss wird der Penis schlaff. Ziehe den Penis noch vor dem Erschlaffen aus der Scheide. Halte dabei das Kondom fest, damit es nicht abrutscht. Reinige den Penis von Spermaresten und entsorge das benutzte Kondom im Restmüll.

4 Benutzung eines Kondoms

Safer Sex – HIV & Co.

Mit Sex verbinden viele Menschen unbeschwerte, einzigartige Momente mit tiefen Gefühlen. Sex kann, wenn alles passt, aufregend, prickelnd und einfach wunderschön sein.

5 **Spielverderber** Beim Geschlechtsverkehr können jedoch auch Krankheitserreger weitergegeben werden. Zu den in Deutschland häufigsten sexuell übertragbaren Krankheiten (engl. *Sexually Transmitted Diseases*, abgekürzt STD) zäh-
10 len unter anderem Tripper (Gonorrhö), Syphilis (Lues), Chlamydiose und Hepatitis B. Werden diese Erkrankungen erkannt und konsequent behandelt, können die Betroffenen meist geheilt werden.
15 Bleiben die Infizierten unbehandelt, können sie massive gesundheitliche Folgen davontragen. So kann es bei Syphilis, die durch Bakterien ausgelöst wird, zu Geschwüren an Organen im gesamten Körper kommen. Syphilis beeinträchtigt
20 die Funktion der Organe meist dauerhaft. Selbst das Gehirn kann betroffen sein.

Symptome von STD Typische Anzeichen einer sexuell übertragbaren Erkrankung können sein: Brennen oder Schmerzen beim Pinkeln, Juckreiz
25 an oder (veränderter) Ausfluss aus der Scheide, an Penis oder After. Auch Hautveränderungen wie Warzen oder kleine Geschwüre an den Geschlechtsorganen, an After oder Mund können auftreten. Hinweise können auch Veränderun-
30 gen der Monatsblutung oder Schmerzen beim Geschlechtsverkehr sein.

Scham und Verantwortung Treten Symptome einer sexuell übertragbaren Erkrankung auf, sollte man sich in jedem Fall ärztlich untersu-
35 chen und behandeln lassen. Andernfalls gefährdet man sich und seine Sexualpartner. Viele Menschen schämen sich in solch einer Situation. Es ist ihnen peinlich, darüber zu sprechen. Für manche ist es daher besonders wichtig, dass
40 Ärzte anderen nichts weitererzählen dürfen.

Schützen und Vorsorgen Vor STD kann man sich wirksam schützen, indem man bei jedem Geschlechtsverkehr ein Kondom benutzt. Zudem können Kondome vor ungewollter Schwanger-
45 schaft schützen.

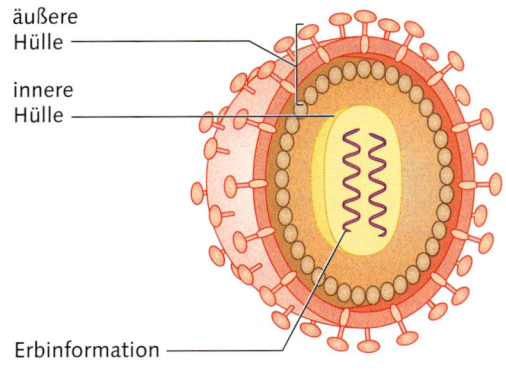

äußere Hülle

innere Hülle

Erbinformation

1 HI-Virus

HIV Zu den sexuell übertragbaren Krankheitserregern zählt auch das HI-Virus ▶ Bild 1. Die Abkürzung *HIV* steht für menschliches Immunschwächevirus (engl. **H**uman **I**mmunodeficiency **V**irus). Im menschlichen Körper befällt das HI-
50 Virus Helferzellen und Fresszellen des Immunsystems. In diesen Wirtszellen werden unzählige Virenkopien hergestellt und in den Körper abgegeben. Dabei gehen zahlreiche Immunzellen zugrunde. 2–6 Wochen nach der Infektion
55 können grippeähnliche Symptome mit Fieber auftreten.
Der Körper wehrt sich spezifisch gegen die HI-Viren. Die Zahl der Immunzellen steigt zunächst: Zum einen werden spezifische Antikörper ge-
60 gen die HI-Viren hergestellt. Zum anderen werden Wirtszellen, die HIV-Antigene auf ihrer Oberfläche präsentieren, erkannt und zerstört. Die spezifische Immunantwort kann jedoch nie alle HI-Viren im Körper vernichten.
65

Aids Da das HI-Virus speziell die Helfer- und Fresszellen als Wirtszellen nutzt, zerstört sich das Immunsystem nach und nach selbst. Der Körper kann sich immer schlechter gegen andere Erkrankungen wehren. Daher leiden HIV-Infi-
70 zierte häufig an zahlreichen unterschiedlichen Erkrankungen und Symptomen.
Ist die durch das HI-Virus hervorgerufene Immunschwäche sehr stark ausgeprägt, spricht man vom Krankheitsbild *Aids* oder vom erwor-
75 benen Immunschwächesyndrom (engl. **A**cquired **I**mmunodeficiency **S**yndrome). HIV-Infizierte sterben meist an für andere Menschen harmlosen Erkrankungen.

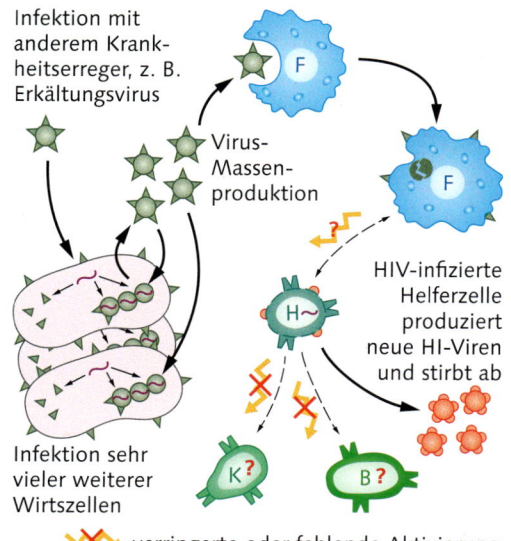

Infektion mit anderem Krankheitserreger, z. B. Erkältungsvirus

Virus-Massen-produktion

HIV-infizierte Helferzelle produziert neue HI-Viren und stirbt ab

Infektion sehr vieler weiterer Wirtszellen

verringerte oder fehlende Aktivierung

2 Aids – die Immunabwehr versagt

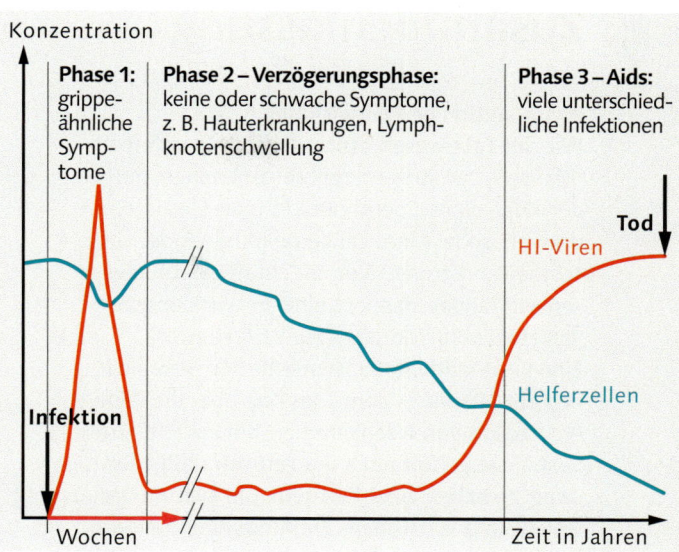

Konzentration

Phase 1: grippe-ähnliche Symptome

Phase 2 – Verzögerungsphase: keine oder schwache Symptome, z. B. Hauterkrankungen, Lymph-knotenschwellung

Phase 3 – Aids: viele unterschied-liche Infektionen

Tod

HI-Viren

Infektion

Helferzellen

Wochen

Zeit in Jahren

3 HIV – von der Infektion bis zum Krankheitsbild Aids

80 **Besonderheiten** Zwischen der Infektion und dem Ausbruch von Aids liegen häufig mehrere Jahre oder gar Jahrzehnte. Zeitweise scheint der Infizierte – obwohl er die Viren in sich trägt – gar „gesund" zu sein. In solchen Zeiträumen
85 „schläft" das HI-Virus in den Wirtszellen, ohne sich zu vermehren. Diese Zellen präsentieren keine Virusantigene auf ihrer Oberfläche. Noch weiß man nicht, was die Viren wieder „auf-wachen" lässt.

Das HI-Virus ist zudem sehr wandlungsfähig
90 und vielgestaltig. Schon kleine Veränderungen an den Bestandteilen der Hülle können bewir-ken, dass spezifische Antikörper nicht mehr bin-den können und unwirksam geworden sind. Die HI-Viren sind dem Immunsystem des Infizierten
95 stets einen kleinen Schritt voraus.

Therapie und Schutz HIV-Infizierte können nicht geheilt werden. Man kann jedoch durch die Verabreichung einer Kombination von ver-schiedenen, relativ teuren Medikamenten die
100 Vermehrung der Viren und damit die Zerstö-rung des Immunsystems hinauszögern. So wird die Lebenserwartung der HIV-Infizierten deut-lich gesteigert.

HI-Viren werden mit den Körperflüssigkeiten
105 Blut, Sperma, Scheidensekret und Muttermilch weitergegeben. Die meisten Menschen infizie-ren sich beim ungeschützten Geschlechts-verkehr. Mit Kondomen kann man sich jedoch sehr gut vor einer HIV-Infektion schützen. Ein

weiterer bedeutender Infektionsweg ist die Be- 110 nutzung gebrauchter Spritzen beim Drogen-konsum.

1 Viren vermehren sich mithilfe von Wirtszellen. Beschreibe die Vermehrung von HIV.

2 Bild 3 zeigt Kennzeichen einer HIV-Erkrankung.
A Beschreibe das Diagramm.
B Erkläre den Verlauf beider Kurven.

3 Aidskranke sterben meist an für Nicht-HIV-Infizierte ungefährlichen Infektionskrankheiten, z. B. einer Erkältung. Erläutere dies mithilfe der ▶ Bilder 2 und 3.

4 Nenne Gründe, die eine HIV-Infektion so gefährlich machen.

5 Bewerte das HIV-Infektionsrisiko der in ▶ Bild 4 dargestellten Situationen.

4 HIV-Infektionsrisiko?

Zusammenfassung

Reproduktion und Entwicklung

Wie alle Lebewesen kann sich der Mensch fortpflanzen. Damit Nachkommen entstehen, muss der Kopf eines Spermiums in eine Eizelle eindringen, sodass ihre Zellkerne miteinander verschmelzen können. Nun ist ein neues Lebewesen entstanden, das nach einer Entwicklungszeit von etwa neun Monaten zur Welt kommt.

Eine Besonderheit der menschlichen Sexualität besteht allerdings darin, dass sie über die reine Produktion von Nachkommen hinausgeht. Zur Sexualität gehört auch die gefühlsmäßige Bindung zwischen zwei Partnern, die sich in lustvollen und zärtlichen Empfindungen äußert ▶ Bild 1. Dadurch wird eine Partnerschaft auch unabhängig von der Fortpflanzung gefestigt.

Innerhalb der vielschichtigen menschlichen Sexualität wird der Aspekt der Fortpflanzung mit dem biologischen Prinzip *Reproduktion und Entwicklung* beschrieben.

1 Verliebtes Paar

Struktur und Funktion

Geschlechtsorgane sind in ihrem Bau an ihre Funktion angepasst. Die gut durchblutete Gebärmutterschleimhaut bietet nach dem Eisprung optimale Bedingungen für die Einnistung einer befruchteten Eizelle.

Tritt eine Schwangerschaft ein, verändert sich die Struktur der Gebärmutter und ihre Schleimhaut bildet zusammen mit den Zotten des Embryos die Plazenta. Über die Plazenta werden der Embryo und später der Fetus unter anderem mit Sauerstoff und Nährstoffen aus dem mütterlichen Blut versorgt. Die starke Oberflächenvergrößerung der Plazenta ermöglicht einen effektiven Stoffaustausch zwischen kindlichem und mütterlichem Blut. Die Plazentaschranke sorgt dafür, dass dabei das Blut von Mutter und Kind nicht direkt miteinander in Kontakt treten.

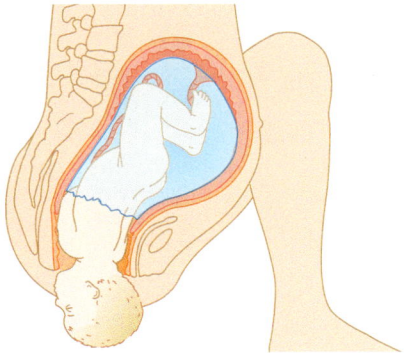

2 Geburt

Am Ende der Schwangerschaft zieht sich während der Wehen die Gebärmuttermuskulatur mehrfach kräftig zusammen und der Eingang zur Gebärmutter öffnet sich. So kann das Kind mit Unterstützung weiterer Muskeln durch den Geburtskanal gepresst und geboren werden ▶ Bild 2.

Der besondere Bau von Gebärmutter und Plazenta ist ein Beispiel für das biologische Prinzip *Struktur und Funktion*.

Steuerung und Regelung

Die Produktion von Sexualhormonen in der Pubertät löst die vollständige Ausprägung der Geschlechtsmerkmale aus. Dazu gehören neben der Entwicklung der Geschlechtsorgane auch weitere geschlechtstypische Eigenschaften. So beeinflusst Testosteron bei Jungen nicht nur das Wachstum des Penis, sondern unter anderem auch den Bartwuchs. Bei Mädchen wird durch Östrogene beispielsweise das Wachstum von Brust und Hüften gefördert.

Zusammen mit weiteren Hormonen des Gehirns und der Eierstöcke steuern Östrogene auch den Menstruationszyklus. Dabei sorgt ihre sich verändernde Konzentration für den Ab- und Aufbau der Gebärmutterschleimhaut sowie das Follikelwachstum, den Eisprung und die Bildung des Gelbkörpers.

Hormonelle Verhütungsmittel wie die Pille greifen in diesen Prozess ein und können so eine Schwangerschaft verhindern.

Die natürlich im Körper ablaufenden Vorgänge werden im biologischen Prinzip *Steuerung und Regelung* zusammengefasst.

Teste dich!

1 **A** Erkläre die Begriffe Homosexualität, Heterosexualität, Bisexualität und Transsexualität.
  B Benenne, was in einer Partnerschaft unabhängig von der Form der Sexualität wichtig ist.

2 **A** Nenne Aufgaben der Sexualhormone Östrogene und Testosteron während der Pubertät.
  B Beschreibe die hormonelle Steuerung des Menstruationszyklus.

3 **A** Beschreibe die in ▶ Bild 3 dargestellten Vorgänge im Eierstock der Frau.
  B Begründe, in welchem Zeitraum eine Befruchtung stattfinden kann.
  C Vergleiche den Weg, den eine befruchtete Eizelle zurücklegt, mit dem einer unbefruchteten.

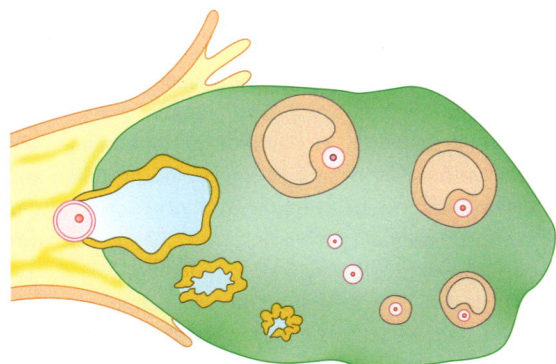

3 Vorgänge im Eierstock der Frau

4 **A** Beschreibe die Aufgabe der Plazenta in der Schwangerschaft.
  B Erkläre, weshalb die Plazenta eine so große Oberfläche besitzt.

5 **A** Ordne die in ▶ Bild 5 angegebenen Entwicklungsschritte von Embryo bzw. Fetus den drei Dritteln der Schwangerschaft zu.
  B Manche Kinder kommen als Frühgeburten deutlich vor dem Abschluss der durchschnittlichen 40 Schwangerschaftswochen zur Welt. Heutzutage sind bei uns auch die Überlebenschancen von knapp 30 Wochen alten Frühgeburten sehr gut, trotzdem müssen diese Kinder intensiv medizinisch versorgt werden. Erkläre dies.
  C Erläutere die Gefahren, die für ein Ungeborenes entstehen, wenn seine Mutter in der Schwangerschaft Zigaretten raucht.

6 Folgende Personen sind auf der Suche nach einem geeigneten Verhütungsmittel: Mert und Maja sind sich seit vielen Jahren treu und möchten spontan ohne weitere Vorbereitungen miteinander schlafen können. Andreas und Alexander sind seit 3 Wochen ein Paar. Jasmin und Johannes möchten ohne hormonelle Mittel verhüten. Helena hat keinen festen Partner, aber hin und wieder Geschlechtsverkehr mit Henry, der ebenfalls Single ist. Begründe, für wen welche Verhütungsmethoden empfehlenswert sind.

Patient	Menge HIV pro ml Blut	Menge Helferzellen pro ml Blut
1	niedrig	hoch
2	hoch	hoch
3	hoch	niedrig

4 Untersuchungsergebnisse dreier HIV-Patienten

7 **A** Bei drei bisher nicht therapierten HIV-positiven Patienten wird die Menge der HI-Viren und der Helferzellen im Blut bestimmt. Die Ergebnisse sind in ▶ Bild 4 dargestellt. Stelle eine begründete Vermutung an, welcher der drei sich erst vor Kurzem, welcher sich vor wenigen und welcher vor vielen Jahren mit HIV infiziert hat.
  B Nenne Tätigkeiten im Umgang mit HIV-Infizierten, bei denen keine Ansteckungsgefahr besteht.
  C Nenne drei weitere sexuell übertragbare Krankheiten (STD).

5 Entwicklungsschritte eines Ungeborenen

▶ Die Lösungen zu den Aufgaben findest du im Anhang.

Anhang

Lebewesen bestehen aus Zellen

1 A 1 Zellplasma; 2 Zellkern; 3 Zellmembran

B Die Abbildung zeigt eine tierliche Zelle, da keine Chloroplasten, keine Zellwand und keine Vakuole zu sehen sind.

2 Modelle sind vereinfachte Abbilder der Wirklichkeit und bilden immer nur ausgewählte Eigenschaften des Originals ab. Anhand des Zellmodells kann man mikroskopische Strukturen sichtbar machen, indem man sie vergrößert und dreidimensional nachbildet. Dabei sollte auf die richtigen Größenverhältnisse der Zellbestandteile geachtet werden. Bei dieser Art von Modell kann man allerdings keine Funktionen darstellen.

3 A 1 Okular; 2 Tubus; 3 Stativ; 4 Objektivrevolver; 5 Objektiv; 6 Objekttisch; 7 Blende (und Kondensor); 8 Beleuchtung; 9 Grobtrieb und Feintrieb

B 1. Ich schalte die Mikroskopbeleuchtung ein (mittlere Beleuchtungsstärke). 2. Ich kontrolliere mit dem Grobtrieb, ob der Objekttisch ganz unten ist. Falls nicht, drehe ich ihn ganz nach unten. 3. Ich lege das vorbereitete Präparat auf den Objekttisch. 4. Ich beginne mit dem schwächsten Objektiv und drehe am Objektivrevolver, bis das schwächste Objektiv eingeschwenkt ist. 5. Ich suche das Präparat und stelle das Objekt scharf, indem ich am Grobtrieb drehe. Sehe ich das Präparat, reguliere ich mit dem Feintrieb die optimale Schärfe. 6. Ich schließe und öffne die Blende für einen guten Kontrast. 7. Ich gehe vom kleinsten zum größten Objektiv und stelle gegebenenfalls die Schärfe nach. 8. Ich lasse beim Mikroskopieren möglichst beide Augen geöffnet. 9. Vor Entfernen des Präparats bringe ich den Objekttisch ganz nach unten und schwenke das schwächste Objektiv ein.

4 A Zeichnung individuell; Beispielzeichnung mit Beschriftung:

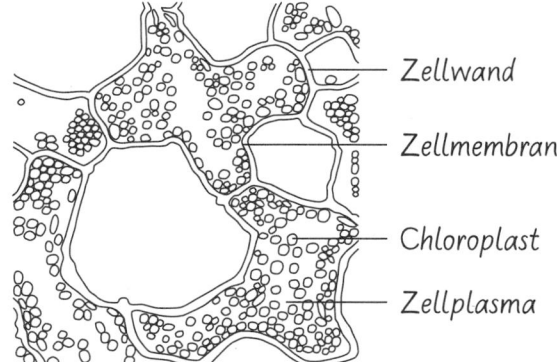

B Diese Zellen müssen von einer Pflanze stammen, da viele Chloroplasten und eine Zellwand zu erkennen sind.

C Da die Zellen Chloroplasten enthalten, können sie Fotosynthese betreiben. Es sind vielleicht Zellen aus einem Blattgewebe. Die grünen Blätter von Pflanzen besitzen Zellen mit Chloroplasten. (Es handelt sich um das Schwammparenchym eines Laubblatts.)

5 A Unter Wachstum versteht man die Vermehrung von Zellen. Alle vielzelligen Organismen sind aus einer befruchteten Eizelle, der Zygote, durch unzählige Zellteilungen in den pflanzlichen Teilungsgeweben bzw. von tierischen Stammzellen herangewachsen. Vor jeder Zellteilung muss die Erbinformation verdoppelt und gleichmäßig auf zwei neue Zellkerne aufgeteilt werden. Die entstehenden Tochterzellen sind zusammen zunächst so groß wie die Mutterzelle. Erst nachdem sie eine bestimmte Größe erreicht haben, kann die nächste Zellteilung stattfinden.

B Ein Organismus muss zahlreiche Aufgaben erledigen: Informationsweiterleitung, Bewegung, Stoffaufnahme. Alle vielzelligen Organismen bestehen daher aus verschieden gebauten spezialisierten Zellen, die in Arbeitsteilung unterschiedliche Aufgaben erledigen. Nervenzellen sind beispielsweise für die Weiterleitung von Informationen verantwortlich, Muskelzellen hingegen für die Bewegung von Körperteilen.

6 A Alle Lebewesen bestehen aus Zellen. In einem vielzelligen Lebewesen bilden einzelne Zellen, die ähnlich gebaut sind und zusammen dieselbe Aufgabe erledigen, ein Gewebe, z.B. Schleimhautzellen eine Schleimhaut, Muskelzellen ein Muskelgewebe. Häufig arbeiten mehrere Gewebe in einem Organ eng zusammen, um eine gemeinsame Aufgabe zu erfüllen. Schleimhaut mit Muskelgewebe und andere Gewebe bilden zusammen den Darm und erfüllen gemeinsam die Aufnahme von Stoffen aus der Nahrung und Aufgaben der Verdauung. Alle Organe eines Lebewesens zusammen nennt man Organismus, z.B. der Mensch, eine Eiche oder ein Eichhörnchen.

B

Gewebe	Organ	Organismus	Begründung
Festigungsgewebe	z.B. Baumstamm	z.B. Eiche	Der Stamm eines Baums muss stabil sein, um die Baumkrone zu tragen. Bei Säugetieren dienen dazu die Knochen.
Leitgewebe	z.B. Blattader	z.B. Rose	Über die Wurzel muss das Wasser in die Blätter gelangen; der im Blatt gebildete Traubenzucker wird zu den unterirdischen Pflanzenteilen transportiert, die keine Fotosynthese betreiben können. Bei Tieren wird der Stofftransport vom Blut übernommen, das durch die Blutgefäße transportiert wird.
Fotosynthesegewebe	z.B. Blatt	z.B. Sonnenblume	In den grünen Teilen der Pflanzen findet Fotosynthese statt.
Muskelgewebe	Skelettmuskel	z.B. Mensch	Nur Tiere und der Mensch besitzen Muskeln.

C Im Festigungsgewebe sollten die Zellen besonders stabile Zellwände besitzen, da diese für die Stabilität einer Pflanze sorgen. Die Zellwände müssten besonders dick und verstärkt sein. Die Zellen des Leitgewebes sollten Verbindungen (z.B. Tüpfel) zu den Nachbarzellen haben, sodass Stoffe transportiert werden können. Die Zellen des Fotosynthesegewebes besitzen Chloroplasten. In diesen Zellorganellen läuft die Fotosynthese ab. Die Zellen des Muskelgewebes besitzen vermutlich viele Mitochondrien; diese sind die Kraftwerke der Zelle. Bei Bewegungen wird viel Energie benötigt, daher muss im Muskelgewebe viel Energie bereitgestellt werden.

7 Eine tierliche Zelle hat unterschiedliche Kompartimente. Dies sind Reaktionsräume. Ein solches Kompartiment ist der Zellkern, er ist die Steuerzentrale der Zelle. Auch die Mitochondrien sind Reaktionsräume, in ihnen wird Taubenzucker mithilfe von Sauerstoff in Wasser und Kohlenstoffdioxid umgewandelt. Dabei wird Energie bereitgestellt.

8 Pantoffeltierchen und Augentierchen bestehen nur aus einer einzigen Zelle. Andere Lebewesen wie Mensch oder Gänseblümchen hingegen sind aus sehr vielen Zellen aufgebaut. Die Zellen vielzelliger Organismen sind aufeinander angewiesen und können nicht allein überleben. Sie machen Arbeitsteilung, um alle Eigenschaften, die ein Lebewesen ausmachen, erfüllen zu können. Bei Einzellern muss eine einzelne Zelle alle Kennzeichen des Lebens zeigen.

Fotosynthese und Zellatmung

1 Grüne Pflanzen nehmen mithilfe des Blattfarbstoffs Chlorophyll Lichtenergie auf. Sie nutzen diese und stellen aus den energiearmen Ausgangsstoffen Kohlenstoffdioxid und Wasser energiereiche Glucose her. Dabei geben sie Sauerstoff ab.

2 **A** 1 Cuticula; 2 obere Epidermis; 3 Palisadengewebe; 4 Schwammgewebe; 5 untere Epidermis; 6 Spaltöffnung

B

Gewebe	Struktur	Funktion
	Cuticula = Wachsschicht auf oberer Epidermis	Verdunstungsschutz
obere Epidermis	farblose, lückenlos aneinanderliegende Zellen	Schutz vor Verletzungen
Palisadengewebe	schmale, lang gestreckte, chloroplastenreiche Zellen	Hauptort der Fotosynthese
Schwammgewebe	unregelmäßige Zellen; Hohlräume dazwischen; wenig Chloroplasten	Durchlüftung des Blattes, Fotosynthese
untere Epidermis mit Spaltöffnungen	bohnenförmige Zellen, die Spaltöffnung zwischen sich freilassen	Transpiration; Gasaustausch (Sauerstoffabgabe, Kohlenstoffdioxidaufnahme)

3 **A** Das Säulendiagramm zeigt die Sauerstoffabgabe einer Pflanze in relativen Einheiten in Abhängigkeit von der Lichtstärke in relativen Einheiten. Die Sauerstoffabgabe nimmt mit zunehmender Lichtintensität zu.

B Vier Reagenzgläser werden mit Leitungswasser gleicher Temperatur befüllt. In jedes Reagenzglas wird ein Wasserpestspross gegeben. Alle Wasserpestsprosse haben die gleiche Länge. Die Schnittstelle der Sprosse zeigt nach oben, ist aber von Wasser bedeckt. Die vier Versuchsansätze werden jeweils in unterschiedlicher Entfernung von einer Lichtquelle aufgestellt. Es werden jeweils die innerhalb von 5 min an der Schnittstelle austretenden Sauerstoffbläschen gezählt.

C Im Dunkeln wird kein Sauerstoff an der Schnittstelle des Sprosses austreten. Sauerstoff ist ein Produkt der Fotosynthese. Die Fotosynthese kann aber nur im Licht stattfinden. Deshalb werden im Dunkeln keine Sauerstoffbläschen aufsteigen.

4 Glucose + Sauerstoff → Kohlenstoffdioxid + Wasser Energie wird frei.

5 A Beim Austreiben betreibt das Schneeglöckchen Zellatmung. Bei dieser Stoffwechselreaktion wird ein Teil der freigesetzten Energie in Form von Wärme abgegeben. Dadurch schmilzt der Schnee an der Stelle, an der das Schneeglöckchen austreibt.

B Das Schneeglöckchen bezieht die Energie zum Schmelzen des Schnees, für den Zellaufbau und das Wachstum aus dem Abbau des Speicherstoffs Stärke in der Zwiebel.

Bei der Zellatmung werden die energiereichen Speicherstoffe unter Sauerstoffverbrauch zu den energiearmen Stoffen Kohlenstoffdioxid und Wasser abgebaut. Ein Teil der Energie wird in Form von Wärme frei. Deshalb schmilzt der Schnee an der Stelle, an der das Schneeglöckchen austreibt. Die übrige Energie wird für den Aufbau von Zellen und das Wachstum verwendet.

6 Die Mitochondrien sind die Kraftwerke der Zellen. In ihnen läuft die Zellatmung ab. Keimlinge benötigen viel Energie für ihr Wachstum. Diese wird in den Mitochondrien bereitgestellt.

7 Grüne Pflanzen sind Produzenten. Sie sind autotroph, d. h., sie stellen die Nährstoffe, die sie benötigen, selbst im Prozess der Fotosynthese her. In diesen Nährstoffen ist Energie gespeichert. Die von den Produzenten hergestellten Nährstoffe dienen als Nahrungsgrundlage für alle anderen Lebewesen. Somit erzeugen die Pflanzen die Nahrungsgrundlage für alle übrigen Organismen. Außerdem geben Pflanzen bei der Fotosynthese Sauerstoff ab. Dieser ist für die Zellatmung der Tiere und Pflanzen notwendig. Die von den Pflanzen erzeugten Stoffe können auch zur Herstellung von Kraftstoffen wie Biodiesel für Autos verwendet werden. Man kann die Fotosynthese also durchaus als wichtigste Stoffwechselreaktion auf der Erde bezeichnen.

8 Kompartimente sind Reaktionsräume. In einer pflanzlichen Zelle können verschiedene Stoffwechselreaktionen gleichzeitig ablaufen. In den Chloroplasten findet die Fotosynthese statt. Hier wird Lichtenergie umgewandelt in chemische Energie, die in Form von Nährstoffen gespeichert wird. Gleichzeitig erfolgt in den Mitochondrien Zellatmung. Unter Verbrauch von Sauerstoff werden energiereiche Nährstoffe abgebaut. Die frei werdende Energie steht den Pflanzen für andere Lebensprozesse zur Verfügung.

Ernährung und Verdauung

1 A Im mitgebrachten Frühstück sind 14,9 g Proteine, 92,0 g Kohlenhydrate und 24,5 g Fett enthalten. Dies entspricht einem Anteil von 11 % Proteinen, 70 % Kohlenhydraten und 19 % Fett. Das eingetauschte Frühstück enthält 25,8 g Proteine, 85,6 g Kohlenhydrate und 17 g Fett. Dies entspricht 20 % Proteinen, 67 % Kohlenhydraten und 13 % Fett. Von der Zusammensetzung an Proteinen, Fett und Kohlenhydraten sind die beiden Frühstücke recht ähnlich. Der Kohlenhydratanteil ist fast gleich, 70 % zu 67 %. Der Proteingehalt ist beim mitgebrachten Frühstück geringer, 11 % zu 20 %, dafür ist der Fettgehalt im erstgenannten Frühstück größer: 19 % zu 13 %.

B *Nachweis von Fetten mit der Fettfleckprobe:* Die Probe wird für kurze Zeit auf ein Löschpapier bzw. Filterpapier gelegt und die Stelle mit einem Bleistift markiert. Das Papier wird anschließend gegen das Licht gehalten. Die Fettfleckprobe ist positiv, wenn auf dem Löschpapier (oder Filterpapier) nach dem Trocknen ein durchscheinender Fleck zurückbleibt.

Nachweis von Kohlenhydraten mit dem Benedict-Reagenz: In einem Reagenzglas werden 2 ml Benedict-Reagenz gefüllt. Dazu werden etwa dieselbe Menge Wasser und ein zerkleinertes Stück der Probe gegeben. Das Reagenzglas wird geschüttelt und dann im Wasserbad erhitzt. Die Probe mit Benedict-Reagenz ist positiv, wenn sich die zuvor blaue Lösung rot färbt.

Stärkenachweis: Einige Tropfen Iod-Kaliumiodid-Lösung werden auf die Probe geträufelt. Der Nachweis ist positiv, wenn sich die Iod-Kaliumiodid-Lösung blau färbt.

Nachweis von Proteinen mit der Biuretprobe: In ein Becherglas werden 150 ml Wasser, 3 Teelöffel Kochsalz und ein Probenstück gegeben. Ein Reagenzglas wird etwa 1–2 cm mit dieser Lösung befüllt und mit einigen Tropfen Kupfersulfatlösung versetzt. Nach Zugabe von 5 Tropfen Natriumcarbonat wird das Reagenzglas geschüttelt und im Wasserbad erhitzt. Die Biuretprobe ist positiv, wenn sich die Lösung violett färbt.

C Es wird empfohlen, den Gesamtenergiebedarf zu 45–60 % durch die Aufnahme von Kohlenhydraten zu decken. 20–35 % der Energie sollte durch Fette aufgenommen werden und der Rest (etwa 5–35 %) durch Proteine. Bei beiden Frühstücksvarianten liegt die Nährstoffzusammensetzung für Proteine im empfohlenen Bereich. Der Anteil an Kohlenhydraten liegt etwas zu hoch: 7–10 %. Der Fettanteil beim mitgebrachten Frühstück liegt an der Grenze zur Empfehlung, beim eingetauschten Frühstück ist er etwas niedrig.

Allerdings sollten diese Werte nicht allein ausschlaggebend für eine Beurteilung sein, da außer der Nährstoffzusammensetzung auch die Regeln für eine gesunde Ernährung beachtet werden sollten. Diese beinhalten eine möglichst vielseitige Ernährungsweise mit Getreideprodukten, Obst und Gemüse, Milchprodukten … Unter Beachtung dieser Regeln für gesunde Ernährung entspricht das mitgebrachte Frühstück eher einer ausgewogenen Mahlzeit.

2 **A** Vitamine benötigt der Körper zwar nur in kleinen Mengen, sie sind jedoch für zahlreiche Vorgänge in unseren Zellen wichtig. Fehlt z.B. das Vitamin C, wird man schneller krank und Knochen können unzureichend gebildet werden. Typisch für die Vitaminmangelkrankheit Skorbut sind zudem Zahnausfall durch faulendes Zahnfleisch und innere Blutungen. Sie führt unbehandelt zum Tod.

B Vitaminreiche Nahrungsmittel sollten in der Regel kühl und trocken an einem dunklen Ort gelagert werden, z.B. im Kühlschrank. Milch wird daher häufig in lichtundurchlässigen Getränkekartons oder braunen Flaschen angeboten. Beim Zubereiten sollte man diese Nahrungsmittel möglichst nicht oder nur sanft und kurz erhitzen.

3 **A** Bakterien der Mundhöhle ernähren sich vom Zucker, der mit der Nahrung aufgenommen wurde. Als Endprodukte scheiden sie Stoffe aus, die sich zusammen mit den Bakterien und Speichelresten als Zahnbelag absetzen. Weitere Bakterien bilden durch den Abbau von Zucker Säure, die den Zahnschmelz angreift. Wird ständig viel Zucker gegessen und werden die Zähne nicht regelmäßig gereinigt, kann der Zahn den Zahnschmelz nicht mehr selbst regenerieren, die Zerstörung des Zahns schreitet fort und der Zahnschmelz wird dauerhaft geschädigt. Es entsteht Karies.

B Nach jeder Mahlzeit die Zähne gründlich putzen; regelmäßige Zahnarztkontrolle; den Zuckerkonsum einschränken. Dabei sollte man beachten, dass auch Getränke erhebliche Mengen an Zucker enthalten können. Wenn man auf Süßes nicht verzichten kann, ist es besser, nur einmal am Tag eine größere Menge Süßigkeiten zu essen, z.B. nach einer Hauptmahlzeit, und nicht ständig zu naschen. Dann haben die Zähne die Möglichkeit, sich zu erholen.

4 **A** 1 Leber; 2 Gallenblase; 3 Zwölffingerdarm; 4 Speiseröhre; 5 Magen; 6 Bauchspeicheldrüse; 7 Dünndarm; 8 Dickdarm

B Kompartimentierung bedeutet die Einteilung in verschiedene Reaktionsräume. So können zur selben Zeit verschiedene Vorgänge ablaufen, ohne sich gegenseitig zu beeinflussen. Die Einteilung des Verdauungssystems in verschiedene Bereiche, die Kompartimente, ermöglicht es, diese unterschiedlichen Bedingungen zu schaffen: Im Mund beginnt bereits die Verdauung der Kohlenhydrate durch das Enzym Amylase. Im Magen und auch im Dünndarm befinden sich unterschiedliche Enzyme, die Fette in Fettsäuren und Glycerin sowie Proteine in Aminosäuren spalten. Im Magen ist dafür eine saure Umgebung notwendig, die durch die Magensäure hergestellt wird. Im Dünndarm finden Verdauungsvorgänge statt, die bei einer sauren Umgebung nicht ablaufen könnten.

Prinzip der Oberflächenvergrößerung: Die Innenwand des Dünndarms besitzt Darmfalten und diese sind weiter in Darmzotten aufgefaltet. Durch diese Auffaltungen wird die Oberfläche der Dünndarmschleimhaut stark vergrößert: Somit können wesentlich mehr Nährstoffe aus dem Darminnern ins Blut aufgenommen werden, als es bei einer nicht vergrößerten Oberfläche der Fall wäre.

C Durch das Prinzip der Oberflächenvergrößerung lösen sich die kleineren Zuckerteilchen viel schneller im Speichel auf als das große Stück. Die Auflösung setzt an der Oberfläche des Zuckers an, viele kleine Zuckerstückchen besitzen eine wesentlich größere Oberfläche als ein kompaktes Stück.

5 **A** Substrat 1 und Enzym 1 treffen aufeinander. Das passende Substrat, der Mehrfachzucker Stärke, wird vom Enzym, der Amylase, gebunden. Die Amylase spaltet die Stärke in den Zweifachzucker Maltose (Produkt 1). Maltose (Substrat 2) bindet an Enzym 2, die Maltase, und wird in den Einfachzucker Glucose (Produkt 2) gespalten.

B Die Struktur des Enzyms und seines entsprechenden Substrats sind einzigartig. Enzym und Substrat können sich daher passgenau aneinanderlagern. Sie passen zusammen, wie ein Schlüssel in sein entsprechendes Schloss passt. Dieses bezeichnet man als Schlüssel-Schloss-Prinzip. Ein Enzym kann daher immer nur einen ganz bestimmten Stoff (sein Substrat) spalten. Dieses Phänomen bezeichnet man als Substratspezifität.

Herz, Blutkreislauf und Atmung

1 **A** a Diastole (Entspannungs- und Füllungsphase), b Systole (Anspannungs- und Auswurfphase). In Bild a gelangt das Blut aus den beiden Vorhöfen in die Herzkammern; die Segelklappen sind geöffnet. In Bild b ist die Muskulatur der Herzkammern angespannt; die Segelklappen sind geschlossen. Durch die geöffneten Taschenklappen wird das Blut in die Aorta und die Lungenarterie gedrückt.

B Durch die Kammerung des Herzens ist garantiert, dass das sauerstoffreiche und das sauerstoffarme Blut getrennt bleiben. Hat die Herzscheidewand ein Loch, vermischen sich in der Diastole sauerstoffreiches und sauerstoffarmes Blut. Dieses Mischblut wird in der Systole über die Aorta in den Körper gedrückt. Steht dem Körper weniger Sauerstoff zur Verfügung, sinkt – je nach Größe der Öffnung – die Leistungsfähigkeit.

2 A 55 % Blutplasma (Wasser und darin gelöste Stoffe wie Mineralstoffe, Vitamine, Eiweiße), 45 % feste Bestandteile. Dazu gehören weiße (Leukocyten) und rote (Erythrocyten) Blutzellen sowie Blutplättchen (Thrombocyten).

B Transport von Sauerstoff, Kohlenstoffdioxid, Nährstoffen, Hormonen, Enzymen, Abwehrstoffen und Abfallstoffen. Verteilung der in den Zellen entstehenden Wärme im Körper. Weiße Blutzellen: Krankheitsabwehr; rote Blutzellen: Transport der Atemgase Sauerstoff und Kohlenstoffdioxid; Blutplättchen: Blutgerinnung

3 A Der Energiebedarf setzt sich aus Grundumsatz und Leistungsumsatz zusammen. Der Grundumsatz ist abhängig von Alter, Geschlecht und Gewicht. Deshalb wird sich der Grundumsatz nur geringfügig unterscheiden. Der Leistungsumsatz aber ist von den unterschiedlichen Aktivitäten abhängig: Je aktiver, desto höher der Leistungsumsatz. Dies trifft auf die Profisportlerin im Vergleich zur Büroangestellten zu. Die Profisportlerin hat also einen deutlich höheren Energiebedarf als die Büroangestellte.

B Die Pulsfrequenz des Untrainierten liegt bereits im Liegen (Ruhepuls) über der des Trainierten und steigt folglich auch bei allen Tätigkeiten höher an als der des Trainierten. Bei stärkeren Belastungen wie Treppensteigen erhöht sich die Pulsfrequenz des Untrainierten nicht analog, sondern überproportional. Das Absinken in den Ruhepuls erfolgt beim Untrainierten langsamer als beim Trainierten. Insgesamt ist das Herz des Untrainierten im Vergleich zum Trainierten stärker belastet und erholt sich schlechter.

C Während des Trainings steigt der Energiebedarf. Das Herz schlägt schneller, man atmet häufiger und tiefer. Der Energiebedarf der Muskulatur steigt enorm, sodass der Stoffwechsel in Schwung kommt. Es wird mehr Blut in kürzerer Zeit transportiert. Die Zellatmung läuft auf Hochtouren. Im Anschluss an das Training müssen die Glucosedepots wieder aufgefüllt werden, damit man auch den nächsten körperlichen und geistigen Anstrengungen gewachsen ist.

Aufgrund des regelmäßigen Ausdauersports können die Muskeln diese Aufgaben besser und schneller erfüllen, die Blutzirkulation ist verbessert, da auch der Herzmuskel besser trainiert ist, und durch das Training ist die Erholungszeit (Regenerationsphase) verkürzt.

4 Das Blutkreislaufsystem des Menschen besteht aus dem Körperkreislauf und dem Lungenkreislauf. Im Lungenkreislauf gelangt das sauerstoffarme Blut aus der rechten Herzkammer zur Lunge. Dort findet der Gasaustausch statt, Kohlenstoffdioxid wird abge-

geben und Sauerstoff aufgenommen. Anschließend strömt das sauerstoffreiche Blut in den linken Vorhof des Herzens und wird durch die linke Herzkammer in den Körperkreislauf gepumpt. In den Kapillaren findet nun ein weiterer Gasaustausch statt, Sauerstoff wird in die Körperzellen abgegeben und Kohlenstoffdioxid wird vom Blut aufgenommen. Das nun sauerstoffarme Blut fließt zurück zum Herzen und gelangt über den rechten Vorhof und die rechte Herzkammer wieder in den Lungenkreislauf.

5 A Die eingeatmete Luft gelangt durch die Luftröhre in die Bronchien und Bronchiolen und schließlich in die winzig kleinen Lungenbläschen. Hier findet der Gasaustausch statt: Über die Oberfläche der Lungenbläschen gelangt Sauerstoff aus der eingeatmeten Luft in das Blut und Kohlenstoffdioxid aus dem Blut in die Lunge. Da die Lungenbläschen dünnwandig sind, kann Sauerstoff leicht durch die Wand der Lungenbläschen hindurchtreten. Die mit Kohlenstoffdioxid angereicherte Luft wird wieder ausgeatmet.

B Wenn man einen Körper, z. B. einen Würfel, in viele kleinere Würfel teilt, entsteht ein Haufen von kleinen Körpern. Misst man deren Oberfläche, wird deutlich, dass sie wesentlich größer ist als die des ursprünglichen Würfels. Dieses Prinzip der Oberflächenvergrößerung spiegelt sich auch bei der Lunge wider.

Durch die immer stärkere Verzweigung der Lunge in die Bronchien und Bronchiolen und schließlich in die winzig kleinen Lungenbläschen ist die Oberfläche der Lunge stark vergrößert. Beide Lungenflügel haben zusammen aufgrund der Anzahl und Größe der Lungenbläschen eine Gesamtoberfläche von 200 m². Diese enorme Oberfläche begünstigt den Gasaustausch, da zur selben Zeit zahlreiche Sauerstoff- und Kohlenstoffdioxidteilchen an den Lungenbläschen ausgetauscht werden können.

6 Die Nährstoffe werden im Verdauungstrakt in ihre Bausteine zerlegt, die vom Darm in die Blutbahn aufgenommen werden, z. B. Glucose. Glucose wird mit dem Blutkreislauf zu jeder Körperzelle gebracht und von ihr aufgenommen. In der Zelle findet die Zellatmung statt, bei der die Glucose gespalten wird. Zur Spaltung ist Sauerstoff nötig, der über die Atmung aus den Lungen in den Blutkreislauf kommt und mit ihm ebenfalls zur Körperzelle transportiert wird. Bei der Spaltung der Glucose wird unter anderem Kohlenstoffdioxid frei und Energie bereitgestellt. Die Energie wird für Bewegungen und den Stoffwechsel benötigt, das Kohlenstoffdioxid wird mit dem Blutkreislauf zur Lunge transportiert und ausgeatmet.

Informationssystem Sinnesorgane

1 Bei einem adäquaten Reiz handelt es sich um die zu einem Sinnesorgan passende Information aus der Umwelt. Eine Sinneszelle stellt einen Signalwandler dar, der adäquate Reize aufnimmt und in elektrische Signale umwandelt. Ein Sinnesorgan ist ein Organ, das Sinneszellen enthält.

2 Der Schall, der vom Pausengong ausgeht, gelangt zu den Sinneszellen in Tims Ohren. Da Schall der adäquate Reiz für das Gehör ist, wandeln die Hörsinneszellen ihn in elektrische Signale um, die über Nervenzellen zum Rückenmark und ins Gehirn geleitet werden. Dort wird das Geräusch wahrgenommen und eine Reaktion eingeleitet: Über das Rückenmark und weitere Nervenzellen werden Signale an die Beinmuskeln als Erfolgsorgane gesendet, die daraufhin aktiv werden. So läuft Tim aus dem Klassenzimmer.

3 **A** Lid: Schutz des Auges (nach vorne hin); Pupille: Adaptation (Regelung des Lichteinfalls); Linse: Lichtbrechung, Akkommodation; Lederhaut: Schutz des Augapfels; Aderhaut: Versorgung des Auges mit Sauerstoff und Nährstoffen

B Durch die Linse fällt das Licht. Wäre sie nicht durchsichtig, würde kein Licht zur Netzhaut gelangen. Für die Schutzfunktion der Lederhaut ist Durchsichtigkeit nicht wichtig, im vorderen Bereich des Augapfels wäre sie sogar störend, da dann unkontrolliert viel Licht ins Auge fallen würde.

4 Ist die Iris farblos, gelangt durch sie ständig viel Licht ins Auge, unabhängig von der Weite der Pupille. In einer hellen Umgebung sind Personen mit Albinismus also ständig geblendet, da ihre Lichtsinneszellen ständig Signale ans Gehirn schicken.

5 **A** Die blaue Linie steht für die Zapfen, da diese insgesamt weniger zahlreich sind und vor allem im zentralen Bereich der Netzhaut vorkommen. Die Stäbchen, dargestellt durch die rote Linie, sind dagegen allgemein und vor allem in den Randbereichen der Netzhaut zahlreicher.

B Stelle 1 ist der blinde Fleck. An dieser Stelle gibt es keine Lichtsinneszellen, da hier der Sehnerv das Auge verlässt. Stelle 2 ist der gelbe Fleck, an dem sich keine Stäbchen, dafür aber Zapfen in großer Anzahl befinden.

C Da unsere beiden Augen leicht unterschiedliche Blickwinkel haben, wird nie derselbe Bereich unserer Umwelt auf dem blinden Fleck beider Augen abgebildet. Außerdem bewegen sich unsere Augäpfel normalerweise ständig. So kann das Gehirn aus den laufend eintreffenden Informationen beider Augen die Wahrnehmung eines lückenlosen Bildes ermöglichen.

6 **A** Beim Betrachten naher Gegenstände ist der Ziliarmuskel angespannt, die Linsenbänder sind gelockert und die Linse besitzt eine kugelige Form. Betrachtet man ferne Gegenstände, ist der Ziliarmuskel entspannt, die Linsenbänder werden angespannt und die Linse in eine flache Form gezogen.

B Beim Betrachten von Gegenständen in der Ferne hat die starrer gewordene Linse keine Auswirkungen, da sie wie im gesunden Auge eine flache Form einnehmen kann. Beim Sehen in die Nähe allerdings kann sie nicht mehr so kugelig werden, wie es für das scharfe Abbilden von Gegenständen nötig wäre. Ihre Brechkraft ist zu niedrig, sehr nahe Gegenstände werden also unscharf auf der Netzhaut abgebildet. Der Nahpunkt rückt weiter in die Ferne.

C Altersweitsichtigkeit kann mit einer konvexen Linse (Sammellinse) korrigiert werden. Da die Fehlsichtigkeit nur in die Nähe besteht, wählen viele Betroffene eine Lesebrille.

7 1 Ohrmuschel (Aufnahme von Schallwellen); 2 Gehörgang (Weiterleitung von Schallwellen ans Mittelohr); 3 Trommelfell (Übertragung der Schallwellen an die Gehörknöchelchen); 4 Gehörknöchelchen (Übertragung der Schwingungen ans Innenohr und Verstärkung des Signals)

8 **A** Beispiele: Türenschlagen, Schreien, Lärm beim Spielen, Kreidequietschen

B Laute Geräusche können Schädigungen des Gehörs verursachen, z. B. Schwerhörigkeit durch zerstörte Hörsinneszellen oder im Extremfall Trommelfellrisse. Lärm von geringer Lautstärke kann zu Erkrankungen des Herz-Kreislauf-Systems und der Psyche führen.

Informationssystem Hormone

1 Hormone werden in spezifischen Drüsenzellen gebildet und bei Bedarf ins Blut abgegeben. Der Blutkreislauf verteilt die Hormone im gesamten Körper. Zellen besitzen eine spezifische Auswahl unterschiedlicher Hormonrezeptoren. Bindet ein Hormon nach dem Schlüssel-Schloss-Prinzip an seinen passenden Rezeptor der Zielzelle, löst dies wiederum eine spezifische Reaktion der Zelle aus.

2 Der Blutzuckerspiegel sollte zwischen 80 und 110 mg/100 ml liegen. Durch z. B. intensive Muskelarbeit kann er darunter sinken oder durch Nahrungsaufnahme darüber ansteigen. Im ersten Fall wird von der Bauchspeicheldrüse das Hormon Glucagon freigesetzt. Dieses bewirkt, dass aus Glucosedepots (Glycogen) in den Leber- oder Muskelzellen Glucose ins Blut abgegeben wird. Der Blutzuckerspiegel steigt wieder. Im umgekehrten Fall bewirkt Insulin die Senkung des Blutzuckergehalts. Glucagon und Insulin wirken einander entgegengesetzt. Daher bezeichnet man sie als Gegenspieler.

3 A Bei Person A liegt der Blutzuckerspiegel kurz vor der Glucoseaufnahme bei ca. 90 mg/100 ml und steigt dann innerhalb ca. einer Stunde auf ungefähr 130 mg/100 ml an. Innerhalb der nächsten Stunde fällt er wieder auf das Ausgangsniveau. 2–5 Stunden nach der Glucoseaufnahme liegt der Blutzuckerspiegel sogar unter dem Ausgangswert bei ca. 85 mg/100 ml.

Bei Person B liegt der Blutzuckerspiegel kurz vor der Glucoseaufnahme bei knapp 140 mg/100 ml und steigt dann innerhalb von 1,5 Stunden sehr stark auf über 200 mg/100 ml an. Er fällt danach vergleichsweise langsam und liegt noch 5 Stunden nach Testbeginn über 150 mg/100 ml.

Insgesamt liegt der Blutzuckerspiegel von Person B stets über dem der Person A.

B Person A: gesund; Person B: Diabetiker. Begründung: Nach der Kohlenhydrataufnahme steigt der Blutzuckerspiegel bei beiden Personen an. Beim Gesunden wirkt daraufhin das Hormon Insulin. Dies führt zur raschen Senkung des Blutzuckerspiegels und verhindert besonders große Werte, da viele Zielzellen im Körper, vor allem Muskel- und Leberzellen, vermehrt Glucose aus dem Blut aufnehmen (und speichern). Bei Diabetikern fehlt diese Regulation oder ist stark vermindert. Der Blutzuckerspiegel bleibt über längere Zeit sehr stark erhöht.

C Person A (gesund): *Insulin:* Nach 1 Stunde ist die Insulinkonzentration im Blut hoch, da der Blutzuckerspiegel über 110 mg/100 ml liegt und viele Zielzellen angeregt werden sollen, Glucose aufzunehmen. Nach 4 Stunden ist die Insulinkonzentration im Blut gering, da der Blutzuckerspiegel mit 85 mg/100 ml relativ niedrig ist. *Glucagon:* Nach 1 Stunde ist die Glucagonkonzentration im Blut niedrig, da ausreichend Glucose im Blut vorhanden ist. Nach 4 Stunden ist der Glucagongehalt im Blut höher, da der Blutzuckerspiegel nur noch knapp über der unteren Sollgrenze von 80 mg/100 ml liegt.

Person B (insulinpflichtiger Diabetiker): *Insulin:* Nach 1 und 4 Stunden ist die Insulinkonzentration im Blut sehr gering bis 0, da die Bauchspeicheldrüse nur noch sehr wenig oder gar kein Insulin mehr produziert. *Glucagon:* Nach 1 und 4 Stunden ist die Glucagonkonzentration im Blut niedrig, da ausreichend Glucose im Blut vorhanden ist.

D Der Blutzuckerspiegel wird durch das injizierte Insulin gesenkt. Durch die erhöhte Dosis sinkt er sehr stark. Dies kann zur Unterversorgung von Organen mit Glucose führen. Sie können ihre Funktionen nur noch eingeschränkt oder gar nicht mehr ausführen. Organe können Schaden nehmen. Eine Unterversorgung des Gehirns kann zu Konzentrationsproblemen oder gar Bewusstlosigkeit (Koma) führen. Eine hilfreiche Sofortmaßnahme wäre die rasche Zufuhr von kohlenhydrathaltiger Nahrung, z. B. Apfelsaft. Viele Diabetiker haben für diesen Fall immer Traubenzucker dabei.

E Bei großen Mahlzeiten steigt der Blutzuckerspiegel von Diabetikern besonders stark an. Da Diabetiker weniger oder kein Insulin herstellen können oder Insulin in den Zielzellen nicht mehr wirkt, bleibt der Blutzuckerspiegel über längere Zeit sehr stark erhöht. Dies führt auf Dauer zu Folgeschäden. Mehrere kleine Mahlzeiten haben kleinere und kürzere Spitzenwerte des Blutzuckerspiegels zur Folge. Damit treten auch weniger Folgeschäden auf.

F Insulin ist ein Protein. Proteine werden auf dem Weg durch das Verdauungssystem durch die Magensäure und Verdauungsenzyme zerstört. Insulin wäre noch vor seiner Aufnahme ins Blut unwirksam geworden. Durch die Injektion gelangt funktionstüchtiges Insulin unter Umgehung des Verdauungssystems ins Blut.

4 A Lebensretter: Stresshormone wie Adrenalin unterstützen den Körper, z. B. Gefahrensituationen besser bestehen zu können. Der Puls wird schneller, die Atmung tiefer und schneller. Glucose wird aus der Leber und anderen Depots ins Blut abgegeben. Blutgefäße zu den Organen, die helfen sollen, Gefahren abzuwehren, werden geweitet. Herz, Lunge, Gehirn und Muskeln werden besser versorgt. Stress ist in diesem Fall positiv. Man nennt ihn Eustress. Vor allem sehr häufiger Kurzzeitstress oder Langzeitstress mit seinem Hormon Cortisol bewirken, dass der Körper ständig „auf Hochtouren läuft". Dadurch wird er anfälliger für Krankheiten. Stress ist in diesem Fall negativ. Man nennt ihn Disstress.

B Die Abbildung zeigt eine Ballerina kurz vor ihrem Auftritt. Dies ist eindeutig eine Kurzzeitstresssituation. Stress vor einem Auftritt im Scheinwerferlicht wird oft als Lampenfieber bezeichnet. Die Stresshormone Adrenalin und Noradrenalin können der Tänzerin helfen, die geübten Abläufe optimal in einer sehr guten Darbietung zu zeigen. Sie kann sich voll und ganz auf den bevorstehenden Auftritt konzentrieren und ist hellwach. Die Stresshormone können jedoch auch bewirken, dass die Tänzerin sehr nervös ist und vor lauter Anspannung und Aufregung „weiche" Knie bekommt. Viele Künstler bewerten das Lampenfieber positiv. Für sie ist es eine Eustresssituation.

C Die Zuordnung von Kurzzeitstressbeispielen zu Dis- bzw. Eustress ist individuell und situativ. Langzeitstress ist stets Disstress. Beispiele: Tod eines Angehörigen: Langzeitstress, Disstress; Lampenfieber: Kurzzeitstress, Eustress und/oder Disstress

D Hilfreiche Strategien, mit Stress umzugehen, sind vielfältig und individuell. Beispiele: Yoga, Musikhören, Sport

5 Erschrecken ist eine Kurzzeitstresssituation, bei der Adrenalin und Noradrenalin freigesetzt werden. Beide bewirken einen kurzfristigen Anstieg des Blutzuckerspiegels. Für Diabetiker, die verminderte Insulinfreisetzung oder -wirkung auszeichnet, kann ein kurzfristig sehr starker Blutzuckerspiegelanstieg eine Bewusstlosigkeit zur Folge haben (diabetisches Koma).

6 A Durch den Gebrauch bzw. Missbrauch von Suchtmitteln kann eine körperliche oder psychische Gewöhnung und Abhängigkeit entstehen. Suchtmittel verändern das Belohnungssystem und andere Funktionen im Gehirn dauerhaft. Es gibt zahlreiche Risikofaktoren, die eine Suchtentstehung begünstigen: zum einen die betroffene Person und ihre Persönlichkeit selbst, die Umweltbedingungen, in der die Person lebt, und das Suchtmittel selbst. Es gibt keinen typischen Weg in die Abhängigkeit, sondern viele individuelle.

B Damit eine Person als handysüchtig eingestuft werden kann, müssen mindestens 3 von 6 der folgenden Kriterien im letzten Jahr auf sie zutreffen: 1. Sie verspürt den starken Wunsch oder eine Art Zwang, das Suchtmittel zu konsumieren. 2. Sie kann Beginn, Ende und Menge des Suchtmittelkonsums schlecht oder gar nicht kontrollieren. 3. Bei Beendigung oder Reduktion des Konsums leidet sie unter körperlichen Entzugserscheinungen. 4. Sie muss die Menge des Suchtmittels steigern, um die ursprüngliche Wirkung einer niedrigeren Dosis zu erzielen (Toleranz). 5. Sie vernachlässigt zunehmend andere Interessen und Vergnügungen zugunsten des Suchtmittelkonsums. Der Zeitaufwand für den Konsum und für die Erholung nach dem Konsum werden stetig größer. 6. Sie konsumiert weiter, obwohl sie über die schädlichen Folgen Bescheid weiß. Bewertung Foto: Wahrscheinlich sind die abgebildeten Personen nicht süchtig. Ein Missbrauch oder eine Gewöhnung könnte jedoch vorliegen.

Immunsystem

1 A Krankheitserreger können durch Einatmen über Nase und Mund (Tröpfcheninfektion), über die Schleimhäute, durch Nahrungsaufnahme über den Verdauungstrakt (Schmierinfektion), durch Austausch von Körperflüssigkeiten oder direkt durch das Blut (z. B. durch Zeckenbiss) in den Körper gelangen. Ebenso können Krankheitserreger durch offene Wunden in den Körper gelangen.

B Viren: Masern, Röteln, Pocken, Aids, Kinderlähmung, Grippe, Herpes, Hepatitis, FSME; Bakterien: Tuberkulose, Milzbrand, Typhus, Borreliose, Scharlach, Tetanus (Wundstarrkrampf), Keuchhusten; Parasiten: Bandwurmbefall, Spulwurmbefall, Bilharziose, Malaria

C Leicht saure Haut; Bakterien auf der Haut; Speichel wirkt antibakteriell; Magensäure tötet Bakterien ab; Augenlid und Tränenflüssigkeit mit einem Enzym, das Bakterien zerstört; Härchen und klebriger Schleim in der Nase, Flimmerhärchen in den Atemwegen

2 Auf der einen Seite ist es sinnvoll, die Hände häufig zu waschen, um die Übertragung von Erregern zu vermindern. Auf der anderen Seite wird der natürliche Schutz der Haut durch häufiges Waschen zerstört. Sinnvoll ist es, „pH-neutrale" Seifen zu verwenden.

3 Bei einer Infektion bilden sich im Verlauf der Immunabwehr zum Erreger passende Gedächtniszellen, die bei einer weiteren Infektion eine schnellere Bildung von Antikörpern ermöglichen, die passgenau zu den Antigenen des Erregers sind. Verändern sich die Antigene, so reagieren die Gedächtniszellen nicht und die Immunantwort muss wieder neu ablaufen.

4

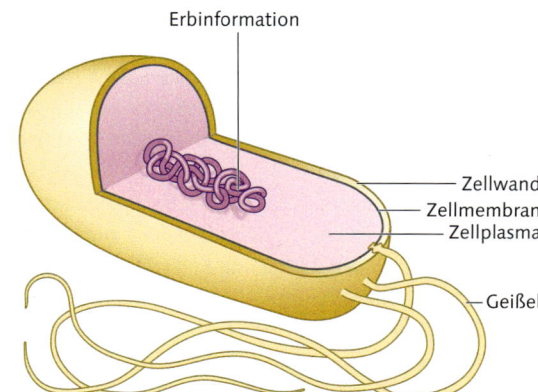

Erbinformation
Zellwand
Zellmembran
Zellplasma
Geißel

5 Die unspezifische Abwehr grenzt den Befall durch Krankheitserreger ein und reagiert mit Fresszellen auf alle möglichen Erreger schnell. Die spezifische Abwehr reagiert auf spezielle Erreger und bildet Gedächtniszellen, die bei weiteren Infektionen wirken können.

6 Fresszellen wandern durch Körperflüssigkeiten und können Krankheitserreger aufnehmen und dadurch unschädlich machen. Außerdem bringen sie durch Präsentation der Antigene die entsprechende spezifische Immunabwehr in Gang.

7 A a Fresszellen; b Helferzellen; c B-Zellen; d Antikörper; e Virus

B Fresszellen: nehmen Erreger und befallene Körperzellen auf, präsentieren Antigene des Erregers und aktivieren die spezifische Abwehr; T-Helferzellen: binden an präsentierte Antigene auf den Fresszellen und werden so aktiviert, aktivieren ihrerseits B-Zellen und Killerzellen; B-Zellen: produzieren Antikörper in großen Mengen; Antikörper: machen Erreger unschädlich, indem sie an diese binden und sie verklumpen; Virus: Krankheitserreger, kann in Körperzellen eindringen und diese als Wirtszellen zu seiner Vermehrung nutzen

C

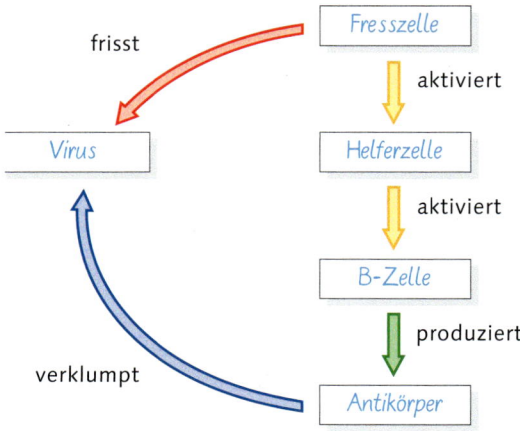

D Antigene, Killerzellen, Gedächtniszellen
Antigene sind Teile des Erregers, die für die Erkennung eine wichtige Rolle spielen. Fresszellen, die einen Erreger aufgenommen haben, präsentieren dessen Antigene an der Oberfläche. Dadurch werden spezifische Helferzellen aktiviert.
Killerzellen werden durch die Helferzellen aktiviert und zerstören infizierte Körperzellen. Einige spezifische Helferzellen, B-Zellen und Killerzellen bleiben als Gedächtniszellen im Körper und lösen bei einer erneuten Infektion mit demselben Erreger eine schnelle Abwehrreaktion aus.

8 In den Lymphknoten wird die Lymphflüssigkeit durch Fresszellen und andere weiße Blutzellen gereinigt. Bei einer Infektion ist die Menge der im Körper oder in Körperteilen befindlichen Lymphe größer, so kommt es zu einem Anschwellen der Lymphknoten.

9 A

	Aktiv	Passiv
Impfstoff	abgeschwächte Erreger	von Tieren produzierte Antikörper
Zeitpunkt des Impfens	vor Ausbruch der Krankheit als Vorbeugung	bei vorliegender Krankheit
Wirkung	erst nach Bildung der Gedächtniszellen	sofort
Dauer der Wirkung	mehrere Jahre	nur wenige Tage oder Wochen
Probleme	eventuell Krankheitsausbruch durch abgeschwächte Erreger	allergische Reaktionen

B Kurve 1: Sofort nach der Impfung sind große Mengen von Antikörpern vorhanden, sie bleiben einige Tage im Körper und werden dann relativ schnell abgegeben → passive Immunisierung. Kurve 2: Es dauert einige Tage, bis Antikörper im Blut zu finden sind, da zunächst die spezifische Immunabwehr ablaufen muss → aktive Immunisierung

10A Aufgrund des geringeren Auftretens mancher Infektionskrankheiten und manchmal aus Furcht vor Nebenwirkungen durch Impfstoffe entscheiden manche Personen, bei sich oder, Eltern, bei ihren Kindern keine Schutzimpfungen durchführen zu lassen.
B Kommen geimpfte Personen mit dem Krankheitserreger in Kontakt, wird dieser direkt bekämpft und kann sich nicht vermehren. Diese Personen geben die Krankheitserreger nicht weiter. Geimpfte Personen schützen indirekt auch nicht geimpfte Personen, da die Wahrscheinlichkeit für nicht geimpfte kleiner ist, mit Krankheitsüberträgern in Kontakt zu kommen. Sind weniger Personen vor einer Infektionskrankheit durch eine aktive Immunisierung geschützt, werden mehr Personen erkranken und die Krankheitserreger weitergeben.

11 A Die Antigene der roten Blutzellen verklumpen mit den im Spenderblut eventuell vorhandenen Antigenen, wenn die Blutgruppen nicht zusammenpassen.
B Es wurde die Blutgruppe AB getestet, weil sowohl Anti-A als auch Anti-B das Testblut verklumpen.
C Das Blut des Patienten mit der Blutgruppe AB enthält keine Antikörper gegen die Blutgruppenantigene A und B. Bei einer Bluttransfusion werden lediglich die roten Blutzellen übertragen und nicht das Blutserum des Spenders. Ein Patient mit der Blutgruppe AB kann von allen Blutgruppen rote Blutzellen gespendet bekommen.

Fortpflanzung und Entwicklung

1 A Es handelt sich um Homosexualität, wenn jemand sich sexuell zum eigenen Geschlecht hingezogen fühlt. Das Angezogenfühlen zum anderen Geschlecht bezeichnet man als Heterosexualität. Interessiert sich jemand sexuell für beide Geschlechter, spricht man von Bisexualität. Transsexualität liegt vor, wenn biologisches Geschlecht und Geschlechtsidentität nicht übereinstimmen.
B Auswahl: Vertrautheit, Vertrauen, Sexualität (egal in welcher Form), gegenseitige Verantwortung, Kommunikation, Respekt …

2 A Beide Sexualhormone steuern in der Pubertät die vollständige Ausprägung der Geschlechtsmerkmale. Östrogene bewirken beispielsweise das Wachstum von Brust und Hüften, Testosteron sorgt unter anderem für die Entwicklung von Penis, Prostata und Hoden.
B Der Menstruationszyklus wird von den Hormonen FSH und LH (des Gehirns) sowie von Östrogenen und

Progesteron, den Hormonen des Eierstocks, gesteuert. FSH bewirkt das Wachstum eines Follikels, in dem eine Eizelle heranreift. Durch die Östrogene wächst die Gebärmutterschleimhaut. Der Eisprung der reifen Eizelle wird schließlich durch LH ausgelöst, und Progesteron sorgt dafür, dass die Gebärmutterschleimhaut bis zu einer eventuell eintretenden Schwangerschaft erhalten bleibt.

3 A Im Eierstock wächst ein Follikel heran, in dem eine Eizelle heranreift. Nach dem Eisprung, bei dem die reife Eizelle in den Eileiter entlassen wurde, entsteht aus den Resten des Follikels der Gelbkörper. Er bildet sich schrittweise zurück.

B Die Befruchtung kann erst nach dem Eisprung stattfinden, weil sich erst dann eine reife Eizelle im Eileiter befindet und ein Spermienkopf in sie eindringen kann. Da die Eizelle nur etwa 24 Stunden lang befruchtungsfähig ist, endet der Zeitraum für eine mögliche Befruchtung etwa einen Tag nach dem Eisprung.

C Eine befruchtete Eizelle (Zygote) wird durch den Eileiter zur Gebärmutter transportiert. Der aus ihr entstandene Blasenkeim nistet sich in die Gebärmutterschleimhaut ein und entwickelt sich weiter zu Embryo und Fetus. Auch eine unbefruchtete Eizelle wird zunächst durch den Eileiter zur Gebärmutter transportiert, wird dann aber zusammen mit der Menstruationsflüssigkeit durch die Scheide ausgeschieden.

4 A Die Plazenta versorgt das Ungeborene aus dem mütterlichen Blut mit Stoffen, die es noch nicht selbst aufnehmen kann, z.B. Sauerstoff. Gleichzeitig sorgt die Plazenta für den Abtransport von Stoffwechselendprodukten des Ungeborenen ins Blut der Mutter, beispielsweise Kohlenstoffdioxid. (Mütterliches und kindliches Blut treten dabei aber durch die Plazentaschranke nicht in direkten Kontakt.)

B Je größer die Oberfläche der Plazenta, also die Kontaktfläche zwischen mütterlichen und kindlichen Blutkreisläufen, ist, desto besser kann der Stoffaustausch zwischen Mutter und Kind stattfinden. In einer bestimmten Zeit können also mehr Stoffe von der einen Seite auf die andere wechseln.

5 A 1. Drittel: Entwicklung vom Embryo zum Fetus, erster Herzschlag, Anlage aller Organe; 2. Drittel: Verlängerung der Gliedmaßen, Entwicklung des Nervensystems, starke körperliche Aktivität; 3. Drittel: Arbeit von Verdauungssystem und Nieren, Schlaf-Wach-Rhythmus, Heranreifung aller Organe

B Frühgeburten, die knapp 30 Wochen alt sind, haben nur einen kleinen Teil des letzten Schwangerschaftsdrittels hinter sich gebracht. Ihre Organe sind noch nicht vollständig herangereift und können noch nicht zuverlässig selbst arbeiten. Deshalb müssen solche Frühgeburten gut überwacht und die Funktion ihrer Organe eventuell durch medizinische Geräte unterstützt werden.

C Das Blut einer Raucherin enthält Kohlenstoffmonooxid, das den Sauerstoff von den roten Blutzellen verdrängt. Ist die Frau schwanger, bedeutet das eine schlechtere Sauerstoffversorgung für das Ungeborene, die noch dadurch verstärkt wird, dass Nikotin zu einer schlechteren Durchblutung der Plazenta führt. Der Sauerstoffmangel kann zu Frühgeburt und geringerem Geburtsgewicht führen, verursacht aber auch Langzeitfolgen nach der Geburt.

6 Mert und Maja könnten mit der Pille verhüten. Sie ermöglicht spontanen Geschlechtsverkehr ohne weitere Vorbereitungen, und die Gefahr der Ansteckung mit STD besteht in einer jahrelangen treuen Partnerschaft nicht. Je nach Alter und zukünftigem Kinderwunsch käme auch eine Kupferspirale in Frage, die für jüngere Frauen nicht empfohlen wird.

Andreas und Alexander sollten unbedingt Kondome verwenden, da sie für ein schwules Paar die einzige Möglichkeit sind, eine Ansteckung mit STI oder HIV zu verhindern.

Jasmin und Johannes könnten Kondome, eine Kupferspirale oder ein Diaphragma in Kombination mit Spermiziden verwenden, da alle Methoden hormonfrei sind. Welches dieser Verhütungsmittel sie wählen sollten, hängt von weiteren Faktoren ab (siehe oben).

Helena und Henry sollten unbedingt Kondome zum Schutz vor einer Ansteckung mit STI und HIV verwenden.

7 A Patient 1 hat sich vermutlich vor wenigen Jahren mit HIV infiziert. Die Menge der Helferzellen in seinem Blut ist noch hoch und die der HI-Viren niedrig, da die HI-Viren in den Wirtszellen „schlafen" und das Krankheitsbild Aids noch nicht ausgebrochen ist. Die Infektion von Patient 2 liegt vermutlich erst kurz zurück, da noch viele HI-Viren frei im Blut zu finden sind, die Zahl der Helferzellen, die sie bekämpfen, aber auch noch hoch ist. Patient 3 hat sich vermutlich vor vielen Jahren infiziert, denn er hat eine große Menge an HIV im Blut, aber nur noch wenige Helferzellen. Er hat wahrscheinlich schon Aids oder steht kurz davor.

B Küssen, gemeinsame Verwendung von Essgeschirr oder Trinkglas, WC-Benutzung

C Auswahl: Tripper (Gonorrhö), Chlamydiose, Hepatitis B

▶▶ Einstufung von Gefahrstoffen nach der GHS-Verordnung

Mit dem neuen GHS (*Globally Harmonised System of Classification and Labelling of Chemicals*) werden die Kriterien für die Einstufung der Gefahrstoffe neu festgelegt und mit international einheitlichen Piktogrammen versehen. Neu ist auch die Verwendung der Signalwörter **Gefahr** und **Achtung** für das Ausmaß der Gefahr: „Gefahr" bei hoher Gefährdung oder „Achtung" bei geringerer Gefährdung. Das GHS gilt seit 2009; für die bisherige Verordnung gelten Übergangsfristen.

Gefahrenpiktogramm und Piktogrammcode		Mit dem Gefahrenpiktogramm gekennzeichnete Stoffe und Gemische	Signalwort	Kennzeichnung nach bisheriger Gefahrstoffverordnung	
				Gefahrensymbol	**Gefahrenhinweise**
	GHS01	explosive und sehr gefährliche selbstzersetzliche Stoffe und Gemische sowie sehr gefährliche organische Peroxide	Gefahr oder Achtung	E	R2, R3
	GHS02	entzündbare, selbsterhitzungsfähige und gefährliche selbstzersetzliche Stoffe und Gemische, pyrophore Stoffe sowie Stoffe und Gemische, die bei Berührung mit Wasser entzündbare Gase entwickeln	Gefahr oder Achtung	F+ oder F oder –	R12, R11 oder R10; R17; R15
	GHS02	gefährliche organische Peroxide	Gefahr oder Achtung	O	R7
	GHS03	Stoffe und Gemische mit oxidierender Wirkung	Gefahr oder Achtung	O	R8, R9
	GHS04*	Gase unter Druck	Achtung	–	
	GHS05	Stoffe und Gemische, die korrosiv auf Metalle wirken	Achtung	–	
	GHS05	Stoffe und Gemische, die schwere Verätzungen der Haut und/oder schwere Augenschäden verursachen	Gefahr	C oder Xi	R34, R35; R41
	GHS06	lebensgefährliche und giftige Stoffe und Gemische	Gefahr	T+ oder T	R26, R27, R28 oder R23, R24, R25
	GHS07	gesundheitsschädliche Stoffe und Gemische	Achtung	Xn	R20, R21, R22
	GHS07	Stoffe und Gemische, die Haut- und/oder Augenreizungen verursachen und/oder allergische Hautreaktionen, Reizungen der Atemwege und/oder Schläfrigkeit und Benommenheit verursachen können	Achtung	Xi	R36, R37, R38; R43; R67
	GHS08	Stoffe und Gemische, die bei Verschlucken und Eindringen in die Atemwege tödlich sein können und/oder eine Gefahr für die Gesundheit darstellen. Diese Stoffe und Gemische schädigen bestimmte Organe und/oder können Krebs erzeugen, die Fruchtbarkeit beeinträchtigen, das Kind im Mutterleib schädigen und/oder genetische Defekte und/oder beim Einatmen Allergien, asthmaartige Symptome oder Atembeschwerden verursachen.	Gefahr oder Achtung	T+ T oder Xn	R45, R49, R40; R60, R62; R61; R63; R46; R39/…; R68/…; R48/…; R42; R33; R65
	GHS09	Stoffe und Gemische, die sehr giftig oder giftig für Wasserorganismen sind	Achtung oder –	N	R50, R50/53 R51/53

* Die in den Experimenten verwendeten Gase stehen meist nicht unter Druck, daher wird dort in der Regel auf diese Kennzeichnung verzichtet.
  In der Gefahrstoffliste sind alle Gase auch mit GHS04 gekennzeichnet.

▶▶ # Glossar

Adaptation: Anpassung des Auges an unterschiedliche Helligkeitswerte; ermöglicht durch die Irismuskulatur, die die Änderung der Pupillengröße bewirkt

adäquater Reiz: (▶ Reiz); Reizart, auf die bestimmte ▶ Sinneszellen optimal ansprechen

Adrenalin: ▶ Hormon der Nebenniere, das bei ▶ Stress ausgeschüttet wird und die Leistungsfähigkeit des Körpers kurzfristig erhöht

Aids: von ▶ Viren übertragene Immunschwächekrankheit (engl. *Acquired Immunodeficiency Syndrome*), bei der im Endstadium die Immunabwehr zusammenbricht und der Patient an eigentlich harmlosen ▶ Infektionen stirbt

Akkommodation: Vorgang, bei dem sich die Linse des Auges verformt und somit das Sehen in der Nähe oder Ferne ermöglicht

aktive Immunisierung: Schutzimpfung; ▶ Impfung mit abgetöteten oder abgeschwächten Krankheitserregern; führt zum Aufbau eines ▶ Immungedächtnisses; wird vorbeugend durchgeführt

Allergie: krankhaft übersteigerte Reaktion des ▶ Immunsystems auf eigentlich harmlose Stoffe

Aminosäure: Grundbaustein der ▶ Proteine (Eiweiße). In einem Protein sind viele Aminosäuren kettenförmig aneinandergereiht. Die Eigenschaften eines Proteins ergeben sich aus der unterschiedlichen Anordnung der verschiedenen Aminosäuren.

Antibiotikum (Plural: Antibiotika): Arzneimittel, das ▶ Bakterien hemmt oder abtötet

Antigen: körperfremder Stoff, z. B. Teil eines Erregers, der vom ▶ Immunsystem erkannt wird und ▶ Zellen der ▶ spezifischen Abwehr aktiviert

Antikörper: nach einer ▶ Infektion gebildete ▶ Proteine, die spezifisch an ▶ Antigene binden

Arterien: Blutgefäße, die vom Herzen wegführen

B-Zellen: ▶ weiße Blutzellen; Abwehrzellen des ▶ Immunsystems, die ▶ Antikörper produzieren

Bakterien (Singular: Bakterium): einzellige ▶ Organismen ohne ▶ Zellkern. Nach der Form der ▶ Zellen unterscheidet man z. B. Kokken, Stäbchen usw.

Ballaststoffe: Stoffe, die von unserem Körper nicht verdaut werden können, aber unerlässlich für die ▶ Verdauung sind, weil sie den Transport der ▶ Nahrung durch den Darm unterstützen

Befruchtung: Verschmelzung einer weiblichen und männlichen Geschlechtszelle

bisexuell: sexuelle Orientierung sowohl zu Partnern weiblichen als auch männlichen Geschlechts

Blutkreislauf: Blutgefäßsystem, in dem das Blut durch den Körper transportiert wird. Es dient unter anderem der Versorgung des Körpers mit ▶ Sauerstoff und ▶ Nährstoffen sowie dem Abtransport der Abfallprodukte (z. B. ▶ Kohlenstoffdioxid). Der menschliche Blutkreislauf besteht aus dem ▶ Körperkreislauf und dem ▶ Lungenkreislauf. Beide Kreisläufe zusammen ergeben einen doppelten Blutkreislauf.

Blutplättchen: Thrombocyten; fester Blutbestandteil. Sie haben eine wichtige Funktion bei der Blutgerinnung und besitzen keinen ▶ Zellkern.

Blutzellen: Bestandteile des Blutes. Man unterscheidet ▶ rote und ▶ weiße Blutzellen sowie ▶ Blutplättchen.

Blutzuckerspiegel: Konzentration von Glucose im Blut; liegt bei gesunden Menschen bei etwa 80–100 mg/100 ml

Brennwert: Energiegehalt eines Nahrungsmittels; wird in Kilojoule (kJ) angegeben

Chlorophyll: grüner Farbstoff der ▶ Chloroplasten, der Lichtenergie aufnehmen kann

Chloroplast: Zellbestandteil (▶ Zellorganell) pflanzlicher ▶ Zellen, in dem die ▶ Fotosynthese abläuft; enthält ▶ Chlorophyll

Cuticula: wasserabweisende Wachsschicht, meist auf der oberen ▶ Epidermis von Laubblättern; Verdunstungsschutz

Diabetes mellitus: Zuckerkrankheit; Stoffwechselkrankheit, die zu einem dauerhaft zu hohen ▶ Blutzuckerspiegel führt

Diastole: Entspannungs- und Füllungsphase des Herzens

Differenzierung: Zelldifferenzierung; Vorgang, bei dem sich ▶ Zellen unterschiedlich entwickeln. Differenzierte Zellen zeigen meist eine bestimmte ▶ Spezialisierung.

Disstress: als schädigend empfundener ▶ Stress

Eisprung: Vorgang, bei dem die reife Eizelle den ▶ Follikel verlässt und in den Eileiter gelangt, wo sie befruchtet werden kann

Embryo: menschlicher Keim bis zum Ende des ersten Schwangerschaftsdrittels

Empfängnisverhütung: von Mann und Frau angewendete Methoden, mit denen eine Schwangerschaft verhindert werden soll

Enzyme: Biokatalysatoren; Hilfsstoffe, die chemische Reaktionen im Körper beschleunigen

Epidermis: Abschlussgewebe aus lückenlos aneinanderliegenden ▶ Zellen; beim Laubblatt aus einer Schicht dickwandiger Zellen, schützt das Blattinnere

Eustress: kurzzeitiger positiver ▶ Stress; der die Widerstandskraft und Leistungsfähigkeit eines Lebewesens erhöhen kann

Fette: energiereichste ▶ Nährstoffe, ein Fettmolekül besteht aus ▶ Glycerin und drei ▶ Fettsäuren. Man unterscheidet tierliche und pflanzliche Fette.

Fettsäure: Bestandteil von ▶ Fetten. Die Art der Fettsäure bestimmt die Eigenschaft des Fettes, z. B. ob es flüssig oder fest ist.

Fetus: das sich entwickelnde Kind nach Anlage aller ▶ Organe, am Ende des ersten bzw. Beginn des zweiten Schwangerschaftsdrittels

Follikel: Eibläschen, in dem eine Eizelle heranreift; Einheit aus Eizelle und der sie umgebenden Schicht

fossile Brennstoffe: Brennstoffe, die vor Jahrmillionen aus Abbauprodukten von toten Kleinstlebewesen und abgestorbenen Pflanzen entstanden sind, z. B. Kohle, Erdöl und Erdgas

Fotosynthese: Stoffwechselvorgang, bei dem Pflanzen unter Nutzung von Lichtenergie aus den energiearmen Ausgangsstoffen ▶ Kohlenstoffdioxid und Wasser energiereichen Traubenzucker (Glucose) herstellen und ▶ Sauerstoff abgeben

Fresszellen: ▶ weiße Blutzellen, Bindeglieder zwischen ▶ spezifischer und ▶ unspezifischer Abwehr; machen in den Körper eingedrungene Fremdkörper unschädlich und aktivieren Abwehrzellen

Gedächtniszellen: bei der Erstinfektion oder ▶ aktiven Immunisierung gebildete, langlebige ▶ weiße Blutzellen des ▶ Immunsystems; lösen bei einer erneuten ▶ Infektion mit dem gleichen Erreger eine rasche und wirkungsvolle Immunantwort aus

Gegenspieler: Stoffe oder Strukturen mit gegensätzlicher Wirkung. ▶ Insulin und ▶ Glucagon sind z. B. Gegenspieler bei der Regulation des ▶ Blutzuckerspiegels.

Gesamtumsatz: Summe von ▶ Grundumsatz und ▶ Leistungsumsatz; gibt an, wie viel Energie ein Mensch innerhalb von 24 Stunden benötigt

Gewebe: Verband von ▶ Zellen, die eine bestimmte Funktion erfüllen (z. B. ▶ Schwammgewebe bei Pflanzen; Dünndarmschleimhaut bei Menschen)

Glucagon: ▶ Hormon der Bauchspeicheldrüse, bewirkt Glucoseabgabe ins Blut und Erhöhung des ▶ Blutzuckerspiegels; ▶ Gegenspieler von ▶ Insulin

Glycerin: Bestandteil der ▶ Fette

Glykogen: ▶ Kohlenhydrat; Vielfachzucker, der aus Glucose aufgebaut ist; wird als Speicherstoff in Leber- und Muskelzellen gelagert

Grundumsatz: Energie, die der Mensch bei völliger körperlicher Ruhe benötigt, z. B. zur Aufrechterhaltung lebenswichtiger Körperfunktionen wie Herzschlag oder Atmung

Heilserum: antikörperhaltiges Blutserum; dient zur ▶ passiven Immunisierung; wird gewonnen, indem ein Säugetier mit einem ▶ Antigen geimpft wird, sodass sein ▶ Immunsystem spezifische ▶ Antikörper herstellt

Herzinfarkt: Herzerkrankung, bei der Bereiche des Herzmuskels wegen mangelnder Durchblutung absterben; bedingt durch Ablagerungen in den ▶ Herzkranzgefäßen und deren Verengung

Herzklappen: Strukturen zwischen Vorhöfen und Herzkammern (▶ Segelklappen) und an den Austrittsstellen der Blutgefäße am Herzen (▶ Taschenklappen). Sie verhindern bei der Kontraktion des Herzens, dass das Blut zurückfließt.

Herzkranzgefäße: ▶ Arterien, die das Herz kranzförmig umgeben und den Herzmuskel mit nährstoff- und sauerstoffreichem Blut versorgen

heterosexuell: sexuelle Orientierung zu Partnern des anderen Geschlechts

Histamin: Signalstoff im Körper, der unter anderem Entzündungsreaktionen auslöst; wird von bestimmten ▶ weißen Blutzellen, den Mastzellen, abgegeben. Bei einer allergischen Reaktion (▶ Allergie) wird sehr viel Histamin auf einmal freigesetzt.

HIV: ▶ Virus; löst die Immunschwächekrankheit ▶ Aids aus (engl. *Human Immunodeficiency Virus*)

homosexuell: sexuelle Orientierung zu Partnern des eigenen Geschlechts

Hormone: Botenstoffe, die innerhalb des Körpers Informationen übermitteln

Hypothese: vorläufige, durch Beobachtung oder Überlegung begründete Vermutung zur Erklärung bestimmter Erscheinungen. Die Richtigkeit einer Hypothese muss experimentell überprüft werden.

Immungedächtnis: Fähigkeit des ▶ Immunsystems durch Ausbildung von ▶ Gedächtniszellen auf eine Zweitinfektion mit einem Erreger so schnell und heftig zu reagieren, dass die Krankheit nicht ausbricht

Immunität: Fähigkeit zur erfolgreichen, ▶ spezifischen Abwehr von Krankheitserregern bzw. deren ▶ Antigene (bei wiederholtem Kontakt) durch antigenspezifische ▶ Gedächtniszellen

Immunsystem: alle an der körpereigenen Abwehr beteiligten ▶ Organe und ▶ Zellen

Impfung: künstlich hergestellte ▶ Immunität gegenüber einem Krankheitserreger durch ▶ aktive Immunisierung oder durch Zufuhr von fremden ▶ Antikörpern (▶ passive Immunisierung)

Infektion: Übertragung auf und Eindringen von Krankheitserregern in einen ▶ Organismus

Infektionskrankheiten: Krankheiten, die durch Krankheitserreger ausgelöst werden; meist ansteckend

Inkubationszeit: Zeitraum zwischen der ▶ Infektion und den ersten Anzeichen der ▶ Infektionskrankheit

Insulin: ▶ Hormon, das in der Bauchspeicheldrüse gebildet wird und die Senkung des ▶ Blutzuckerspiegels bewirkt; ▶ Gegenspieler von ▶ Glucagon

Interzellularen: Hohlräume zwischen ▶ Zellen, vor allem in pflanzlichen ▶ Geweben. Sie sind meist mit Luft gefüllt, für den Stoffaustausch mit der Umgebung wichtig und sorgen für Durchlüftung; z.B. im ▶ Schwammgewebe von Laubblättern. In tierlichen Geweben mit Flüssigkeit gefüllt (▶ Lymphsystem)

Kalkwasserprobe: Nachweis für ▶ Kohlenstoffdioxid; Kalkwasser trübt sich milchig weiß bei Einleitung von Kohlenstoffdioxid

Kapillaren: Röhrchen mit sehr feinem Durchmesser; im Körper feinste Verzweigungen der Blutgefäße. Über sie erfolgt der Stoffaustausch mit den benachbarten ▶ Geweben.

Kohlenhydrate: ▶ Nährstoffe, dazu gehören verschiedene Zucker, z.B. Einfachzucker wie Glucose (Traubenzucker), Zweifachzucker wie Lactose (Milchzucker) oder Vielfachzucker wie Stärke, Cellulose und ▶ Glykogen

Kohlenstoffdioxid: farb- und geruchloses Gas; Luftbestandteil; gasförmiger Ausgangsstoff der ▶ Fotosynthese. Kohlenstoffdioxid wird bei der Atmung von Lebewesen abgegeben. Es entsteht auch bei der Verbrennung von ▶ fossilen Brennstoffen, reichert sich in der Atmosphäre an und verstärkt den natürlichen Treibhauseffekt; Nachweis mit ▶ Kalkwasserprobe

Kompartimente: voneinander abgegrenzte Reaktionsräume, in denen unterschiedliche Stoffwechselvorgänge ablaufen können

Körperkreislauf: Abschnitt des ▶ Blutkreislaufs, bei dem das sauerstoffreiche Blut vom Herzen zu den ▶ Organen, in den Kopf, die Arme und Beine gepumpt wird und von dort und wieder zum Herzen zurückfließt

Leistungsumsatz: Energie, die der Mensch bei körperlicher oder geistiger Anstrengung zusätzlich zum ▶ Grundumsatz benötigt

Leitbündel: in Strängen angeordnete Leitungsbahnen bei Pflanzen, in denen Wasser und ▶ Mineralstoffe sowie ▶ Nährstoffe transportiert werden

Lungenbläschen: winzige, dünnwandige Hohlraumstrukturen in der Lunge, in die die Bronchien münden. Sie sind traubenförmig angeordnet und von einem Netz von ▶ Kapillaren umsponnen. In den Lungenbläschen findet der Gasaustausch statt.

Lungenkreislauf: Teil des ▶ Blutkreislaufs, bei dem das sauerstoffarme Blut vom Herzen über die Lungenarterie zur Lunge gelangt, dort mit ▶ Sauerstoff angereichert wird und über ein anderes großes Blutgefäß zum Herzen zurückfließt

Lymphsystem: Teil des ▶ Immunsystems; umfasst die Lymphgefäße mit der Lymphflüssigkeit (Lymphe) und die lymphatischen ▶ Organe wie Knochenmark, Milz, Thymus, Mandeln und Lymphknoten

Menstruationszyklus: monatlicher Rhythmus, bei dem die Frau auf eine Schwangerschaft vorbereitet wird; verbunden mit der Eizellreifung in den Eierstöcken und einem Auf- und Abbau der Gebärmutterschleimhaut

Mineralstoffe: Stoffe, die der Körper nur in kleinsten Mengen benötigt, z.B. Eisen, Calcium, Magnesium. Pflanzen benötigen Mineralstoffe für das ▶ Wachstum.

Mitochondrien: Bestandteile (▶ Zellorganellen) tierlicher und pflanzlicher ▶ Zellen. In ihnen findet die ▶ Zellatmung statt, durch die Energie bereitgestellt wird. Daher werden sie auch als „Kraftwerke der Zelle" bezeichnet.

Nachhaltigkeit: Handlungsprinzip, nach dem nicht mehr verbraucht werden darf als wieder nachwachsen oder sich regenerieren kann, damit auch für künftige Generationen genügend Ressourcen, z.B. Nahrungsquellen, vorhanden sind; bezieht ökologische, wirtschaftliche und soziale Aspekte mit ein

Nährstoffe: energiereiche Bestandteile in der ▶ Nahrung; ▶ Kohlenhydrate, ▶ Fette und ▶ Proteine (Eiweiße). Sie enthalten chemische Energie, die der Körper nutzen kann.

Nahrung: besteht aus ▶ Nährstoffen (Kohlenhydrate, Fette, Proteine) und Ergänzungsstoffen (▶ Vitamine, ▶ Mineralstoffe, Wasser)

Nervenzelle: kleinste zelluläre Einheit des ▶ Nervensystems. Nervenzellen leiten elektrische Signale von den ▶ Sinneszellen bzw. den ▶ Sinnesorganen zum Gehirn sowie vom Gehirn zu den Erfolgsorganen.

Netzhaut: innere Schicht des Auges. In ihr liegen die Lichtsinneszellen (▶ Sinneszellen zur Aufnahme von Lichtreizen).

Noradrenalin: ▶ Hormon der Nebenniere, das bei kurzzeitigem ▶ Stress ausgeschüttet wird und die Leistungsfähigkeit des Körpers kurzfristig erhöht

Organ: spezialisierter Teil eines Lebewesens, der aus unterschiedlichen ▶ Geweben besteht. Jedes Organ bildet ein ▶ Kompartiment und erfüllt eine oder mehrere Aufgaben für den ▶ Organismus.

Organismus: Gesamtheit des Lebewesens; aus allen ▸ Organen gebildeter Körper eines Lebewesens

Östrogene: ▸ Sexualhormone, die in den Eierstöcken der Frau (und in kleinen Mengen in den Hoden des Mannes) gebildet werden und die vollständige Ausbildung der Geschlechtsmerkmale bewirken; spielen auch eine wichtige Rolle bei der Regulation des ▸ Menstruationszyklus

Palisadengewebe: ▸ Gewebe in Laubblättern aus eng aneinanderliegenden, schmalen ▸ Zellen mit vielen ▸ Chloroplasten; Hauptort der ▸ Fotosynthese

passive Immunisierung: ▸ Impfung bei einer akuten Erkrankung mit spezifischem ▸ Heilserum, ohne dass ein dauerhafter Impfschutz besteht

Pearl-Index: Maß für die Sicherheit eines Verhütungsmittels; gibt an, wie viele von 100 Frauen trotz Verhütung in einem Jahr schwanger werden

Peristaltik: wellenförmige Bewegung von inneren ▸ Organen durch Zusammenziehen der Muskulatur; ermöglicht den Transport des Inhalts, z. B. bei Speiseröhre, Magen und Darm

Phloem: Leitungsbahnen für den Nährstofftransport in Pflanzen

Plazenta: Mutterkuchen; übernimmt bis zur Geburt die Versorgung des ▸ Embryos bzw. ▸ Fetus und die Entsorgung von Abfallstoffen

Plazentaschranke: dünne, hautähnliche Zellschicht, die die kindlichen Zotten in der ▸ Plazenta umgibt. Sie verhindert, dass mütterliches und kindliches Blut in direkten Kontakt treten.

Präparat: für die mikroskopische Untersuchung vorbereitetes Objekt. Es muss dünn und lichtdurchlässig sein (z. B. Zupfpräparat, Abziehpräparat, Quetschpräparat).

Proteine: Eiweiße; ▸ Nährstoffe, die aus ▸ Aminosäuren zusammengesetzt sind

psychosomatische Krankheit: Erkrankung, bei der körperliche ▸ Symptome auftreten, die aber psychische Ursachen haben

Pubertät: geschlechtliche Reifung des Menschen; durch ▸ Sexualhormone gesteuert

Pulsfrequenz: Anzahl der Herzschläge pro Minute

Reiz: Informationen aus der Umwelt oder aus dem Körperinnern. ▸ Adäquate Reize können von ▸ Sinnesorganen aufgenommen werden.

Regeneration: Erneuerung durch Zellteilung; erneutes Wachsen von zerstörtem oder abgestorbenem ▸ Gewebe

Resistenz: angeborene Widerstandsfähigkeit von Organismen gegenüber Erregern oder schädigenden Einflüssen; Ergebnis der ▸ unspezifischen Abwehr

Resorption: Aufnahme der Nahrungsbausteine in den Körper; findet beim Menschen im Dünndarm statt

Rezeptor: Bindungsstelle von ▸ Zellen, die aufgrund ihrer Struktur spezifisch für einen bestimmten Stoff, z. B. ein ▸ Hormon, ist

rote Blutzellen: Erythrocyten; enthalten Hämoglobin und transportieren Atemgase, vor allem ▸ Sauerstoff. Sie besitzen keinen ▸ Zellkern.

Safer Sex: sexuelle Verhaltensweise, bei der das Risiko einer ▸ Infektion durch einen Krankheitserreger ausgeschlossen oder minimiert wird, z. B. durch Verwendung von Kondomen

Sauerstoff: farbloses und geruchloses Gas, Luftbestandteil; Ausgangsstoff der Atmung und ▸ Zellatmung; entsteht bei der ▸ Fotosynthese als Abfallprodukt. Als Nachweis für Sauerstoff dient die Glimmspanprobe.

Schlüssel-Schloss-Prinzip: biologisches Prinzip, das die Passgenauigkeit zwischen zwei Strukturen beschreibt, deren Passung eine bestimmte Funktion ermöglicht (z. B. Enzym-Substrat-Bindung)

Schwammgewebe: ▸ Gewebe in Laubblättern mit vielen und großen ▸ Interzellularen. Die ▸ Zellen des Schwammgewebes enthalten ▸ Chloroplasten.

Segelklappen: ▸ Herzklappen, die Vorhöfe und Herzkammern voneinander trennen

sekundäre Geschlechtsmerkmale: bilden sich während der ▸ Pubertät heraus (z. B. weibliche Brust, männliche Körperbehaarung)

Sexualhormone: Geschlechtshormone; ▸ Hormone, die die Ausbildung der männlichen und weiblichen Geschlechtsmerkmale sowie die ▸ Pubertät auslösen und steuern

Sexualität: Geschlechtlichkeit; Unterscheidung männlicher und weiblicher Individuen aufgrund ihrer Geschlechtsmerkmale; beim Menschen die Gesamtheit der geschlechtlich bedingten Lebensäußerungen

Sinnesorgane: aus ▸ Sinneszellen und Hilfsgeweben bestehende ▸ Organe; nehmen ▸ adäquate Reize aus der Umwelt auf und wandeln sie in elektrische Signale um

Sinneszellen: ▸ Zellen, die ▸ adäquate Reize in elektrische Signale umwandeln

Spaltöffnungen: Poren an den Laubblättern von Pflanzen; meist an der Blattunterseite gelegen. Ihre Öffnungsweite kann von der Pflanze durch die Schließzellen reguliert werden. Sie ermöglichen den Gasaustausch und die Wasserdampfabgabe.

Spezialisierung: Angepasstheit an bestimmte Aufgaben. So haben z. B. spezialisierte ▸ Zellen einen ganz bestimmten Aufbau und eine Ausstattung mit ▶ Zellorganellen, die an ihre Aufgaben angepasst ist.

spezifische Abwehr: im Lauf des Lebens erworbenes, körpereigenes Abwehrsystem. Krankheitserreger, die dem ▶ Immunsystem noch unbekannt sind, führen zur Bildung von ▶ Antikörpern und zur Ausbildung des ▶ Immungedächtnisses bzw. zur ▶ Immunität.

Stammzellen: undifferenzierte, nicht spezialisierte ▶ Zellen bei Tieren und Menschen, die teilungsfähig bleiben und aus denen sich verschiedenen Typen von differenzierten Zellen bilden können

STD: *Sexually Transmitted Diseases,* auch STI (*Sexually Transmitted Infections*); beim Geschlechtsverkehr, übertragbare ▶ Infektionskrankheiten

Stoffwechsel: Gesamtheit der in den ▶ Zellen eines ▶ Organismus ablaufenden chemischen Prozesse (Aufbau-, Abbau- und Umbauprozesse)

Stress: (engl. *stress:* Druck, Anspannung); die durch äußere ▶ Reize (Stressoren) verursachten körperlichen und seelischen Reaktionen des Körpers, die ihn befähigen, besondere Belastungen zu bewältigen. Stress kann auch negative Folgen haben.

Substrat: Stoff, der von einem ▶ Enzym gespalten wird. Substrate haben eine Struktur, die genau zu der des jeweiligen Enzyms passt; man spricht vom ▶ Schlüssel-Schloss-Prinzip.

Sucht: körperliche und/oder psychische Abhängigkeit von einem Stoff oder einer Verhaltensweise

Symptom: Anzeichen, mit denen eine Erkrankung in Erscheinung tritt

Systole: Phase der Herzaktion; Anspannungs- und Auswurfphase

Taschenklappen: ▶ Herzklappen zwischen den Herzkammern und den ▶ Arterien

Testosteron: ▶ Sexualhormon, das in den Hoden des Mannes (und in geringen Mengen in den Eierstöcken der Frau) gebildet wird und die vollständige Ausbildung der Geschlechtsmerkmale bewirkt. Es spielt auch eine wichtige Rolle bei der Spermienreifung.

Transpiration: Vorgang, bei dem Pflanzen Wasserdampf durch die ▶ Spaltöffnungen an die Umgebung abgeben

transsexuell: Menschen, bei denen das biologische Geschlecht nicht mit der Geschlechtsidentität, dem Erleben des eigenen Geschlechts, übereinstimmt

Tüpfel: Aussparungen in der Zellwand von Pflanzenzellen. Durch sie können ▶ Zellen Stoffe untereinander austauschen.

Unspezifische Abwehr: angeborenes, körpereigenes Abwehrsystem. Erreger werden sofort von ▶ Fresszellen beseitigt. Verleiht ▶ Resistenz

Venen: Blutgefäße, die zum Herzen hinführen

Verdauung: Stoffwechselvorgang, bei dem die ▶ Nährstoffe schrittweise in ihre Bausteine zerlegt werden, sodass diese in die Körperzellen aufgenommen werden können

Viren (Singular: Virus): bestehen aus einer die Erbinformation umgebenden Hülle; ohne eigenen ▶ Stoffwechsel; Vermehrung mithilfe von ▶ Wirtszellen; keine Lebewesen

Vitamine: Gruppe von sehr unterschiedlichen Stoffen, die der menschliche Körper in kleinen Mengen benötigt. Sie werden vom Körper nicht oder nur in geringem Umfang selbst aufgebaut und müssen deshalb mit der ▶ Nahrung zugeführt werden.

Wachstum: Vorgang, bei dem Lebewesen durch fortlaufende Zellteilungen an Größe und Masse zunehmen. Wachstum ist ein Kennzeichen von Lebewesen.

Wahrnehmung: aus dem Zusammenwirken von Sinnesorganen und Gehirn konstruiertes inneres Abbild der Umwelt

weiße Blutzellen: Leukocyten; ▶ Zellen unterschiedlicher Gestalt; besitzen einen ▶ Zellkern. Sie dienen der Krankheitsabwehr.

Wirtszelle: lebende ▶ Zelle, die von einem ▶ Virus, ▶ Bakterium oder Parasiten infiziert werden kann und in der dieser Erreger oder Parasit sich vermehrt

Xylem: Wasserleitungsbahnen in der Sprossachse und Wurzel von Pflanzen

Zellatmung: Stoffwechselreaktion, bei der energiereiche Stoffe mithilfe von ▶ Sauerstoff in die energiearmen Produkte ▶ Kohlenstoffdioxid und Wasser abgebaut werden. Dabei wird Energie bereitgestellt, die für die verschiedenen Lebensvorgänge genutzt wird. Die Zellatmung findet in den ▶ Mitochondrien statt.

Zelle: Grundeinheit aller Lebewesen; kann mit dem Lichtmikroskop sichtbar gemacht werden. Sie besteht aus verschiedenen ▶ Zellorganellen. In ihrem Aufbau unterscheiden sich Pflanzen-, Tier-, Pilz- und Bakterienzellen voneinander.

Zellkern: ▶ Zellorganell; Träger der Erbinformation in ▶ Zellen; Ort der Steuerung der Zellvorgänge

Zellorganellen: Funktionseinheiten der ▶ Zelle; ▶ Kompartimente. Zu den Zellorganellen gehören z.B. der ▶ Zellkern, die ▶ Chloroplasten und die ▶ Mitochondrien.

Zygote: ▶ Zelle, die durch Verschmelzung von Eizelle und Spermienzelle entsteht. Aus ihr kann sich ein neues Lebewesen entwickeln.

Register

Der Stern * verweist auf eine Abbildung, f. nach der Seitenzahl bedeutet „folgende Seite" und
ff. „folgende Seiten"

▶▶ Bildnachweis

Titelfoto: F1Online/imageBROKER/Kurt Möbus
Agentur Focus: Science Photo Library/Robert Markus (103.4); SPL/DR. G. MOSCOSO (181.3);
Aug. Hedinger GmbH & Co. KG: 41.5; **blickwinkel:** 164.2; Holger Duty (12, Angepasstheit unten); Roland Günter (164.1);
Boris Mahler, Berlin: 44.1; **Clip Dealer:** Elena Elisseeva (106.1, oben rechts); Manfred Richter (32.2); Monkey Business Images
(106.1 unten links) **conatex:** 100.2; **Corbis:** Visuals Unlimited/Biodisc (4 oben; 14); Visuals Unlimited/Carolina Biological
(20.1 C); Visuals Unlimited/Kevin & Betty Collins (17.2 links); Keren Su (60.1 unten links); Niedring/Drentwett (59 unten);
Science Photo Library/Ian Hooton (87, oben); Tetra Images (60.1 oben links); **Cornelsen Experimenta:** 116.3 rechts; **Cornelsen
Verlag:** Buff, Wolfgang (39.3 rechts); Döring, Volker (11; 50.1–3; 19.3; 22.1); Hanke, Sabine (107.3); Nutz, Bettina (102); Schönke,
Markus (121.3; 121.4); Walter, Johannes (90); Wolf, Astrid (13, Kompartimentierung oben; 19.2); **ddp images:** 122.2; 137.4;
doc-stock: 12, Struktur u. Funktion rechts; BSIP (87 Mitte); © **DuckDuckGo:** The search engine that doesn't track you (154.1);
epd-bild: Giesbert Kühnle (172.1); **F1online:** (60.1 unten rechts; 160.1; 175.4); Age/P+R Fotos (15 unten; 46.1, Zuckerrüben); Age/
Ton Koene (137.3); AGF-FOTO/Tips Images (46.1, Sojabohnen); Blend Images/ERproductions (185.3); Blend Images/Shestock
(171 oben); Caia Image/Anthony Lee (111 unten; 115.3); Cultura Creative/Zero Creatives (5; 58); Design Pics (12, Stoff- u. Energieumwandlung unten); Foodcollection/Fritz Albert (46.1, Rapsöl); imageBROKER/Kurt Möbus (10; 37 unten); imageBROKER/
Michael Dietrich (81.4); Images Radius (131 Mitte); Kage-Mikrofotografie (8; 146); Maskot (131 unten); MEV/Creativstudio
(65.2); MEV/independent light (53.5); Ojo Images (46.1, Erbsen); Phototake (153.6); Tetra Images/Bryan Mullennix (46.1,
Sonnenblumenöl); VisualsUnlimited (153.7); Westend61/Maartje Caspel (145.5); Westend61/Maria Rodriguez (12, Evolution
oben); Westend61/Werner Dieterich (6 unten; 110); **Focus:** Science Photo Library/Alfred Pasieka (20.1 B); Science Photo
Library/Claude Nuridsany & Marie Perennou (17.2 rechts; 34.3); Science Photo Library/Power and Syred (25.4); **Fotolia:**
4Max (131 oben); Africa Studio (187, Kondom); ajlatan (59 oben); akf (68.1); anaumenko (59 Mitte); Christian Jung (54.1);
Christian Schwier (155.4); Dan Race (147 unten); FrankU (87 unten); gstockstudio (143.4); Kzenon (140.3); Matthias Stolt
(167.5); Monkey Business (185.2); Photodisc/CSV (67.4); Fotolia/Photographee.eu (65.3 u 84.1; 137.5; 171 unten); Picture-Factory
(138.1); pixdesign123 (106, Zentrum); RioPatuca Images (72.1); rosifan19 (187, Pille); Sebastian Krauleidis (53.4); Fotolia/Serg
Zastavkin (12, Steuerung und Regelung oben); Fotolia/Sergey Novikov (104.1); Tracy King (106.1 unten rechts); TwilightArt-
Pictures (67.3 C); urubank (189.5 links); Fotolia/wellphoto (7 oben; 130); William Burlingham (175.5); **Glow Images:** Cultura RF
(7 unten; 111 Mitte); imageBROKER (13, Kompartimentierung unten); Superstock RM (106.1 Mitte rechts); **Google:** Google und
das Google-Logo sind eingetragene Marken von Google Inc., Verwendung mit Genehmigung (154.1; 155.3); **imago:** 12,
Evolution Mitte; 13, Information u. Kommunikation links; 53.3; 94.3; 138.2; blickwinkel (11; 57.5); Caro (46.1, Kartoffeln);
Science Photo Library (157.3; 168.2); **laif:** Polaris (91.4); **Marine Stewardship Council:** 69.5; **mauritius images:** Alamy (60.1 oben
rechts; 129.3; 166.2); Alamy/David Bowman (142.1; 144.1); Alamy/Ian Miles-Flashpoint Pictures (187, Diaphragma); Alamy/
Martin Shields (20.1 A; 21.2); Alamy/Scenics & Science (21.3); Alamy/Scott Camazine (164.3); Alamy/Simon Cowling (41.4);
Alamy/Zoonar GmbH (126.2); BSIP/B. BOISSONNET (187, Spermizide); Garden World Images/Chris Harris (45.3); imagebroker/
Siegfried Kuttig (133.4); Minden Pictures (52.1); Oxford Scientific (181.4); Phototake (97); Phototake/KunkelD (13, Information
u. Kommunikation rechts; 171 Mitte); Phototake/Philippe Dacla (12, Angepasstheit oben; 32.1); Phototake/Watney Collection
(13, Variabilität oben); Raimund Linke (4 unten; 10; 36); Science Source (24.1); Ulrich Kerth (38.1); Uwe Umstätter (9; 170);
Westend61/Lisa und Wilfried Bahnmüller (111 oben); Wolfgang Filser (60.3); © **MetaGer:** 154.1; © **Microsoft® Office:** Nutzung
mit Genehmigung von Microsoft (154.1); **OKAPIA:** Biophoto Associates/Science Source (123.4); FLPA/Richard Becker (81.5);
Holt Studios/Nigel Cattlin (81.3); imageBROKER/Ottfried Schreiter (187, Kupferspirale); Kage Mikrofotografie (15 oben; 35.4);
NAS/Biophoto Associates (12, Struktur u. Funktion links); NAS/Don W. Fawcett (180.1); NAS/M.I. Walker (30.1); **picture
alliance:** blickwinkel (46.1, Holz); dpa (10; 37 Mitte; 142.1); dpa/Marc Mueller (12, Evolution unten); Foodcollection (67.3 B);
maxppp (10; 49.3); NHPA/photoshot (10; 12, Stoff- u. Energieumwandlung oben; 37 oben); www.picturedesk.com (67.3 A);
Dr. Max Seyfried, Botanisches Institut, KIT: 35.6; **Shutterstock:** Alemon cz (20.1, in C); Alexander Raths (147 oben); Anna
Jurkovska (145.4); bioraven (20.1, in B); Costin Cojocaru (156.1); Dimarion (12, Steuerung und Regelung unten; 39.4); Gunnar
Pippel (113.5) Ivanova Natalia (116.3 links); Miles Studio (15 Mitte); Satirus (13, Reproduktion und Entwicklung oben); Stokkete
(106.1 oben links); Terrance Emerson (13, Variabilität unten); veronchick84 (20.1, in A); Voronin76 (106.1 Mitte links); wave-
breakmedia (77.3); wherelifeishidden (13, Reproduktion und Entwicklung unten); yochika photographer (147 Mitte); © **2016
StartPage:** 154.1; **Wikimedia Commons:** 161.5; **Your Photo Today:** A1PIX (73.2); PM (6 oben; 86; 186.1; 192.1)

Soweit in diesem Lehrwerk Personen fotografisch abgebildet sind und ihnen von der Redaktion fiktive Namen, Berufe,
Dialoge und Ähnliches zugeordnet oder diese Personen in bestimmte Kontexte gesetzt werden, dienen diese Zuordnungen
und Darstellungen ausschließlich der Veranschaulichung und dem besseren Verständnis des Inhalts.